トコロ(空間)表現をめぐる
日中対照研究

成戸浩嗣◆著

好文出版

序　文

名古屋大学名誉教授
平　井　勝　利

　言語研究にはさまざまな領域を設定することができるし、さまざまな手法が存在する。領域の設定は任意的なものであり、いわば遊びの類にすぎず、言語の本質に迫る上では何らの貢献も期待できるものではない。一方、言語研究の手法は言語理論とともに車の両輪であり、言語の本質を解明していく上では極めて重要なものであり、研究者の資質と力量が鮮明に反映される。
　中国語学研究の分野においては、英語を言語素材として構築された言語理論と英語を対象とした分析の手法に基づいた研究が圧倒的に多いのであるが、そもそも中国語という言語はその言語を使用して生活している民族集団のコトガラに対する認識や言語表出のメカニズムも表出された言語形式のふるまいも、英語とは本質的に異なっているにもかかわらず、それを適用するわけであるから、どんなに体裁がとりつくろわれ、カッコよく見えても、その成果が期待できないことは推して知るべしである。小生は20代の中頃に、『言語の構造』（泉井久之助著）を読み、大きな感銘を受けたことがある。そこには、如何なる言語理論であれ、それを個別の言語に当てはめて分析を試みても、必ず剰余が出るが、実はこの剰余こそがその言語の本質なのであるというような記述が見えた。この指摘は今日なお脈々と生きつづけており、多くの言語研究者に対する警鐘であると思われる。
　本書は成戸浩嗣君がこの20年余り、地道に、職人の如く、コツコツと取り組んできた研究の成果をまとめたものである。本書のもとである個別の論文の一つ一つからは、同君が研究という仕事を習い覚えていった過程が小生の脳裏に刻み込まれていることもあり、その時々の同君の主張と小生の主張がぶつかり合った情景が重なって思い出されて懐かしい。研究者は一種の職人であるが、職人は通常頑固である。それは腕に自信があるからであるが、自信がつくまでには相当な年月と艱難辛苦を経なければならず、同時に社会的に評価される実績が不可欠である。この意味において、研究者が若くして職人気質を身に付けることは危険であり、時としてそれは研究者としての生

命を断つことにもなりかねない。小生は早い時期から、同君に対して、中国語という言語の特質に着目すること、そしてそれを前提として個別の表現形式を見ていくことの重要性を語ってきた。本書で取り上げている中国語の表現例とその分析には、発話の場面や状況が異なれば、異なる分析や解釈が可能なものがかなり存在している。しかし、同君は今後の研究において、その不備を必ずや補っていくものと期待している。

　このところ、比較文化論が脚光をあびており、研究者も多くなってきている。しかし、彼らの研究は少なくとも現時点においては、専門とする文化のジャンルが何であれ、そこで論じられているのはそれらの形象である。形象を産出していく原点は認識であり、その認識の相違が形象の相違である。この点において、言語の表現形式にはその言語を使用して生活している民族集団のコトガラ（事象、現象、心象）に対する認識の仕方が反映されていることが多い。本書の分析には、この認識の抽出に貢献できる記述が随所に見られ、この研究の成果は比較文化論の研究の深化と発展に寄与し得るものである。

　2009年9月

目　次

序文

第Ⅰ部　中国語前置詞"在"と日本語格助詞の対照

序　章　研究の対象と方法 ―― 2

第1章　"在・トコロ"と「手段・デ」 ―― 8

1.0　はじめに／8
1.1　トコロと手段／9
　1.1.1　トコロ、手段と動作・行為との関わり／9
　1.1.2　主体との支配・被支配の関係／10
1.2　中国語における二つの表現形式／12
　1.2.1　"在・トコロ＋V"と連動式表現（その1）／12
　1.2.2　"在・トコロ＋V"と連動式表現（その2）／16
　1.2.3　"在・トコロ＋V"と連動式表現（その3）／17
1.3　日中両言語にみられる統語的制約・支持の相違／19
　1.3.1　中国語の"在"と日本語の「デ」／19
　1.3.2　格助詞「デ」の機能のゆれ（その1）／20
　1.3.3　格助詞「デ」の機能のゆれ（その2）／21
　1.3.4　中国語の方位詞と日本語の方位を表わす成分／23
　1.3.5　日本語の「名詞＋方位を表わす成分」／25
1.4　トコロ、手段と表現形式／26
第1章　注／28

第2章　"在・トコロ"と「トコロ・ノ」 ―― 31

2.0　はじめに／31
2.1　トコロを示す"在"と「ノ」／31
　2.1.1　"在・トコロ"、「トコロ・デ」と主体の位置／31

i

    2.1.2　トコロと働きかけとの関わり／33
    2.1.3　主体の意志と動作・行為の時間的有限性／36
    2.1.4　トコロと出来事との関わり／39
  2.2　"トコロ・的"を用いた表現／41
    2.2.1　"主体＋Ｖ＋トコロ・的＋客体"の表現／41
    2.2.2　"トコロ・的＋主体＋Ｖ"の表現／44
  2.3　"在・トコロ"が文頭に置かれた表現／48
    2.3.1　"在・トコロ＋主体＋Ｖ＋客体"の表現／48
    2.3.2　"在・トコロ＋主体＋Ｖ"の表現／49
  2.4　トコロを示す「デ」、「ノ」／51
    2.4.1　「トコロ・デ」と「トコロ・ノ（客体）」／51
    2.4.2　「トコロ・デ」と「トコロ・ノ（主体）」／55
    2.4.3　「トコロ・デ」と存在表現／58
  2.5　"在・トコロ"および「トコロ・デ」、「トコロ・ノ」の使用条件／59
  第2章　注／61

第3章　"在・トコロ"と「非トコロ・ニ」　67

  3.0　はじめに／67
  3.1　"在"と「ニ」、「デ」／67
    3.1.1　"在"のトコロと「ニ」の非トコロ／67
    3.1.2　動作・行為の方向性と「デ」、「ニ」／72
  3.2　トコロ、非トコロを表わす中国語の諸形式／74
    3.2.1　"主体＋Ｖ＋非トコロ＋客体"と前置詞句表現／74
    3.2.2　"把"表現と"在・トコロ"／81
    3.2.3　"Ｖ＋Ｏ（非トコロ）"と前置詞句表現／83
    3.2.4　出来事と非トコロとの結びつきの強さ／86
  3.3　トコロ、非トコロを表わす日本語の諸形式／92
    3.3.1　「ニ」のくっつき先と「デ」の手段／92
    3.3.2　「もようがえの結びつき」と「とりつけの結びつき」／93
    3.3.3　「ニ」のトコロと非トコロ／96

3.4　トコロ、非トコロにみられる日中両言語間の相違／*98*
第3章　注／*100*

第4章　"在・トコロ"と「客体・ヲ」　*103*

4.0　はじめに／*103*
4.1　"在"と「ヲ」、「デ」／*103*
　4.1.1　"在"のトコロと「ヲ」の客体／*103*
　4.1.2　「トコロ・デ」と「客体・ヲ」／*106*
4.2　"在・トコロ＋V"と"V＋O（客体）"／*107*
　4.2.1　客体を必須項とする"V＋O"表現／*107*
　4.2.2　"在・トコロ＋V"表現にみられる描写性／*109*
　4.2.3　空間性を有するモノ名詞を用いた表現／*113*
4.3　"在・トコロ＋V／V＋O（客体）"と「トコロ・デ Vする／客体・ヲ Vする」／*115*
4.4　"V＋在・トコロ"の表現／*117*
　4.4.1　"V＋在・トコロ"表現の非意図性／*117*
　4.4.2　"V＋在・トコロ"と"V＋O（客体）"／*121*
4.5　非意図性を有する日本語の表現形式／*123*
第4章　注／*124*

第5章　"在・トコロ"と「トコロ・ヲ」　*126*

5.0　はじめに／*126*
5.1　移動動作とトコロとの関わり／*126*
　5.1.1　"在・トコロ＋V"と「トコロ・ヲ」／*126*
　5.1.2　「トコロ・デ」と「トコロ・ヲ」／*129*
5.2　「トコロ――移動動作」の関係を表わす中国語の諸形式／*135*
　5.2.1　"V＋トコロ"表現について／*135*
　5.2.2　"V＋在・トコロ"表現について／*139*
5.3　「トコロ――移動動作」の関係を表わす日中両言語の諸形式／*143*

第5章　注／144

第6章　"从・トコロ"と「トコロ・ヲ」　149

6.0　はじめに／149
6.1　"从"、「ヲ」、「カラ」で示されるトコロと移動動作／150
　6.1.1　通り抜け動作と移り動く動作／150
　6.1.2　異なる領域間の移動の経過点を示す「カラ」／152
6.2　"V＋トコロ"と"在・トコロ＋V"／154
　6.2.1　経過点を表わす"V＋トコロ"表現／154
　6.2.2　移動の範囲を限定する"在・トコロ＋V"表現／159
6.3　客体的経過点と起点的経過点／162
6.4　"从"と「ヲ」、「カラ」との相違／164
第6章　注／166

第7章　"在・トコロ"と「トコロ・カラ」　169

7.0　はじめに／169
7.1　動作・行為の種類と方向性／170
　7.1.1　"在"、「カラ」により示されるトコロと動作・行為／170
　7.1.2　「トコロ・デ」と主体、客体の位置／174
7.2　"在"、"从"と動作・行為の方向性／176
　7.2.1　心理的方向性を含む動作・行為とトコロ／176
　7.2.2　空間移動をともなう動作・行為とトコロ／180
7.3　動作・行為の方向性と表現形式／185
　7.3.1　「デ」、「カラ」と動作・行為の方向性／185
　7.3.2　"在"、"从"と「デ」、「カラ」／187
第7章　注／190

第8章　身体部分表現の日中対照（1）　193

8.0　はじめに／193

- 8.1 表現形式の相違と身につけ動詞の概念／193
  - 8.1.1 状況中心の"主体＋トコロ＋V＋客体"表現／193
  - 8.1.2 「ドコニ」を内包する日本語の身につけ動詞／196
- 8.2 身につけ動作を表わす中国語の諸形式／199
  - 8.2.1 "主体＋トコロ＋V＋客体"と"主体＋V＋客体"／199
  - 8.2.2 "主体＋トコロ＋V＋客体"と"主体・的＋トコロ＋V＋客体"／203
  - 8.2.3 "主体＋トコロ＋V＋客体"と"在・トコロ＋V"表現／204
- 8.3 日本語において「ドコニ」を表現する場合／207
- 第8章 注／210

第9章　身体部分表現の日中対照（2） ― 212

- 9.0 はじめに／212
- 9.1 日本語の身体部分表現／213
  - 9.1.1 「ドウスル」と「ドウナル」の相違／213
  - 9.1.2 状態を表わす身体部分表現／217
- 9.2 中国語の身体部分表現／219
  - 9.2.1 身体部分表現の描写性（その1）／219
  - 9.2.2 身体部分表現の描写性（その2）／221
- 9.3 手段を表わす身体部分表現／224
  - 9.3.1 身体部分を含んだ連動式表現／224
  - 9.3.2 「身体部分・デ Vする」の表現／227
- 第9章 注／230

第10章　むすび ― 232

用例出典／236
主要参考文献／237

第Ⅱ部　存在表現、進行表現、動態表現

序　章　研究の対象と方法 ——— 246

第1章　いわゆる存在表現にみられる動作性 ——— 251

 1.0　はじめに／251
 1.1　中国語の存在表現と動作表現／252
  1.1.1　主体の存在を明示する"在・トコロ＋Ｖ＋モノ"表現／252
  1.1.2　存在表現と動作表現との連続性／255
 1.2　主体の存在を明示する日本語の表現形式／259
  1.2.1　「Ｖテアル」表現と「Ｖテイル」表現／259
  1.2.2　存在を表わす「Ｖテアル」表現／261
 1.3　日中両言語の存在表現／263
  1.3.1　いわゆる存現文にみられる二つのタイプ／263
  1.3.2　存在表現としての純粋性／265
 第1章　注／268

第2章　動作の結果としての存在を表わす表現 ——— 274

 2.0　はじめに／274
 2.1　モノの存在を表わす中国語の諸形式／275
  2.1.1　"トコロ＋Ｖ＋モノ"表現と"モノ＋Ｖ＋在・トコロ"表現／275
  2.1.2　トコロをとりたてる"モノ＋在・トコロ＋Ｖ"表現／280
 2.2　モノの存在を表わす日本語の諸形式／284
  2.2.1　「Ｖテイル／テアル／ラレテイル」と表現の他動性／284
  2.2.2　一般的・普遍的事実を表わす「Ｖラレテイル」表現／286
  2.2.3　モノ中心、トコロ中心と他動性の高低／288

第2章 注／291

第3章 "在・トコロ＋V"表現のアスペクト性 ———— 296

3.0 はじめに／296
3.1 "在"のトコロ表示機能、進行表示機能について／298
　3.1.1 "在・トコロ＋V"表現における"在"の二つの働き／298
　3.1.2 進行を表わす"在"の語彙的意味／300
3.2 進行表現に用いられる"在・トコロ"、「トコロ・デ」／304
　3.2.1 「Vテイル」の働きを限定する「トコロ・デ」／304
　3.2.2 "在・トコロ＋V着"の表現／307
3.3 「Vテイルトコロダ」の表現／309
第3章 注／311

第4章 "在・トコロ"が表わす進行アスペクトの諸相 ———— 315

4.0 はじめに／315
4.1 トコロ表示機能と進行表示機能との連続性／315
　4.1.1 "在・トコロ＋V"表現が表わす進行・非進行／315
　4.1.2 "在"により限定されるトコロと過程／318
4.2 進行表示の"在"／323
　4.2.1 トコロを示す"往"、"朝"、"从"との共起／323
　4.2.2 "在・トコロ"との共起／326
第4章 注／328

第5章 "在・トコロ＋V"と"在・トコロ＋V着" ———— 330

5.0 はじめに／330
5.1 "在・トコロ＋V着"表現における"在"と"着"／330
　5.1.1 "在"の進行と"着"の持続状態／330
　5.1.2 "在"、"着"の作用域と"着"の指向性／333

5.2 "在・トコロ＋V着"表現の描写性／340
  5.3 進行表現に用いられる各成分／344
  第5章 注／346

第6章 動態を表わす"トコロ＋V着＋N"表現と"在" ―― 350

  6.0 はじめに／350
  6.1 結果動詞を用いた"トコロ＋V着＋N（モノ）"表現／351
  6.2 非結果動詞を用いた"トコロ＋V着＋N"表現／357
  6.3 "トコロ＋在＋V着＋N（モノ）"表現が成立する可能性／360
  6.4 "トコロ＋在＋V着＋N"表現が成立する可能性／364
  6.5 日本語の「トコロ・ニ／デ（ハ）モノがVラレテイル」表現／366
  第6章 注／369

第7章 むすび ―― 372

用例出典／376
主要参考文献／377
あとがき／387

第Ⅰ部

中国語前置詞"在"と日本語格助詞の対照

序　章
研究の対象と方法

　"在・トコロ＋Ｖ"の形式によって表わされるコトガラを日本語に置き換えた場合、"在・トコロ"の部分に対しては、以下のように日本語の様々な表現形式が対応する。

Ⅰ．「トコロ・デ」が対応するケース
　　(1) 我在学生食堂吃饭。　私は学生食堂デ食事をする。

Ⅱ．「非トコロ（手段）・デ」が対応するケース
　　(2) 我在电话里告诉他那件事了。　私は電話デ彼にそのことを伝えた。

Ⅲ．「非トコロ（客体）・ヲ」が対応するケース
　　(3) 他最后在钢条上踢了两脚。
　　　　彼は最後に車輪（のスポーク）ヲ２回蹴った。（朴貞姫2002：150）

Ⅳ．「トコロ・ヲ」が対応するケース
　　(4) 他在门口走来走去。　彼は入り口ヲ行ったり来たりしている。

Ⅴ．「トコロ・ノ」が対応するケース
　　(5) 他在书包里找钱包。　彼はカバンの中ノ財布を探している。
　　(6) 灯火在屋里熄灭了。　部屋ノ明かりが消えた。

Ⅵ．「トコロ・ニ」が対応するケース
　　(7) 他在北京住了三年。　彼は北京ニ３年間住んだ。

Ⅶ．「非トコロ（くっつき先）・ニ」が対応するケース
　　(8) 他在香烟上点了火。　彼はタバコニ火をつけた。
　　(9) 她在沙发上坐着。　彼女はソファニ座っている。

Ⅷ．「トコロ・カラ」が対応するケース
　　(10) 他在飞机上看海。　彼は飛行機（の中）カラ海を見る。

　"在・トコロ＋Ｖ"における"在・トコロ"は、動作・行為が行なわれる範囲を限定する働きを有する。上記のⅠ～Ⅷのうち、"在・トコロ"に最も近い働きを有する日本語の表現形式はⅠの「トコロ・デ」である。"在・トコロ"、「トコロ・デ」の両者も、実際に比較してみるとその使用条件には相違がみられるが、「動作が行なわれる範囲を限定する」という共通した働き

を有する点において、「トコロ・デ」は、Ⅱ〜Ⅷで挙げた日本語の各表現形式とは大きく異なる。Ⅱ〜Ⅷのケースは、「トコロ・デ」の使用条件が満たされていないために他の形式が使用されている。特に、Ⅱ、Ⅲ、Ⅶは、日本語においてはトコロとして表現すること自体が不可能なケースであり、いずれも非トコロ（＝モノ）として表現されている。

　"在・トコロ＋Ｖ"の働きについての説明は、従来の教学レベルにおいては、"在・トコロ"の部分に「トコロ・デ」、「トコロ・ヲ」、「トコロ・ニ」が対応するⅠ、Ⅳ、Ⅵのケースをとりあげてなされている。しかし実際には、"在・トコロ"に対応する日本語の表現形式は、上記のように様々である。このことは、
・コトガラに関わる成分をトコロとして表現するか、あるいは非トコロとして表現するか。（Ⅱ、Ⅲ、Ⅶの場合）
・トコロとして表現するとしても、コトガラの中においてどのような役割を果たすものとして位置づけるか。（Ⅰ、Ⅳ、Ⅴ、Ⅵ、Ⅷの場合）

という点において日中両言語の間に相違がみられることを意味する。

　また、Ⅰ〜Ⅷとは異なり、以下のケースにおいては、トコロ（身体部分）を含んだ中国語の表現に対し、対応する日本語の表現にはトコロを表わす成分そのものが存在しない。

Ⅸ．「トコロ」が表現されないケース
　　（11）他身上穿着一件毛衣。　彼はセーターを着ている。
　　（12）他嘴里吃着瓜子儿。　彼は（スイカの）種を食べている。

　トコロを含んだ中国語の動詞表現に対してⅠ〜Ⅸのように様々な日本語の表現が対応するということは、同一のコトガラであっても日中両言語話者の間ではそのとらえ方に相違が存在すること、そのような相違が言語の表現形式に反映されていることを意味する。

　トコロを示す"在"にどのような日本語の成分が対応するかについて考察を行なった先行研究としては、中川1990、原田・滑1990などが挙げられる（他に中原2004、朴貞姫2002、同2003など）。それぞれの論文で紹介されている表現例は、例えば以下のようなものである。

①中川1990
　　（13）在肩上拍了拍　　肩ヲぽんとたたく（同：232）
　　（14）他在桶里捉鱼。　彼は桶の中ノ魚を捕まえる。（同：233）

(15) 在椅子上坐　　　　椅子ニ座る（同：229）
(16) 他在飞机上看海。　彼は飛行機カラ海を見る。（同：233）

②原田・滑 1990
(17) 余司令满意地在他头上打了一巴掌。
　　 余司令は満足して彼の頭ヲぴしゃりとたたいた。（同：43）
(18) 她在前面蹒跚地走着。
　　 彼女が前ヲよろよろと歩いていた。（同：44）
(19) 你老婆都在镜子里偷看我们吧？
　　 あんたの奥さんはいつも私たちのことを鏡デ盗み見てるでしょう？（同：46）
(20) 他在书架上摸了摸那本书。
　　 彼は書棚ノその本にちょっと触れた。（同：47）
(21) "在黑暗里，麻雀在墙上叽叫着，扑腾起来，口中流出一滴滴黑血。"
　　 「暗闇の中で、壁ノ雀はちーちー鳴きながら暴れだすの。口からぽたぽたと黒い血を垂らして。」（同：46-47）
(22) 在黑板上写字　　黒板ニ字を書く（同：41）
(23) 在椅子上坐下　　椅子ニ腰を下ろす（同：41）
(24) "琳琳，猜，我在哪儿给你打电话？"
　　 「琳琳、私がどこカラ電話をかけているかあててみて。」（同：45）

　中川1990、原田・滑1990においては、上記のような"在・トコロ＋V"表現のほか、"V＋在・トコロ"表現も取り上げており、いずれの形式をとる場合も、"在・トコロ"に対応する日本語の成分が「トコロ・デ」の形式をとらないという点において共通している。中川、原田・滑いずれの記述においても、トコロを示す"在"に対応する日本語の成分として「デ」、「ヲ」、「ノ」、「ニ」、「カラ」といった様々な格助詞が存在することを指摘しているものの、日中両言語において上記の各形式が用いられるための統語的な制約や支持については、さらに詳細な検討を行なう余地があると考えられる。そのような検討を通じて、

　・動作・行為に関わるどのような成分がトコロとして表現されるか。
という点における日中両言語間の相違や、
　・動作・行為に関わる成分を表わす名詞と動詞との結びつきの強弱

という点における各形式間の差異について明白にすることが可能となり、トコロをめぐる動詞表現を通しての、日中両言語間にみられるコトガラのとらえ方の相違を明白にすることが可能となる。

"在・トコロ"を用いた動詞表現に関する先行研究は数多く存在するが、日本語との対照を通じて考察を行なっているものはそれほど多くなく、ほとんどが中国語の表現を単独であつかったものである。そして、"在・トコロ"が動詞表現においてとり得る位置の相違、すなわち

  a. 主体と述語動詞との間   主体＋在・トコロ＋Ｖ（＋客体）
  b. 主体の前   在・トコロ＋主体＋Ｖ（＋客体）
  c. 述語動詞の後ろ   主体＋把・客体＋Ｖ＋在・トコロ
            主体＋Ｖ＋在・トコロ

という相違が表現内容にどのような意味上の相違を生じさせるかについての考察を中心に、各表現形式においてどのような種類の動詞が用いられるか、各表現形式の間にどのような変換関係がみられるかについての検討を行なっているものが主流である（朱德熙1981、范继淹1982、李临定1988など）。このような先行研究に対し、"在・トコロ"を用いた動詞表現を日本語と対照させて考察を加えることは、

 ・"在"によりトコロとして示される範囲をより正確に特定し、"在"そのものの使用条件についても厳密に記述することができる。
 ・日本語の「デ」、「ヲ」、「ノ」、「ニ」、「カラ」などの特徴について、日本語の表現のみを考察の対象とする場合よりも一層正確に記述することができる。

という利点を有する。

 以上のように、第Ⅰ部は、トコロを表わす成分を含んだ動詞表現（主として"在・トコロ"を用いたもの）を考察の中心にすえ、対応するとされる日本語の表現との間に存在する形式上の相違を手がかりとして、日中両言語間におけるコトガラのとらえ方の相違について考察することを目的とする。このような考察を通して、日中両言語のトコロ表現に用いられる各形式およびそのような形式に用いられる各成分の特徴を、それぞれの言語単独で考察した先行研究におけるよりも一層正確に記述することが可能となり、ひいては日本語話者に対する中国語教育、中国語話者に対する日本語教育に対して一定の貢献をなすことが期待できよう。

対照研究のメリットは、一つの言語を対象とした場合には思いもつかないような、新たな視点を設定することが可能な点にある。例えば、前掲Ⅰ～Ⅷのような日中両言語間の対応パターンに気づくことは、「デ」をはじめとする日本語の格助詞や、中国語のいわゆる前置詞"在"の働きについて新たな角度から考察するきっかけとなる。具体的には、

Ⅱ.「非トコロ（手段）・デ」が対応するケース

　　(2) 我在電話里告诉他那件事了。　　私は電話デ彼にそのことを伝えた。

を観察することで、

・日本語において「電話」を「デ」によりトコロとして表現することはできないか。できないとしたらそれはなぜか。

という疑問が生じる。この疑問が出発点となって、

・「N・デ」に用いられる名詞や、「N・デ」と組み合わされる動詞によって、「デ」のトコロ表示機能と手段表示機能との間は連続しており、両機能の間にはゆれがみられるのではないか。

という予測がなされ、さらには

・中国語における"在・トコロ"と"用・手段"との間にはいかなる使い分けがなされているか。

についての考察がうながされることとなる。このような過程において、従来のような一言語を対象とした考察によっては知ることのできなかった"在"、"用"および「デ」の新たな特徴が浮き彫りになり、日中両言語におけるトコロ表示形式、手段表示形式についてのより厳密な記述が可能となる。

　このように、同一のコトガラを表現する際にみられる異言語間の相違に目を向けることは言語研究の方法論として極めて有用であり、一つの言語を対象とした従来の考察方法によっては明白にすることのできなかった言語現象のみならず、考察の対象にすらなり得ていなかった領域における言語現象についての説明をも可能にする。

　前述したように、第Ⅰ部においては主として、トコロを用いた中国語の動詞表現を考察の中心にすえ、ここに軸足を置きつつ、対応する日本語の表現との比較対照を行なっている。考察の過程では、非トコロを用いた中国語の動詞表現もあつかっているが、本書の主たる考察対象ではないため、これらの表現に関してはさらに考察を深める余地があることは否めない。また、Ⅵのケースについては本書では考察の対象としていない。本書が、トコロ表現

の研究に対して一定の成果を提供しつつも、今後の課題とせざるを得なかったのは、これらの点に関してである。

　なお、各章における中心的な考察対象となるものは、以下の通りである。

第1章　トコロを示す"在"、トコロおよび手段を示す「デ」
第2章　トコロを示す"在"、「デ」
　　　　所在を示す"的"、「ノ」
第3章　トコロを示す"在"、「デ」
　　　　非トコロ（くっつき先）を示す「ニ」
第4章　トコロを示す"在"、「デ」
　　　　客体を示す「ヲ」、「動作・行為──客体」の関係を表わす"V＋O"形式
第5章　トコロを示す"在"、「デ」、「ヲ」
　　　　移動動作を表わす"V＋O"形式
第6章　トコロ（経過点）を示す"在"、"从"、「ヲ」、「カラ」
　　　　移動動作を表わす"V＋O"形式
第7章　トコロ（起点）を示す"在"、"从"、「デ」、「カラ」
第8章　身につけ動作を表わす"主体＋身体部分（トコロ）＋V＋客体"、"主体＋V＋客体"、"主体・的＋身体部分（トコロ）＋V＋客体"、「主体は（が）客体ヲ　Vする」、「主体は（が）身体部分（トコロ）ニ　客体ヲ　Vする」の各形式
第9章　身につけ動作以外の身体部分動作を表わす"主体＋身体部分＋V＋客体"、"主体＋V＋客体"、"主体・的＋身体部分＋V＋客体"、"主体＋V_1＋身体部分＋V_2＋客体"、「主体は（が）客体ヲ　Vする」、「主体・ノ身体部分は（が）客体ヲ　Vする」、「主体は（が）身体部分ニ　客体ヲ　Vする」、「主体は（が）身体部分デ　客体ヲ　Vする」の各形式

第1章
"在・トコロ"と「手段・デ」

1.0 はじめに

　中国語では、"在・N・方位詞＋V"形式により「トコロ——動作・行為」の結びつきとして表現されるコトガラが、日本語では、「N・デ Vする」形式により、「手段[1]——動作・行為」の結びつきとして表現される場合がある。例えば

(1) 在电话里告诉他那件事了。　(1)' 電話デ彼にそのことを伝えた。
(2) 在字典里查字。　　　　　　(2)' 辞書デ字をひく。
(3) 在电视里看足球比赛。　　　(3)' テレビデサッカーの試合を見る。
(4) 在鞋底上磕磕。　　　　　　(4)' 靴の底デちょっとはたく。
(5) 在衫子上擦去了眼泪。　　　(5)' シャツデ涙を拭った。

においては、同一の動作・行為に関わる事物が、中国語では"在"によりトコロとして、日本語では「デ」により手段として表現されている。日中両言語間のこのような表現形式上の相違およびそのような相違が生じる要因について考察することにより、トコロを示す"在"、「デ」間の相違や、「デ」のトコロ表示機能および手段表示機能についての、先行研究ではなされていない新たな視点からの記述が可能となる。
　本章は、中国語の"在・N・方位詞＋V"表現と、日本語の「N・デ Vする」表現との対照を通して、同一のコトガラを表現する場合に日中両言語でこのように異なる表現形式をとる問題について、その統語的な制約・支持を明らかにすることを目的とする。なお、本章での考察にあたっては、以下の2つの理由により、"V＋在・N・方位詞"表現を対象とはしない。

・客体が存在する場合、本章であつかう表現においては、動作・行為は最終的にトコロではなく客体に向かうが、"V＋在・N・方位詞"表現においては、動作・行為は最終的にトコロに向かう。
・"V＋在・N・方位詞"をはじめとする"V＋在・トコロ"表現においては、"在・トコロ"はVと一体になってVの意味の完結性に深く関わっており[2]、トコロ性だけを抽出することが困難であるため、トコ

ロ性だけを抽出することが可能な「トコロ・デ」と対照させることができない。

1.1　トコロと手段
1.1.1　トコロ、手段と動作・行為との関わり

1.0 で提起した問題を考察するにあたり、まず、トコロと手段とでは、動作・行為との関わり方においてどのような相違があるかについて考えてみよう。

寺村 1982：82、179、182、195 は、「あるコトの表現において、言い換えればある述語にとって、それがなければコトの描写が不完全であると感じられるような補語を『必須補語』（primary complement）、そうでないものを『副次補語』（secondary complement）とよぶ」とし、「動的事象を包む場所」を表わす「～デ」および「道具・手段」を表わす「～デ」をいずれも副次補語であるとしている。この 2 種類の「～デ」は、動作・行為の主体を表わす成分や客体を表わす成分（いずれも必須補語である）に比べ、述語動詞との結びつきがより弱いという点で共通している。しかしながら、2 種類の「～デ」をさらに比較すると、述語動詞との結びつきの強さに差異がみられる。このことを端的に示すのは、寺村 1982：195 に挙げられている以下のような表現例である。

　　（6）お風呂場デタワシデよく洗いおとしなさい。

トコロを表わす「～デ」、手段を表わす「～デ」はこのように共起が許されるのであるが、それは、両者の間には、述語との結びつきの強さの点で差異が存在し、（寺村の表現を借りれば）衝突が生じないからである。これに対し、益岡 1987：22 に挙げられている

　　（7）＊大学デ教室デ音楽を聞く。

の場合には、トコロを表わす「～デ」が重複して用いられているため非文とされる。

小矢野 1989：78-79 は、動作・行為の手段は「動詞の語彙的な意味が表わす出来事[3)]を直接的に成立させるメンバー」であるが、トコロは「動作が成立する際の外的な背景や環境」の一つであるとしている。また、奥田 1983a：325、335-336 は、「デ」格の具体名詞は「その助けを借りて成立する動作の手段」を示し、動詞と組み合わさって「対象的な結びつき[4)]」をつくる一方、「空間的な意味をもつ名詞が "で" 格の形をとって動詞と組み合

わさると、空間的な結びつきができる」とし、「対象的な結びつきにおいては、名詞で示されるものは、動作の成立にとって必要な客体であって、それなくしては特定の動作が成立しない」のに対し、「空間的な結びつきにおいては、名詞で示されるものは、動作の成立には直接的に参加せず、その存在の条件をなしているに過ぎない」と指摘している。

　小矢野・奥田の考え方によれば、寺村が「副次補語」として一つの類としていたトコロを表わす成分、手段を表わす成分は、後者の方が前者に比べ、述語動詞の表わす出来事の成立により深く関わる成分であるため、述語動詞との結びつきがより強いこととなる。同様のことが中国語の場合にもあてはまるという点については、中川1997：30、34が「現実世界で近い関係にあるものは、文においても近い位置を占める」という「近接性原理（Principle of Affinity）」によって"在・トコロ"と"用・道具（本章でいう手段）"の文中における位置関係を説明し、

　　（8）她和孩子在家里用刀把丈夫杀了。

のように両形式が共起する場合には、手段を表わす"用刀"が"把丈夫杀"により近い位置を占めるとしていることによっても明白である。

1.1.2　主体との支配・被支配の関係

　手段とトコロとの間には、動作・行為との関わりの深さにおいて、さらに以下のような相違がみられる。

　主体[5]と手段との間には、動作・行為を通して「使う──使われる」という関係が存在するのに対し、主体とトコロとの間にはそのような関係が存在しない。例えば

　　（9）a　他在食堂里吃饭。　（彼は食堂デ食事をする。）
　　（9）b　他用筷子吃饭。　（彼は箸デ食事をする。）

の両者を比較した場合、(9)bの"筷子"は"吃"を通して直接"他"に使われるが、(9)aの"食堂里"は"吃"が行なわれるトコロであるため、直接"他"に使われるわけではないという相違がみられる。

　手段が主体に使われるということは、換言すれば、主体による動作・行為の影響を受けるということであり、主体の支配を受けるということである。手段が主体の支配を受けるというプロセスは動作・行為の一部であり、手段は主体の支配を受けた後、さらに客体に対して何らかの影響を与えるのであ

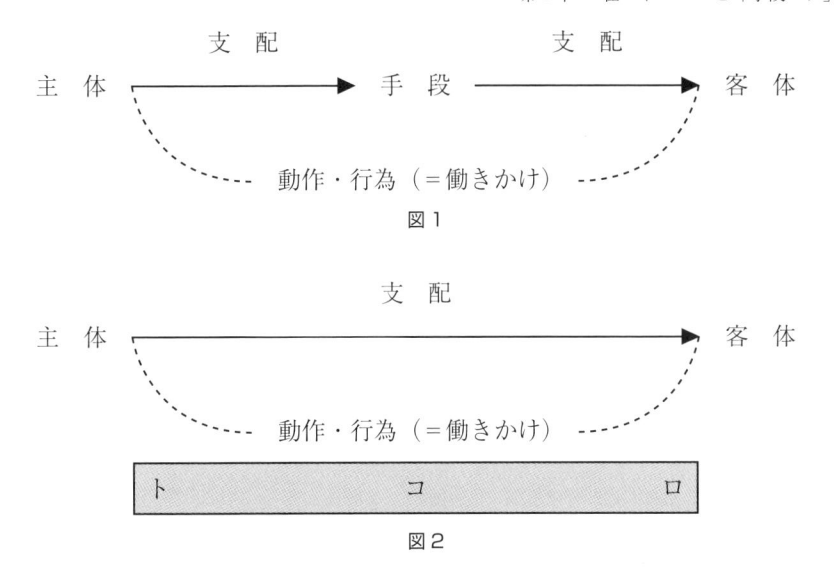

```
            支　配              支　配
主　体 ─────────→ 手　段 ─────────→ 客　体
        ＼                               ／
         ＼───　動作・行為（＝働きかけ）───／
                    図１


              支　配
主　体 ───────────────────────────→ 客　体
        ＼                               ／
         ＼───　動作・行為（＝働きかけ）───／
     ┌─────────────────────────────────┐
     │　ト　　　　　コ　　　　　ロ　　　│
     └─────────────────────────────────┘
                    図２
```

るが、これは手段を通しての主体の客体に対する支配である。一方、トコロは主体に使われることがなく（＝主体の支配を受けることがなく）、動作・行為の影響（主体の支配）は、トコロを経ないで直接的に客体におよぶ。主体、客体[6]、手段、トコロの４者の、動作・行為を通しての支配・被支配の関係を図に示すと、上記の図１、図２のようになる。

　図１においては、動作・行為は主体からいったん手段におよび、さらに手段とともに客体におよぶという二つの段階を有する[7]のに対し、図２においては、動作・行為は主体から直接に客体におよぶものの、トコロにはおよばない。いずれの場合も動作・行為は主体から発するが、手段に対してはそれを動作・行為の一部として取りこんでしまうのに対し、トコロに対してはそうではない。

　このように、手段は客体に対し動作・行為の一部として働くため、この点からみても、1.1.1で述べたと同様に、手段はコトガラの成立には不可欠の内包的要素であるということとなる[8]。これに対し、トコロは客体に対して何らの働きかけもしないため、コトガラの成立に不可欠の内包的要素ではない。

　1.0で提起した日中両言語間にみられる表現形式上の相違は、「トコロ──動作・行為」と「手段──動作・行為」との相違であるため、(1)〜(5)と

(1)′〜(5)′との相違についてはこれまでに述べたことがあてはまる。すなわち、同一の動作・行為に関わる同一のモノであるにもかかわらず、中国語では (1)〜(5) の実線部のようにコトガラの成立に不可欠ではない成分として表現されるのに対し、日本語では (1)′〜(5)′の波線部のようにコトガラの成立に不可欠の内包的要素として表現されるということである。

1.2　中国語における二つの表現形式
1.2.1　"在・トコロ＋V"と連動式表現（その1）

　(1)〜(5) は、"在・N・方位詞＋V" 形式により、コトガラを「トコロ——動作・行為」の結びつきとして表現している。このような形式をとる表現に対しては、同じ名詞と動詞との組み合わせによる表現として、"用・N＋V" 形式により、コトガラを「手段——動作・行為」の結びつきとして表現する、いわゆる連動式表現が別に成立する場合がある。例えば

　　(10) a　私は電話デ彼にそのことを伝えた。
　　(10) b　我在电话里告诉他那件事了。
　　(10) c　我用电话告诉他那件事了。
　　(11) a　この洗面器デ手を洗いなさい。
　　(11) b　在这个脸盆里洗手吧。
　　(11) c　用这个脸盆洗手吧。
　　(12) a　彼女はとうとう堪えきれず、一粒の涙を手の甲に落とし、すぐにそれをシャツデ拭った。
　　(12) b　她到底忍不住，一滴眼泪落在手背，立刻在衫子上擦去了。（潘先生）
　　(12) c　她到底忍不住，一滴眼泪落在手背，立刻用衫子擦去了。
　　(13) a　私はコタツデ暖まっている時、不注意で火を出してしまった。
　　(13) b　我在被炉里取暖时，不小心，失火了。
　　(13) c　我用被炉取暖时，不小心，失火了。

などである[9]。これらの表現例においてはいずれも、日本語では「N・デVする」の形式により「手段——動作・行為」の結びつきとして表現されるコトガラが、中国語では "在・N・方位詞＋V" 形式により「トコロ——動作・行為」の結びつきとして表現される一方、連動式表現により「手段——動作・行為」の結びつきとしても表現されている。中国語においては二通りの表現形式が存在するのであるが、この2者の間にはどのような相違が存在す

るのであろうか。
　(10)b と (10)c とを比較すると、(10)b における"电话里"は"家里"や"学校里"などと同様にトコロとして表現されているのに対し、(10)c における"电话"は"手势（手振り）"や"日语（日本語）"などと同様に手段として表現されている。そして、(10)b はあらかじめ"他"に電話をかけ話をしていることが前提となっており、「別の要件で彼に電話をしたついでにそのことを伝えた」という内容の表現例であるのに対し、(10)c は「彼にそのことを伝えるためにわざわざ電話をかけた」という内容の表現例である。この点で、(10)c は

(10) d 我打电话告诉他那件事了。

に非常に近いのであるが、(10)d が「私は（自分で）電話をかけて彼にそのことを伝えた」というニュートラルな表現であるのに対し、(10)c は"用电话"に表現の比重が置かれ、立ち話や伝言あるいは身ぶり手ぶりなど他の方法ではなく、「電話という手段を用いて彼に伝えた」という内容の表現である。かつ、「私は（自分で）電話をかけて彼にそのことを伝えた」、「私は（人を使って）電話をかけて彼にそのことを伝えた」のいずれを表わす場合に用いることも可能である。すなわち、(10)b が、「電話をかけた」、そしてそのついでに「彼に伝えた」という二つのコトガラの存在を前提とした表現であるのに対し、(10)c は、「電話をかけた」のは「彼に伝える」ためであり（従って「電話をかける」は「彼に伝える」という動作・行為の手段であり一プロセスである）、全体として一つのコトガラの存在を前提とした表現である。このことは、以下の表現例によってさらに容易に理解されよう。

　(14) a 他在电话里笑了起来。(范继淹 1982：83)
　(14) b ＊他用电话笑了起来。

「電話をかけ、話をしている最中に彼が笑い出した」という内容を表わす (14)a は自然な表現であるが、(14)b は、「笑い出すために電話をかけた」という内容を表わしており、表現そのものは grammatical であってもこのような内容は通常はほとんどないコトガラとして非文となる。

　次に、(11)b は眼前の事象を表わしており、洗面器にはすでに水が入っていて"洗手"という動作が眼前でなされることが予測される表現であるのに対し、(11)c の場合には必ずしもそうではなく、洗面器には水が入っておらず、「後で」あるいは「どこか別の場所で」手を洗うという動作が行なわれ

ることを含意した表現である。従って、"在"の後続成分としては、"洗脸池"のような移動性の少ないモノを表わす名詞が用いられる場合が多い。これに対し"用"の後続成分としては、移動させることが可能なモノを表わす名詞が用いられる場合が多い。つまり、同じ「洗面器」でも(11)bにおけるそれは、病院などの消毒用の洗面器のように「特定の場所に備え付けの固定された洗面器」あるいは「すでに水やお湯が入っていて、その場で洗うように準備されている洗面器」などであるのに対し、(11)cにおけるそれは、(石鹸などと同様)手を洗うための手段であり、「この洗面器を持って行って手を洗いなさい」という場合のように、「特定の場所に固定されておらず他の場所に持って行って使うことが前提となっている洗面器」である。換言すれば、(11)bにおいては、"洗手"という動作は"脸盆里(洗面器)"の範囲内に限って行なわれるのに対し、(11)cにおいてはそのような制限がないということである。(11)cは、例えば「洗面器に水を汲み、その水を手にかけて洗う」という内容を表わすことも可能である。

　また、(12)bと(12)cでは、前者は「着ているシャツ」で涙を拭ったことを、後者は「手に持ったシャツ」で涙を拭ったことを表わす。これは、トコロとしてのシャツはすでに身につけられ体に固定されているために主体の支配を受けないのに対し、手段としてのシャツはハンカチなどと同様に一ヶ所に固定されてはおらず、主体の支配を受けるためである。(12)bと同一の内容を表わす表現として(12)cを用いると非文となる。従って、シャツではなく例えばカーテンのように一ヶ所に固定されているモノで涙をぬぐったことを表わす場合には、"用"ではなく"在"が用いられる。同様のことは、以下の表現例についてもあてはまる。

　　(15) a 　陈奂生想罢，心头暖烘烘，眼泪热辣辣，<u>在被口上</u>拭了拭，便挣开来细细打量这住的地方，却又吃了一惊。(陈奂生：181)

　　(15) b 　?陈奂生想罢，心头暖烘烘，眼泪热辣辣，<u>用被口</u>拭了拭，便挣开来细细打量这住的地方，却又吃了一惊。

　　(16) a 　他把旱烟袋<u>在鞋底上</u>磕磕，灰洒在地板上。(人：23)

　　(16) b 　?他把旱烟袋<u>用鞋底</u>磕磕，灰洒在地板上。

　(15)aが用いられているのは、"陈奂声"が蒲団をかぶって涙を流し、蒲団のヘリでその涙を拭う」という場面においてであり、この内容を(15)bによって表わすことはできない。(15)bは「蒲団を手に持って涙を拭う」

という極めて限られた特殊な状況を設定して初めて成立する表現例であるが、実際にはそのような場面は想定しがたいために不自然となる。(16)aは、「(足を組んでいて、自分の履いている) 靴の底でキセルの灰をはたいた」という内容を表わすため自然な表現として成立するのに対し、(16)bは、「(靴を手に持ってその) 靴の底でキセルの灰をはたいた」という通常はほとんどあり得ないコトガラを表わすため、不自然な表現となる。

　(11)b、(12)b、(15)a、(16)aと (11)c、(12)c、(15)b、(16)bとの間には、以下のような相違点がみられる。すなわち、「洗面器」、「シャツ」、「蒲団のヘリ」、「靴の底」はそれぞれ (11)b、(12)b、(15)a、(16)aにおいてはトコロであり、動作・行為を通して主体の支配を受けることがないため、動作・行為により移動することは予測されない。これに対し、(11)c、(12)c、(15)b、(16)bにおいては上記のモノは手段であり、動作・行為を通して主体の支配を受けるため、動作・行為により移動することが予測される。そして、コトガラを「手段――動作・行為」の結びつきとして表現する (11)c、(12)c、(15)b、(16)bにおいてはいずれも、「主体が手段を用いること＝主体が動作・行為を行なうこと」であり、表現全体として一つのコトガラをふまえている。一方、コトガラを「トコロ――動作・行為」の結びつきとして表現する (11)b、(12)b、(15)a、(16)aにおいては、「トコロとして表現されているモノを主体が用いること」が形式に表わされてはいない。従って、「主体が (トコロとして表現されている) モノを用いること＝主体が動作・行為を行なうこと」ではなく、両者は表現形式上は明確に一つのコトガラとして表現されてはいない。

　さらに、(13)bと (13)cとの間には以下のような相違がみられる。すなわち、(13)cでは「コタツで暖まっていた」と「不注意で火を出した」との間にはっきりとした因果関係が認められるのに対し、(13)bは、「コタツが原因で火を出した」、「コタツで暖まっている時に他の原因 (台所のガスの火など) によって火を出した」のいずれの内容を表わすことも可能である。(13)bの"在被炉里"はトコロを表わすため、"取暖"という出来事が成立する際の外的な背景・環境であるということとなる。従って、後件が表わす内容との因果関係においても、1.1.2で示した図2が適用でき、「コタツに入っていたこと」は必ずしも「火を出したこと」の原因とはならず、前述のように多義的となる。また、(10)bと (10)cとの間にみられる相違が (13)b、(13) cにもあてはまるとすれば、(13)bの"在被炉里取暖"は「コタツに入っていた」、「暖まっていた」という二つのコトガラをふまえた表現であるのに対し、(13)cの"用被炉取暖"は「暖まっていた」という一つのコトガラをふまえた表現であるということとなる。(13)b、(13)cはいずれも、"不小心，失火了"を後件としているが、後件の内容との間に因果関係が存在するのであれば、前件はひとまとまりで原因を表わすこととなるため、因果関係を明確に述べるのであれば(13)cの方がより適切な表現である。

以上のように、同じコトガラに関わる同じモノを、中国語では出来事の成立に直接的には関わらない成分（トコロ）、出来事の成立に直接的に関わる成分（手段）のいずれとして表現することも可能な場合が存在し、後者は前者に比べ、全体として一つのコトガラを前提とする性格がより強い。

1.2.2 "在・トコロ＋Ｖ"と連動式表現（その２）

"在・トコロ＋Ｖ"と連動式表現は、否定を表わす"不"、"没"が表現中のどの位置に置かれるかという点においても相違がみられる。李临定1988：14-15は、否定を表わす"不"、"没"が"在・トコロ＋Ｖ"表現に用いられる場合、

"不／没＋在・トコロ＋Ｖ"　　"在・トコロ＋不／没＋Ｖ"

のいずれの位置に置かれることも可能であると指摘している。このような例としては、例えば

(17) a 我不在家里吃早饭。　　(17) b 我在家里不吃早饭。

(18) a 我没在家里吃早饭。　　(18) b 我在家里没吃早饭。

が挙げられる。(17)a、(18)aは「私は（別の場所では朝食を食べる／食べたが）家では朝食を食べない／食べなかった」という内容を、(17)b、(18)bは「私は家で（昼食・夕食は食べる／食べたが）朝食は食べない／食べなかった」という内容を表わしている。(17)a、(18)aにおいては"在・トコロ"がそれぞれ"不"、"没"の作用域に含まれているため、「家で朝食を食べる／食べた」という内容が否定されるのに対し、(17)b、(18)bにおいては"在・トコロ"がそれぞれ"不"、"没"の作用域に含まれておらず、「朝食を食べる／食べた」という内容だけが否定されている[10]。

一方、"用・手段＋Ｖ"表現は"在・トコロ＋Ｖ"表現の場合とは異なり、例えば

（19）a 他不用筷子吃饭。　　（19）b ＊他用筷子不吃饭。
　　（20）a 他没用筷子吃饭。　　（20）b ＊他用筷子没吃饭。
においては、(19)a、(20)aは自然な表現として成立するのに対し、(19)b、(20)bは非文となる。

　"在・トコロ＋V"と連動式表現との間にこのような相違がみられるのはなぜであろうか。上記の表現例における"用筷子"と"吃饭"は「手段——動作・行為」の関係にある。そして、主体が手段を使うというプロセスは1.1.2で述べたように動作・行為の一部であるため、"用筷子"は"吃饭"という動作・行為の一部であり、"用筷子吃饭"は「食事をする」という一つのコトガラを前提とした表現であるということとなる。従って、主体である"他"が"筷子"を使えば必ず"吃饭"という動作・行為がなされるため、"不"、"没"を用いる場合にはこれらをコトガラ全体を否定する位置に置き、(19)a、(20)aのように"不用筷子吃饭"、"没用筷子吃饭"としなければならない[11]。これに対し(19)b、(20)bは、主体である"他"が"筷子"を使う（使った）にもかかわらず"吃饭"という動作・行為を行なわない（行なわなかった）という内容を表わすが、このようなコトガラは通常ほとんどなく（箸を使うということは通常は食事をするためである）非文となる。一方、(17)a、(17)b、(18)a、(18)bにおける"在家里"と"吃早饭"は、「トコロ——動作・行為」の関係にある。1.1.2で述べたように、トコロは動作・行為の一部ではない。このため、コトガラを"不"、"没"によって否定する場合には必ずしもトコロを"不"、"没"の作用域に含める必要はないのである。

　以上のように、「出来事が成立する際の外的な背景・環境」の一つであるトコロを表わす成分に対しては、これを"不"、"没"の作用域に含める場合と含めない場合の二通りが考えられるのに対し、「コトガラの成立に直接的に関わるメンバー」の一つである手段に対しては、これを"不"、"没"の作用域に含めなくてはならない。

1.2.3 "在・トコロ＋V"と連動式表現（その3）

　習慣的な動作・行為は、中国語においては例えば以下のように、"在・トコロ＋V"、"用・手段＋V"のいずれによって表現することも可能である。

　　（21）a 私は毎日この洗面器デ顔を洗う。
　　（21）b ○我每天在这个脸盆里洗手。

(21) c ◎我每天用这个脸盆洗手。
　(21)b、(21)c の両者を比較すると、(21)c の方がより自然であるとされる (◎は○よりも一層自然な表現であることを示す)。
　また、(11)b、(11)c についても同様のことがあてはまる。すなわち、(11)b は「君は（今）この洗面器で手を洗いなさい」という内容を表わすのに対し、(11)c は (11)b と同様の内容を表わすことができるほか、「君は（今後）この洗面器で手を洗いなさい」という内容を表わす表現として用いることも可能である。さらに以下の表現例をみてみよう。
　　(22) 我在脸盆里洗手（的时候），小王进来了。
　　(23) 我用脸盆洗手，不用水桶洗手。
　(22)、(23) は、「洗面器デ手を洗う」ことをそれぞれ"在・トコロ＋V"、"用・手段＋V"の形式によって表現し、さらに適切な後件を続けたものである。(22) の"在脸盆里洗手"は、後件の"小王进来了"によって一過性の動作・行為であることが明白であるのに対し、(23) の"用脸盆洗手"は、一過性の動作・行為、習慣的な動作・行為のいずれにも解される。(22) の"在脸盆里"を"用脸盆"に改めると、以下のように不自然な表現となる。
　　(22)'？我用脸盆洗手（的时候），小王进来了。
　習慣的な動作・行為を表わす場合、"在・トコロ＋V"と連動式表現とでこのように適格度の差異がみられるのはなぜであろうか。習慣的な動作・行為は繰り返し行なわれるため、一過性の動作・行為に比べると一つのまとまった概念として認識される傾向がより強い。習慣的な動作・行為としての「洗面器デ手を洗う」を中国語で表現する場合に、"在脸盆里洗手"よりも"用脸盆洗手"を用いる方が better であるのは、トコロではなく手段として"脸盆"を表現する方が、"洗手"との関わりをより深いものとして表現することとなるため、動作・行為との一体性という点において優位に立つからである。
　一方、一過性の動作・行為は、繰り返し行なわれる習慣的な動作に比べ、一つのまとまった概念として認識される傾向がより弱いため、連動式表現よりは"在・トコロ＋V"表現の方が better であるということとなる。従って、一過性の動作・行為としての「洗面器デ手を洗う」を中国語で表現する場合には、(22)、(22)' にみられるように、"脸盆"、"洗手"を「手段――動作・行為」の結びつきではなく、「トコロ――動作・行為」の結びつきとし

第1章 "在・トコロ"と「手段・デ」

て表現する方がより自然である。

1.3 日中両言語にみられる統語的制約・支持の相違
1.3.1 中国語の"在"と日本語の「デ」

1.1.1 で述べたような日中両言語間における表現形式上の相違が生じるのは、以下のような要因による。

① 中国語の前置詞"在"は、動詞"在（アル、イル）"との間に明確な境界がなく[12]、それ自身が語彙的に存在の意味を有する。そして、具象物を表わす名詞の前ではトコロ表示の働きをする。これに対し、日本語の格助詞「デ」は純粋な機能語であり、具象物を表わす名詞の後に置かれた場合、手段表示・トコロ表示という複数の働きをする[13]。

② 中国語における、非トコロ名詞をトコロ化する働きをもつ方位詞（単純方位詞の"-里"、"-上"）と、これらに対応する日本語の「〜のナカ」、「〜のウエ」とが相互に異なる特徴を有する。

上記①で挙げた中国語の前置詞"在"と日本語の格助詞「デ」の相違を端的に示すのは、以下の表現例である。

(24) 中国人一般在床上睡覚。　　(24)' 中国人は普通ベッドデ寝る。

(24) の"在床上"は、"在"が「アル、イル」という語彙的意味を留めているため、明らかにトコロを表わしているのに対し、(24)' の「ベッドデ」は、「寝る」に対してはトコロ、手段のいずれであるとも解される。つまり、(24)' が

(25) a 中国人は普通（タタミの上ではなく）ベッドデ寝る。

という文脈で用いられる場合には実線部はトコロを表わし、

(25) b 中国人は普通（蒲団でもハンモックでもなく）ベッドデ寝る。

という文脈で用いられる場合には、波線部は手段を表わすというように、格助詞「デ」の働きにはゆれがみられる。

また、(24) の"在床上睡覚"の場合には"在"が語彙的意味を有するため、実線部だけをみてもこの部分がトコロを表わすことが明白であるのに対し、(24)' の「ベッドデ寝る」の場合には「デ」が何らの語彙的意味をも有しないため、点線部がトコロ、手段のいずれを表わすかはこの部分だけでは確定できず、述語動詞との意味上の関わりや文脈をも考慮しなければならな

19

い。

1.3.2 格助詞「デ」の機能のゆれ（その1）

　日本語の「N・デ」が述語動詞と組み合わさってトコロ、手段を表わすパターンは、以下の三つに分けられる。

　　イ．トコロを表わす場合
　　　ex. 食堂デ食べる　書斎デ書く　道デ拾う　など
　　ロ．トコロ、手段のいずれをも表わす場合
　　　ex. ベッドデ寝る　お風呂デ暖まる　金庫デ保管する　など
　　ハ．手段を表わす場合
　　　ex. バットデ殴る　箸デ食べる　ペンデ書く　など

イの例における「食堂、書斎、道」はいずれもトコロ名詞（＝単独でトコロを表わすことが可能な名詞）であるのに対し、ハの例における「バット、箸、ペン」はいずれもモノを表わす非トコロ名詞である。一方、ロの例における「ベッド、お風呂、金庫」は空間性を有するモノ名詞である。

　「デ」の機能のゆれがみられるのはロの場合である[14]。ロにおいて格助詞「デ」がトコロ、手段のいずれを表わしているかは、一つには(25)a、(25)bにみられるように文脈によって決定される。(25)a、(25)bにみられるような「デ」の機能の相違は、以下の表現例においてさらに明白である。

　　(26) a 彼は今、病室のベッドデ寝ている。
　　(27) a 日本人は蒲団デ寝るが、中国人はベッドデ寝る。

(26)a、(27)aにおける「デ」を、論理関係をより一層明確に表わす他の成分に置き換えると、(26)aの実線部は「ベッドニオイテ」、(27)aの波線部は「ベッドヲ用イテ」となる。これに対し、以下の表現例はいずれも非文もしくは不自然となる。

　　(26) b ＊彼は今、病室のベッドヲ用イテ寝ている。
　　(27) b ？日本人は蒲団ニオイテ寝るが、中国人はベッドニオイテ寝る。

ロの「お風呂デ暖まる」、「金庫デ保管する」についても同様のことがあてはまる。すなわち

　　(28) 日本人はお風呂デ体を洗うだけでなく、（お風呂デ）暖まらなければ満足しない。
　　(29) 西洋式のシャワーよりは、日本式のお風呂デ体を暖めたい。

(30) 自分の手元デ保管するよりは、銀行の金庫デ保管する方が安全だ。
(31) 携帯用の小型金庫よりは、大型の金庫デ保管する方がいい。

においてはそれぞれの文脈から、(28)の「お風呂デ」、(30)の「銀行の金庫デ」はトコロ、(29)の「日本式のお風呂デ」、(31)の「大型の金庫デ」は手段であると認められる。

1.3.3　格助詞「デ」の機能のゆれ（その2）

「デ」がトコロ、手段のいずれを表わすかが、名詞と述語動詞との意味上の関係によって相対的に判断される場合がある。例えば

(32) a ベッドデ寝る　　　　　(32) b ベッドデ目を覚ます

の2者を比較すると、前者における「ベッド」は後者のそれに比べ、より手段的である。前者の場合、「寝る」は「ベッド」というモノの用途内の動作・行為であり、「ベッド」は「寝る」に対し、空間ではなくそれ自体を提供する。これに対し後者の場合、「目を覚ます」は「ベッド」というモノの用途外の動作・行為であり、「ベッド」は「目を覚ます」に対しては「部屋デ」や「病院デ」などと同じく空間を提供する。同様に、

(33) a お風呂デ暖まる　　　　(33) b お風呂デ風邪をひく
(34) a 金庫デ現金を保管する　(34) b 金庫デ現金を数える

においても、「お風呂」、「金庫」はそれぞれ「風邪をひく」、「現金を数える」に対しては空間を、「暖まる」、「現金を保管する」に対してはそれ自体を提供しており、後者の場合の方がより手段的であるということができる。

前掲のロにあてはまる表現例としては、さらに

(35) 冷蔵庫デ冷やす。　　　(37) テーブルデ食事をする。
(36) まな板デ切る。　　　　(38) 硯デ墨をする。

などが挙げられる。いずれも点線部の名詞が表わすのは、「動作・行為に対して空間ではなくそれ自体を提供し、それによって何かをするために供するモノである」という点において、ハと共通する性格を有している。しかし一方では、点線部の名詞が表わすモノは、「動作・行為によって移動することがあり得ない」という点において、イと共通する性格を有している[15]。従って、ロで挙げた表現例および(35)～(38)における点線部の名詞が表わすモノは、述語動詞が表わす動作・行為に対しては、トコロ、手段のいずれにもなり得るのである。(35)の点線部は

(39) a 外デ冷やす。

に比べると、「外」は空間を提供するものであるから、モノ自体を提供する「冷蔵庫」はこれよりも手段的である反面、

　　(39) b 氷デ冷やす。

に比べると、「氷」は空間ではなく、それ自体を提供しそれによって何かをするために供するモノであり、かつ、動作・行為の過程で移動させられる可能性があるため、このような可能性のない「冷蔵庫」はよりトコロ的である。同様に、(36)の点線部は、

　　(40) a 台所デ切る。　　　　(40) b 包丁デ切る。

のうち、(40)aの実線部に比べればより手段的、(40)bの波線部に比べればよりトコロ的である。(37)、(38)の点線部についても、それぞれ

　　(41) a 食堂デ食事をする。　(42) a 書斎デ墨をする。

に比べればより手段的、

　　(41) b 箸デ食事をする。　　(42) b 手デ墨をする。

に比べればよりトコロ的ということとなる。

　このような考察をふまえた上で1.3.2のイ～ハにおけるNが表わす事物の特徴を整理すると、以下のようになる。

　　イ．動作・行為に対し空間を提供する事物（＝トコロ）であり、動作・行為によって移動することがない。
　　ロ．動作・行為に対しそれ自体を提供するモノであり、動作・行為によって移動することがない。
　　ハ．動作・行為に対してそれ自体を提供するモノであり、動作・行為によって移動する。

　このように、「N・デ Vする」表現における「デ」の手段表示機能とトコロ表示機能との境界は明確ではなく[16]、1.3.1の①で述べたように、「デ」そのものに語彙的意味がないため、いずれの機能が働いているかは場面あるいは文脈に依存したり、名詞と述語動詞との意味上の関係により相対的に判断せざるを得ないケースが存在するのである。

　一方、1.2.1で述べたように、中国語では"在・N・方位詞＋V"、連動式表現という異なる形式によって「トコロ――動作・行為」、「手段――動作・行為」の結びつきを表現するため、前置詞"在"は日本語の格助詞「デ」の場合のように、手段表示機能との兼ね合いによってトコロ表示機能の働く範

囲が狭められるということがない。従って、中国語の前置詞"在"は、日本語の格助詞「デ」によってはトコロとして表現できない事物をトコロとして表現することが可能である。

1.3.4　中国語の方位詞と日本語の方位を表わす成分

　1.3.1の①は"在"、「デ」それぞれがもつ機能の相違であったが、②は日中両言語の間における、非トコロ名詞をトコロ化する働きをもつ成分の性格の相違である。

　(1)〜(5)における実線部の名詞は、いずれも方位詞"-里"、"-上"をともなわなければ"在"の後に置くことができない。方位詞がなければ、これらの名詞と動詞は空間的な結びつきをつくることができない。

　一方、(1)'〜(5)'における波線部の名詞に方位を表わす成分を付加してトコロ化した以下の表現例は、いずれも非文もしくは不自然な表現となる。

　　(43)？私は電話の中デ彼にそのことを伝えた。
　　(44)＊私は辞書の中デその字をひいてみた。
　　(45)？父はテレビの中デサッカーの試合を見ていた。
　　(46)＊彼は（キセルを）靴の底の上デちょっとはたいた。
　　(47)＊彼女はシャツの上デ涙を拭った。

　日本語では、動作・行為に対して空間ではなくそれ自体を提供し、それによって何かをするために供するモノを、「N・デ　Vする」形式によりトコロとして表現することができない場合がある。(43)〜(47)が非文もしくは不自然な表現となるのは、一つにはこの理由による。もう一つの理由は、日本語における方位を表わす成分（(43)〜(47)の二重傍線部）が、中国語の方位詞とは根本的に異なる以下のような特徴を有するためである。

　①　中国語の方位詞には、イ．具体的な方位・空間を表わすもの、ロ．方位・空間の概念が希薄なもの、ハ．方位・空間の概念が全くないもの、の3種類が存在するのに対し、日本語の方位を表わす成分はすべて具体的な方位・空間を表わす。

　②　中国語の方位詞は、動作・行為に対し空間ではなくそれ自体を提供し、それによって何かをするために供するモノを表わす名詞に付加されてその名詞をトコロ化することが可能である。これに対し、日本語の方位を表わす成分には中国語の方位詞がもつこのような働き

はなく、動作・行為に対して空間を提供するモノを表わす名詞に付加されるにとどまる。

　中国語の方位詞のうち、方位・空間の概念が希薄もしくは全くない場合が考えられるのは、いわゆる単純方位詞の"-里"、"-上"である[17]。非トコロ名詞をトコロ化するマーカーとなるのはこれらであり、(1)～(5)では"-里"、"-上"のいずれかが用いられている。"-里"、"-上"は本来、それぞれ「～のナカ」、「～のウエ」を表わす成分であるが、トコロのマーカーとなる場合にはそのような概念は希薄であるか、もしくは全くなくなっている。このことは、"-里"、"-上"を、いわゆる合成方位詞の"-里面"、"-上面"とそれぞれ比較してみると理解しやすい。文煉1987：41には、「合成方位詞が名詞と組み合わされた場合には具体的なトコロを表わすのに対し、単純方位詞の場合には方位の概念が希薄で、より抽象的な概念を表わすのに適している」という旨の記述がみられる。(1)～(5)の"-里"、"-上"をそれぞれ"-里面"、"-上面"に置き換えても自然な表現として成立はするものの、表現の整合性は(1)～(5)にはおよばない。合成方位詞の"-里面"、"-上面"は、文煉も述べているように具体的なトコロを表わし、トコロのマーカーになることはない。そして、さらに"-里"、"-上"が日本語の「～のナカ」、「～のウエ」と異なるのは、先行する非トコロ名詞によって表わされるモノそれ自体をトコロ化する働きをもつということである[18]。このことは、動作・行為がモノ自体におよぶ場合、それらの名詞の後に"-里"、"-上"を付加してトコロとすることができるという点からも理解されよう。例えば

　　(48) 打在头上　　(49) 抓在肩膀上　　(50) 住在家里

における"打"、"抓"、"住"という動作・行為の行き先は、それぞれ"头"、"肩膀"、"家"である。(48)～(50)においては、これらの行き先は"-里"、"-上"によってトコロ化されている。これに対し、日本語の

　　(48)' 頭の上を叩く　　(49)' 肩の上をつかむ　　(50)' ?家の中に住む

においては、二重傍線部は名詞の表わすモノの一部((48)'、(49)'の場合)もしくは空間((50)'の場合)を指しており、(48)～(50)とは表わす内容が異なる。

　1.1.2で述べたように、「手段」は動作・行為を通して主体の支配下に置かれる。ということは、動作・行為は手段となっているモノ自体におよぶということである。(43)～(47)をみると、表現の前提となる客観的事実において、

二重傍線部の成分を付加されている名詞が表わすモノが、動作・行為に対し手段として働いていることは明白であり、動作・行為は手段となっているモノ自体におよぶこととなる。従って (43)～(47) は、動詞と二重傍線部の成分の前にある名詞との意味上の結びつき（「手段——動作・行為」の結びつき）が、二重傍線部で示されている成分の前掲の特徴（先行する名詞がモノの一部もしくは空間を表わすという特徴）とは相容れないため、いずれも非文もしくは不自然な表現となる。

1.3.5 日本語の「名詞＋方位を表わす成分」

　1.3.4 の②で述べたように、日本語では、名詞の表わすモノが動作・行為に対し空間ではなくそれ自体を提供している場合には、名詞の後に方位を表わす成分を付加しても、(43)～(47) にみられるように自然な表現としては成立しない。方位を表わす成分が名詞の後に付加されるのは、名詞の表わす事物が動作・行為に対して空間を提供する場合である。例えば

　(51)　手の上デ小鳥にエサをやった。
　(52)　船の上デ彼と知り合った。
　(53)　トラックの上デ走り回った。

においては、方位を表わす成分（二重傍線部）を付加された名詞が表わす事物は、いずれも動作・行為に対し空間を提供している。すなわち、(51) は「手の上」という空間において「小鳥にエサをやった」という内容を表わし、(52) は「船の上」という空間において「彼と知り合った」という内容を表わしている。(53) も同様に、「トラックの（荷台の）上」という空間において「走り回った」という内容を表わしている。(51)～(53) の表現例から方位を表わす成分を除くと、名詞の表わす事物は動作・行為に対しそれ自体を提供することとなって、それぞれの表現例が表わす内容には以下のような変化が生じる。

　(51)'　手デ小鳥にエサをやった。
　(52)'　船デ彼と知り合った。
　(53)'　トラックデ走り回った。

　(51)' は、「エサを手に持って（or 手にのせて）小鳥にやった」という内容を表わし、(52)' は「船の上デ彼と知り合った」、「船の話題を通して（船のことで）彼と知り合った」のいずれの内容を表わすことも可能である。

(53)'は、「トラックを運転して走り回った」あるいは「トラックに乗って走り回った」という内容を表わす。

　方位を表わす成分が名詞に付加された場合とそうでない場合とでは、このように内容が全く異なる表現となるのであり、これは、日本語の「～のウエ」、「～のナカ」が具体的な方位・空間の概念を表わすことによる。

1.4　トコロ、手段と表現形式

　以上、トコロ・手段を含んだ表現にみられる日中両言語間の相違およびそのような相違が生じる要因となる統語的制約・支持について考察してきたが、これらをまとめると以下のようになる。

　日本語では、「トコロ――動作・行為」の結びつきと「手段――動作・行為」の結びつきはいずれも「N・デ Vする」形式によって表現することが可能である。また、「N・デ Vする」形式をとる表現の中には、これら2種類の結びつきのいずれにも解されるようなコトガラを表わすものがある。従って、「N・デ Vする」表現の中には「トコロ――動作・行為」、「手段――動作・行為」いずれの結びつきをとるコトガラを表わしているかの判別が困難なものが存在し、言語表現上はこれら2種類のコトガラの境界は明確ではない。一方、中国語では「トコロ――動作・行為」の結びつき、「手段――動作・行為」の結びつきは、それぞれ"在・N・方位詞＋V"、"用・N＋V（連動式表現）"という異なる形式によって表現されるため、日本語の「N・デ Vする」表現のように2種類の結びつきのいずれにもなり得るというケースはなく、言語表現上はそれぞれの結びつきをとるコトガラが明確に区別されている。

　このような相違は、日本語の格助詞「デ」と中国語の前置詞"在"との間、日本語の方位・空間を表わす成分「～のナカ」、「～のウエ」と中国語の方位詞"-里"、"-上"との間にそれぞれ存在する役割の相違にもとづくものである。日本語の格助詞「デ」は純粋な機能語であるが、「N（具象物）・デ Vする」形式においては、場面や文脈に依存したり、名詞と述語動詞との意味上の関係によりトコロ表示、手段表示のいずれの働きをするかが確定されるという性格をもつため、かえって論理関係があいまいとなる場合がある。これに対し中国語の前置詞"在"は、日本語の格助詞「デ」ほどには機能語になりきっておらず、語彙的意味が生きているために、論理関係を明らかに

することが可能な点においては日本語の「デ」よりも優位にある。また、日本語の「〜のナカ」、「〜のウエ」が、先行する名詞から空間を取り出さなくてはならない場合に限って用いられるのに対し、中国語の"‐里"、"‐上"は、先行する名詞の表わすモノ自体をトコロ化する場合に用いられる点で根本的に異なる。

注

1) 本章では、具象物を表わすNを用いた「N・デ Vする」を考察の対象とするため、「N・デ」の部分がいわゆる「道具」を表わすケースが中心となるものの、非道具（＝手段）を表わすとされるケースも一部含まれている。道具格と手段格については『日本語学キーワード事典』: 58を参照。但し、「道具」、「手段」の使い分けが現段階では完全に統一されていないことに加え、中国語のトコロ表現との対照という観点から、本章では「N・デ」が表わす成分を一括して「手段」とする。

2)《中国語教科書》: 253-254 は、"V＋在・トコロ"における"在"は結果を表わす補語であり、ヒトやモノが動作の結果ある一定の場所に存在していることを表わすとしている。

3) 本書では、表現全体が表わす内容を「コトガラ」、述語動詞が表わす内容を「出来事」とする。

4) 奥田のいう「対象的な結びつき」は、「デ」格の名詞と動詞の組み合わせによって作られる4種類の結びつき、すなわち、イ．対象的な結びつき、ロ．規定的な結びつき、ハ．原因的な結びつき、ニ．空間的な結びつき、の一つである。「対象的な結びつき」はさらに8種類に下位分類され（奥田1983a: 325-328を参照）、本章であつかう対象となる表現はこれらのうち、「具体名詞・デ＋具体的な動作を表わす他動詞」、「名詞・デ＋具体的な動作を伴う心理動詞（＝言語活動、認知活動を表わす動詞）」である。

5) 本書では、動詞表現の中心に置かれる名詞が表わす事物を「動作主」ではなく「主体」とし、働きかけ（＝動作・行為）をうけるものを「客体」とする。「動作主」と「主体」の使い分けについては、楠本2002: 3に記述がある。

6) 動作・行為が他者への働きかけをともなわないものである場合、客体は存在しないこととなる。しかし、動作・行為の実現に際し、手段は主体の支配を受けるがトコロは受けないという点では客体が存在する場合と同様である。

7) 中川1997: 42は、道具（本章でいう「手段」）をさらに、動作主に見立てることが可能なものとそれが困難なものとに二分し、両者がコトガラの中において占める位置を図示しているが、本章ではトコロと手段との相違について考察を行なっているため、このような区別をしていない。

8) このような考え方に極めて近いものとして、森山2002: 4-5が挙げられる（但し、同書は「道具」、「手段」を本章とは異なる意味で用いている）。また、仁田1993: 3、9、14のように、「手段、道具」を表わす「N・デ」は動詞の表わす動き・状態・関係の実現・完成にとって非必須・付加的な成分（＝付加成分、非共演成分）であるとする考え方も存在するが、「デ」で示される手段が動作・行為の一部である以上、コトガラの成立にとって不可欠の成分であるとみるのが妥当である。

9) 本章は"在・N・方位詞＋V"を「前置詞句＋動詞」構造として、"用・N＋V"を連動式表現としてあつかっている。《現代汉语虚词例释》: 499のように、"用・N＋V"を「前置詞句＋動詞」構造とするものもあるが、本章では

　　① (10)b、(10)cにみられるように、"用・N＋V"の形式は、"用"以外の動詞

を用いた他の連動式表現の場合と同様の相違を"在・N・方位詞+V"との間に有する。

② "在"の語彙的意味は状態性が極めて強い（＝動作性が弱い）のに対し"用"のそれは動作性が極めて強い。

の2点にもとづき"用・N+V"を連動式表現としてあつかう。《現代汉语八百词》：553も"用・N+V"を連動式としている。なお、王占华 1996：44には中国語の「"在・トコロ+V"→"用・手段+V"」の置き換えの可否について詳細な例が挙げられている。

10) "不+在・トコロ+V"、"在・トコロ+不+V"間にみられる"不"の作用域の相異については、西槙 1993：52-54、同 1994：49、針谷 2000：48-51 を参照。

11) "用・手段+不+V"が成立しない点については、西槙 1994：40-41 にも同様の指摘がある。

12) "在"のほか、"从、往、向、到、被、给"など、一般に前置詞とよばれているものの多くは動詞から変化してきており、動詞としての語彙的意味を留めている。これらが純粋な動詞と区別される根拠は、《汉语知识》：93 によれば、①単独で使用することができず、名詞・代名詞の前に置かれて動詞もしくは形容詞の従属成分をつくる。②重ねることができない。③いわゆる時態助詞の"－了、－着、－过"や方向動詞の"来、去、上来、下去"などを付加することができない、の3点である。しかし、これらはいずれも形態上の特徴であり、意味上は動詞としての特徴を強く留めている。

13) 中国語の前置詞句"在・N（・方位詞）"はトコロを表わすほか、時間・範囲・条件などを表わすが、これらの中で具象物はトコロのみである。そして、前置詞"在"はもともと存在を表わす動詞であるため、トコロ以外の時間・範囲・条件などを表わす用法はいずれも派生的なものであると考えられる。芝田・鳥井 1985：162 は、「"在"が前置詞句を構成して連用修飾語となる時は、その多くが動作・行為の行なわれた地点あるいは空間（場所）について修飾・限定するのが普通であった」としている。一方、日本語の「N・デ」により表わされるトコロ、手段はいずれも具象物である。さらに、トコロ表示、手段表示の2種類の用法は、現代語における用法をみる限り、いずれが本来的な用法であり、いずれが派生的な用法であるかということが、中国語の"在"の場合ほどには明白ではない。本章では、中国語の前置詞"在"、日本語の格助詞「デ」がそれぞれ具象物を表わす名詞と組み合わされる場合に限ってあつかい、その制限のもとで「中国語の前置詞"在"はトコロ表示の機能を、日本語の格助詞「デ」は手段表示、トコロ表示という複数の機能を担う」とする。なお、"在"、「デ」がいずれも本来は動詞である点、文法機能語化の度合いに差異がみられる点については、朴貞姫 2002：140、142 に記述がある。

14) 森田 1980：324、同 1990：191 は、「砂場デ遊ぶ」の「砂場」は遊ぶ場所とも手段とも解することが可能であるとし、中川 1997：36 は、「洗面器デ雑巾を洗う」の「洗面器」は場所と道具を兼ねるとしている。また、荒川 1981a：3 は「ベッドデネタ」の「ベッド」は場所というより手段とみた方がよいとしている。トコロとモノとの間に連続性がみられるという点については、同：5のほか、森山 1988：176-177 を参照。

15) この特徴は、菱沼1990：85が「受動的な道具」としたものにあてはまる。菱沼は、イ．使用者による操作が必要な「能動的な道具」、ロ．使用者による操作を必要としない「受動的な道具」というカテゴリーをもうけている。
16) 中川1990：235-236、朴貞姫2002：150においてもこのような指摘がなされている。深層格のカテゴリーの境界が明確ではないという点については、山梨1993：47-48を参照。森山2002は、「デ」によって示される道具、場所などの様々な意味は、同じ意味を共有しつつネットワーク構造をなし相互に関係しあっているという認知言語学的な観点から、「デ」の意味のネットワークについて考察を行なっている。
17) 輿水1985：92-94は、方位詞 "- 里、- 上" は、意味が通る限りほぼ任意の名詞の後に付加されて方位詞連語をつくることができ、その方位詞連語には、イ．語彙的意味を明確に表わす、ロ．語彙的意味が希薄である、ハ．語彙的意味を全く表わさない、の三つの場合があるとし、以下のような例を挙げている。
　　イ．"桌子上（テーブルのウエ）"、"床上（ベッドのウエ）"、"山上（山のウエ）"、"城里（城壁のナカ）"、"门里（ドアのナカ）"
　　ロ．"身上（からだ）"、"信上（手紙）"、"心里（心のナカ）"、"手里（手のナカ）"
　　ハ．"村上（村）"、"世界上（世界）"、"县里（県）"、"背地里（背後）"
18) 但し、同一のモノ名詞に - 里、- 上 のいずれを付加することも可能である場合には、相互に意味的な相違が生じることがある。保坂・郭2000：242-243は、"我在电视上看见她了。" は「テレビの画面に写っている彼女を見た」を表わすのに対し、"我在电视里看见她了。" は「テレビの番組に出演している彼女を見た」を表わすことも可能であるという例を挙げ、"电视上" は純粋に二次元的なトコロを表わすのに対し、"电视里" は「テレビという媒体」をも指すとしている。このようなケースの存在は、"- 里"、"- 上" が主として抽象的な概念を表わしつつ、具体的な方位の概念を残していることを示している。

第2章
"在・トコロ" と「トコロ・ノ」

2.0　はじめに
中国語では
　　　(1) 他在书包里找钱包。　　　(2) 灯火在屋里熄灭了。
の実線部のようにトコロが述語の連用修飾成分として表現されるのに対し、日本語では
　　　(1)' 彼はカバンの中ノ財布を探している。
　　　(2)' 部屋ノ明かりが消えた。
の波線部のようにトコロが客体または主体の連体修飾成分[1]として表現される場合がある。日中両言語間にみられるこのような形式上の相違は、動作・行為に関わるトコロがコトガラ全体の中でどのように位置づけられているかの相違にもとづくものであり、それについて考察を行なうことは、動詞表現に用いられてトコロを示す"在"、「デ」、「ノ」の使用条件について、従来よりも一層正確に記述することにつながる。

　本章は、中国語の"主体+在・トコロ+V+客体"、"主体+在・トコロ+V"表現と、これらに対応する日本語の「主体は（が）トコロ・ノ客体をVする」、「トコロ・ノ主体は（が）Vする」表現を対照させることによって、日中両言語間にみられるトコロを示す成分の使用条件の相違について考察するとともに、そのような相違が、動詞の性格やトコロを表わす成分の表現中における位置との間にどのような関連性を有しているかについて明らかにすることを目的とする。

2.1　トコロを示す"在"と「ノ」
2.1.1　"在・トコロ"、「トコロ・デ」と主体の位置
　(1)、(1)'と同様の表現例としては、例えば以下のようなものが挙げられる。

　　　(3) 他在桶里捉鱼了。　　　(3)' 彼は桶の中ノ魚を捕えた。
　　　(4) 他在桌子上按了文件了。　　(4)' 彼は机の上ノ書類を押えた。

31

(5) 他用手巾在脸上揩汗珠了。　(5)′ 彼は手拭いで顔ノ汗を拭いた。
(6) 他在墨盆里蘸墨汁了。　(6)′ 彼はインクスタンドノインクを
　　　　　　　　　　　　　　　　つけた。

　これらの表現例においてはいずれも、同一の出来事に関わるトコロが、中国語の表現においては述語の連用修飾成分として、日本語の表現においては客体の連体修飾成分として表現されている。つまりこれらの修飾成分は、中国語においては働きかけが行なわれるトコロ、日本語においては客体が存在するトコロを表わしているのである[2]。(1)・(1)′、(3)・(3)′〜(6)・(6)′のいずれについても、表現の下地となる客観的事実においては、客体はトコロに存在し、主体がトコロの範囲外から客体に働きかけているということができる。日本語においてはこのような場合、中国語の"在・トコロ"のように、格助詞「デ」を用いてトコロを述語の連用修飾成分として表現することはできない。これは、

・日本語の格助詞「デ」がトコロ表示のマーカーとして動詞表現に用いられる場合、主体がトコロに存在するという条件を満たしていなければならない。

ためである[3]。従って、この条件を満たしていない以下の表現例は、いずれも自然な表現としては成立しない。

(1)″ ＊彼はカバンの中デ財布を探している。
(3)″ ？彼は桶の中デ魚を捕えた。
(4)″ ？彼は机の上デ書類を押えた。
(5)″ ＊彼は手拭いで顔デ汗を拭いた。
(6)″ ＊彼はインクスタンドデインクをつけた。

(1)″は、主体が実線部のトコロを占めることができず、主体がトコロに存在するという「トコロ・デ」の使用条件を満たすことができないために非文となる。(3)″は、「彼は桶の中に入って桶の中の魚を捕えた」ことを表わす表現としては成立するが、「彼は桶の外から桶の中の魚を捕えた」ことを表わす表現としては非文である。(4)″も、「彼は机の上に乗って書類を押えた」という特殊な状況設定をしない限り成立せず、「（机の前にいる）彼は机の上にある書類を（風に吹き飛ばされないように）押えた」というような場面に用いられる(4)′とは異なる。また、(5)″、(6)″においては、実線部の「デ」はトコロではなく手段を示すこととなり、表現全体はそれぞれ「彼は

手拭いで顔を使って汗を拭いた」、「彼はインクスタンドを使ってインクをつけた」という通常あり得ないコトガラを表わすため非文となる[4]。(1)″、(3)″、(4)″の実線部からそれぞれ「〜の中」、「〜の上」を除いた場合も同様に「非トコロ名詞・デ」となるため、「デ」は手段を表わすこととなり、(1)″は「カバンを使って財布を探している」、(4)″は「彼は机を使って書類を押えた」という通常あり得ないコトガラを表わすこととなって非文となる。一方、(3)″の場合は「彼は桶を使って水の中の魚を捕えた」というコトガラを表わす表現となり、表現そのものは成立するが、(3)′と同様の内容を表わすことはできない。

　以上のように、(1)″、(3)″〜(6)″はいずれも、主体がトコロに存在しなければならないという「デ」の使用条件を満たしていないことにより、自然な表現としては成立しない。

2.1.2　トコロと働きかけとの関わり

　(1)・(1)′、(3)・(3)′〜(6)・(6)′にみられる日中両言語間の表現形式上の相違は、何を意味するのであろうか。(1)、(3)〜(6)のトコロは述語の連用修飾成分として、(1)′、(3)′〜(6)′のトコロは客体の連体修飾成分として表現されている。(1)、(3)〜(6)および(1)′、(3)′〜(6)′における主体、客体、トコロ、働きかけの4者の関係は、それぞれ以下の通りである。すなわち、前者においては

　　①主体がトコロにおいて客体に働きかけるという関係

であるのに対し、後者においては

　　②トコロに存在する客体に対し主体がトコロの範囲外から働きかけるという関係

である。①の関係は1.1.2で挙げた図2によって、②の関係は次頁の図3によってそれぞれ示すことができよう。

　図2、図3のいずれにおいても働きかけは主体から客体におよんでいる。しかし、図3においては、働きかけは客体におよぶと同時にトコロにも向かっているのに対し、図2においてはトコロには向かわず、トコロは働きかけが客体におよぶ際の場所設定にすぎない。このことはすなわち、図2よりも図3における方が、トコロが働きかけに対してより深く関わっていることを意味する。また、図3におけるトコロは主体からみれば客体と一体のもの

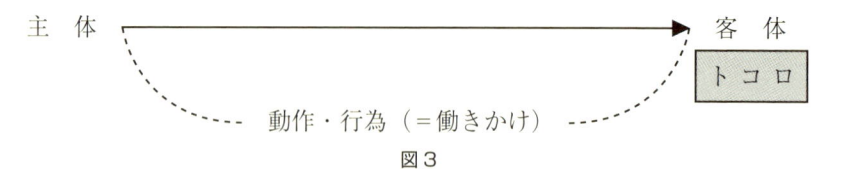

第Ⅰ部　中国語前置詞"在"と日本語格助詞の対照

```
主　体 ─────────────────────▶ 客　体
         ╲                      ╱ ┌─────┐
          ╲                    ╱  │トコロ│
           ╲ - 動作・行為（＝働きかけ）- ┘
```
図３

として認識される。この点については、以下のようなことが根拠として挙げられる。(1)'、(3)'～(6)' の波線部における名詞あるいは名詞句はいずれも、客体が存在するトコロを表わしている。トコロと客体とは「トコロ・ノ客体」のカタチをとり、それ全体が一体言相当の成分となって述語に対して形式上の一体性を有している。さらに、客体とトコロの関係は、客体がトコロに存在するという関係、すなわち存在物とトコロの関係であるから、「トコロ・ノ客体」における「ノ」は、「ニアル（ニイル）」[5]または「ニＶテアル（テイル）」[6]に置き換えることができる。従って、(1)'、(3)'～(6)' の「トコロ・ノ客体」は、それぞれ以下のような表現に変換することが可能である。

(7)　カバンの中ニアル財布
(8)　桶の中ニイル魚
(9)　机の上ニアル書類
(10)　顔ニ出テイル汗
(11)　インクスタンドニ入レテアル（入ッテイル）インク

寺村 1992：192-195 は、(7)～(11) のような連体修飾構造において被修飾成分となっている名詞は、修飾成分の用言に対して補語と考えることのできるような関係（内の関係）を内在するとしている。つまり (7)～(11) の場合、寺村の表現を借りれば、被修飾成分となっている名詞は、それらに格助詞「ガ」を付加して修飾成分の用言と結びつけることができるような関係をその用言あるいは修飾成分全体に対してもっているということである。このため、(7)～(11) はさらに、それぞれ以下のような表現に変換することが可能である。

(7)'　財布ガカバンの中ニアル。
(8)'　魚ガ桶の中ニイル。
(9)'　書類ガ机の上ニアル。
(10)'　汗ガ顔ニ出テイル。
(11)'　インクガインクスタンドニ入レテアル（入ッテイル）。

このことは換言すれば、(7)～(11)は、(7)'～(11)'のように本来は一つの表現を構成していた成分が、修飾・被修飾という関係に転じたものであるということができる[7]。(7)'～(11)'において「ガ」で示される主体と「ニ」で示されるトコロはいずれも出来事の成立に直接的に関わる成分であるため[8]、(7)～(11)の修飾成分が表わすトコロと被修飾成分が表わすモノも、修飾成分の用言が表わす出来事に直接的に関わる成分であるということができる。

以上の理由により、(1)'、(3)'～(6)'における客体とトコロは、「トコロ・ノ客体」のカタチをとり、それ全体が一体言相当の成分として働くという形式上の一体性だけでなく、客体がトコロに存在するというコトガラの成立にとって不可欠の成分であるという点で、意味上の一体性をも有することとなる。図3においては、客体とトコロは上記のように一体性を有するため、トコロは働きかけのおよぶ対象の範疇にある。一方、図2においては、トコロはコトガラの成立に不可欠の成分ではなく、働きかけのおよぶ対象の範疇にはない。(1)、(3)～(6)における"在・トコロ"は働きかけが行なわれるトコロを表わす点において日本語の「トコロ・デ」と共通しているため、寺村1982のいう副次補語にあたる。これに対し(1)'、(3)'～(6)'においては、客体は働きかけがおよぶ先を表わしており、「トコロ・ノ」は客体の連体修飾成分として客体を限定している。前述したように、連体修飾成分となっているトコロと被修飾成分となっている客体は、言語表現の中では形式上も意味上も一体のものとして機能しているため、両者は一体となって述語の必須補語を構成しているということができる。必須補語は副次補語よりも述語との結びつきが強い成分であるため、(1)'、(3)'～(6)'における「トコロ・ノ」は、必須補語の一部であるという点から、副次補語である(1)、(3)～(6)の"在・トコロ"に比べ、述語との結びつきがより強いということができよう。

また、1.1.1で紹介した小矢野1989：78-79の考え方によって(1)・(1)'、(3)・(3)'～(6)・(6)'にみられる日中両言語の表現形式上の相違をみていくと、以下のようになる。(1)、(3)～(6)における"在・トコロ"が表わしているのは、日本語の「トコロ・デ」と同様に、述語動詞の語彙的な意味が表わす出来事が成立する際の外的な背景や環境（時間・空間・原因など）の一つであり、出来事の成立に直接的には関わらない成分である。一方、(1)'、(3)'～(6)'における「トコロ・ノ」が表わしているのは、出来事の成立に

直接的に関わるメンバーの一つである客体が存在するトコロである。そして、連体修飾成分となっているトコロと被修飾成分となっている客体とは、前述したように形式上・意味上の一体性を有するため、両者はトータルとして出来事の成立に直接的に関わるメンバーの一つを構成することとなる。従って、「トコロ・ノ」は"在・トコロ"とは異なり、トコロをコトガラの内部に属するものとして表現する形式であるということとなる。

(1)・(1)'、(3)・(3)'～(6)・(6)'において、以上述べたような日中両言語の表現形式上の相違がみられるのは、以下のような要因による。

・動詞表現に用いられる場合、日本語のトコロを示す格助詞「デ」は主体がトコロに存在するという条件を満たさなければならないのに対し、中国語のトコロを示す前置詞"在"はその必要がない[9]。

従って、トコロに存在する客体に対し、主体がトコロの範囲外から働きかけるというコトガラを表わす場合、中国語では、前置詞"在"によってトコロを述語の連用修飾成分として表現することができるのに対し、日本語では格助詞「デ」によってトコロを述語の連用修飾成分として表現することはできないが、「ノ」によってトコロを客体の連体修飾成分として表現することは可能である。このことは換言すれば、中国語ではトコロを述語の副次補語として表現することができるのに対し、日本語ではそのようにすることはできず、必須補語の一部として表現することは可能ということである。

2.1.3　主体の意志と動作・行為の時間的有限性

2.0 で挙げた

　　(2) 灯火在屋里熄灭了。　　(2)' 部屋ノ明かりが消えた。

と同様の表現例としては、さらに以下のようなものが挙げられる。

　　(12) 鲤鱼在池子里死了。　　(12)' 池ノ鯉が死んだ。
　　(13) 书包在背后叽扒响。　　(13)' 背中ノカバンがカタカタと鳴った。
　　(14) 牵牛花在院子里开着。　　(14)' 庭ノ朝顔が咲いている。
　　(15) 水在铁壶里开着。　　(15)' やかんノ湯が沸騰している。

(2)・(2)'、(12)・(12)'～(15)・(15)' のいずれにおいても、同一のコトガラに関わるトコロが、中国語の表現においては述語の連用修飾成分として、日本語の表現においては主体の連体修飾成分として表現されている。このことは、同一のコトガラに関わるトコロが、中国語では出来事の生じるトコロ

として、日本語では主体が存在するトコロとして表現されているということである。このような場合、日本語においては「デ」によってトコロを示そうとすると、主体がトコロに存在しているにもかかわらず、以下のように非文もしくは不自然となる。

　(2)″　？明かりが部屋デ消えた。
　(12)″　？鯉が池デ死んだ。
　(13)″　？カバンが背中デカタカタと鳴った。
　(14)″　？朝顔が庭デ咲いている。
　(15)″　＊湯がやかんデ沸騰している。

(2)″、(12)″〜(15)″の述語動詞はいずれも無意志動詞であり、主体の意志によって実現する出来事を表わすものではない。「トコロ・デ」が動詞表現に用いられる場合には、動作が意志的なものであることが要求されるため、いずれも自然な表現として成立しないのである[10]。

意志的な動作・行為は動きをともなったものであることが多く、その結果よりは過程が問題となるものである。益岡1987：16は、動的動詞についてその動作、出来事の行なわれる場所を表わすには「〔場所〕デ」が、静的（存在）動詞についてそのものの存在する場所を表わすには「〔場所〕ニ」が使われるとしている。さらに鈴木・王1987：60-61は、ある動作・作用を一時的・瞬間的なものとして表現する場合には「デ」を、永続的・持続的なものとして表現する場合には「ニ」を使うと結論づけている[11]。いずれにせよ、意志的な動作・行為は一般に動きをともない、かつ、状態とは異なって時間的に有限であることは否定できない。「トコロ・デ」がこのような特徴を有するため、(2)″、(12)″〜(14)″が用いられる場合の状況としては、例えば以下のようなケースが考えられる。

(2)″は、例えば「外に吊るされている火のついたランプを家の中に持って入ったら、部屋の中でフッと消えた」という場面を、(12)″は例えば「沼で釣ってきた鯉を持って帰り、家の庭にある池に放したら、酸素不足のために死んでしまった」という場面をそれぞれ設定すれば自然な表現として成立する。また、(13)″は例えば「走っていると、背中に背負った空の弁当箱の入っているカバンがカタカタと鳴った」という場面を、(14)″は例えば「友達からもらった朝顔の種を家の庭にまいておいたらそれが成長し、その朝顔の花が家の庭で咲いている」という場面を設定すれば自然な表現として成立

する。(2)″、(12)″～(14)″いずれの表現例も、主体となっている「明かり」、「鯉」、「カバン」、「朝顔」が既知のものであり、上記の場面のように極めて限られた状況のもとでのみ成立する。さらに、(2)″、(12)″、(14)″が成立する場合の例として挙げた上記の場面では、それぞれ「デ」によって示されるトコロと他のトコロとの対比がなされている。すなわち、例えば(2)″では外との、(12)″では沼との、(14)″では友達の所との対比がなされている。(15)″においては実線部が「非トコロ名詞・デ」であるため、「デ」はトコロではなく手段を示すこととなるが、湯がやかんという手段で沸騰するなどということはあり得ないために非文となる。(15)″は、実線部を「やかんの中デ」に改め、例えば「ガス台の上にやかんをかけたまま外で洗濯物を干していて、台所に戻って来たら、湯がやかんの中でグラグラと沸騰しているところだった」というような場面を設定すれば自然な表現として成立する。この場合も(2)″、(12)″～(14)″と同じく、主体である「湯」は既知のものであり、限られた状況のもとにおいてのみ成立する表現である。

(2)″、(12)″～(15)″のほか、例えば

(16) 彼は異郷の地デ死んだ。

(17) 流れ星が西の空デ消えた。

(18) 彼は病院のベッドデ目を覚ました。

という表現例においても、述語の表わす出来事は主体の意志によるものではないため、前述したような「デ」の使用条件は満たされていない。いずれの表現例も、主体がトコロの範囲外から実線部のトコロに移動して来て出来事が実現したというニュアンスを含んでおり、例えば以下のような文脈のもとにおいてなら一層自然な表現となる。

(16)′ 彼は中東を旅行している最中、不幸にも内戦に巻き込まれ、異郷の地デ死んだ。

(17)′ 流れ星が南の空に現われ、一直線に飛んで西の空デ消えた。

(18)′ 彼は仕事中急に意識を失って倒れ、病院に運び込まれて翌朝病院のベッドデ目を覚ました。

(16)～(18)がいずれも上記のようなニュアンスを含むのは、やはり主体の意志による動的かつ時間有限的な出来事が実現するトコロを示すという「デ」の特徴によるものである。なぜならば、(16)～(18)が自然な表現として成立する場合の例として挙げた(16)′～(18)′においては、「トコロ・デ」

がそれぞれ「旅行する」、「飛ぶ」、「運び込む」のような、意志的であり動的かつ時間有限的な出来事の結果として「死ぬ」「消える」「目を覚ます」が実現したトコロを表わしているからである。(17)'の場合、飛ぶのは流れ星であるから意志をもち得ないのであるが、表現の中では意志をもったものというニュアンスが感じられる。

2.1.4 トコロと出来事との関わり

(2)、(12)〜(15) および (2)'、(12)'〜(15)' における主体、トコロ、出来事の3者の関係は、それぞれ以下の通りである。すなわち、前者においては

　③主体がトコロにおいて出来事を実現するという関係

であるのに対し、後者においては

　④トコロに存在する主体が出来事を実現するという関係

である。

(2)、(12)〜(15) における"在・トコロ"は、述語動詞の連用修飾成分となって出来事が実現するトコロを表わす点においては (1)、(3)〜(6) の"在・トコロ"と同様である。一方、(2)'、(12)'〜(15)' における「トコロ・ノ」は、主体の連体修飾成分として主体が存在するトコロを表わしている。2.1.2で述べたように、連体修飾成分となっているトコロと被修飾成分となっているモノは、形式上・意味上の一体性を有しており、このことは (2)'、(12)'〜(15)' におけるトコロと主体についてもあてはまる。(2)'、(12)'〜(15)' のいずれにおいても、「トコロ・ノ主体」は一体言相当の成分として述語に対し形式上の一体性を有し、主体とトコロは、存在物とトコロの関係（＝主体がトコロに存在するという関係）にある。このため、「トコロ・ノ主体」は (1)'、(3)'〜(6)' の「トコロ・ノ客体」の場合と同様に、「ノ」を「ニアル（ニイル）」または「ニVテアル（テイル）」に置き換えて以下のような表現に変換することが可能である。

　(19) 部屋ニともっテイル明かり
　(20) 池ニイル鯉
　(21) 背中ニ背負っテイルカバン
　(22) 庭ニ生えテイル朝顔
　(23) やかんニ入れテアル（入っテイル）湯

39

(19)〜(23) のいずれにおいても (7)〜(11) の場合と同様に、被修飾成分となっている名詞は、それに格助詞の「ガ」あるいは「ヲ」を付加して修飾成分の用言と結びつけることのできる関係を、その用言あるいは修飾成分全体に対してもっているため、(19)〜(23) はさらに、それぞれ以下のような表現に変換することが可能である。

(19)' 明かりガ部屋ニともつテイル。

(20)' 鯉ガ池ニイル。

(21)' カバンヲ背中ニ背負っテイル。

(22)' 朝顔ガ庭ニ生えテイル。

(23)' 湯ガやかんニ入れテアル（入っテイル）。

(19)〜(23) もまた、(7)〜(11) の場合と同様に、(19)'〜(23)' のように本来は一つの表現を構成していた成分が修飾・被修飾という関係に転じたものである。(19)'〜(23)' において「ガ」、「ヲ」によりそれぞれ示される主体、客体と、「ニ」により示されるトコロは、いずれも出来事の成立に直接的に関わる成分である。このため、(2)'、(12)'〜(15)' における主体とトコロは「トコロ・ノ主体」のカタチをとり、それ全体が一体言相当の成分であるという形式上の一体性だけでなく、主体がトコロに存在するというコトガラの成立にとって不可欠の成分であるという点で意味上の一体性をも有することとなる。

1.1.1 で述べたような寺村 1982 の「必須補語」、「副次補語」の考え方に依拠して (2)・(2)'、(12)・(12)'〜(15)・(15)' における日中両言語の表現形式上の相違をみていくと、以下のようになる。(2)、(12)〜(15) における"在・トコロ"は、述語の連用修飾成分として出来事が実現するトコロを表わすという点で、(1)、(3)〜(6) の"在・トコロ"との間に統語的・意味的な共通点を有するため、述語の副次補語にあたる。これに対し、(2)'、(12)'〜(15)' におけるトコロは主体の連体修飾成分となっており、主体と一体になって述語の必須補語を形成しているということができる。従って、(2)'、(12)'〜(15)' における「トコロ・ノ」は、必須補語の一部であるという点で、副次補語である (2)、(12)〜(15) における"在・トコロ"に比べ、述語との結びつきがより強いということとなる。

さらに、小矢野 1989 の考え方によってみていくと、以下のようになる。(2)、(12)〜(15) の"在・トコロ"は述語動詞の"lexical meaning"として

の出来事が成立する際の外的な背景・環境の一つを表わすのに対し、(2)'、(12)'～(15)'の「トコロ・ノ」は、出来事の成立に直接的に関わるメンバーである主体が存在するトコロを表わす。そして、トコロと主体は、前述したように形式上・意味上の一体性を有するため、両者はトータルとして出来事を直接的に成立させるメンバーの一つを構成することとなる。従って、「トコロ・ノ」は"在・トコロ"とは異なり、トコロをコトガラの内部に属するものとして表現する形式であるということとなる。

いずれにせよ、(2)・(2)'、(12)・(12)'～(15)・(15)'の場合も、(1)・(1)'、(3)・(3)'～(6)・(6)'の場合と同様に、日本語の表現における方が中国語の表現におけるよりも、トコロが述語の表わす出来事の成立により深く関わるものとしてとらえられていることとなるが、このような相違が存在するのは、以下のような要因による。

・動詞表現に用いられる場合、日本語のトコロを示す格助詞「デ」は主体がトコロに存在するという条件のほか、述語の表わす出来事が主体の意志による動的かつ時間有限的なものであるという条件をも満たさなければならないのに対し、中国語のトコロを示す前置詞"在"はこのような条件を満たす必要がない[12]。

従って、主体がトコロに存在していても、出来事が上記の条件を満たしていない場合、"主体＋在・トコロ＋V＋客体"と「主体は（が）トコロ・ノ客体を Vする」表現について分析した2.1.2の結果と同様のことがあてはまる。

2.2 "トコロ・的"を用いた表現
2.2.1 "主体＋V＋トコロ・的＋客体"の表現

中国語には、日本語の「トコロ・ノ」に対応する連体修飾形式として"トコロ・的"が存在する。

(1)、(3)～(6) および (2)、(12)～(15) は、日本語の (1)'、(3)'～(6)' および (2)'、(12)'～(15)'のように、それぞれ"主体＋V＋トコロ・的＋客体"および"トコロ・的＋主体＋V"の形式をとる表現に変換することが可能である。このことは、同一のコトガラに関わるトコロを、日本語では客体あるいは主体の連体修飾成分として表現するにとどまるのに対し、中国語では、述語の連用修飾成分、客体あるいは主体の連体修飾成分のいずれとし

て表現することも可能なケースが存在することを意味する。(1)、(3)〜(6)の表現例を、それぞれ"トコロ・的"を用いた形式に変換すると、以下のようになる[13]。

　　(24) 他找了书包里的钱包了。
　　(25) 他捉了桶里的鱼了。
　　(26) 他按了桌子上的文件了。
　　(27) 他用手巾揩了脸上的汗珠了。
　　(28) 他蘸了墨盆里的墨汁了。

(24)は「カバンの中には（必ず）財布がある」ということが前提となる点で、そのような前提を必要としない(1)とは異なる。(1)の実線部は財布が存在するトコロではなく、"找"という働きかけが行なわれるトコロを表わすにとどまる。(25)は、「彼は桶の外、魚は桶の中」という主体、客体の位置関係が明確であるのに対し、(3)は多義的である[14]。(4)、(26)の場合にもこれと同様のことがあてはまり、「彼は机の上にはいない、書類は机の上にある」という主体、客体の位置関係は、(26)の方が(4)よりも明確である。(4)が通常「彼は机の上に乗って書類を押さえた」と解されないのは、それが極めて特殊な状況であることによる。(27)、(28)は、(1)、(3)、(4)および(24)〜(26)の場合に比べ、トコロ表現の連用修飾成分を用いた(5)、(6)との相違がそれほど明確ではないものの、働きかけが客体におよぶと同時にトコロにも向かっているという意味が明確に示されている。

(24)〜(28)と(1)、(3)〜(6)との間にみられる相違をまとめると、以下のようになる。(24)〜(28)では、"トコロ・的"と客体とが一体となって述語の必須補語を形成している[15]。この点では日本語の表現例である(1)'、(3)'〜(6)'と同様であり、(24)〜(28)についても2.1.2で示した図3が適用できる[16]。従って、(24)〜(28)においては、働きかけが客体におよぶと同時にトコロにも向かっているという意味が明確であるのに対し、(1)、(3)〜(6)においてはそのような意味はなく、トコロはコトガラ成立にとって不可欠の成分ではない。

以上、"主体＋在・トコロ＋Ｖ＋客体"、"主体＋Ｖ＋トコロ・的＋客体"のいずれの形式によっても表現可能なコトガラを取り上げ、その上で二つの形式の相違について考察したが、一方では、二つの形式のいずれか一つによって表現されるコトガラも存在する。働きかけはトコロで行なわれるが、

客体はトコロに存在しない（or 存在するか否かが明白ではない）場合には、"主体＋Ｖ＋トコロ・的＋客体"よりも"主体＋在・トコロ＋Ｖ＋客体"形式が用いられる傾向が強い。例えば

　　(29)　他在飞机上看海。(朱德熙 1981：9)
　　(30)　我在岸上钓鱼。(中川 1990：234)

においては、"看"、"钓"という働きかけはそれぞれ"飞机上"、"岸上"というトコロにおいて行なわれるが、客体である"海"、"鱼"は"飞机上"、"岸上"には存在しない。このため、(29)、(30)を、客体がトコロに存在することを前提とする"主体＋Ｖ＋トコロ・的＋客体"の形式に変換した以下のような表現例は非文となる。

　　(29)'　＊他看飞机上的海。
　　(30)'　＊我钓岸上的鱼。

また、

　　(31)　乞丐在垃圾中寻找食物。
　　(32)　我在河里摸了一条鱼。

は、それぞれ「コジキがゴミの中（にあるはず）ノ食べ物を探している」、「私は川の中ノ魚を手探りで捕えた」という内容を表わしているが、コジキはゴミの中に食べ物があるかどうかについて必ずしも確信をもって探しているとは限らない。また、川の中の魚を手探りで捕えようとする場合、川の中に魚がいるかどうかについて「私」は確信をもっているとは限らない。すなわち、(31)、(32)においては、客体がトコロに存在するかどうかは明白ではない[17]。従って、客体がトコロに存在することを前提とする"主体＋Ｖ＋トコロ・的＋客体"形式に変換した以下の表現例は不自然となる。

　　(31)'　？乞丐寻找垃圾中的食物。　　(32)'　？我摸了一条河里的鱼。

　さらに、客体はトコロに存在するが働きかけはトコロの範囲外あるいはトコロの範囲を越えて行なわれることが明白である場合には、"主体＋在・トコロ＋Ｖ＋客体"よりも"主体＋Ｖ＋トコロ・的＋客体"形式が用いられる傾向が強い。例えば

　　(33)　他望着天空中的淡灰色的云块。(三人行：144 をもとに作例)
　　(34)　我又看见抽屉上的那把锁了。

においては、客体である"淡灰色的云块"、"那把锁"は、それぞれ"天空中"、"抽屉上"というトコロに存在するが、"望"、"看"という働きかけはトコロ

の範囲外において行なわれる。(33)、(34) はいずれも、波線部のトコロに存在する客体を、主体がトコロの範囲外から見るという内容を表わしている。一方、

　　(35) 体育主任拿起桌子上的壁报跑过来了。
　　(36) 她抢过书桌上的小刀儿就向小张刺过去。(三人行:148をもとに作例)

においては、客体である"壁报"、"小刀儿"はそれぞれ"桌子上"、"书桌上"に存在するが、"拿"、"抢"という働きかけはそれぞれ"桌子上"、"书桌上"を起点として別のトコロに向かっており、トコロの範囲を越えることとなる。(35)、(36) はそれぞれ"拿起"、"抢过"のように述語動詞が方向補語をともなっており、トコロに存在する客体をその範囲外に移動させるという内容を表わしている。

　(33)〜(36) が表わすコトガラにおいては、述語の表わす働きかけがトコロの範囲内では行なわれないため、(33)〜(36) を"主体＋在・トコロ＋V＋客体"形式に変換すると、以下のように表現の整合性が劣ることとなる。

　　(33)'　? 他在天空中望着淡灰色的云块。
　　(34)'　? 我又在抽屉上看见那把锁了。
　　(35)'　? 体育主任在桌子上拿起壁报跑过来了。
　　(36)'　? 她在书桌上抢过小刀儿就向小张刺过去。

"主体＋在・トコロ＋V＋客体"、"主体＋V＋トコロ・的＋客体"表現が成立する条件はそれぞれ

　・働きかけがトコロの範囲内で行なわれること（"主体＋在・トコロ＋V＋客体"）
　・客体がトコロに存在すること（"主体＋V＋トコロ・的＋客体"）

であるため、表現されるコトガラの内容が両方の条件を満たしている場合にはいずれの形式による表現も可能であるが、(29)・(29)'〜(36)・(36)'のように、いずれか一方の条件を満たしていない場合には、その条件が必要とされる形式によって表現することがむずかしくなる[18]。

2.2.2　"トコロ・的＋主体＋V"の表現

　(2)、(12)〜(15) の表現例を、それぞれ"トコロ・的"を用いた表現形式、すなわち"トコロ・的＋主体＋V"に変換すると、以下のようになる。

　　(37) 屋里的灯火熄灭了。

(38) 池子里的鲤鱼死了。
　(39) 背后的书包叭叭响。
　(40) 院子里的牵牛花开着。
　(41) 铁壶里的水开着。

　(2)、(12)～(15)と(37)～(41)とを比較すると、前者は後者よりも、主体がとりたてられた表現となっている。すなわち、前者においては主体に視点が置かれ、主体がどうであるかを述べることに表現の比重がかかっている。

　(2)、(37)の"熄灭"、(12)、(38)の"死"、(14)、(40)の"开（咲く）"はいずれもその変化の結果だけが問題となる出来事であり、ある状態から別の状態への変化である。つまり、"熄灭"は明かりがともっている状態からともっていない状態への変化を、"死"は生きている状態から死んでいる状態への変化を、"开"は咲いていない状態から咲いている状態への変化をそれぞれ表わしているということである。あるものの存在のありようは一種の状態であり[19]、非時間有限的なものであるということができるが、上記のような状態の変化は、存在のありようの変化であるということができる。このように、状態および状態の変化はいずれも主体の存在と密接な関わりをもっているため、主体そのものとの関わりが極めて密接であるということができる。(2)、(37)の"熄灭了"、(12)、(38)の"死了"は状態の変化を、(14)、(40)の"开着"は状態を表わすため、いずれも主体そのものとの関わりが極めて深い。

　一方、(13)、(39)の"响"、(15)、(41)の"开（沸騰する）"は、いずれも主体の意志によらない点においては(2)、(37)の"熄灭"、(12)、(38)の"死"、(14)、(40)の"开"と共通するが、時間有限的である点においては(1)、(3)～(6)の述語動詞が表わす出来事と共通する。但し、(1)、(3)～(6)の述語は主体から客体への働きかけを表わし、この働きかけは図2、図3で示したように、主体の存在そのものとは別個のものとして認識される。この点(13)、(39)の"响"、(15)、(41)の"开"はあいまいであり、主体の存在そのものとは別個のものであると断定することはできず、見方によっては"响"、"开"はそれぞれ、"书包"、"水"の一時的な状態であるともいうべき側面を有している。このように、(13)、(39)の"响"、(15)、(41)の"开"は、一時的な状態（＝主体の存在の一時的なありよう）ともいうべき概念を表わすため、主体との関わりという点においては、働きかけの場合よりも深

45

いということができる。

　以上のように、(1)、(3)～(6) の述語が表わす出来事と、(2)、(12)～(15)、(37)～(41) のそれとでは、主体との関わりの深さの点で大きな差異がある。さらに、2.1.4 で述べたように、トコロ表現の連用修飾成分と連体修飾成分とでは、後者における方がトコロと出来事との関わりがより深いものとして表現されている。かつ、トコロと主体が形式上・意味上の一体性を有しているため[20]、主体、トコロ、述語の表わす出来事の3者の一体性という点では、後者の方が優位にたっている。従って、"トコロ・的＋主体＋V" は、"主体＋在・トコロ＋V" に比べると状態（＝主体の存在のありよう）、状態の変化（＝主体の存在のありようの変化）を表わすのにより適した表現形式であり、"主体＋在・トコロ＋V" は "トコロ・的＋主体＋V" に比べると主体がとりたてられた表現となる。

　"トコロ・的＋主体＋V" と "主体＋在・トコロ＋V" との間にみられるこのような相違は、以下の表現例のように、述語の表わす出来事が主体の意志による動的かつ時間有限的なものである場合にも同様にあてはまる。

　　(42)　院子里的狗叫着，好像来人了。
　　(42)'　狗在院子里叫着，人在屋里忙着。

　(42) と (42)' とを比較すると、"院子里"、"狗"、"叫" の三つの成分によって構成されるコトガラを、(42) においては3者の一体性がより強いものとして表現していることが後件からうかがえる。つまり、(42) では、3者によって構成されるコトガラがひとまとまりの概念としてとらえられ、後件はこれに対する話者の判断を表わしている。これに対し (42)' では、"狗" と "人" が対比関係にあり、前件は犬がどこで何をしているか、後件は人がどこで何をしているかを表わしている。"狗" と "人" とが対比関係にあることによって、"院子里" と "屋里"、"叫" と "忙" もそれぞれ対比関係をなすこととなる。従って、(42)' の前件においては、"狗"、"院子里"、"叫" の3者はそれぞれ後件の "人"、"屋里"、"忙" との個別の対比を前提として一つのコトガラを構成しているということとなり、3者の一体性という点では、(42) の前件におけるそれと比較して劣ることとなる。また、(42) では、前件で述べられているコトガラに対する判断が後件でなされ、全体として一つの判断を表わす表現となっているが、(42)' では前件と後件が対比の形をとり、それぞれ全く別個の内容を表わしているという点からも、それぞれの

前件における"狗"、"院子里"、"叫"の一体性の強さの差異がうかがわれる。

　以上は、"主体＋在・トコロ＋V"、"トコロ・的＋主体＋V"のいずれの形式によっても表現可能なコトガラをとりあげた上での考察結果であるが、一方では、二つの形式のいずれか一つによって表現されるコトガラも存在する。述語の表わす出来事が実現する以前において主体がトコロに存在していない場合には、"トコロ・的＋主体＋V"よりも"主体＋在・トコロ＋V"形式が用いられる傾向が強い。例えば

　　(43) 一道电光在天上画过。
　　(44) 一道树枝状的闪电在琵琶镇上空狠狠地抽下来。

(李贯通〈洞天〉を一部修正)

においては、"画"、"抽"という出来事は、それぞれ"天上"、"琵琶镇上空"というトコロにおいて実現する。従って、主体である"一道电光"、"一道树枝状的闪电"は、それぞれ"画"、"抽"という出来事が実現する時点ではトコロに存在するが、出来事が実現する以前には主体はトコロに存在していない。(43)、(44)を"トコロ・的＋主体＋V"の形式に変換した以下の表現例は、いずれも不自然となる。

　　(43)′　? 天上的一道电光画过。
　　(44)′　? 琵琶镇上空的一道树枝状的闪电狠狠地抽下来。

　また、出来事が実現する以前には主体はトコロに存在するが、出来事自体はトコロの範囲内では実現しない（＝トコロの範囲を越える）場合には、"トコロ・的＋主体＋V"表現は成立するが、"主体＋在・トコロ＋V"表現は成立しない。例えば

　　(45) 抽屉上的那把锁好像移到我心上。

においては、主体である"那把锁"は、述語の表わす出来事が実現する以前には"抽屉上"というトコロに存在するが、出来事自体はトコロを起点としてトコロの範囲外に向かっているため、(45)を"主体＋在・トコロ＋V"形式に変換した以下の表現例は非文となる。

　　(45)′　＊那把锁好像在抽屉上移到我心上。

　"主体＋在・トコロ＋V"、"トコロ・的＋主体＋V"表現が成立する条件はそれぞれ

　　・述語の表わす出来事がトコロにおいて実現すること（"主体＋在・トコロ＋V"）

・出来事が実現する以前において主体がトコロに存在すること（"トコロ・的＋主体＋V"）

であるため、(2)、(12)～(15)、(37)～(41)のように、表現されるコトガラの内容がいずれの条件をも満たしている場合には上記の二つの形式いずれによる表現も可能であるが、(43)～(45)、(43)'～(45)'のようにいずれか一方の条件を満たしていない場合には、その条件が必要とされる形式によっては表現することがむずかしくなる。

2.3 "在・トコロ"が文頭に置かれた表現
2.3.1 "在・トコロ＋主体＋V＋客体"の表現

連用修飾成分としての"在・トコロ"は、主体と述語との間に置かれる場合のほか、主体の前に置かれる場合もあり、いずれの位置に置かれるかによって統語的・意味的な相違が存在する。

(1)、(3)～(6)における"在・トコロ"を主体の前に置き換えると、以下のようになる。

(46) ＊在书包里他找了钱包了。

(47) ？在桶里他捉了鱼了。

(48) ？在桌子上他按了文件了。

(49) ＊在脸上他用手巾揩了汗珠了。

(50) ＊在墨盆里他蘸了墨汁了。

范继淹1982：78、80は、主体の前に置かれた"在・トコロ"は後続成分全体の連用修飾成分であり、コトガラ全体の発生するトコロを表わすのに対し、主体と述語との間に置かれた"在・トコロ"が修飾するのは述語のみであり、動作の発生するトコロを表わすとしている。範の指摘によれば、"在・トコロ＋主体＋V＋客体"形式における"在・トコロ"は後続の"主体＋V＋客体"全体を修飾するため、主体がトコロに存在することとなるのに対し、"主体＋在・トコロ＋V＋客体"形式における"在・トコロ"が修飾するのは後続の"V＋客体"の部分であるため、主体がトコロに存在することは必要条件とはならず、存在する、存在しないのいずれの可能性もあるということとなる。(46)～(50)は"在・トコロ＋主体＋V＋客体"形式であるため、主体が実線部のトコロに存在して働きかけを行なうという内容でなければならない。しかし、(46)、(49)、(50)においては、主体である"他"が

それぞれ"书包里"、"脸上"、"墨盆里"という小さな空間を占めることがあり得ないために非文となる。(48) は、"他"が"桌子上"に乗って書類を押さえるという限られた状況設定がない限り用いることはできない。(47) は、主体である"他"が"桶里"という空間を占めて魚を捕えるという状況が考えられるため、そのような状況を設定すれば自然な表現として成立する。

以上のことから、客体がトコロに存在し主体がトコロの範囲外から客体に対して働きかけるという内容のコトガラを表わす場合には、"在・トコロ＋主体＋V＋客体"よりも"主体＋在・トコロ＋V＋客体"形式の方が適しているということが明白となった[21]。

2.3.2 "在・トコロ＋主体＋V"の表現

(2)、(12)～(15)における"在・トコロ"を主体の前に置き換えると、以下のようにいずれも不自然な表現となる。

(51) ？在屋里灯火熄灭了。

(52) ？在池子里鲤鱼死了。

(53) ？在背后书包叭叭响。

(54) ？在院子里牵牛花开着。

(55) ？在铁壶里水开着。

(51)～(55)においては、トコロを表わす成分は主体の前に置かれ、述語の表わす出来事が主体の意志による動的かつ時間有限的なものであるという条件は満たされていない。このような場合、"在・トコロ＋主体＋V"の表現が成立しにくいのはなぜであろうか。(51)～(55) は (2)、(12)～(15) に比べ、さらに一層トコロがとりたてられた表現となっているため、トコロをとりたてる根拠がない場合には自然な表現として成立はしない。例えば (51)、(52)、(54) は、

(51)' 在屋里，虽然灯火熄灭了，但是人还没睡着。

(52)' 在池子里，鲤鱼死了，草鱼还活着。

(54)' 在院子里，牵牛花开着，可是其他的花儿都死了。

のように、"在屋里"、"在池子里"、"在院子里"が、対比された内容を表わすそれぞれの後続成分全体に対してトコロを限定している場合には、自然な表現として成立する。(51)'、(52)'、(54)'はいずれも、"在・トコロ"が後続成分全体を修飾し、後続成分全体がトコロについてどうであるかを述べ

る形をとっているため、トコロが表現全体の中心としてとりたてられていることとなる。さらに、(53)、(55) は、例えば

　　(53)'　在背后，书包有节奏地叭叭地响着。
　　(55)'　在铁壶里，水翻着花儿咕嘟咕嘟地开着。

という形で用いられる場合には自然な表現として成立するが、この場合も表現全体がトコロについてどのようであるかを述べているため、トコロが表現全体の中心としてとりたてられていることは明白である。

(51)、(52)、(54) は、

　　(51)"　在屋里灯火熄灭了，但在外边灯火还没熄灭。
　　(52)"　在池子里鲤鱼死了，在家里人死了。
　　(54)"　在院子里牵牛花开着，在屋里菊花也开了。

のように、実線部の"在屋里"、"在池子里"、"在院子里"がそれぞれ他のトコロ（点線部の"在外边"、"在家里"、"在屋里"）と対比関係にある場合にも自然な表現として成立する。(51)"、(52)"、(54)"の場合は、実線部のトコロと点線部のトコロとの対比という形をとっており、(51)'、(52)'、(54)'の場合と同様にトコロをとりたてる表現の一つのパターンであると考えられる。(51)〜(55) は、これらの表現例単独ではトコロをとりたてる根拠が明白ではないため、いずれも自然な表現としては成立しない。

ところで、"在・トコロ＋主体＋V"形式をとる (52)、(54) に対しては、同じ"在・トコロ"、主体、Vの組み合わせで、以下のようないわゆる存現文が成立する。

　　(56)　(在) 池子里死了一条鲤鱼。
　　(57)　(在) 院子里开着一朵牵牛花。

(56)、(57) も、"在・トコロ"が文頭に置かれ、後続成分がそれについて述べる対象となっている点において (52)、(54) と共通している。但し、(52)、(54) は前述したようにトコロをとりたてる根拠がない限りは自然な表現として成立しないのに対し、(56)、(57) の場合は必ずしもトコロがとりたてられているわけではない。つまり、主体が新しい情報として動詞の後に続くため、必然的にトコロが旧情報として動詞の前（文頭）に置かれることとなるのである。このことは、"主体＋在・トコロ＋V"形式をとる (12)、(14) においては主体に視点が置かれ、主体がどうであるかを述べることに表現の比重がかかっているという 2.2.2 で述べたことと比較すれば一層理解しや

すい。主体が新しい情報であるということは、このように主体が動詞の後に置かれることによってそうであると判断されるのだが、(56)、(57) の場合はさらに、主体が"一条"、"一朵"のような、不定であると判断されるような数量詞をともなっていることによっても明白である。(52)、(54) の場合、トコロは文頭に置かれているものの、主体は動詞の前に置かれ、不定であることを示す数量詞をともなってもいないため、言語表現としてはいささか安定性を欠く。このため、特にトコロをとりたてる根拠がない場合には、これらの表現例はいずれも不自然となるのである。

2.4 トコロを示す「デ」、「ノ」
2.4.1 「トコロ・デ」と「トコロ・ノ（客体）」

2.2では、中国語におけるトコロ表現の連用修飾形式と連体修飾形式について考察を行なったが、日本語におけるトコロ表現の場合はどうであろうか。主体がトコロに存在するという条件を満たしていない (1)"、(3)"〜(6)"や、主体がトコロに存在していても、述語の表わす出来事が主体の意志による動的かつ時間有限的なものであるという条件を満たしていない (2)"、(12)"〜(15)"において「トコロ・デ」を用いた場合には、いずれも非文もしくは不自然な表現であった。「トコロ・デ」と「トコロ・ノ」は、それぞれどのように使い分けられているのであろうか。以下においては、「トコロ・デ」、「トコロ・ノ」いずれによる表現も可能な場合（＝主体がトコロに存在し、述語の表わす出来事が主体の意志による働きかけである場合）と、「トコロ・デ」、「トコロ・ノ」のいずれか一方による表現のみが可能な場合をとりあげて考察を行なう。

(58) 彼は車の中デ財布を探している。
(58)' 彼は車の中ノ財布を探している。
(59) 彼は池の中デ魚を捕えた。
(59)' 彼は池の中ノ魚を捕えた。
(60) 彼女は寝室デ明かりをつけた。
(60)' 彼女は寝室ノ明かりをつけた。
(61) 父は書斎デ本を開いた。
(61)' 父は書斎ノ本を開いた。
(62) 彼は資料室デ資料を調べている。

(62)'　彼は資料室ノ資料を調べている。

(58)～(62)のいずれにおいても、主体が実線部のトコロに存在して客体に働きかけている。これに対し(58)'～(62)'においては、主体が客体に働きかける際に波線部のトコロに存在するかどうかが明白ではない。

(58)'は、例えば「彼は車の中にいて車の中にある財布を探している」、「彼は車の外にいて、車の外から車の中にある財布を探している」のいずれの内容にも解される。同様に(59)'は、例えば「彼は池の中にいてその中にいる魚を捕えた」、「彼は網を使って岸辺から池の中にいる魚を捕えた」、(60)'は、例えば「彼女は寝室にいて寝室の明かりをつけた」、「彼女は寝室の外にいて、寝室の入口にあるスイッチをいれ寝室の明かりをつけた」のいずれの内容にも解される。また、(61)'、(62)'における「ノ」はトコロ（所在）表示と所属表示の機能を兼ね備えており、(61)'は、例えば「父は書斎にいてそこにある本を開いた」、「父は応接間で書斎から持ってきた本を開いた」のいずれの内容にも解され、(62)'は、例えば「彼は資料室でそこにある資料を調べている」、「彼は家で大学の資料室から持ち帰った資料を調べている」のいずれの内容にも解される。

このように、「主体は（が）トコロ・デ客体をVする」形式をとる表現と「主体は（が）トコロ・ノ客体をVする」形式をとる表現とでは、主体がトコロに存在することを表わしているかどうかの点で明らかな相違がみられる。

そして、「主体は（が）トコロ・デ客体をVする」、「主体は（が）トコロ・ノ客体をVする」いずれの形式による表現も可能な場合とは、主体、客体のいずれもがトコロに存在し、働きかけもトコロにおいて行なわれる場合であるが、前者の形式においては主体がトコロに存在することが明白であるのに対し、後者の形式においてはそれが明白ではないという相違がみられる。

また、同じくトコロを表わす成分であっても、「ノ」により客体の連体修飾成分とされる場合の方が、「デ」により述語の連用修飾成分とされる場合よりも、述語の表わす出来事により深く関わるものとして表現されることとなる。このことは、(58)'～(62)'における波線部のトコロが(1)'、(3)'～(6)'におけるそれと同じく客体との間に形式上・意味上の一体性を有し客体と共に述語の必須補語を構成するのに対し、(58)～(62)におけるトコロが「デ」

第 2 章 "在・トコロ"と「トコロ・ノ」

をともなって述語の副次補語となっていることにより明白であるが、(58)・(58)'～(62)・(62)'のそれぞれに、以下のように新たにトコロを表わす成分を加えると一層はっきりする。

(58)″a 彼は車の中デカバンの中ノ財布を探している。
(58)″b 彼は駐車場デ車の中ノ財布を探している。
(59)″a 彼は池の中デ浅瀬ノ魚を捕えた。
(59)″b 彼は公園デ池の中ノ魚を捕えた。
(60)″a 彼女は寝室デ枕元ノ明かりをつけた。
(60)″b 彼女は家デ寝室ノ明かりをつけた。
(61)″a 父は書斎デ机の上ノ本を開いた。
(61)″b 父は家デ書斎ノ本を開いた。
(62)″a 彼は資料室デ書庫ノ資料を調べている。
(62)″b 彼は図書館デ資料室ノ資料を調べている。

(58)～(62)に対しては、(58)″a～(62)″aの波線部のように、述語の表わす出来事に直接的に関わる成分としてのトコロを客体の連体修飾成分として新たに加えることができる。一方、(58)'～(62)'に対しては、(58)″b～(62)″bの実線部のように、述語の表わす出来事が成立する際の外的な背景や環境の一つとしてのトコロを述語の連用修飾成分として新たに加えることができる。(58)″～(62)″のa、bいずれにおいても、「ノ」により示されるトコロは「デ」により示されるトコロに比べるとより狭く限定されており、それだけ述語の表わす出来事との関わりが深い。(58)″～(62)″のaにおいて「デ」により示されるトコロと、bにおいて「ノ」により示されるトコロは同じ名詞あるいは名詞句ではあるが、a、bそれぞれにおいて共起しているトコロを表わす他の成分と比較した場合、「ノ」により客体の連体修飾成分とされる場合の方が、「デ」により述語の連用修飾成分とされる場合に比べ、動詞の表わす出来事との関わりが深いということとなる。

2.1.1で述べたように、客体がトコロに存在し、主体がトコロの範囲外から客体に働きかけるというコトガラを表現する場合、日本語においては、「主体は（が）トコロ・ノ客体をVする」形式を用いることはできるが「主体は（が）トコロ・デ客体をVする」形式を用いることはできない。これは前述したように、「トコロ・デ」が動詞表現に用いられるためには主体がトコロに存在するという条件が満たされなければならないためである。

一方、主体がトコロに位置し、トコロの範囲外に存在する客体に働きかけるという内容のコトガラを表わす場合には、「主体は（が）トコロ・デ 客体を Vする」形式を用いることはできるが「主体は（が）トコロ・ノ客体を Vする」形式を用いることはできない。例えば、

　(63) 父はベランダデ星を眺めている。
　(64) お前はここデあの男を見張っていろ。
は自然な表現であるが、
　(63)' *父はベランダノ星を眺めている。
　(64)' *お前はここノあの男を見張っていろ。
は意味不明で非文となる。

「主体は（が）トコロ・デ 客体を Vする」、「主体は（が）トコロ・ノ客体を Vする」表現が成立する条件はそれぞれ

・主体がトコロに存在すること（「主体は（が）トコロ・デ 客体をVする」）
・客体がトコロに存在すること（「主体は（が）トコロ・ノ客体をVする」）

であり、(58)・(58)'～(62)・(62)'のように、コトガラが両方の条件を満たしている場合には二つの形式のいずれによる表現も可能であるが、いずれか一方の条件を満たしていない場合には、その条件を必要とする形式は成立しないということとなる。

「主体は（が）トコロ・デ 客体を Vする」、「主体は（が）トコロ・ノ客体を Vする」の成立条件を、2.2.1で述べた"主体＋在・トコロ＋V＋客体"、"主体＋V＋トコロ・的＋客体"の成立条件と比較すると、以下のような相違がみられる。

客体がトコロに存在し、主体がトコロの範囲外から客体に働きかける場合、日本語においては、(1)'・(1)"、(3)'・(3)"～(6)'・(6)"にみられるように、「主体は（が）トコロ・ノ客体を Vする」表現は成立するが、「主体は（が）トコロ・デ 客体を Vする」表現は成立しない。これに対し中国語においては、(1)、(3)～(6)および(24)～(28)にみられるように、"主体＋在・トコロ＋V＋客体"、"主体＋V＋トコロ・的＋客体"いずれの表現も成立する。

また、トコロに存在するか否かが明白でない客体に対して、トコロの範囲外に位置する主体が働きかけるというコトガラを表現する場合、中国語においては、(31)・(31)'、(32)・(32)'にみられるように、"主体＋V＋トコロ・

的＋客体"ではなく"主体＋在・トコロ＋Ｖ＋客体"形式が用いられるのに対し、日本語においては、主体がトコロに存在しないため「主体は（が）トコロ・デ 客体を Ｖする」形式を用いることはできず、「主体は（が）トコロ・ノ客体を Ｖする」形式を用いなければならない。従って、(31)が表わすコトガラは、日本語においては

　　(65)　コジキはゴミの中ノ食べ物を探している。
となり、
　　(65)'　コジキはゴミの中デ食べ物を探している。
は「コジキがゴミの中に入ってその中の食べ物を探している」ことを表わすものであり、「コジキがゴミの外からゴミの中の食べ物を探している」ことを表わすものではない。

2.4.2　「トコロ・デ」と「トコロ・ノ（主体）」

　以下の(66)～(68)および(66)'～(68)'においては、同じトコロを表わす成分が、それぞれ「デ」により述語の連用修飾成分、「ノ」により主体の連体修飾成分として表現されている。

　　(66)　犬が庭デ吠えている。
　　(66)'　庭ノ犬が吠えている。
　　(67)　鐘がお寺デ鳴っている。
　　(67)'　お寺ノ鐘が鳴っている。
　　(68)　赤ちゃんがお腹の中デ動いた。
　　(68)'　お腹の中ノ赤ちゃんが動いた。

これらの表現例においても、トコロ表示機能だけを有する「トコロ・デ」に対し、「トコロ・ノ」は主体のトコロへの所在に加え、所属をも表わしている。

　(66)'は、例えば「庭で飼われている犬が吠えている」というコトガラを表わすことができるのに対し、(66)は、(66)'と同様のコトガラを表わすことができるほか、「犬が別のトコロから庭に入って来て吠えている」というコトガラを表わすことも可能である。(66)と(66)'との間にこのような内容の相違がみられるのは、(66)の実線部によって表わされるトコロが述語の表わす出来事の成立する外的な背景であるのに対し、(66)'においては主体がトコロに存在すること、主体がトコロに所属するものであることが

「ノ」によって明示されていることによる。

　(67)、(68) と (67)'、(68)' との間には、以上のような明らかな内容の相違は見いだしにくいが、前者は後者に比べ主体がとりたてられた表現となっている。主体である「鐘」、「赤ちゃん」はそれぞれ「お寺」、「お腹の中」というトコロに固定されており、トコロの範囲外に移動するものではない。従って、「鐘」と「お寺」、「赤ちゃん」と「お腹の中」の関係は、主体とそれが存在するトコロの関係、主体とそれが所属するトコロの関係いずれの側面をも有する。主体とトコロがこのような関係にあるため、トコロは (67)、(68) のように述語の連用修飾成分として表現するよりは、(67)'、(68)' のように主体の連体修飾成分として表現する方がbetterである。(67)、(68) は主体とトコロの上記のような関係を表わすことよりも、主体をとりたてることに比重の置かれた表現となり、無情物である「鐘」を主体とする (67) は、出来事がヒトの意志によるものであることが感じられる表現となっている。

　以上のように、「主体は（が）トコロ・デ Vする」表現と「トコロ・ノ主体は（が）Vする」表現とでは、後者における方が主体とトコロの関わりがより深い。このことは、トコロを表わす成分が「ノ」により主体の連体修飾成分とされる場合、トコロと主体が形式上・意味上の一体性を有して述語の必須補語を構成することとなるのに対し、「デ」により述語の連用修飾成分とされる場合には述語の副次補語になるということと表裏一体をなす。

　2.1.3 で述べたように、日本語においては (2)'、(12)'～(15)' および (2)"、(12)"～(15)" にみられるような場合には、「トコロ・ノ主体は（が）Vする」形式を用いることはできるが、「主体は（が）トコロ・デ Vする」形式を用いることはできない。これは、2.1.4 で述べたように、「トコロ・デ」が動詞表現に用いられる場合には主体がトコロに存在するという条件のほか、述語の表わす出来事が主体の意志による動的かつ時間有限的なものであるという条件をも満たすものでなければならないからである。

　また、主体がトコロに存在し、述語の表わす出来事が上記の条件を満たしていても、それがトコロで実現しない場合、すなわち出来事がトコロの範囲を越えて実現する場合には、「トコロ・ノ主体は（が）Vする」表現は成立するが、「主体は（が）トコロ・デ Vする」表現は成立しない。例えば

(69) <u>檻の中ノ</u>ライオンが逃げた。

(70) 3号室ノ木村さんは引っ越した。

においては、「ライオン」、「木村さん」は「逃げる」、「引っ越す」という出来事が実現する以前には波線部のトコロに存在しており、「逃げる」、「引っ越す」は「ライオン」、「木村さん」の意志による動的かつ時間有限的なものであるものの、トコロの範囲を越える移動である。従って、(69)、(70)を「主体は（が）トコロ・デ Vする」形式に変換した以下の表現例は非文となる。

　(69)' ＊ライオンが檻の中デ逃げた。
　(70)' ＊木村さんは3号室デ引っ越した。

　一方、出来事がトコロにおいて実現し、その時点では主体はトコロに存在するが、出来事が実現する以前には主体はトコロに存在しない場合には、「主体は（が）トコロ・デ Vする」表現は成立するが、「トコロ・ノ主体は（が）Vする」表現は成立しない。例えば、

　(71) 明日から君はこの部屋デ寝起きするのだ。
　(72) 毎朝早くから人々はこの窓口デ並ぶ。

においては、主体である「君」、「人々」は、出来事が実現する時点では実線部のトコロに存在するが、それ以前にはトコロに存在しない。従って、(71)、(72) を、出来事が実現する以前に主体がトコロに存在することを前提とする「トコロ・ノ主体は（が）Vする」形式に変換した以下の表現例は非文となる。

　(71)' ＊明日からこの部屋ノ君は寝起きするのだ。
　(72)' ＊毎朝早くからこの窓口ノ人々は並ぶ。

「主体は（が）トコロ・デ Vする」、「トコロ・ノ主体は（が）Vする」の成立条件を、2.2.2で述べた"主体＋在・トコロ＋V"、"トコロ・的＋主体＋V"の成立条件と比較すると、以下のような相違がみられる。すなわち、主体がトコロに存在していても、述語の表わす出来事が主体の意志による動的かつ時間有限的なものであるという条件を満たしていない場合、日本語においては、(2)'、(12)'〜(15)' および (2)"、(12)"〜(15)" にみられるように、「トコロ・ノ主体は（が）Vする」表現は成立するが、「主体は（が）トコロ・デ Vする」表現は成立しない。これに対し、中国語では (2)、(12)〜(15) および (37)〜(41) にみられるように、"主体＋在・トコロ＋V"、"トコロ・的＋主体＋V" いずれの表現も成立する。

第I部　中国語前置詞"在"と日本語格助詞の対照

2.4.3 「トコロ・デ」と存在表現

中国語の"在・トコロ"と同様に、日本語の「トコロ・デ」も連用修飾成分として主体の前に位置する場合がある。しかし、どのような場合に主体の前に位置し、さらに主体と述語の間に位置する場合とはどのように異なるのであろうか。

2.1.1 で述べたように、「トコロ・デ」が動詞表現に用いられる場合には、主体がトコロに存在するという条件を満たさなければならないため、(1)"、(3)"〜(6)"の表現例はいずれも非文もしくは不自然となる。これらの表現例における「トコロ・デ」を主体の前に置き換えても、主体がトコロに存在するという条件を満たさなければならないという点では何ら変わりはないため、自然な表現として成立することはない。

「主体は（が）トコロ・デ Vする」表現は、述語が主体の意志による動的かつ時間有限的な出来事を表わしている場合には自然なものとして成立するが、(2)"、(12)"〜(15)"のように、そうでない場合には非文もしくは不自然となる。

しかし、「トコロ・デ 主体は（が）Vする」の場合にはまた事情が異なる。例えば

(73) 部屋デ明かりが消えた。

(74) 池デ鯉が死んだ。

(75) 庭デ朝顔が咲いている。

はいずれも自然な表現として成立する。これはなぜであろうか。

2.2.2 で述べたように、状態および状態の変化は、いずれも主体の存在と密接な関わりをもっている。(73)、(74) の「消えた」、「死んだ」は状態の変化であり、(75) の「咲いている」は状態であるから、それらと主体である「明かり」、「鯉」、「朝顔」の存在との関わりは極めて緊密である。また、状態はあるものの存在のありようを、状態の変化はあるものの存在のありようの変化を表わすものであるが、これらはいずれも存在物を存在そのものとは別の側面からとらえた概念、すなわち、存在のしかたをより具体的、描写的にとらえた概念であるということができる。そして、あるものの存在を表わす表現形式の基本的語順は、「何ガドコニアル（イル）」ではなく「ドコニ何ガアル（イル）」である[22]。つまり、トコロを表わす成分が存在物を表わす成分に先行するのが一般的である。(73)〜(75) はいずれも存在表現その

58

ものではないが、述語の表わす出来事が主体の存在と密接な関わりをもっている上に、「トコロ、主体、V」という語順が存在表現と同じであるため、自然な表現として成立するのである。このことは、以下の表現例のように、述語の表わす出来事が状態でも状態変化でもない場合と比較すれば容易に理解されよう。

(66) 犬が<u>庭デ</u>吠えている。

(76) <u>庭デ</u>犬が吠えている。

(68) 赤ちゃんが<u>お腹の中デ</u>動いた。

(77) <u>お腹の中デ</u>赤ちゃんが動いた。

　上記の表現例における「吠える」、「動く」は、いずれも主体の意志による動的かつ時間有限的なものであるという点で、状態および状態変化とは大きく異なる。このため、主体の存在との関わりも疎であり、存在表現の場合のように「トコロ、主体、V」の語順に拘束されることもない。(66)、(76)および(68)、(77)にみられるように、主体と述語との間、主体の前のいずれにも「トコロ・デ」を置くことができるのは、以上のような理由による。

2.5　"在・トコロ"および「トコロ・デ」、「トコロ・ノ」の使用条件

　以上の考察によって明らかになった日中両言語におけるトコロ表現の使用条件は、以下のようにまとめることができる。

　日本語の「トコロ・デ」が動詞表現において主体・述語間に位置する場合、主体がトコロに存在するという条件と、述語の表わす出来事が主体の意志による動的かつ時間有限的なものであるという条件を満たさなければならない。これに対し、中国語の"在・トコロ"が動詞表現において主体・述語間に位置する場合には、日本語の「トコロ・デ」のような使用条件を満たす必要はない。従って、客体がトコロに存在し主体がトコロの範囲外から客体に働きかける場合や、主体がトコロに存在していても、述語の表わす出来事が主体の意志によらないものであったり、非動的・非時間有限的なものである場合には、中国語の"在"によるトコロ表現は可能であるが、日本語の「デ」によるトコロ表現は不成立となるか、あるいは極めて限られた状況のもとでのみ成立することとなる。日本語ではこのような場合、「ノ」を用いてトコロを客体あるいは主体の連体修飾成分として表現しなければならない。

　客体がトコロに存在し、主体がトコロの範囲外から客体に働きかける場合、

中国語では"在・トコロ"を主体の前（文頭）に置いて表現全体の修飾成分とすることはできない。これは、"在・トコロ"を主体の前に置くと後続成分全体を修飾する形となり、主体がトコロに存在することとなるためである。この点では、日本語の「デ」によるトコロ表現を用いた (1)"、(3)"～(6)"が、主体がトコロに存在するという「デ」の使用条件を満たしていないために不成立もしくは不自然となっているのとは事情を異にする。また、述語の表わす出来事が主体の意志によらないものや非動的・非時間有限的なものである場合、中国語では"在・トコロ"を主体の前（文頭）に置いて表現全体の修飾成分とすると、トコロをとりたてる根拠がない限りは不自然となる。これに対し日本語では、「トコロ・デ」を主体の前（文頭）に置いて表現全体の修飾成分としても自然な表現として成立する。これは、述語の表わす出来事が主体の存在と密接な関わりをもっている場合、日本語では「トコロ、主体、V」の語順を、中国語では「トコロ、V、主体」の語順をとるのがそれぞれ一般的であることによる。

注

1) 連体格を示す格助詞「ノ」は、体言の後について後続の体言との間の「所在・所有・所属」など様々な関係を示すことができるが、本章において考察対象となるのは、主としてトコロを表わす成分に付加され、後続の体言が表わすモノの所在を示す「ノ」である。但し、所在を示す「ノ」と所属を示す「ノ」との間にはっきりした境界が存在するわけではなく、同一の「N・ノ」が所在、所属のいずれを表わすことも可能なケースがある（ex. 図書館ノ本、学校ノ先生、会社ノ金、など）。
2) 原田・滑 1990：47 は、"在"で示される場所が動作主の居場所を含まず、目的語の表わす事物の存在場所である場合に（"在"に対して）「ノ」という訳が対応し、手などが対象物に接触することをその意味の一部とする動詞や「さがす、さぐる」という意味の動詞が用いられると推測している。
3) 森田 1980：322-323 は、他動詞表現に用いられる「トコロ・デ」と「トコロ・ニ」を比較した場合、「デ／ニ」の使い分けが行為者の位置を決定するとしている。例えば「京都デ／ニ電報を打つ。大阪デ／ニ土地を買う。学校デ／ニ電話をかける。」においてはいずれも、「デ」を用いた場合、行為者はトコロに存在するが、「ニ」を用いた場合、行為者はトコロには存在しない。「トコロ・デ」は動作・行為の行なわれるトコロを表わすのであるが、このように主体がトコロに存在するという使用条件を必要とする。同様の記述は中川 1990：235、237 にもみられる。但し、「デ」のこのような使用条件にあてはまらない表現が存在しないわけではなく、例えば「鍋の中デスープをかき混ぜる」の場合には主体がトコロに存在しない。しかし、このような表現例の存在から「主体がトコロに存在する」という「デ」の使用条件を完全に否定しうるほどの普遍性を見いだすことはできない。この点については朴貞姫 2002：148-149 を参照。
4) 「具体物を表わす名詞・デ」が動詞表現に用いられる場合、「デ」は通常トコロあるいは手段を示すとされているが、そのいずれを示すかは、1.3.1 で述べたように、名詞と動詞との意味上の関係や文脈により決定される。(5)″、(6)″における「顔」、「インクスタンド」はそれぞれ後続の動詞「拭く」、「つける」に対してトコロとはなり得ない。とすれば手段になるはずであるが、そのように解すると (5)″、(6)″ は通常あり得ないコトガラを表わすこととなり、非文となる。なお、(5)″ においては手段を表わす「デ」格の重複も非文となる一因である。
5) 山田 1936：760 は、第三人称の代名詞のうち、場所、方向を指すものが連体格にたつときはその存在の地位を表わし、「ここノ山、そこノ川、あすこノ寺、こちらノ間、そちらノ家」における「ノ」は、「ニアル」の意味を表わすとしているが、トコロを表わす成分が連体格にたつ場合に用いられる「ノ」が「ニアル」の意味になるのは、連体格にたつ名詞が山田のいうような第三人称の代名詞である場合に限らず、(5)′、(6)′ の波線部のように普通名詞であったり（「顔」は部分としてのトコロ、「インクスタンド」は空間性を有しており「ノ」をともなうと「インクスタンドの中」と同義となってやはりトコロ性を見いだすことができる）、(1)′、(3)′～(4)′ の波線部のように「普通名詞・の中／上」である場合も同様と考えられる。

6) 『日本語教育事典』：454 は、場所を示す「ニ」は原則的に事物の存在場所を表わすとして以下のような例を挙げている。
　　イ．存在そのものを表わす場合
　　　　ex. 彼は食堂ニいる。机の上ニ本がある。
　　ロ．存在のしかたをより具体的、描写的に述べる場合
　　　　ex. 山の下ニ川がうねっている。池のそばニ花が咲いている。
　　ハ．その物の存在が知覚されていることを表わす場合
　　　　ex. 向こうニ山が見える。
ロの「うねっている」、「咲いている」はいずれも、それぞれの主体である「川」、「花」の動きではなく存在を表わしているという点でイの「ある」、「いる」と共通している。「Ｖテアル」はモノの存在が他者の働きかけにより生じたものであることを含意する点において「Ｖテイル」とは異なるものの、存在表現を形成する点においては「Ｖテイル」と同様である。この点については平井・成戸 1995a：96-99 を参照。(1)'、(3)'～(6)' の「トコロ・ノ客体」における「ノ」は「ニアル（ニイル）」または「ニＶテアル（テイル）」に置き換えられるが、いずれの場合もトコロと客体の関係がトコロと存在物の関係であるという点で共通性を有すると考えられる。

7) この点については寺村 1992：196、237 を参照。

8) 寺村 1982：160-161 は、あるものがあるトコロを占めて存在することを表わす表現においては、「ニ」で示されるトコロは述語の準必須補語であるとしている。準必須補語とは、必須補語のようにそれがなければコトの描写が不完全であるとは必ずしも感じられないが、述語の下位分類にとっての意味が大きいと思われるものを指すとされる（同：84）ため、述語との結びつきの強さの上では必須補語と副次補語との間に位置するものであるということができる。寺村によれば、(7)'～(11)' において「ニ」で示されるトコロはいずれも述語の準必須補語であることとなるが、あるものの存在を表わす場合、そのものがどこに存在するかということは極めて重要であり、出来事に深く関わる成分である。

9) "在" はもともと存在の概念「アル／イル」を表わす動詞であるため、前置詞句 "在・トコロ" も、動作・行為の主体が存在するトコロを表わすのが本来の機能であったと考えられる。但し、実際の言語現象においては、前置詞句 "在・トコロ" は必ずしも主体が存在するトコロを表わしてはいない。"主体＋在・トコロ＋Ｖ＋客体" 表現を、トコロに主体あるいは客体のいずれが存在するかによって分類すると以下の四つのパターンとなる（同様の記述が王占華 1996：45 にみられる）。
　　イ．主体のみがトコロに存在し、客体はトコロには存在しない
　　　　ex. 他在飞机上看海。（朱德熙 1981：9）　我在岸上钓鱼。
　　ロ．客体のみがトコロに存在し、主体はトコロには存在しない
　　　　ex. 他在桌子上放了些钱，便出去了。　我在铁丝上晾了几件衣服。
　　ハ．主体・客体のいずれもがトコロに存在する
　　　　ex. 我在阅览室看报纸。　我在食堂里吃饭。
　　ニ．主体・客体のいずれもがトコロに存在しない

ex. 我在电话里告诉他那件事了。 我在电视里看足球比赛。

このことから、"主体＋在・トコロ＋V＋客体"における"在・トコロ"は、主体あるいは客体がトコロに存在しているか否かにはかかわりなく、主体の客体に対する働きかけが行なわれるトコロを表わす成分であることが理解できよう。盧濤 2000：92、115 も、"在"でマークされる場所を「動作主の支配可能な領域内の範囲」で統括できるとしている。

10) 森田 1980：322-323、同 1990：189-191 は、「『で』によって生ずる行為・作用・現象は、『二つの風が南方海上でぶつかりあってできる不連続線』のような自然現象もあるが、多くは『プラットホームでかき込むそばの味はまた格別だ』のように意志的な人間行為である」としている。また、「『で』は意志的な動詞を導くことが多いから、『並ぶ、立つ』のような無意志・意志どちらをも表わす動詞は、『で／に』がその主体を決める手掛かりとなる。『−で並んでいる』は人間で、並ぶ行為を表わし、『−に並んでいる』は並んだ状態で、場所に主眼があり、物品の場合が多い」、「『で』に導かれる動詞はふつう動作動詞であり、『ある』のような状態動詞も、存在ではなく動作・行為となってしまう（ex. 進学説明会は教室である。外で宴会があっても決して外泊するようなことはなかった。）」としている。また、「死ぬ」は意志動詞、無意志動詞のいずれとしても用いられるが、「トコロ・デ」の後に続いた場合には、上記のように「デ」が主体の意志による出来事が実現するトコロを示すという特徴を有するため意志動詞として用いられることとなり、「私はここデ死ぬ（＝自殺する）。」、「（私は）死ぬなら自分の家デ死にたい。」のように、主体が自らの意志によって死ぬということを表明しているような場合には、「トコロ・デ」を用いても全く自然な表現として成立する。意志動詞、無意志動詞の分類についてはさらに鈴木 1972：318-319 を参照。「死ぬ」は意志動詞、無意志動詞のいずれとしても用いられるが、(12)"においては「鯉」の意志によるものとは認められないため、無意志動詞である。(2)"、(13)"～(15)"においては、表現の中心が無情物であるため意志性は認められない。

11) 「トコロ・デ」と組み合わされる動詞の特徴について述べたものとしてはさらに、「～デ／ニある」をあつかった森田 1980：373-374、中右 1995：20 がある。

12) 范継淹 1982：82-83 は、"主体＋在・トコロ＋V"が自動詞文の場合、"在・トコロ"は動作の発生するトコロ（動作発生的処所）あるいは状態のあらわれるトコロ（状態呈現的処所）を表わすとしている。そして、"在・トコロ"がいずれを表わすかは、後続の動詞が表わす意味の相違によるとし、"主体＋在・トコロ＋V"の形式において用いることのできる動詞をその意味によって以下のように分類している。

  イ．動作動詞　①瞬間的に行なわれる動作を表わすもの
      ex. 摔、跌、倒、停、坐、站、躺
     ②連続して行なわれる動作を表わすもの
      ex. 走、跑、跳、冲、哭、笑、玩
  ロ．状態動詞　①状態の変化を表わすもの
      ex. 死、病、醒、醉、昏迷、溶解
     ②状態の持続を表わすもの

ex. 坐、站、躺、躲、藏、挂、放、拿、包、锁

範の分類によって状態動詞とされるものの中には、"病、醒、昏迷、溶解"などのように、明らかに主体の意志によらないで実現する出来事を表わすものが含まれているし、瞬間的に行なわれる動作はその過程が問題とはならず、一定時間持続することが不可能であるため、状態変化と同様に非時間限定的な出来事とみなすことが可能である。従って、トコロを示す"在"が動詞表現に用いられる場合、2.1.4で述べた日本語の「デ」にみられるような使用条件がないということは明白である。"在"は「デ」とは異なり純粋の機能語ではなく、語彙的に存在の意味（アル／イル）を強く留めている。存在という概念は動作性が極めて弱く、従って状態性が極めて強いため、"在・トコロ"に続く動詞は「トコロ・デ」の場合のように動作性の強い出来事、すなわち、主体の意志による動的かつ時間限定的な出来事を表わすものには限られないと考えられる。

13) "主体＋在・トコロ＋Ｖ＋客体"と"主体＋Ｖ＋トコロ・的＋客体"との変換関係については斉沪扬1998：144を参照。

14) (3) は「彼は桶の中に入り桶の中にいる魚を捕えた」、「彼は桶の外から桶の中にいる魚を捕えた」のいずれを表わすことも可能である。

15) (24)〜(28)におけるトコロと客体が形式上・意味上の一体性を有するという点については、日本語の表現例である (1)'、(3)'〜(6)'におけるトコロと客体の一体性を述べた場合の根拠を参考にして、以下のように説明することができる。(24)〜(28)においては、トコロと客体は"トコロ・的＋客体"の形をとり、それ全体が一体言相当の成分として述語に対し形式上の一体性を有している。また、客体とトコロは、客体がトコロに存在するという関係にあるため、(24)〜(28)における"トコロ・的＋客体"は、"Ｖ在・トコロ・的＋客体"形式をとる以下の表現例と同様の内容を表わしているということとなる。

(24) →イ．装在书包里的钱包／放在书包里的钱包
(25) →ロ．装在桶里的鱼／放在桶里的鱼
(26) →ハ．放在桌子上的文件
(27) →ニ．流在脸上的汗珠
(28) →ホ．装在墨盆里的墨汁

これらの連体修飾構造は、2.1.2で挙げた日本語の表現である (7)〜(11) とは意味的に共通点を有するため、(7)〜(11) の場合と同様に、被修飾成分となっている名詞が修飾成分の用言に対して補語と考えることのできるような関係を内在しているとみてさしつかえない。イ〜ホはさらに以下のような表現例に変換することが可能である。

イ'钱包装在书包里。／钱包放在书包里。
ロ'鱼装在桶里。／鱼放在桶里。
ハ'文件放在桌子上。
ニ'汗珠流在脸上。
ホ'墨汁装在墨盆里。

イ'〜ホ'における主体とトコロは、いずれも述語の表わす出来事の成立に直接的に関わる成分である。またイ〜ホは、イ'〜ホ'のように本来一つの表現を構成してい

た成分が修飾・被修飾の関係に転じたものであるから、イ～ホにおけるトコロとモノはいずれも一つの出来事に直接的に関わる成分であり、意味上の一体性を有することとなる。従って、(24)～(28)におけるトコロと客体は、"トコロ・的＋客体"の形で一体言相当の成分を構成するという形式上の一体性だけでなく、客体がトコロに存在するという一つのコトガラにとって不可欠の成分であるという点で、意味上の一体性をも有することとなる。ちなみに、"トコロ・的＋N"と"N＋在＋トコロ"の変換関係については孔令達2005：23で紹介されている。藤堂1981：57は、俗に修飾構造とよばれる様々な形は、すべて基礎にある文型をもとにして、一定の手続きを経て生成されるものとみた方が適切であるとしている。また同：55は、"門口的松树"における"的"は、俗に「所属を表わす"的"」であると説明されているが、"门口有松树."という構造の"有"が"的"に切り替わったものであるから、この場合の"的"が「～にあるところのもの」という内容を含むのは当然であるとしている（藤堂1981の新訂版である藤堂・相原1985：60-63を参照）。藤堂のこのような考え方は、(24)～(28)における"トコロ・的＋客体"がイ'～ホ'のような表現をもとに生成されるとする本章の考え方と基本的には同じ発想から生まれている。"门口有松树."、"松树在门口."は、前者が物の有無を表現しているのに対し後者が既定物の位置を表現しているという相違がみられるものの、「松の木が入り口にある」というコトガラを前提として成立している点では共通しており、いずれも"门口的松树"のもとになる表現であるとみてさしつかえない。"トコロ・的＋N"と"トコロ＋有＋N"との変換関係についてはさらに黄国营1982：101を参照。

16) "主体＋V＋トコロ・的＋客体"の形式をとる表現において、Vの表わす働きかけが客体におよぶと同時にトコロにも向かっているということは、例えば"他找书架上的书."をみればさらに明白である。この表現例は、「本が本棚ごと行方不明になっていて彼がそれを探している」という極めて特殊な状況設定がない限りは自然な表現として成立しない。2.1.2で述べたように、図3においては客体とトコロが一体性を有するため、トコロは働きかけのおよぶ対象の範疇にあるが、このことを上記の表現例にあてはめると、"书架上"は"找"という働きかけがおよぶ対象の範疇にあるということとなる。従って、「彼が本棚にある一冊ないし数冊の本を探している」というコトガラを表わす場合には、"他在书架上找书."のように、トコロを述語の連用修飾成分としなければならない。

17) この点において、斉沪扬1998：104が"他在书本里找例句."を"例句在书本里＋他找例句"と分析しているのは厳密性に欠ける。"他在书本里找例句."が"例句在书本里"という事実をふまえた表現であるならば、"书本里"に"例句"が存在することが前提となっている場合に限って用いられることとなるためである。

18) (33)'が不自然となるのに対し、"他在桌子上看见了黑面包."は自然な表現として成立する。この場合は主体・客体間の距離が極めて近いため、実線部のトコロにおいて"看见"という出来事が実現することによると考えられる。この点では(34)'も同様であり、成立する余地が皆無というわけではない。"他在桌子上看见了黑面包."と同様の例としてはさらに、李临定1988：13に挙げられている"我在屋子里看见了一个人."のよ

うな多義文が存在する。この表現は李によれば、"一个人"のみが"屋子里"にいて"我"が外から"一个人"の姿を見ることを表わす表現としても、"我"のみが"屋子里"にいて外にいる"一个人"の姿を見ることを表わす表現としても用いられる多義文である（さらに"我"、"一个人"の双方が"屋子里"にいる場合に使用することも可能）。このような多義文についてはさらに中川1990：237、崔希亮2002：247を参照。

19) 金田一1954：29-30は、「外には雪が積もっテイル。」の「積もっテイル」は、以前に「積雪」という作用が行なわれた、その結果がまだ存続している状態にあるという意味であるとしている。そして、この場合の「テイル」はあるものがある状態にあることを表わす言い方で、手っ取り早く言えば「アル」の一種であるとしている。このような考え方によれば、動詞の表わす出来事の結果としての状態は存在の一種であり、あるものが出来事の結果どのような形で存在しているかを表わしているということとなる。

20) (37)～(41)におけるトコロと主体の一体性についても、注15で述べたと同様のことがあてはまる。すなわち、(37)～(41)の"トコロ・的＋主体"は"V在・トコロ・的＋主体"あるいは"在・トコロ・的＋主体"形式をとる以下の表現例と同様の内容を表わすこととなる。

　　(37) →ヘ．挂在屋里的灯
　　(38) →ト．养在池子里的鲤鱼
　　(39) →チ．背在背后的书包
　　(40) →リ．长在院子里的牵牛花
　　(41) →ヌ．装在铁壶里的水／放在铁壶里的水

ヘ～ヌはさらに以下のような表現例に変換することが可能である。

　　ヘ'　灯挂在屋里。
　　ト'　鲤鱼养在池子里。
　　チ'　书包背在背后。
　　リ'　牵牛花长在院子里。
　　ヌ'　水装在铁壶里。／水放在铁壶里。

ヘ'～ヌ'における主体とトコロは、述語の表わす出来事の成立に直接的に関わる成分である。ヘ～ヌはヘ'～ヌ'における主体とトコロが修飾・被修飾の関係に転じたものであるため、ヘ～ヌにおけるトコロ、モノもやはり一つの出来事に直接的に関わる成分であるということができる。このため、(37)～(41)のトコロと主体も(24)～(28)のトコロと客体の場合と同様に、一体言相当の成分を構成するという形式上の一体性だけでなく、主体がトコロに存在するというコトガラにとって不可欠の成分であるという意味上の一体性も有することとなる。

21) 齐沪扬1998：108-109は、単音節動詞"找"を用いた"在书本里他找例句。"は非文であるのに対し、二音節動詞"寻找"を用いた"在书本里他寻找例句。"は成立するとしている。このことは、"在・トコロ＋主体＋V＋客体"表現が成立する際に動詞に対して要求される条件が、"主体＋在・トコロ＋V＋客体"表現の場合よりも厳格であることを示している。

22) この点については三上1967：80-102、同1969：38-48、久野1973：265、278を参照。

第3章
"在・トコロ"と「非トコロ・ニ」

3.0 はじめに

以下に挙げるⅠ、Ⅱの表現例においては、同一のコトガラに関わるモノが、中国語の表現では"在・N・方位詞"の形式により動作・行為が行なわれるトコロとして表現されているのに対し、対応する日本語の表現では「N・ニ」の形式により動作・行為が間接的におよぶ対象、すなわち非トコロとして表現されている。

　Ⅰ．他在香烟上点了火。　　彼はタバコニ火をつけた。
　Ⅱ．她在沙发上坐着。　　　彼女はソファニ座っている。

Ⅰ、Ⅱは、動作・行為が向かう先をトコロとして表現することができるか否かという点において日中両言語間に相違が存在することを意味し、このような相違は、それぞれの言語においてトコロを示すのに用いられる成分の性格の相違や、非トコロをトコロ化する成分の有無と密接に関わっている。さらに、上記のような日中両言語間の表現形式上の相違は、相互に対応するとされる動詞の性格の相違、具体的には動詞がとりうる項の数の相違と表裏一体をなしている。

本章は、中国語の"在・N・方位詞＋V"表現と、これに対応する日本語の「N・ニ　Vする」[1]表現との対照を中心として、同一のコトガラを表現する場合に日中両言語でこのように異なる表現形式が用いられる要因を明らかにすることを目的とする。

3.1　"在"と「ニ」、「デ」
3.1.1　"在"のトコロと「ニ」の非トコロ

3.0で提起したように、同一のコトガラを中国語では「トコロ――動作・行為」の結びつきとして、日本語では「非トコロ――動作・行為」の結びつきとして表現するケースが存在するのであるが、本章ではまず、これら2種類の結びつきの相違について検討を加える。検討に際しては、3.0で挙げたⅠ、Ⅱの表現例によって代表される2種類の表現形式のパターン、すなわち、

動作・行為の客体が存在する場合と存在しない場合の2類に分ける。これは、前者と後者とでは、コトガラが成立するのに必要とされる成分の数に相違がみられ、成分の数の相違は統語的に重要であることによる。

まず、Ⅰの類の表現例としては、3.0で挙げた

　　(1)　他<u>在香烟上</u>点了火。
　　(1)'　彼は<u>タバコ二</u>火をつけた。

のほか、以下のようなものが挙げられる。

　　(2)　我<u>在门上</u>加了一把锁。
　　(2)'　私は<u>門二</u>鍵を取り付けた。
　　(3)　她<u>在眼睛下方皮下</u>注射了奴弗卡因。（人：146を一部修正）
　　(3)'　彼女は<u>目の下の皮膚二</u>ノボカインを注射した。
　　(4)　他<u>在果树上</u>打农药。
　　(4)'　彼は<u>果樹二</u>農薬をかけている。
　　(5)　我<u>在铁丝上</u>晾了几件衣服。
　　(5)'　私は<u>鉄線二</u>何着かの服を干した。
　　(6)　小明<u>在本儿上</u>写字。
　　(6)'　小明は<u>ノート二</u>字を書いている。
　　(7)　我<u>在日记本里</u>夹着小黄花。
　　(7)'　私は<u>日記帳二</u>小さな菊の花を挟んでいる。
　　(8)　他<u>在瓶子里</u>灌水。
　　(8)'　彼は<u>瓶二</u>水を注いだ。

(1)～(8)の実線部、すなわち動作・行為が行なわれるトコロと(1)'～(8)'の波線部、すなわち動作・行為の間接的な対象とでは、コトガラの成立にとって不可欠の内包的要素であるか否かという点で相違がみられる。

奥田1983b：281、282は、「二」格の形をとる名詞と動詞との組み合わせによって表わされる関係を

　　a) 対象的な結びつき　b) 規定的な結びつき　c) 状況的な結びつき

の3種類に分類し、a)を「動作（or状態）とその成立にくわわる対象[2]との関係」であるとしている。そして、(1)'～(5)'、(7)'～(8)'のように「ヲ」格の名詞で示されるモノ＝対象（本章における「客体」）が、他動詞で表わされる動作の働きかけを受けて「二」格で示される第二のモノ＝対象（本章における「間接的な対象」、すなわち非トコロ)[3]にくっつくことを表わす表

68

現における動詞と「ニ」格の具体名詞との関係を、対象的な結びつきの下位類としての「くっつきのむすびつき」であるとしている（同：295）。奥田のこのような考え方によれば、「ニ」によって示される間接的な対象、すなわち (1)'〜(5)'、(7)'〜(8)' において「ニ」により示される非トコロは、出来事の成立に直接的に関わる成分であることとなる。

　(1)'〜(5)'、(7)'〜(8)' とは異なり、(6)' は「くっつきのむすびつき」を表わす表現ではなく、「ノート」は「字」が出現する先となっている。しかし (6)' は、動作・行為の客体が最終的に「ニ」で示される非トコロに位置することとなる点において (1)'〜(5)'、(7)'〜(8)' の場合と共通しているため、くっつきの結びつきを表わす表現に順ずるものとみてさしつかえないと考えられる[4]。

　一方、(1)〜(8) の実線部は述語の連用修飾成分となり、述語動詞の表わす出来事が成立するトコロを表わしている。このような成分は、1.1.1、1.1.2 で述べたように、コトガラ成立に不可欠の成分ではない。(1)〜(8) の前提となっている客観的事実において動作・行為が実線部のトコロに向かっていることは、これらに対応する日本語の表現 (1)'〜(8)' からも明白である。しかし (1)〜(8) の実線部には、動作・行為のトコロへの方向性を表わす形式上の特徴はみられない。このため、"在" の働きは、動作・行為が向かう先を示すことではなく、動作・行為が行なわれるトコロを限定することであると解するのが自然である。このような考え方に対しては、例えば俞詠梅1999：22 のように "在" が動作・行為の向かう先を示すケースが存在するという主張もなされているが、客観的事実として動作・行為がトコロに向かっているか否かはともかく、"在" 自体にはトコロと動作・行為との方向的な関係を見いだすことができない[5]。このため、(1)〜(8) の "在" によって示されるトコロも、日本語の「デ」によって示されるトコロの場合と同じく出来事の成立に直接的には関わらず、その存在の条件であるに過ぎないということとなる。

　前述したように、(1)'〜(8)' の表現例は、「ヲ」格の名詞で示されるモノが他動詞で表わされる動作の働きかけを受けて第二のモノにくっつく（or 出現する）ことを表わし、(1)〜(8) の表現例は、主体がトコロにおいて客体に働きかけることを表わすため、それぞれが表わすコトガラの成り立ちを図示すると、下記の図4および1.1.2で挙げた図2のようになる。図4にお

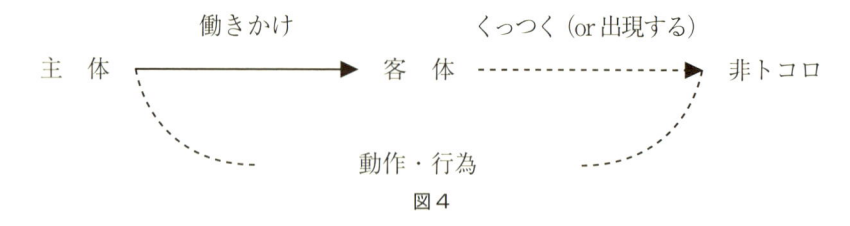

第I部　中国語前置詞"在"と日本語格助詞の対照

```
           働きかけ              くっつく (or 出現する)
  主　体 ─────────→ 客　体 ------------→ 非トコロ
      ┊                                      ↑
      └┄┄┄┄┄┄┄┄┄┄┄┄┄┄┄┄┄┄┄┄┄┄┄┄┄┄┄┄┄┄┄┘
                   動作・行為
```
図4

ける非トコロは動作・行為の到達点として示され、コトガラ成立に不可欠の成分であるのに対し、図2におけるトコロは動作・行為の到達点ではなく、コトガラ成立に不可欠の成分ではない。

　以上の考察により、(1)～(8) と (1)'～(8)' との間にみられる日中両言語の表現形式上の相違は、同一のコトガラに関わる同じモノを、中国語では(1)～(8) の実線部のように出来事の成立に直接的には加わらないものとして表現するのに対し、日本語では (1)'～(8)' の波線部のように出来事の成立に直接的に加わるものとして表現する点にあることが明白となった。この相違は換言すれば、(1)～(8) においてはコトガラが成立するのに不可欠とされる成分が、主体、客体、動作・行為の3者であるのに対し、(1)'～(8)' においては、主体、客体、非トコロ、動作・行為の4者であるということである。つまり、同じコトガラを表現する場合にも、日本語と中国語によってコトガラの成立に不可欠とされる成分の数が異なるのである。さらに、この相違を述語動詞の側からみれば、同一のコトガラを表わす場合に述語動詞にとって必須とされる名詞の数が日中両言語では異なるということとなる。すなわち、述語動詞にとって必須とされる名詞の数が、(1)～(8) の場合には、主体を表わす名詞と客体を表わす名詞の二つであるのに対し、(1)'～(8)' の場合には、主体を表わす名詞と客体を表わす名詞、さらに非トコロを表わす名詞の三つである。

　角田1991：90-92 は、日本語の述語をいわゆる「項」の数によって分類し、「ガーニーヲ」という格枠組み (case frame) をとるものを「三項述語」としている。角田によれば、(1)'～(8)' における「つける」、「取り付ける」、「注射する」、「かける」、「干す」、「書く」、「挟む」、「注ぐ」はいずれも「ガーニーヲ」という格枠組みをとる点で共通しており、三項述語であるということとなる[6]。一方、中国語の表現例である (1)～(8) においては、述語動詞にとって必須とされる名詞は、主体を表わす名詞と客体を表わす名詞の二

つである。従って、(1)〜(8)の"点"、"加"、"注射"、"打"、"晾"、"写"、"夹"、"灌"はいずれも二項述語ということになる。

小矢野1989：74は、動詞が表わす個別的な動作や変化などの語彙的な意味に応じて、その動作や変化を成立させる主体や対象などのメンバーの数（＝その動詞と組み合わされる名詞の数）と、各メンバーの形式（＝名詞の形式と、語彙的な意味の中で演じる各メンバーの役回り、すなわち、動詞の語彙的な意味に関与する名詞の役割）とが決まっているとしているが、前述したように、(1)〜(8)と(1)'〜(8)'の間で対応している述語動詞を比較するとそれぞれにとって必須とされる名詞の数が異なっている。このことは、異言語間で対応する動詞が語彙的には同じ意味を表わしていても、組み合わされる名詞の数とその役割が異なることを示唆している。

次に、Ⅱの類の表現例としては、3.0で挙げた

（9）她<u>在沙发上</u>坐着。　　　　（9）'彼女は<u>ソファニ</u>座っている。

のほか、以下のようなものが挙げられる。

（10）他<u>在蒲团上</u>跪下。　　　　（10）'彼は<u>円座ニ</u>ひざまずいた。
（11）我<u>在她额头上</u>亲了一下。　（11）'私は<u>彼女の額ニ</u>キスした。
（12）他<u>在树上</u>砍了一刀。　　　（12）'彼は<u>木ニ</u>一回切りつけた。
（13）蛇<u>在他身上</u>缠着。　　　　（13）'蛇が<u>彼の身体ニ</u>巻きついている。
（14）狗<u>在他腿上</u>咬了一口。　　（14）'犬が<u>彼の足ニ</u>かみついた。
（15）水<u>在瓶子里</u>装着。　　　　（15）'水は<u>瓶ニ</u>入っている。
（16）文件<u>在桌子上</u>放着。　　　（16）'書類は<u>テーブルニ</u>置いてある。

(9)〜(16)の実線部と(9)'〜(16)'の波線部との間にも、(1)〜(8)と(1)'〜(8)'について述べたと同様に、コトガラ成立に不可欠の成分であるか否かの点で相違がみられる。

奥田1983b：295は、(9)'〜(16)'の表現例のように、述語動詞（自動詞）の表わす動作が「ニ」格で示されるモノの表面あるいは内部にくい込んでいくことを表わす場合の動詞と「ニ」格の具体名詞との関係も、先に挙げた「対象的な結びつき」の下位類としての「くっつきの結びつき」であるとしている。従って、(9)'〜(16)'において「ニ」により示される動作・行為の間接的な対象[7]すなわち非トコロも、(1)'〜(8)'のそれと同様に出来事の成立に直接的に関わる成分である。一方、(9)〜(16)の実線部は、(1)〜(8)のそれと同様にいずれも述語の連用修飾成分となり、出来事が成立するトコ

ロを表わしている。このため、(9)～(16) の"在"で示されるトコロについても、(1)～(8) について述べたと同様のことがあてはまる。

(9)～(16) の実線部と (9)'～(16)' の波線部では、述語動詞の表わす出来事との関わり方の点で以上のような相違があるため、コトガラが成立するのに不可欠とされる成分の数の点でも相違がみられ、(9)～(16) では主体、動作・行為の2者であるのに対し、(9)'～(16)' では主体、非トコロ、動作・行為の3者である。また、述語動詞の側からこの相違をみると、同一のコトガラを表わす場合に述語動詞にとって必須とされる名詞の数が、(9)～(16) では主体を表わす名詞一つであるのに対し、(9)'～(16)' では主体を表わす名詞と非トコロを表わす名詞の二つである。

角田 1991：90-92 における述語の分類によれば、(9)'～(16)' における述語動詞はいずれも「ガ－ニ」という格枠組みをとり、上記のように必須とされる名詞は二つであるため二項述語であるのに対し、(9)～(16) における述語動詞 "坐"、"跪"、"亲"、"砍"、"缠"、"咬"、"装"、"放" の場合、それらにとって必須とされる名詞は一つであるため二項述語ではなく、一項述語として働いていることとなる。

3.1.2　動作・行為の方向性と「デ」、「ニ」

(1)・(1)'～(8)・(8)' および (9)・(9)'～(16)・(16)' においては、同一のコトガラに関わるモノが、中国語では"在・N・方位詞"の形式により動作・行為が行なわれるトコロとして表現されているのに対し、日本語では「N・ニ」の形式により非トコロとして表現されているという相違がみられたが、中国語でトコロとして表現されるモノが、日本語ではなぜトコロとして表現されないのであろうか。

(1)'～(8)' および (9)'～(16)' における波線部の「ニ」を「デ」に置き換えた以下の表現例は、いずれも非文もしくは不自然となる。

　　(1)" ？彼はタバコデ火をつけた。
　　(2)" ＊私は門デ鍵を取り付けた。
　　(3)" ＊彼女は目の下の皮膚デノボカインを注射した。
　　(4)" ＊彼は果樹デ農薬をかけている。
　　(5)" ？私は鉄線デ何着かの服を干した。
　　(6)" ＊小明はノートデ字を書いている。

(7)″ ？私は日記帳デ小さな菊の花を挟んでいる。
　(8)″ ？彼は瓶デ水を注いだ。
　(9)″ ＊彼女はソファデ座っている。
　(10)″ ＊彼は円座デひざまずいた。
　(11)″ ＊私は彼女の額デキスした。
　(12)″ ＊彼は木デ一回切りつけた。
　(13)″ ＊蛇が彼の身体デ巻きついている。
　(14)″ ＊犬が彼の足デかみついた。
　(15)″ ＊水は瓶デ入っている。
　(16)″ ＊書類はテーブルデ置いてある。

　(1)″〜(16)″の点線部はいずれも「デ」と組み合わされて動作・行為の手段を表わす成分となっている。このため、(1)″、(5)″、(7)″、(8)″は、点線部をトコロであると解した場合にはいずれも非文となるが、手段であると解した場合には、(1)″は例えば「彼は火のついたタバコを使って花火に火をつけた」という内容を、(5)″は例えば「私は鉄線を使って何着かの服を干した」という内容を、(7)″は例えば「私は何冊かの日記帳を手にして、それを一つ一つ重ねて、その間に小さな菊の花を挟んでいる」という内容を、(8)″は例えば「彼は瓶を使って植木鉢に水を注いだ」という内容をそれぞれ表わす自然な表現として成立する。また、(2)″、(3)″、(4)″、(6)″および(9)″〜(16)″は、いずれも点線部の名詞が表わすモノを手段として動作・行為を行なうということが現実にはあり得ないため、点線部を手段であると解してもやはり非文となる[8]。一方、中国語においては、非トコロ名詞をトコロ化する方位詞"−上"、"−下"、"−里"などが存在するため、(1)〜(8)、(9)〜(16)の実線部のように非トコロ名詞に方位詞"−上"、"−下"、"−里"を付加して後続の動詞が表わす動作・行為が行なわれるトコロを表わすことが可能である。さらに、(1)〜(8)、(9)〜(16)における"在・トコロ"は、日本語の「トコロ・デ」とは以下の点で異なる。すなわち、日本語の「デ」が動詞表現に用いられてトコロを示す場合には

　・主体がトコロに存在する

という使用条件を満たさなければならない点については 2.1.1 で述べた通りであるが、さらに

　・動作・行為はトコロに向かうものではない

という使用条件をも満たさなければならない[9]のに対し、中国語の"在"はそのような条件を満たす必要がない。

　(1)〜(8) においては、主体は実線部のトコロには存在せず、動作・行為も最終的にはトコロに向かうものである。また、(9)〜(16) においては、動作・行為はいずれも実線部のトコロに向かうものであり、さらに (11)、(12)、(14) における主体は実線部のトコロに存在していない。

3.2　トコロ、非トコロを表わす中国語の諸形式
3.2.1　"主体＋Ｖ＋非トコロ＋客体"と前置詞句表現

　日本語において (1)'〜(8)' および (9)'〜(16)' の波線部のように非トコロとして表現されている成分は、中国語では常に (1)〜(8) および (9)〜(16) の実線部のようにトコロとして表現しなければならないのであろうか。

　動作・行為の間接的な対象を表わす形式としては、例えば "主体＋Ｖ＋非トコロ＋客体" が考えられる。この形式における "非トコロ＋客体" は、一般に二重目的語とよばれているものである。輿水1985：368-372 は、動詞が二重目的語をとる場合のパターンをその表わす意味によって

　イ．授与を表わすもの
　　　(ex. 我送你一盆花儿。他卖我一所房子。我给他一本书。)
　ロ．取得を表わすもの
　　　(ex. 我买了他一所房子。他偷了我一张邮票。我收了他一封信。)
　ハ．授与も取得も表わすもの
　　　(ex. 张三借李四一本书。)
　ニ．授与も取得も関係ないもの
　　　(ex. 我问你一个问题。我们叫他老李。人家骂他坏蛋。)

の４種に分けている。これらの表現に用いられている動詞は、授与・取得あるいは「話す」という意味特徴をもったものである。いずれもその動作・行為を行なう相手（ヒト）を必要とするコトガラであるため、動詞の後にはヒトを表わす名詞的成分が不可欠である。このように、"主体＋Ｖ＋非トコロ＋客体" が用いられる場合には、述語動詞の表わす出来事が上記のイ〜ニのような特徴をもち、非トコロの部分はヒトを表わす名詞的成分であることが条件となる[10]。(1)〜(8) および (9)〜(16) の述語動詞はいずれも上記のイ〜ニの特徴をもつ出来事を表わすものではないため、"主体＋Ｖ＋非トコロ

"＋客体"表現において用いることはできない。従って、以下の表現例はいずれも非文となる。

(17) ＊他点了香烟火。
(18) ＊我加了门一把锁。
(19) ＊她注射了眼睛下方皮肤奴弗卡因。
(20) ＊他打果树农药。
(21) ＊我晾了铁丝几件衣服。
(22) ＊小明写本儿字。
(23) ＊我夹着日记本小黄花。
(24) ＊他灌瓶子水。

ところで、(17)と同じ主体、V、非トコロの組み合わせである以下の表現例は自然である。

(25) 他点了一枝香烟。

中国語においては、"V＋O"表現が成立するためにはOが動作・行為に関連する事物を表わすものであればよく、動作・行為の受け手を表わすものとは限らない。このため、日本語で表現する場合には(1)'の波線部のように「N・ニ」形式により動作・行為の間接的な対象として表わされる成分を、中国語では(25)の波線部のように述語動詞の後に置くことができるのである。しかしこの場合も、(1)と(1)'を比較した場合と同様に、コトガラの成立に不可欠とされる成分の数が日中両言語で異なることとなる。すなわち、(25)では"他"、"点"、"香烟"の3者が、(1)'では「彼」、「タバコ」、「火」、「つける」の4者がそれぞれコトガラの成立に不可欠とされる成分である。このことは、(25)においては、述語動詞"点"にとって必須とされる成分が"他"、"香烟"の2者である（従って"点"は二項述語である）のに対し、(1)'においては3.1.1で述べたように、述語動詞「つける」にとって必須とされる成分が「彼」、「タバコ」、「火」の3者である（従って「つける」は三項述語である）ということを意味する。上記のように、(25)と(1)'を比較した場合にも、(1)と(1)'を比較した場合と同様に、中国語の"点"が二項述語であるのに対し日本語の「つける」が三項述語であるという相違がみられる。二項述語である中国語の"点"は、(17)のように"主体＋V＋非トコロ＋客体"形式をとることができず、(25)のように"主体＋V＋非トコロ"形式をとるのである。

ところで、(2)、(7)における述語動詞と実線部の名詞の組み合わせで"Ｖ＋Ｏ"形式をとる表現を作例してみると、以下のようになる。

　　(26) 我加了一扇门。　　(27) 我夹着日记本儿，来到教室。

しかし、これらの表現例においては、波線部の名詞が表わすモノは動作・行為の客体（＝直接的な対象）となるものである。日本語に置き換えた場合にはそれぞれ、「私は（家に）門ヲ取り付けた」、「私は日記帳ヲ（脇に）はさみ、教室にやってきた」のように、いずれも「主体は（が）客体ヲ Ｖする」形式をとる表現になる点で(25)の場合とは異なり、本章で考察の対象としているコトガラを表わす表現にはならない。

以上、動作・行為の間接的な対象としての非トコロが述語動詞の目的語となるかどうかについて考察を進めてきたが、前置詞句の形式により述語の連用修飾成分として表現されることはないのであろうか。このような形式に用いられる前置詞としては、例えば"给"が挙げられる。(1)～(8)の実線部を"给・Ｎ"形式に置き換えると以下のようになる。

　　(28)　? 他给香烟点着了火。
　　(29)　　我给门加了一把锁。
　　(30)　　她给眼睛下方皮肤注射了奴弗卡因。
　　(31)　　他给果树打农药。
　　(32)　＊我给铁丝晾了几件衣服。
　　(33)　＊小明给本儿写字。
　　(34)　＊我给日记本夹着小黄花。
　　(35)　　他给瓶子灌水。

前置詞"给"は、動詞"给（アゲル／クレル）"がもとになっている。動詞"给"がいわゆる二重目的語をとる場合、前掲のイのように"主体＋给・非トコロ（ヒト）＋客体（モノ）"形式をとり、"给"の後にはヒトを表わす成分が置かれる。前置詞句"给・Ｎ"が動詞表現に用いられる場合も同様に、Ｎは原則としてヒトを表わす名詞でなければならない。また、動詞"给"は相手にモノをあげる（or 相手からモノをもらう）こと、すなわち利益の授受を表わすが、前置詞"给"も動作・行為によって相手に利益を与える（or 相手から利益を与えられる）ことを表わす。

ところが上記の(28)～(31)、(35)の場合、"给"の後に置かれた名詞がいずれもモノを表わしているにもかかわらず非文とはならない。(28)は例

えば

(28)′ 他给对方的香烟点着了火。

とすれば自然な表現として成立する。(29)～(31)、(35)はいずれも自然な表現ではあるが、

(29)′ 我给小李家的门加了一把锁。
(30)′ 她给病人的眼睛下方皮肤注射了奴弗卡因。
(31)′ 他给公社的果树打农药。
(35)′ 他给小明的瓶子灌上了水。

とすればより一層自然な表現となる。(28)′～(31)′、(35)′は、主体がそれぞれ"対方"、"小李家"、"病人"、"公社"、"小明"にとって利益となる動作・行為を行なうことを表わしている。このように、利益の授受を表わす"给"の相手となり得るヒトが含まれる場合には、一層自然な表現となるのである。

動作・行為の間接的な対象を示す前置詞としては"给"のほか、さらに"対"が挙げられる。前置詞"対"も"给"と同じく動詞がもとになっている。前置詞として用いられる場合の例としては、以下のようなものが挙げられる。

(36) 小黄对我笑了笑。(八百词：157)
(37) 他对你说了些什么?
(38) 我决不对困难低头。

(36)～(38)が表わすコトガラにおいては、主体が"対"により示されるモノやヒトを相手として動作・行為を行なうのであるが、動作・行為自体は他者への働きかけをともなうものではない。それは、"対"の語彙的意味が、あるものが一定の方向を向いている、一定のモノやヒトを相手とするということであって、その方向に向かうことではないからである。

3.1.1で述べたように、日本語の表現例(1)′～(8)′はいずれも「ヲ」格の名詞によって表わされるモノが働きかけを受けて第二のモノにくっつくことを表わしている。この第二のモノに相当する成分が、中国語の表現例(1)～(8)においては"在・N・方位詞"形式によりトコロとして表現されているのであるが、"在"によって示されるトコロは、3.1.2で述べたように動作・行為が向かう先であってもよい。これに対し"対・N"が動詞表現に用いられる場合には、動作・行為がNの表わすヒトやモノへの移動をともなわないという特徴を有するため、(28)～(35)の波線部を"対・N"形式に置き換えた表現はいずれも非文である。

"対"のほか、"跟"、"和"も後ろに非トコロ名詞をともなう前置詞である。いずれも、動作・行為を共に行なうヒト、動作・行為の相手、主体に関係するヒトやモノ、主体と比較される相手などを示す。これらの用法からみて、"跟"、"和"が動作・行為の到達点としての非トコロを示すことができないことは明白であり、(28)〜(35)の波線部を"跟・N"や"和・N"形式に置き換えた表現はいずれも非文である。上記のように、"対"、"跟"、"和"はそれぞれ独自の語彙的意味を有しており、日本語の「ニ」のように動作・行為の空間的な到達点としての非トコロを示すものではない。

ところで、(1)〜(8)の"在"を"往"に置き換えると以下のようになる[11]。

(39)　＊他往香烟上点了火。
(40)　我往门上加了一把锁。
(41)　她往眼睛下方皮下注射了奴弗卡因。
(42)　他往果树上打农药。
(43)　我往铁丝上晾了几件衣服。
(44)　小明往本儿上写字。
(45)　我往日记本里夹着小黄花。
(46)　他往瓶子里灌水。

前置詞"往"は、トコロを表わす成分が後に続くという点において"在"と共通しているが、"往・N・方位詞"は述語動詞の表わす動作・行為が向かうトコロを表わすのに対し、"在・N・方位詞"は動作・行為が行なわれるトコロを表わすという相違がみられる。この相違が最も明確にあらわれているのが(4)、(42)の場合であり、(4)は「彼は（地上から）果樹に農薬をかけている」、「彼は果樹の上で（果樹に）農薬をかけている」の二通りの内容を表わすことができる多義文であるのに対し[12]、(42)は前者の内容を表わす表現である。つまり(42)においては、(4)の場合よりも動作・行為の向かう方向が明確である。

また、(7)と(45)を比較した場合、前者における"−着"が動作・行為の持続、動作・行為の結果としての状態のいずれを表わすことも可能であるのに対し、後者における"−着"は動作・行為の持続を表わすにとどまる。つまり(7)の場合、「私は日記帳に小さな菊の花を挟むという動作・行為を今まさに行なっているところだ」あるいは「私は何冊もの日記帳に小さな菊

第3章 "在・トコロ"と「非トコロ・ニ」

の花を挟むという動作・行為（＝作業）を繰り返し行なっているところだ」のようなコトガラを表わすことができる一方、さらに例えば「私は日記帳に小さな菊の花を挟んだままにしてある」のようなコトガラを表わすことも可能である。これに対し（45）は、上記の前者のコトガラを表わすことはできるが、後者のコトガラを表わすことはできない。前述したように、"往・N・方位詞"は動作・行為が向かうトコロを表わすため、（45）における"夾"は"日記本里"というトコロに向かうこととなる。換言すれば、（45）の"夾"は、"我"の働きかけが"小黄花"におよび、"日記本里"というトコロに到達するまでを視野におさめて用いられているのであり、トコロに到達した後の結果までを視野におさめて用いられているのではない。このため、述語動詞"夾"に後続する"－着"も、動作・行為の持続を表わすことはできるが、動作・行為の結果としての状態を表わすことはできないのである。これに対し、"在・N・方位詞"は動作・行為が行なわれるトコロを表わすものであるため、（7）においては"夾"という動作・行為が"日記本里"というトコロに向かうことが形式に反映されていない。従って、（7）の"夾"は、（45）の場合のように"我"の支配が"小黄花"におよんで"日記本里"というトコロに到達するまでを視野におさめて用いられているのではなく、"夾"に後続する"－着"は、動作・行為の持続、動作・行為の結果としての状態のいずれを表わすこともできるのである。（2）、（3）、（5）、（6）、（8）と（40）、（41）、（43）、（44）、（46）との間には、上記の（4）、（7）と（42）、（45）との間におけるようなはっきりとした内容上の相違はみられないが、"往"を用いた後者は、動作・行為がトコロに向かうことが形式上明確である点で前者とは異なる。（39）は非文であるが、"点"と"香烟"が（25）にみられるように"V＋O"形式をとり、日本語では「N・ニ Vする」形式により「動作・行為の間接的な対象――動作・行為」の結びつきとして表現されるコトガラを表わすことが可能である点で（40）～（46）における動詞、名詞の場合とは異なる。"点"と"香烟"がこのように固定的な結びつきをとるため、"香烟"を、前置詞"往"を用いトコロとして表現することができないものと考えられる。但し一方では、（1）のように"在"を用いトコロとして表現することが可能な場合が存在するが、"在"を用いた場合には動作・行為がトコロに向かうことが形式上明確ではなく、この点において"往"を用いた（39）の場合ほどにはトコロの動作・行為との関わりが深くないためである

79

と考えられる[13]。

　トコロを表わす成分をともなう前置詞としては"在"、"往"のほか、さらに"向"、"朝"が存在する。(39)～(46)の"往"を"向"、"朝"に置き換えると以下のようになる。

　　(47)　＊他向香烟上点了火。
　　(48)　＊我向门上加了一把锁。
　　(49)　＊她向眼睛下方皮下注射了奴弗卡因。
　　(50)　　他向果树上打农药。
　　(51)　＊我向铁丝上晾了几件衣服。
　　(52)　＊小明向本儿上写字。
　　(53)　＊我向日记本里夹着小黄花。
　　(54)　＊他向瓶子里灌水。
　　(55)　＊他朝香烟上点了火。
　　(56)　＊我朝门上加了一把锁。
　　(57)　＊她朝眼睛下方皮下注射了奴弗卡因。
　　(58)　　他朝果树上打农药。
　　(59)　＊我朝铁丝上晾了几件衣服。
　　(60)　＊小明朝本儿上写字。
　　(61)　＊我朝日记本里夹着小黄花。
　　(62)　？他朝瓶子里灌水。

　保坂1994：27, 30-31が指摘するように、"往"の基本義は「移動」であるため、前置詞句"往・N"は動作そのものの方向にとどまらず、動作の結果の移動先までをも含む方向を表わすこととなるのに対し、"向"、"朝"の基本義はそれぞれ「方向」、「面と向かうこと」であるため、前置詞句"向・N"、"朝・N"は移動先までを含む方向を表わすことはできない。このことはすなわち、"向・N＋V"、"朝・N＋V"が表わす内容は、主体が一定の方向を向いて動作・行為を行なうということにとどまるため、"向・N・方位詞＋V"、"朝・N・方位詞＋V"表現が表わすコトガラにおける動作・行為は、トコロに向けての移動をともなうものではないということである。従って、働きかけを受けた客体がある方向に向けて移動することを表わす場合には、"向・N・方位詞＋V"、"朝・N・方位詞＋V"ではなく、"往・N・方位詞＋V"形式によらなければならない。(47)～(62)のうち、(50)、(58)

以外は、動作・行為がいずれもトコロに向けての移動をともなうものであるため、"向"、"朝"によってトコロを示すことができず非文となる。これに対し(50)、(58)が自然な表現として成立するのは、主体がトコロの方向を向いて移動をともなわない動作・行為を行なうということが、通常は不自然なコトガラではあっても起こり得るからである。さらに(47)、(49)、(51)～(54)および(55)、(57)、(59)～(62)においては、実線部の名詞が表わすモノはいずれも主体が向かい合うだけの大きさをもたないものであり、この点も非文となる一因である。このことは、(54)が非文となるのに対し、(54)の実線部の名詞を、主体である"我"が向かい合うだけの大きさをもった"水缸（水がめ）"に置き換えて

(63) 我向<u>水缸</u>里灌水。

とすれば自然な表現として成立することによっても明白である。

3.2.2 "把"表現と"在・トコロ"

3.2.1で述べたように、(1)～(8)において実線部のように動作・行為が行なわれるトコロとして表現されている成分は、"主体＋V＋非トコロ＋客体"あるいは"在"以外の前置詞を用いた"前置詞・N＋V"表現における動作・行為の間接的な対象、すなわち非トコロとして表現することが通常はできない。このことは、中国語における上記の形式の使用される範囲が、日本語における「N・ニ」の場合よりも狭い範囲に限定されているため、その分"在・N・方位詞"というトコロ表現の形式が広く用いられることによってカバーされているとみることができる。そして、"在・N・方位詞"が動詞表現において述語動詞の前に置かれる場合には「動作・行為が行なわれるトコロ」を表わすのであるが、さらに、"把・客体＋V＋在・トコロ"形式により「動作・行為がいきつくトコロ」として表現される場合も存在する。(1)～(8)の表現例における"在・トコロ"を述語動詞の後に移し換えると、以下のようになる。

(64) ＊他把火点<u>在香烟上</u>了。
(65) 我把那把锁加<u>在门上</u>了。
(66) 她把奴弗卡因注射<u>在眼睛下方皮下</u>。
(67) 他把农药打<u>在果树上</u>。
(68) 我把那几件衣服晾<u>在铁丝上</u>了。

(69)　小明把字写在本儿上了。
　　　(70)　我把小黄花夹在日记本里了。
　　　(71)　他把水灌在瓶子里了。

　"主体＋在・トコロ＋V＋客体"における"在・トコロ"をVの後に移し換えると、(64)〜(71)のようにいわゆる"把"を用いた表現となる。"把"により示される客体はいわゆる"definite（定）"のものに限られる。従って、(65)、(68)における客体を表わす名詞には"那把锁"、"那几件衣服"のように「定」であることを表わす成分が付加されており、(66)、(67)、(69)〜(71)の表現例は、客体が話し手、聞き手にとってあらかじめ了解ずみのものであるという前提がなければ用いられない。(64)が非文となるのは、"点"と"火"の結びつきが比較的強く、日本語の「点火する」のようにいわばひとつの概念を表わす成分となっているためである。このことは、(64)が非文となるのに対し

　　　(72)　他把火仍在草堆里。

が自然な表現として成立することによって明白である。

　(65)〜(71)のような"主体＋把・客体＋V＋在・トコロ"形式をとる表現が用いられるためには上記のような使用条件を満たす必要があり、この点では (2)〜(8) のような"主体＋在・トコロ＋V＋客体"形式をとる表現に比べると使用範囲がより狭く制限されている。(65)〜(71)はいずれも「主体の働きかけが客体および、その客体がトコロにいきつく」というコトガラを表わすため、トコロはコトガラの成立にとって不可欠の成分であり、述語動詞は主体、客体、トコロの３者を必須項とする三項述語であるということとなる[14]。

　ところで、(1)〜(8) の実線部においてトコロとして表現されている成分は、3.2.1 で述べたように、"主体＋V＋非トコロ＋客体"の非トコロや、"给"、"对"、"跟"、"和"など、動作・行為の間接的な対象を示す前置詞を用いた前置詞句の形式によって、主体の働きかけを受けた客体がくっつく先として表現することが、"给・N"を用いた表現の一部を除いてはできない。つまり、動作・行為の間接的な対象、すなわちコトガラの成立に不可欠の内包的要素として表現することが一般に不可能であるということになるのだが、このことは、(1)〜(8) の表現例に用いられている述語動詞がいずれも二項述語であるという 3.1.1 で述べたことが確認される根拠ともなる。また、(2)〜

（4）および（8）については、それぞれの実線部を"給・N"の形式に置き換えた（29）〜（31）および（35）が自然な表現として成立するが、前置詞"給"が動詞としての語彙的意味を留めているため、(29)〜(31)および(35)の前置詞句"給门"、"給眼睛下方皮肤"、"給果树"、"給瓶子"はそれぞれ述語動詞"加"、"注射"、"打"、"灌"という動作・行為の間接的な対象を表わしてはいるものの、それらの述語動詞にとっての項であると断定することはできない。つまり、"給"という前置詞自体が動詞的性格を有するため、必然的に前置詞句"給门"、"給眼睛下方皮肤"、"給果树"、"給瓶子"が動詞句的性格を有することとなる。従って、これらはいずれも（2）'〜（4）'および（8）'における「門ニ」、「目の下の皮膚ニ」、「果樹ニ」、「瓶ニ」のように完全には後続の動詞の項になりきっておらず、動詞的性格を有する前置詞"給"が、(29)〜(31)および(35)においてそれぞれ"我"と"门"、"她"と"眼睛下方皮肤"、"他"と"果树"、"他"と"瓶子"を項としているとみることが可能である。中国語には、日本語の格助詞のように語彙的意味を全く表わさないで純粋に文法的意味を表わすような前置詞が、動作・行為の間接的な対象を示すものの中には存在しない。このため、(29)〜(31)および(35)のように、動詞的性格を有する前置詞を用いた前置詞句を述語動詞の前に置いてコトガラを表現するのだが、これらはそれぞれ、二項述語である"給"と"加"、"給"と"注射"、"給"と"打"、"給"と"灌"を用いた二つの動詞句を並べた形式であるとみることができる[15]。

　日本語の格助詞「ニ」が純粋な機能語であるのに対し、中国語の前置詞が動詞としての性格を留めているという相違は、このように、日中両言語間で対応するとされる述語動詞の項の数の点で相違が生じる大きな要因となっている。

3.2.3　"V＋O（非トコロ）"と前置詞句表現

　（9）〜（16）は（1）〜（8）とは異なり、主体、トコロ、動作・行為の3者によって構成されるコトガラを表現しているが、（9）〜（16）の実線部によりトコロとして表現されている成分を非トコロとして表現することはできないのであろうか。（9）〜（16）における主体、述語動詞、実線部の名詞の組み合わせでしかるべき表現を作例してみると、以下のようになる。

　　（73）　　她不习惯坐沙发。
　　（74）　　他跪蒲团，很有工夫。

(75)　我亲了亲她的额头。

(76)　他砍树很快。

(77)　蛇缠着他的身子。

(78)　狗咬了他的腿。

(79)　？水装进了瓶子。

(80)　＊文件放桌子。

　(9)～(16)では「トコロ——動作・行為」の結びつきとして表現されているコトガラが、(73)～(80)では「非トコロ（客体）——動作・行為」の結びつきとして表現されている。

　(73)、(74)、(76)はいずれも実際に行なわれたコトガラを表わしているのではない。(73)、(74)の"坐沙发"、"跪蒲团"はいずれも習慣としての動作・行為であり、(76)の"砍树"は主体である"他"が有する技術としての動作・行為である。習慣や技術としての動作・行為はいわば一つの属性として繰り返し行なわれるものであり、一つのまとまった概念として認識される傾向が強い。この点で、一過性の動作・行為を表わす(9)、(10)、(12)の場合よりも、動作・行為と非トコロとの関わりがより強いものとして表現されているということができる。

　(75)、(77)、(78)の場合には、主体が非トコロに対しある種の働きかけをおよぼすというニュアンス、換言すれば、主体がその意志によって動作・行為を行なうというニュアンスが(11)、(13)、(14)の場合よりも強く感じられる。同様のことは(15)と(79)にもあてはまり、(79)が不自然な表現となるのは、"水"が自分の意志によって瓶の中に入ったというニュアンスが強く感じられるためである。

　また、(80)が非文となるのは、"放桌子"が「折りたたみ式のテーブルを（使うために）広げる」という内容を表わすため、"文件"を主体とすることができないことによる。

　3.2.1で述べたように、動作・行為の間接的な対象を示す中国語の前置詞"给"、"对"、"跟"、"和"は、後に続く名詞がモノを表わす場合や、動作・行為が間接的な対象への移動をともなうものである場合には用いることができない。このことは(9)～(16)の表現例が表わすコトガラについてもあてはまる。(9)～(16)の実線部によって表わされる成分を"给・N"の形式に置き換えると、以下のようになる。

(81) ＊她给沙发坐着。
(82) ＊他给蒲团跪下。
(83) ＊我给她额头亲了一下。
(84) ＊他给树木砍了一刀。
(85) ＊蛇给他的身子缠着。
(86) 　狗给他的腿咬了一口。
(87) ＊水给瓶子装着。
(88) ＊文件给桌子放着。

(86) が自然な表現として成立するのは、"咬"が"给"により示されるモノにとって不利益となる動作・行為であることによる。

また、(81)～(88) の"给"を"对"、"跟"、"和"に置き換えた表現はいずれも非文となる。これは 3.2.1 で述べたように、これらの前置詞がいずれも動詞としての語彙的意味を留め、それぞれ使用される範囲が限定されているために、物理的な動作・行為の到達点としての非トコロを示すことができないためである。

さらに、(9)～(16) の"在"を"往"に置き換えると以下のようになる。

(89) ＊她往沙发上坐着。
(90) 　他往蒲团上跪下。
(91) 　我往她额头上亲了一下。
(92) 　他往树上砍了一刀。
(93) ＊蛇往他身上缠着。
(94) 　狗往他腿上咬了一口。
(95) ＊水往瓶子里装着。
(96) ＊文件往桌子上放着。

(89)、(93)、(95)、(96) における述語動詞には"－着"が付加されているが、いずれも非文である。3.2.1 で述べたように、"往・N・方位詞＋V"表現は、動作・行為がトコロに到達するまでを視野におさめたものであるため、(89)、(93)、(95)、(96) における"－着"はいずれも動作・行為の持続を表わすことになるのだが、そのように解するといずれも通常あり得ないコトガラを表わすこととなって非文となる。(90)～(92)、(94) と (10)～(12)、(14) とを比較すると、前者は、動作・行為がトコロに向かうことが形式に反映されている点において後者とは異なる。さらに前者は、例えば以

85

第Ⅰ部　中国語前置詞"在"と日本語格助詞の対照

下のような後件を続ける方が better である。

　　(90)'　他往蒲団上跪了跪，说了起来。
　　(91)'　我往她额头上亲了一下，就走了。
　　(92)'　他往树上砍了一刀，就跑了。
　　(94)'　狗往他的腿上咬了一口，就跑了。

　これは、"往・N・方位詞＋V"表現が、動作・行為がトコロに到達する過程の段階に視野を限定したものであることによる。上記の表現例においてはいずれも、前件の表わす内容は表現全体の中では途中の過程の位置を占め、後件の表わす内容は結果である。(89)～(96)の"往"を"向"、"朝"に置き換えると、述語動詞の表わす動作・行為がいずれも前置詞によって示されるトコロへの移動をともなうものであるため、3.2.1で述べたような"向・N・方位詞"、"朝・N・方位詞"の使用条件を満たすことができず、非文となる。但し、(92)の"往"を"向"、"朝"に置き換えた場合には、"砍"という動作・行為がトコロに到達したかどうか不明であるというニュアンスを有する表現としてであれば成立するが、(92)と同じ内容を表わす表現としては非文となる。

3.2.4　出来事と非トコロとの結びつきの強さ

　以上のように、(9)～(16)の実線部において"在・N・方位詞"の形式によりトコロとして表現されている成分を、"在"以外の前置詞を用いた"前置詞・N（・方位詞）＋V"形式により動作・行為の間接的な対象、すなわち非トコロとして表現することはできない。このことは、中国語における動作・行為の間接的な対象を表わす形式としての"前置詞・N（・方位詞）"の使用される範囲が日本語の「N・ニ」に比べてより狭い範囲に限定されているため、"在・N・方位詞"というトコロ表現の形式が広く用いられることでカバーされていることを意味するのであり、この点は3.2.2で述べたと同様である。また、"在・N・方位詞"が述語動詞の後に置かれて動作・行為がいきつくトコロを表わす場合も存在する。(9)～(16)の表現例はいずれも以下のように、"在・N・方位詞"を述語動詞の後に移し換えることができる。

　　(97)　她坐在沙发上。
　　(98)　他跪在蒲团上。
　　(99)　我亲在她额头上。
　　(100)　他砍在树上。

（101）蛇缠在他身上。

（102）狗咬在他腿上了。

（103）水装在瓶子里。

（104）文件放在桌子上。

"主体＋Ｖ＋在・トコロ"形式をとる（97）～（104）の表現例は、"主体＋在・トコロ＋Ｖ"形式をとる（9）～（16）とどのように異なるのであろうか。

（9）、（97）は、例えばそれぞれ以下のような問いかけに対する返答として用いることが可能である。

（105）她在做什么？

（106）她坐在哪儿？

（105）が"她"の動作・行為を問うているのに対し、（106）は"她"の座っているトコロを問うているため、表現の比重は、（9）においては動作・行為に、（97）においてはトコロに置かれていることとなる。

山口1988a：223-224は、"在・トコロ＋Ｖ"と"Ｖ＋在・トコロ"いずれの形式を用いても同じ知的意味を表わす表現の場合、前者の形式では動作・行為に重点が置かれ、後者の形式ではトコロに重点が置かれるとしている。このことの妥当性を示す根拠として同：226は、"主体＋在・トコロ＋Ｖ"、"主体＋Ｖ＋在・トコロ"それぞれの形式をとる表現に後件を設定した場合には両者の適格性に相違が生じるとして、以下のような表現例を挙げている。

（107）　他在床上躺着，把这件大事都忘了。

（108）？他躺在床上，把这件大事都忘了。

同：224、226は、文中のどこに重点が置かれているかという問題は情報構造のレベルで論ぜられるべきであるが、コトガラを聞き手に伝達する際に、話者が聞き手にもわかっているものとしてあつかう情報（旧情報）を先に、話者が聞き手には未知であると判断している情報（新情報）を後に言うのは伝達をスムーズに行なう上で必要なことであるから、一般に文は旧から新へという情報の流れをもっているとしている。そして、「新情報」と「文の重点」という概念が全く等しい関係にあるとは安易に言えないが、一般的に文の重点も同様に文末に表われやすいということが情報構造の原則から主張でき、"主体＋在・トコロ＋Ｖ"は動詞を文末に置く表現形式であるから動作・行為に重点があり、"主体＋Ｖ＋在・トコロ"は場所詞を文末に置く表現形式であるから場所に重点があるとしている。上記の（107）、（108）はいずれ

も「彼はベッドに横になっていて、この大事なことをすっかり忘れてしまった」というコトガラを表わしているのであるが、横になっていたことは忘れたことの原因であるから、前件において重要とされるのは"在床上"ではなく"躺着"の部分である。このため、(108) は不自然な表現となる[16]。

また、(10) と (98) との間には以下のような相違がみられる。(98) は、例えば以下のように後続成分を続けるとより一層自然な表現となるが、この場合、"V + 在・トコロ"の部分は"跪"という動作・行為の結果としての状態を表わす。

　　(109) 他跪<u>在蒲団上</u>吸烟。

これに対し (10) の場合には、上記のような現象はみられない。また、(10) においては、述語動詞"跪"は方向補語"－下"をともない、動作・行為の結果としての状態ではなく動作・行為そのものを表わしている。状態を表わすためには、動詞の後に"－下"ではなく、時態助詞の"－着"を付加しなければならない。つまり、"主体＋V＋在・トコロ"形式をとる (98) はこのままの形で状態を表わすことができるのに対し、"主体＋在・トコロ＋V"形式をとる (10) の場合には"－着"がなければ状態を表わすことができないということである。同様のことは (9)、(97) についてもあてはまり、(97) の場合には後続成分を続けて

　　(110) 她坐<u>在沙发上</u>看书。

とすることができるが、(9) に (110) と同様の後続成分を続けるためには

　　(111) 她<u>在沙发上</u>坐着看书。

のように動詞に"－着"を付加しなければならない。(110)、(111) のいずれも「彼女はソファに座って（＝ソファに座った状態で）本を読んでいる」というコトガラを表わしているが、状態を表わすマーカーが必要かどうかという点では異なるのである。(13)、(15)、(16) と (101)、(103)、(104) との間にも同様の相違が存在する。

さらに、(11)、(12)、(14) と (99)、(100)、(102) とを比較すると、前者の場合には述語動詞に"一下"、"一刀"、"一口"のような動作・行為を補足説明する成分が続いているのに対し、後者の場合にはこのような成分が続いていない。このことは、後者よりも前者の方が動作・行為をより詳しく説明する表現であること、すなわち動作・行為に比重を置いた表現であることを意味し、(9)、(10) と (97)、(98) との間にみられる相違と同様である。

"主体＋在・トコロ＋V"が動作・行為に、"主体＋V＋在・トコロ"がトコロにそれぞれ比重を置く表現形式であることは以上の通りであるが、一方では、上記の2種類の表現形式の間には、述語動詞の表わす出来事と"在"により示されるトコロとの関わりの深さに差異がみられることにも注目しなければならない。『中国語教科書』：253-254は、"在・トコロ"が動詞の後に置かれる場合には、ヒトあるいはモノが動作・行為の結果トコロに存在することを表わすとしている。この場合、トコロは動作・行為の結果としてヒトやモノがいきつく先（到達点）であるから、出来事の成立に直接的に加わる成分である。これに対し"在・トコロ"が動詞の前に置かれる場合は、3.1.1で述べたように、トコロは出来事の成立に直接的には加わらず、その存在の条件に過ぎないものである。従って、"主体＋V＋在・トコロ"は"主体＋在・トコロ＋V"に比べ、トコロを出来事との関わりをより深いものとして表現する形式であることとなる。

　このことは、山口1988aが、"在・トコロ"が動詞の後に置かれる場合は動詞の前に置かれる場合に比べ、より特定されたトコロを表わすとしていることによっても明白である。同：228-229は、Li & Thompson1981：394の観察を引用し、通常人々がよく知っている場所（Familiar Place）を表わす名詞が前置詞"在"に付加されて動詞の前に置かれる場合には方位詞をともなう必要がないのに対し、動詞の後に置かれる場合には必ず方位詞をともなわなければならないという現象を挙げている。そして、場所詞が方位詞をともなえば、その表わすトコロがより詳しく狭い範囲に限定されるから、"在・トコロ"が述語動詞の後に置かれる形式は述語動詞の前に置かれる形式に比べ、トコロをより詳しく述べるという性質をもっているとしている。トコロがより詳しく述べられるということは、トコロがコトガラの中でより重要な成分としてあつかわれるということであり、それだけ出来事との関わりが深いものとして表現されることとなる。

　さらに、"在・トコロ"が動詞の前、後のいずれにも置かれている以下のような表現例においては、動詞の後に置かれているトコロの方が前に置かれているトコロに比べ、出来事の成立により深く関わっていることは明白である。

　　（112）我跟他<u>在远东饭店</u>住<u>在一个房间里</u>。（范继淹1982:72を一部修正）
　（112）の"远东饭店"と"一个房间里"とを比較すると、後者の方がより狭く限定されたトコロであるため、それだけ"住"という出来事に深く関

わることとなる。このように、"主体＋V＋在・トコロ"におけるトコロは、(65)～(71)のような"把"表現の場合と同様にコトガラにとって不可欠の成分であるため、(97)～(104)の述語動詞は主体、トコロを必須項とする二項述語として働いているということができよう。

以上のように、"主体＋V＋在・トコロ"は"主体＋在・トコロ＋V"に比べ、トコロを出来事との関わりがより深いものとして表現する形式であるということが明白となったが、"主体＋V＋非トコロ"と"主体＋V＋在・トコロ"とを比較した場合はどうであろうか。

(73)、(74)、(76)における"V＋非トコロ"の部分が習慣あるいは技術という、その属性として一つのまとまった概念を表わしているのに対し、(97)、(98)、(100)における"V＋在・トコロ"は動作・行為とトコロという二つの概念を表わしている。このことは、前述した"主体＋V＋非トコロ"と"主体＋在・トコロ＋V"との間にみられる相違と同様であり、"主体＋V＋非トコロ"が"主体＋V＋在・トコロ"に比べ、出来事とトコロとの関わりをより深いものとして表現する形式であることは明白である。

次に、(99)、(100)、(102)であるが、これらはそれぞれ、例えば「私は彼女にキスするつもりがなかったのに、たまたま唇が彼女の額に触れ、偶然にキスをする羽目になってしまった」、「彼は薪を割ろうとして斧を振り上げたが、手元が狂い斧が木にあたってしまった」、「犬が彼のお尻をかもうとしたが、彼が身を避けたので足にかみついた」というような場合に用いられる表現である。いずれの場合も、動作・行為自体は主体の意志によるが、それがトコロにおよぶことまでは主体によって意識されないという特徴を有するのに対し、(75)、(76)、(78)はいずれも主体の意志によって動作・行為が非トコロにおよぶという内容を表わしている。主体の意志による動作・行為を受けるという点で、(75)、(76)、(78)における非トコロは、(99)、(100)、(102)におけるトコロよりも動作・行為の影響を強く受けることとなる。非トコロがトコロよりも動作・行為の影響をより強く受けるということは、前者の方が後者よりも出来事との関わりが深いということである。(77)と(101)との間には上記の表現例におけるような明確な意味上の相違はみられないが、前者における波線部の非トコロの方が後者における実線部のトコロよりも、動作・行為の影響をより強く受けるというニュアンスが感じられる。

(79)と(103)とでは、前者が3.2.3で述べたような理由で不自然な表現と

第3章 "在・トコロ"と「非トコロ・ニ」

なるのに対し、後者の場合には主体である"水"がその意志によって瓶の中に入ったというニュアンスが感じられないため、自然な表現として成立する。

前述したように、"主体＋在・トコロ＋V"と"主体＋V＋在・トコロ"とでは、後者における方が述語動詞の表わす出来事とトコロとの関わりがより深いものとして表現される。一方、"主体＋V＋非トコロ"の非トコロと"主体＋V＋在・トコロ"のトコロとでは、前者の方が出来事との関わりが深いものとして表現される。このため、Vとトコロあるいは非トコロとの結びつきは"主体＋在・トコロ＋V"→"主体＋V＋在・トコロ"→"主体＋V＋非トコロ"の順で強くなっていくものとみてさしつかえない。

ところで、3.2.3で述べたように、"主体＋在・トコロ＋V"形式をとる (9)～(14) の表現例に対しては、(73)～(78) のように"主体＋V＋非トコロ"形式をとる表現例が成立する。一方、(9)～(16) の表現例を"給"、"対"、"跟"、"和"などの前置詞を用いて"主体＋前置詞・非トコロ＋V"の形式をとる表現に置き換えることは、(86) を除いてはできない。(9)～(14) は、"主体＋前置詞・非トコロ＋V"形式に置き換えることができないという点では (1)～(8) の場合と同様であるが、(73)～(78) のように、述語動詞の後に直接に非トコロを表わす成分を続ける形式とすることが可能なケースが存在するという点においては異なっている。(73)～(78) がいずれも自然な表現として成立することにより、これらの表現例における"坐"、"跪"、"亲"、"砍"、"缠"、"咬"は (9)～(14) における場合とは異なり、主体、非トコロを必須項とする二項述語として働いていることとなる。二項述語であるという点では、上記の動詞はそれぞれに対応するとされる日本語の動詞「座る」、「ひざまずく」、「キスする」、「切りつける」、「巻きつく」、「かみつく」と同様である。しかし日本語では、(1)'～(8)'における動詞のように客体を表わす成分を必要とするものと (9)'～(16)'における動詞のように客体を表わす成分を必要としないものとの間には項の数の点で差異がみられたのに対し、中国語では (1)～(8) と (9)～(14) における動詞のように、項の数の差異がみられない場合がある。また、日本語では (1)'～(8)'における「客体・ヲ」、「非トコロ（くっつき先）・ニ」や、(9)'～(16)'における「非トコロ・ニ」のように動作・行為との関わり方の相違が形式上明らかである成分も、中国語では (1)～(8) における客体、(73)～(78) における非トコロのように同じ形式をとる場合がある。

91

3.3 トコロ、非トコロを表わす日本語の諸形式
3.3.1 「ニ」のくっつき先と「デ」の手段

3.2.1 および 3.2.3 では、中国語の動詞表現において"在・N・方位詞"形式によりトコロとして表現されている成分が、述語動詞の目的語や前置詞句の形式により非トコロとして表現されるかどうかについて考察を進めてきたが、日本語の動詞表現においては、(1)'～(8)' および (9)'～(16)' の波線部のように非トコロとして表現されている成分を「N・ニ」以外の形式に置き換えることはできないのであろうか。

3.1.2 で述べたように、(1)'～(8)' および (9)'～(16)' の波線部の「ニ」を「デ」に置き換えた場合、いずれも「手段・デ」となるため、動作・行為が行なわれるトコロを表わすことはできない。(1)'、(5)'、(7)'、(8)' の波線部の「ニ」を「デ」に置き換えた (1)"、(5)"、(7)"、(8)" は、点線部が動作・行為の手段を表わすものとされる場合には自然な表現として成立する。(1)'、(5)'、(7)'、(8)' と (1)"、(5)"、(7)"、(8)" とを比較すると、以下のようにコトガラの成り立ちの上で相違がみられる。前者は 3.1.1 で述べたように、「ヲ」格の名詞で表わされる客体が動作・行為の働きかけを受けて「ニ」格の名詞で表わされる第二のモノ（非トコロ）にくっつくというコトガラを表わし、これは図4のように示された。一方、後者は、主体の働きかけが「デ」格の名詞で表わされる手段および、さらに「ヲ」格の名詞で表わされる客体におよぶというコトガラを表わし、これを図に示すと 1.1.2 で挙げた図1のようになる。

図1の手段を図4の非トコロと比較すると、前者は主体の働きかけを受ける成分であるのに対し、後者は主体の働きかけを受けた客体がくっつく先である。後者の場合、主体の働きかけは客体に対しては直接的におよぶが、非トコロに対しては客体を通して間接的におよぶにとどまる。従って、(1)'、(5)'、(7)'、(8)' における非トコロは、(1)"、(5)"、(7)"、(8)" における手段と同様に出来事の成立に直接的に関わる成分であるが、出来事との関わりの深さという点においては手段の方が優位に立っているということができよう。このことは、以下のように (1)'、(5)'、(7)'、(8)' と (1)"、(5)"、(7)"、(8)" がそれぞれ用いられる場面を想定すれば一層明白となる。

(1)' と (1)" を比較すると、前者の場合には例えば「タバコを口にくわえ、それにライターで火をつけた」という場面が想定されるのに対し、後者

の場合には例えば「火のついたタバコを手に持ち、それを使って新聞紙に火をつけた」という場面が想定される。前者の場合にはタバコは一か所に固定されて移動しないものであるのに対し、後者の場合にはタバコは手に持たれているため移動する可能性がある。つまり、後者の場合は前者の場合よりも主体である「彼」の働きかけがより強く「タバコ」におよぶのである。

　これと同様に、(5)'の場合は「私はすでに張ってある鉄線に服を干した」という場面が想定されるのに対し、(5)"の場合は「私は自分で鉄線を張り、それに服を干した」という場面が想定される。さらに(7)'、(8)'の場合はそれぞれ、例えば「私は日記帳を机の上に置き、それに小さな菊の花を挟んでいる」、「彼は瓶をテーブルの上に置き、それに水を注いだ」という場面が想定されるのに対し、(7)"、(8)"の場合はそれぞれ、例えば「私は日記帳を手にして、それをひとつひとつ重ねて、その間に小さな菊の花を挟んでいる」、「彼は水の入った瓶を手にして、植木鉢に水を注いだ」という場面が想定される。(5)'、(7)'、(8)'の波線部において「ニ」により示されている「鉄線」、「日記帳」、「瓶」が、いずれも(1)'の波線部における「タバコ」と同様一か所に固定され、主体の働きかけにより移動するものではないのに対し、(5)"、(7)"、(8)"の点線部において「デ」により示されている「鉄線」、「日記帳」、「瓶」は、(1)"の点線部における「タバコ」と同様主体の働きかけにより移動する可能性がある。主体の働きかけによって移動するものであるという点において、(1)"、(5)"、(7)"、(8)"における「タバコ」、「鉄線」、「日記帳」、「瓶」は、(1)'、(5)'、(7)'、(8)'におけるよりも主体の働きかけを強く受けており、それだけ出来事との関わりが深い。

3.3.2　「もようがえの結びつき」と「とりつけの結びつき」

　(1)'〜(8)'および(9)'〜(16)'のうち、波線部の名詞と述語動詞とを格助詞「ヲ」により結びつけることが可能なものは、(2)'、(7)'、(16)'である。それぞれ

　　(113)　門ヲ取り付ける
　　(114)　日記帳ヲ挟む
　　(115)　テーブルヲ置く

となる。(113)〜(115)を

　　(116)　門ニ取り付ける

（117）日記帳ニ挟む
　　（118）テーブルニ置く
と比較した場合、名詞と動詞との結びつきの強さにおいていかなる差異がみられるであろうか。
　（116）～（118）の波線部が、いずれも「ヲ」格で示される客体が働きかけを受けた後にくっつく先としての非トコロを表わすのに対し、（113）～（115）の二重傍線部は、いずれも働きかけが直接的におよぶ客体を表わしている。従って、（113）～（115）に対しては、さらに非トコロ（くっつき先）を表わす「N・ニ」を補って、例えば以下のような表現とすることが可能である。
　　（119）新築の家ニ門ヲ取り付ける
　　（120）ブックバンドニ日記帳ヲ挟む
　　（121）トラックの荷台ニテーブルヲ置く
　奥田1983b：282は、対象的な結びつきを表わす名詞と他動詞との組み合わせにおいては、「ヲ」格の名詞は動作・行為の働きかけを受けて何らかの変化を引き起こすものを表わし、「ニ」格の名詞は動作・行為が直接的な対象に働きかけていく過程に加わって何らかの補助的な役目を果しているものを表わすとしている。
　また、奥田1983c：22、25、27は、「N・ヲ　Vする」の形式をとる表現における名詞と動詞との意味上の結びつきを「対象的なむすびつき」と「状況的なむすびつき」の二つに分け、具体的な動作がモノに働きかけてそのあり方に何らかの変化を引き起こすような場合の名詞と動詞との結びつきを「もようがえのむすびつき」、動作が第一の対象を第二の対象にくっつけるという関係を表現するような名詞と動詞との結びつきを「とりつけのむすびつき」とし、ともに対象的な結びつきであるとしている。（114）、（115）の「挟む」、「置く」は、奥田の分類によればいずれもとりつけの結びつきを表わすのに用いられる「とりつけ動詞」とされ、（113）の「取り付ける」はとりつけそのものを表わしている。奥田はさらに、物理的な動作をさししめす動詞のあるもの、例えば「並べる、広げる、伏せる、干す、縛る、巻く、結ぶ、飾る、満たす、塗る」のような動詞は2単語の組み合わせでもようがえの結びつきをつくり、3単語の組み合わせでとりつけの結びつきをつくることができるとし、それぞれの例として「本ヲ伏せる、反古ヲ広げる」、「鍋ヲ棚ニ伏せる、食卓の上ニ巻紙ヲ広げる」を挙げている。このことを上記の（113）

～(115)、(116)～(118)にあてはめると、これらの表現例における述語動詞「取り付ける」、「挟む」、「置く」はいずれも、「N・ヲ Vする」形式をとってもようがえの結びつきを、「N・ニ Vする」形式をとってとりつけの結びつきをつくっていることとなる。

以上のように、(2)'、(7)'、(16)'における波線部の名詞と述語動詞との組み合わせが奥田のいうもようがえ、とりつけのいずれの結びつきをつくることも可能であるのに対し、(1)'、(3)'～(6)'、(8)'における波線部の名詞と述語動詞との組み合わせではとりつけの結びつきをつくるにとどまるため、両者を「ヲ」によって結びつけることはできない。従って、以下の表現例はいずれも非文となる。

(122) ＊タバコヲつける
(123) ＊目の下の皮膚ヲ注射する
(124) ＊果樹ヲかける
(125) ＊鉄線ヲ干す
(126) ＊ノートヲ書く
(127) ＊瓶ヲ注ぐ

さらに、(9)'～(11)'、(15)'における述語動詞は、それらの表わす出来事がいずれも他者に対して何ら影響をおよぼすものではないため、「N・ヲ」を必要としないものである。また、(12)'の「切りつける」は「動詞＋つける」の形式でとりつけの結びつきをつくるくっつけ動詞となっている[17]ため「木ヲ」とは結びつかず、(13)'、(14)'の「巻きつく」、「かみつく」は「動詞＋つく」の形式でくっつけ動詞に準じた成分となっているために「彼の身体ヲ」、「彼の足ヲ」とは結びつかない。従って、(9)'～(15)'の波線部における名詞と述語動詞を「ヲ」で結びつけた以下の表現例はいずれも非文もしくは不自然な表現となる。

(128) ＊ソファヲ座る
(129) ＊円座ヲひざまずく
(130) ＊彼女の額ヲキスする
(131) ？木ヲ切りつける
(132) ＊彼の身体ヲ巻きつく
(133) ＊彼の足ヲかみつく
(134) ＊瓶ヲ入る

ところで、日本語においては例えば (1)' のように「主体は（が）非トコロ・ニ 客体・ヲ Vする」形式により表現されるコトガラが、中国語においては3.2.1で挙げた (25) のように、"主体＋V＋非トコロ"形式によって表現される場合が存在する。"主体＋V＋非トコロ"における非トコロは、日本語の「主体は（が）客体・ヲ Vする」における客体とは異なり、動作・行為の間接的な対象である場合が存在するわけであるが、それは3.2.1で述べたように、(25)における"点"が二項述語であって、"点"と"香烟"の二つの成分によって「タバコニ火ヲつける」というコトガラを表わすことが可能なためである。日本語においては、動作・行為の直接的な対象（本章でいう「客体」）と間接的な対象はそれぞれ「ヲ」格、「ニ」格という異なる形式により区別されるのであるが、中国語においては、"主体＋V＋非トコロ＋客体"、"主体＋前置詞・非トコロ＋V＋客体"形式、すなわち動作・行為の間接的な対象を表わす形式が用いられるためには3.2.1で述べたような一定の条件を満たす必要があるため、これらの形式を用い間接的な対象として表現することのできるモノの範囲は、日本語の「主体は（が）非トコロ・ニ 客体・ヲ Vする」における「非トコロ・ニ」の場合よりも狭く限定される。そして、その分だけ他の表現形式、すなわち"主体＋V＋非トコロ"や、"主体＋在・トコロ＋V＋客体"あるいは"主体＋把・客体＋V＋在・トコロ"形式によってカバーされることとなるのである。

3.3.3 「ニ」のトコロと非トコロ

　日本語の格助詞「ニ」が動詞表現に用いられる場合、非トコロ名詞に付加され動作・行為の間接的な対象を示すほか、トコロ名詞あるいは「非トコロ名詞＋方位を表わす成分」に付加され動作・行為がいきつくトコロを示す機能をも有する。(9)'〜(16)'における波線部の非トコロ名詞に方位を表わす成分を付加すると、以下のようになる。

　　(135)　？彼女はソファの上ニ座っている。
　　(136)　　彼は円座の上ニひざまずいた。
　　(137)　？私は彼女の額の上ニキスした。
　　(138)　？彼は木の上ニ一回切りつけた。
　　(139)　？蛇が彼の身体の上ニ巻きついている。
　　(140)　？犬が彼の足の上ニかみついた。

　　　　(141)　　水は瓶の中ニ入っている。
　　　　(142)　　書類はテーブルの上ニ置いてある。
　(137)〜(140)がいずれも不自然な表現となるのは、実線部における「−の上」が「上の部分」を表わすため、いずれも通常はあり得ないコトガラを表わすこととなるからである。(135)の表現例は、(9)′と同じ内容を表わすものと解した場合には不自然となるが、例えば「彼女はソファの上ニ正座している」という内容を表わすものと解した場合には、このようなコトガラはあり得ることであるため自然な表現として成立する。一方、(136)および(141)、(142)はいずれも自然な表現として成立し、かつ、(10)′および(15)′、(16)′との間には、上記の(9)′および(11)′〜(14)′と、(135)および(137)〜(140)との間にみられるような内容上の相違が存在しない。このことは、(9)′および(11)′〜(14)′における波線部の名詞と述語動詞との組み合わせによって表現されるコトガラは、「非トコロ──動作・行為」の結びつきをとるものであるのに対し、(10)′および(15)′、(16)′における波線部の名詞と述語動詞との組み合わせによって表現されるコトガラは、「非トコロ──動作・行為」、「トコロ──動作・行為」いずれの結びつきにも解されることを意味する。これは、(10)′および(15)′〜(16)′の波線部における名詞の表わすモノは述語動詞の表わす動作・行為に対して空間を提供するのに対し、(9)′および(11)′〜(14)′のそれは動作・行為に対してモノそれ自体を提供するためである。このことは、例えば(16)′、(142)を以下の表現例と比較すればより一層明白となる。

　　　　(143)　○書類は机ニ置いてある。
　　　　(144)　◎書類は机の上ニ置いてある。

　(16)′と(143)とを比較すると前者の方がより自然であるが、これは「テーブル」の場合はその上の平面だけが使用に供せられるのに対し、「机」の場合は上の平面だけでなく引き出しがあることからも明らかなように、それ自体が使用に供せられるからである。従って、(16)′と(142)がいずれも自然な表現として成立し、両者の表わす知的意味は同じであるのに対し、(143)と(144)の場合、「机」は「置く」に対し空間にはなり得るがモノにはなり得ないため、後者の方がより自然である。また、

　　　　(145)　?彼は椅子ニ立っている。　(146)　彼は椅子の上ニ立っている。
の場合、後者が自然な表現として成立し、前者が不自然とされるのは、椅子

は「座る」に対してはそれ自体を提供するのに対し「立つ」に対しては空間を提供することによる。

　（135）および（137）〜（140）にみられるように、日本語においてはある動作・行為に対し空間ではなくそれ自体を提供する事物を、「N・の上・ニ」形式によりトコロとして表現することはできない。これに対し中国語では、（9）および（11）〜（14）、（97）および（99）〜（102）、さらに（73）および（75）〜（78）がいずれも自然な表現として成立することから明白なように、動作・行為に対してそれ自体を提供する事物を"在・N・方位詞"形式によりトコロとして表現することも、述語動詞の目的語の形式により非トコロとして表現することも可能である。そして、ある事物がトコロ、非トコロのいずれとして表現されているかは、中国語の場合には上記のように形式が異なるため容易に判別が可能であるが、日本語の場合には、格助詞「ニ」が「トコロ——動作・行為」、「非トコロ——動作・行為」のいずれの結びつきをとるコトガラを表わす場合にも用いられるため、「N・ニ Vする」の形式をとる表現が両者のいずれを表わしているかの判別が困難な場合がある。すなわち、（10)'および（15)'、（16)'と（136）および（141）、（142）とを比較した場合、後者においては実線部に方位を表わす成分があるため実線部の名詞と述語動詞との結びつきは「トコロ——動作・行為」であることが明白であるのに対し、前者においては、波線部の名詞が述語動詞の表わす動作・行為に対して空間を提供する事物を表わすため、名詞と述語動詞との結びつきは「トコロ——動作・行為」、「非トコロ——動作・行為」のいずれであるとも解される。従って、日本語においては、「ニ」格の名詞と動詞との組み合わせにより「トコロ——動作・行為」の結びつきとして表現されるコトガラと「非トコロ——動作・行為」の結びつきとして表現されるコトガラとが連続した一つの領域をなしているということができる[18]。「N・ニ Vする」の形式が上記の2種類の結びつきのいずれをとるコトガラをも表わすことが可能であるため、中国語の「在・N・方位詞＋V」表現の場合に比べると、「トコロ——動作・行為」の結びつきとして表現することのできるコトガラの範囲が限られるのである。

3.4　トコロ、非トコロにみられる日中両言語間の相違

　以上、"在・トコロ"、「非トコロ・ニ」の相違と、このような相違が生じ

る統語的制約・支持について考察を進めてきたが、これらをまとめると以下のようになる。

　主体が客体に働きかけて他のモノにくっつける（or 出現させる）というコトガラや、主体の動作・行為があるモノの表面あるいは内部にくい込んでいくというコトガラを表わす場合、くっつき先としてのモノを中国語では動作・行為が行なわれるトコロとして表現することができるのに対し、日本語ではトコロとしてではなく動作・行為が間接的におよぶ対象として表現する。このような相違が生じる要因は、

　イ．日本語の格助詞「デ」が動詞表現に用いられてトコロを示す場合には、「主体がトコロに存在している」、「述語動詞の表わす動作・行為はトコロに向かうものではない」という使用条件を満たさなければならないのに対し、中国語の前置詞"在"はこのような使用条件を満たす必要がない。

　ロ．中国語には非トコロ名詞をトコロ化する方位詞"－上"、"－下"、"－里"などが存在するが、日本語にはこれらに相当する成分が存在しない。

の二つである。また、中国語における動作・行為の間接的な対象を表わす各種の表現形式は、日本語の「N・ニ」に比べると使用範囲が限定されているため、その分"在・N・方位詞"形式によりトコロとして表現することでカバーしている。日中両言語間におけるこのような相違は、同一のコトガラを表わす場合に不可欠とされる成分の数の相違、さらには両言語間で対応するとされている動詞がそれぞれ組み合わされる名詞の数やその役割の相違と表裏一体をなしている。

　また、日本語の「N・ニ Vする」表現により表わされるコトガラの中には、「トコロ──動作・行為」、「非トコロ──動作・行為」のいずれの結びつきにも解されるものが存在するのに対し、中国語の"在・N・方位詞＋V"表現により表わされるコトガラは「トコロ──動作・行為」の結びつきをとるものである。従って、日本語の「N・ニ Vする」の場合は、中国語の"在・N・方位詞＋V"に比べると「トコロ──動作・行為」の結びつきとして表現することのできるコトガラの範囲が限られ、ある動作・行為に対し空間ではなくそれ自体を提供する事物を、日本語では「N・ニ」形式によりトコロとして表現することはできない。

注

1) 本章であつかう対象となる「N・ニ Vする」におけるNは、単独ではトコロを表わさない非トコロ名詞であり、「Vする」は移動以外の動作・行為を表わすものである。奥田1983b：291、295、318は「N・ニ Vする」の形式をとる表現を、イ．ゆくさきの結びつき――方向性をもった移動動詞が空間的なニュアンスをもった「ニ」格の名詞と組み合わされる場合の結びつき（ex. 山ニ行く、社ニ帰る、庭ニ下りる、海ニ向かう、広場ニ集まる）、ロ．くっつきの結びつき――くっつけ動詞が「ニ」格の具体名詞と組み合わされる場合にできる結びつきで、名詞には空間的なニュアンスが欠けている（ex. 汽車ニ乗る、膝ニ寄りかかる、頬ニあたる、えりニ掛ける、頬ニ手をあてがう）、ハ．空間的な結びつき――「ニ」格の名詞は動作の行なわれる場所を示すが、この場所は現代日本語では「デ」格で示されるのが普通であり、「ニ」格の場合は文体的な古くささがつきまとう（ex. 猫がひなたニあるくなっている、隣室ニ仕事をしている弟のほうへ話しかけながら）、の3種類に分けている。本章であつかうのはロの「くっつきの結びつき」に属するものである。

2) ここで奥田のいう「対象」は、出来事の成立に加わる物、現象、状態すべてを含んでおり、「ヲ」格や「ニ」格で示される対象とは異なる概念である。また、仁田1993：13は、「Nニ」の形式をもつ名詞句は生起する動詞に制約が存し、これを抜いてしまうと意味的に不充足になる「共演成分」であるとして、「父は額ヲ壁ニ掛けた」を挙げている。

3) 荒川1981a：6は、奥田1970、鈴木1972が「くっつくところ」とした「ニ」格の名詞の中にもトコロ（空間）性を帯びたものがまじっているとしているが、これらの名詞は単独ではトコロを表わさないため、本章では非トコロを表わすものとしてあつかう。

4) 「非トコロ・ニ」が客体の出現する先を表わすという点については、中右1995：20を参照。但し、中右は「カンバスに絵を描く」の「カンバス」は絵が新たにでき上がってゆく位置空間、すなわちトコロとしているのに対し、本章では非トコロとする。また、中国語の前置詞"在"の述語選択について考察した西槙1992：92には、"写"のような客体を出現させる意味を有する動詞を、"放"のような客体の位置を移す動作を表わす動詞と同類のものとしてあつかう考え方がみられる。同様の考え方をとるものに顧海根1983：108-109がある。

5) 俞咏梅：22は、"在菜板上放了块肉"における"在菜板上"は〔終点〕を表わすとしている。同様の見解としては、山口1988b：92、朴貞姫2002：144-145、中原2004：123などが挙げられる。また、平井1991：55、60-61は、"在・トコロ＋V"表現における"在"が動作の向かう方向を含意するか否かについて、肯定する邵敬敏1982、否定する王还1980、范继淹1982の見解を紹介しながら考察を加えている。一方、荒川1985a：14は、動作の行なわれる場所を表わす"在・トコロ＋V"表現の例として"我在工厂工作."、"我在这儿等你."とともに"在黑板上写字"を挙げ、小野沢1975：90も同様に、"他在黑板上写文章."は「書く」という動作が"黑板上"におい

て行なわれることを表わしているとしている。本章は、主体・述語動詞間に位置する"在・トコロ"には、動作のトコロへの方向性を表わす形式上の特徴がみられないため、"在"は「動作が行なわれるトコロ」を示すという見解をとっている。

6)「デ」によって示されるトコロが述語動詞の項にはなりえないという点については、仁田1974：99を参照。「ニ」によって示される行き先が述語に内在的な項であるという点については中右1995：20、和気2000：84を参照。

7) 奥田1983b：282は、「ニ」格の名詞が自動詞と組み合わされて対象的な結びつきをつくる場合は、自動詞が直接的な対象を表わす「ヲ」格の名詞を要求しないから2単語の組み合わせということになるが、自動詞と他動詞との対応や自動詞の他動詞化の現象を考慮するなら、「ニ」格の名詞が表わす対象の間接性は消えてなくなるわけではないとしている。

8) (9)"の「ソファデ座っている」は非文であるが、「ベッドデ寝ている」は成立する。1.3.2で述べたように、「ベッド」は寝るための手段、トコロのいずれにもなり得るが、「寝ている」状態を表わす場合にはトコロと解するのが自然である。

9) 森田1980：322-323、同1990：189には、他動詞表現においてトコロを示す「デ」は、行為者がトコロに存在することを要求する点で「ニ」とは異なり、トコロの外からトコロに向けての行為には「ニ」が用いられるという旨の記述がみられる。このことから、動詞表現に用いられてトコロを示す「デ」の使用条件として「主体がトコロに存在する」、「動作・行為はトコロに向かうものではない」が要求されることが読みとれる。前者については第2章の注3を参照。

10) 例えば、"他送给我家鲜肉。"における"我家"は"我家住在名古屋。"の"我家"と同様に「私、私の家族」の意であり、ヒトとして認識されている。

11) 王占华1996：36-38は、"在・トコロ+V"と"往・トコロ+V"との相違について考察を行なっている。

12) この種の多義文については顧海根1983：109、山口1988b：92-93、王占华1996：47、盧濤1997：108、俞咏梅1999：23を参照。このような多義文の存在によっても、"在"が動作・行為とトコロとの方向的な関係を表わさないことが理解できよう。

13) "往・トコロ"と"在・トコロ"では、Vが表わす出来事との関わり方が異なるため、両者が共起する表現が成立する。例えば、朴貞姫2002：146の"他在屋里往墙上贴画儿。"、"他在教室里往黒板上写字。"、"他在院子里往树上刻什么。"、齐沪扬1998：112の"他在桌子上往纸上写字。"など。

14) 盧濤1997：109、同2000：94は、"小李把字写在黒板上。"においては、二項動詞として使われる動詞"写"が"在"を添えられ、着点を義務的（obligatory）成分に要求される三項動詞となっているとしている。同じ動詞がその用いられる表現によってとり得る項の数に相違が生じるケースが存在するという考え方については、さらに盧濤2000：89-90、115を参照。盧は、項構造は絶対的なものではなく、例えば動詞の"在"は二項動詞として"小李在家。(李君が家にいる)"のように"ＮＰ$_1$＋在＋ＮＰ$_2$"の形式で用いられる一方、"他不在了。(彼が亡くなった)"のように一項動詞として働くこともあると指摘している。

15) このような考え方をすれば、"前置詞・N＋V"形式をとる表現といわゆる連動式表現との区別がつきにくくなるが、前置詞が動詞としての語彙的意味を留めているため、両者の境界は本来あまり明確ではない。例えば、"他用筷子吃饭。(第1章の (9) b)"のように"用・N＋V"形式をとる表現を、《现代汉语虚词例释》のように"前置詞・N＋V"としてあつかっているものがある一方で、《现代汉语八百词》のように連動式表現としてあつかっているものもある（第1章の注9を参照）。いずれの考え方をとるにしても、"用・N"は、主体がNの表わすモノを用いることを表わすのであるから、Nは"用"という動作の受け手であり、Nは語彙的意味を有する"用"の項であるとみてさしつかえないと考えられる。
16) 荒川 1985a：14 がヒトの存在場所を表わす表現として "她躺在床上。" を挙げていることからも、(108) の前件における意味上の重点が "在床上" にあることがうかがわれる。
17) この点については、奥田 1983c：29 を参照。
18) 第1章の注16を参照。

第4章
"在・トコロ"と「客体・ヲ」

4.0 はじめに
"在・N・方位詞+V"表現を日本語に置き換えると、例えば
    (1) 他在我的肩上拍了几下。
    (1)' 彼は私の肩ヲ数回たたいた。
のように、"在・N・方位詞"に対して「N・ヲ」が対応する場合がある。"在・N・方位詞"は動作・行為が行なわれるトコロを表わすのに対し、「N・ヲ」は動作・行為の客体を表わす。このような相違が生じる要因について考察を行なうことは、先行研究においては言及されなかった"在・トコロ+V"表現、「客体・ヲVする」表現の特徴を記述可能にするという点で極めて有意義である。本章は、中国語の"在・トコロ+V"表現に対して日本語の「客体・ヲVする」表現が対応するケースについての考察を中心とし、先行研究においては解明されていない"在"、「ヲ」の使用条件についての記述を行なうとともに、日本語の「トコロ・デ Vする」表現や、中国語の"V＋O（客体）"表現の特徴、さらには日中両言語で対応するとされる動詞の性格の相違についても一定の見解を提示することを目的とする。

4.1 "在"と「ヲ」、「デ」
4.1.1 "在"のトコロと「ヲ」の客体
中国語の"在・トコロ"に対して日本語の「客体・ヲ」が対応する例としては(1)、(1)'のほか、さらに以下のようなものが挙げられる。
    (2) 他在小孩的小脸蛋上摸了摸。
    (2)' 彼は小さな子供のほっぺたヲちょっとなでた。
    (3) 小猫在我的手上舔了舔。
    (3)' 子猫は私の手ヲちょっとなめた。
    (4) 他在自行车车条上踢了一脚。
    (4)' 彼は自転車のスポークヲ一回蹴った。
    (5) 他在墙上不停地拍着。

第Ⅰ部　中国語前置詞"在"と日本語格助詞の対照

　　(5)'　彼は壁ヲしきりにたたいた。
　　(6)　 他在地上踩了踩。
　　(6)'　彼は地面ヲちょっとふんだ。
　　(7)　 他在桌子上敲了几下。
　　(7)'　彼はテーブルヲ数回たたいた。
　　(8)　 他在门铃上按了一下。
　　(8)'　彼は呼び鈴ヲちょっと押した。
　　(9)　 他在挎包里掏了一遍。
　　(9)'　彼は肩掛けカバンヲひとしきりまさぐった。
　　(10)　我在屋子里找了找。
　　(10)'　私は部屋ヲちょっとさがした。

　(1)・(1)'〜(8)・(8)'の述語動詞は接触をともなう動作・行為を、(9)・(9)'〜(10)・(10)'の述語動詞は「さがす、さぐる」という特徴をもつ動作・行為をそれぞれ表わしている[1]。(1)〜(10)の実線部と(1)'〜(10)'の波線部とでは、コトガラにとって不可欠の内包的要素であるか否かの点で相違がみられる。(1)〜(10)の実線部は、述語の連用修飾成分として動作・行為が行なわれるトコロを表わしており、第1〜3章で述べたと同様に、コトガラ成立に不可欠の成分ではない。木村1983：34は、"在肩膀上打一巴掌"は「肩をぶつ」ではなく「肩（という〈場所〉）において（どこかその一部分を）ぶつ」というとらえ方を表わすものであるとしている。このことは換言すれば、「肩というトコロにおいて"ぶつ"という動作を行なう」ことであり、動作がトコロに向かうことは表現形式に反映されていないこととなる。同様に范继淹1982：80は、"我在他手上打了一下。"の実線部は"动作发生的处所"であるとしている。(1)〜(10)の前提となっている客観的事実において動作・行為が実線部のトコロに向かっていることは、これらに対応する日本語の表現(1)'〜(10)'からも明白である。しかし、(1)〜(10)における"在"は動作・行為が向かう先を示すものではなく、動作・行為が行なわれるトコロを限定するものであるため、3.1.1で挙げた(1)〜(8)の場合と同様に、"在"により示されているトコロは、述語動詞が表わす出来事の成立に直接的には関わらない成分として表現されていることとなる。従って、(1)〜(10)が表わすコトガラの成り立ちは、下記のように図示することができよう。実線部のトコロの範囲外に存在する主体がトコロにおいて動作・行為を行なう

第4章 "在・トコロ"と「客体・ヲ」

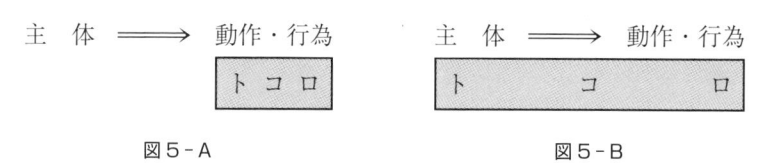

```
  主　体 ⟹ 動作・行為      主　体 ⟹ 動作・行為
           ┌─────┐                ┌─────────┐
           │トコロ│                │ト　コ　ロ│
           └─────┘                └─────────┘
           図5-A                      図5-B
```

※矢印⇒は、主体から動作・行為が発せられることを表わす

ことを表わす (1)～(5)、(7)～(9) は図5-Aによって、実線部のトコロに存在する主体が動作・行為を行なうことを表わす (6)、(10) は図5-Bによってそれぞれ示される。

一方、(1)'～(10)' の波線部は「客体・ヲ」の形式である。客体は主体と対立する概念であり、主体の働きかけを直接に受ける成分であるため、出来事の成立に直接的に関わる成分である。奥田1983c：22は、動詞が核になっていて、それを「ヲ」格の名詞がかざっている連語は、かざり・かざられの結びつき方の相違によって

　　イ．対象的なむすびつき　　ロ．状況的なむすびつき

の二つのグループに大きく分かれ、イを表わす連語では、かざられ動詞は対象にむかっていくさまざまな動作を指し示していて、「ヲ」格のかたちをとるかざり名詞は、その動作が向けられる直接的な対象（本章でいう「客体」）を指し示しているとしている。奥田のいう「対象的なむすびつき」が「動作(or 状態)とその成立にくわわる対象との関係」であることは3.1.1で紹介した通りであり、「ヲ」で示される客体は述語動詞の表わす出来事の成立に直接的に関わる成分であるということとなる。この点は、「客体・ヲ」を「共演成分（＝文を生成するにあたって、動詞が自らの表わす動き・状態・関係を実現・完成するために必須的・選択的に要求する成分）」とする仁田1993：3、13、「必須補語（＝それがなければコトの描写が不完全であると感じられるような補語）」とする寺村1982：82-83、87-88によっても同様である。主体の動作・行為が客体に直接におよぶことを表わす (1)'～(10)' におけるコトガラの成り立ちは、下記の図6によって示すことができよう。

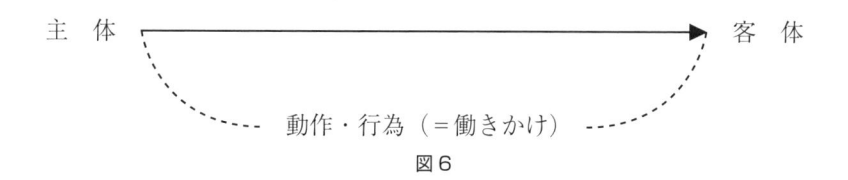

```
  主　体 ───────────────────→ 客　体
         ╲                         ╱
          ╲─ 動作・行為（＝働きかけ）─╱
                    図6
```

このように、コトガラを構成する成分を、述語動詞の表わす出来事の成立に直接的に関わるものとして表現するか否かの点で日中両言語の間に相違がみられるということは、換言すれば、コトガラの成立に不可欠とされる成分が、(1)〜(10) においては主体、動作・行為の2者であるのに対し、(1)'〜(10)' においては主体、客体、動作・行為の3者であるということである。これを述語動詞の側からみれば、同一のコトガラを表わすのに不可欠とされる名詞の数が、(1)〜(10) における動詞の場合は主体を表わす名詞一つであるのに対し、(1)'〜(10)' における動詞の場合は、主体を表わす名詞、客体を表わす名詞の二つであるということとなり[2]、第3章でとり上げた表現の場合と同様に、日中両言語間で対応するとされる動詞の必須項の数が一致していない。

4.1.2 「トコロ・デ」と「客体・ヲ」

中国語の"在・トコロ"にならい、(1)'〜(10)' の波線部を「トコロ・デ」により動作・行為が行なわれるトコロとして表現することは可能であろうか。2.1.1 および 3.1.2 で述べたように、「デ」が動詞表現に用いられてトコロを示す場合には

　イ．主体がトコロに存在する

　ロ．動作・行為はトコロに向かうものではない

という使用条件を満たさなければならない。イについては例えば

　(11) ＊彼はカバンの中デ財布をさがしている。

　(11)' 彼は車の中デ財布をさがしている。

のような、ロについては例えば

　(12) ＊彼は床の上デ荷物を置いた。

　(12)' 彼は床の上ニ荷物を置いた。

のような表現例の成立の可否によって理解できよう。(1)'〜(5)'、(7)'〜(9)' は、波線部の名詞が主体によって占められる空間を表わしておらず、かつ、動作・行為が向かう先となっている。このため、イ、ロのいずれをも満たさないこととなり、「ヲ」を「デ」に置き換えることはできない。

一方、(6)'、(10)' は、波線部の名詞が主体によって占められる空間を表わしているため、上記のイの条件を満たすこととなる。しかし、「ヲ」を「デ」に置き換えて

　(13) ？彼は地面デちょっと踏んだ。

(14)　　私は部屋デちょっとさがした。
とすると、(13) は不自然な表現となり、(14) は「さがす」という動作が実線部のトコロとは別の客体に向かうことを表わす表現となる。(13)、(14) はそれぞれ、例えば
　　　(13)'　彼は地面の上デタバコの吸殻ヲちょっと踏みつけた。
　　　(14)'　私は部屋デその書類ヲちょっとさがしたが、みつからなかった。
のように「客体・ヲ」を用いた表現とすることが可能である。(13)'、(14)' のような表現例からも、「デ」により示されるトコロに動作・行為が向かわないことは明白である。(6)'、(10)' に対しては、さらに「客体・ヲ」を加えることはできない。これは、(6)'、(10)' における「地面」、「部屋」が単独ではトコロを表わす成分でありながら、動作・行為が直接に向かう先、すなわち客体となっているためである。このことは、(9)' の波線部に「～の中」を付加した
　　　(9)"　彼は肩掛けカバンの中ヲひとしきりまさぐった。
が (9)' と同様の内容を表わし、さらに「客体ヲ」を加えることができないことによっても理解できよう[3]。このように、日本語においては、動作・行為がトコロに直接に向かう場合には「デ」ではなく「ヲ」によってトコロが示される。
　一方、中国語においては、(1)～(10) が成立することからも明白なように、"在"がイ、ロのような使用条件をもたないため、主体がトコロに存在しない場合や動作・行為がトコロに直接に向かう場合においても、"在・トコロ＋V"形式により動作・行為が行なわれるトコロとして表現することが可能である。

4.2　"在・トコロ＋V"と"V＋O（客体)"
4.2.1　客体を必須項とする"V＋O"表現
　4.1.1 で述べたように、"在・トコロ＋V"形式をとる (1)～(10) には、表現の前提となる客観的事実において存在するはずの、動作・行為のトコロへの方向性が反映されておらず、実線部は「動作・行為が行なわれるトコロ」を表わしている。動作・行為が客体に向かうことが反映された中国語の表現形式としては、"V＋O（客体）"が存在する。接触をともなう動作を表わす (1)～(8) に対しては、同じ名詞と動詞との組み合わせで"V＋O"形式を

107

とる以下のような表現例が成立する。

(15) 他拍了几下我的肩膀。
(16) 他摸了摸小孩的小脸蛋。
(17) 小猫舔了舔我的手。
(18) 他踢了一脚自行车车条。
(19) 他不停地拍着墙。
(20) 他踩了踩地。
(21) 他敲了几下桌子。
(22) 他按了一下门铃。

　(1)～(8)のような"在・トコロ＋V"表現に対して(15)～(22)のような"V＋O"表現が成立する点については、荒川1984：13、孟慶海1986：265、西槇1992：94-95、朴貞姫2002：150-151において指摘がなされているが、両形式の統語的・意味的な相違についての記述はなされていない。(15)～(22)においては、波線部は主体の働きかけが直接におよぶ先、すなわち客体を表わし、動作・行為と客体との意味関係を示す標識が存在しない。客体は無標識である点で主体と同様であり、表現において主体と対立する成分となっているため、動作・行為との関わりが極めて強いということができる[4]。さらに具体的に言えば、(15)～(22)の客体は、(1)'～(8)'の波線部と同様に、主体の働きかけを直接に受ける成分であり、コトガラの成立に不可欠の内包的要素となっている。従って、(15)～(22)が表わすコトガラの成り立ちは(1)'～(8)'と同様に、4.1.1で挙げた図6によって示すことができよう。

　ところで、(15)～(17)の"我的肩膀"、"小孩的小脸蛋"、"我的手"は身体部分を、(18)、(19)の"自行车车条"、"墙"はそれぞれ自転車の一部分、建物の一部分を表わしているため、これらを全体に対する部分としてのトコロとみなすことも可能である。但し、これらの成分はトコロ、非トコロいずれの側面をも有しており、(1)～(5)におけるトコロ成分がいずれも方位詞"-上"をともない、トコロであることが形式的に明示されているのに比べると、その性格は弱いということができよう[5]。同様のことは(20)の"地"のような単独でトコロを表わす成分についてもあてはまり、方位詞が付加された(6)の"地上"よりもトコロとしての性格は弱いと考えられる。(21)、(22)の"桌子"、"门铃"は非トコロ名詞（モノ名詞）である。このように、(15)～(22)における波線部の名詞が表わす概念には、トコロ性の有無や強

弱の点において差異がみられるものの、いずれも客体であることが表現形式に反映されている。このことは、(15)～(22)における波線部の名詞がいずれも方位詞をともなわないということとも符合する。

(15)～(22)においては、コトガラの成立に不可欠とされる成分が、主体、客体、動作・行為の3者であり、述語動詞は、主体、客体という二つの成分を必須項としていることとなる。このため、(1)'～(8)'における日本語の述語動詞と同様に二項述語として働いているということができる。これに対し(1)～(8)における述語動詞は、4.1.1で述べたように、主体を必須項とする一方、実線部のトコロはコトガラの成立に不可欠の成分ではないため、述語動詞の必須項ではない。従って、(1)～(8)における述語動詞はいずれも主体を必須項とする一項述語として働いているということができる。このように、(1)～(8)、(15)～(22)における述語動詞は、一項述語、二項述語のいずれとして働くことも可能である。これに対し、(1)'～(8)'における日本語の述語動詞は、二項述語として働くことはあっても、対応するとされる中国語の動詞のように一項述語として働くことはできない。これらのことは、日中両言語で相互に対応するとされている動詞が、それぞれとりえる項の数とその役割の点において異なる場合が存在することを示しており、動詞表現に用いられる"在・トコロ"と「客体・ヲ」を対照させることによってはじめて見いだされるものである。

4.2.2　"在・トコロ＋V"表現にみられる描写性

"在・トコロ＋V"が"V＋O（客体）"に比べ、話者の視点をトコロに置いた描写性のより高い表現形式として働く場合が存在する。例えば(1)と(15)とを比較すると、前者はヒトの身体部分である「肩（かた）」をトコロとしてとりたてた表現であるのに対し、後者はトコロをとりたてないで動作・行為を表わすニュートラルな表現である。同様のことは(1)と同じく部分を表わす名詞を用いた(2)～(5)や、モノ名詞を用いた(7)～(8)、さらにはトコロを表わす名詞を用いた(6)についてもあてはまり、それぞれ(16)～(22)に比べると、トコロに視点を置いて動作・行為をよりリアルに描写した表現である。このことは、(1)～(8)における述語動詞が、"V了＋数量詞"、"V了V"、"連用修飾成分＋V"などのように、動作・行為について具体的に述べる形式となっていることによっても明白である。(1)～(8)

第Ⅰ部　中国語前置詞"在"と日本語格助詞の対照

の述語動詞を"V了"あるいは"V着"の形にすると、以下のようにいずれも非文となる。

　　(1)"　＊他在我的肩上拍了／着。
　　(2)"　＊他在小孩的小脸蛋上摸了／着。
　　(3)"　＊小猫在我的手上舔了／着。
　　(4)"　＊他在自行车车条上踢了／着。
　　(5)"　＊他在墙上拍了／着。
　　(6)"　＊他在地上踩了／着。
　　(7)"　＊他在桌子上敲了／着。
　　(8)"　＊他在门铃上按了／着。

　上記のことから"在・トコロ＋V"は、トコロに視点を置き、そこで行なわれる動作・行為を具体的に描写する表現形式としての性格が"V＋O"よりも強いのに対し、"V＋O"はそのような表現意図がなくても用いられることが理解できよう。"在・トコロ＋V"がトコロをとりたてた描写表現に用いられる形式であることは、以下の表現例からもうかがわれる。

　　(23) 我扬起鞋底在她的胖脸上敲了一下："你的这些怪想法再也不许对我讲。刚才还向我兜售那位作家，现在又想推销许恒忠了。对许恒忠要是能够产生爱情，还用你来多事吗？"她天真地笑了。
　　　　　　　　　　　　　　　　　　　　　　　　　　　　　　　　　（人：21）
　　　　（私は靴底をあげて彼女の丸々とした顔ヲちょっとたたき）

(23)の"在她的胖脸上敲了一下"は"胖脸"という具体的な顔の特徴を表わす成分を含んでおり、「顔（かお）」がトコロとしてとりたてられ、具体的な描写の対象となっている。(23)のような文脈において"敲了一下她的胖脸"を用いると不自然となる。また、

　　(24) 他的眉头皱得更厉害了，一口接一口地抽那劣质旱烟，呛得我直咳嗽。他按按烟袋窝，又在烟火上吹了两口，其实根本不会灭，是习惯。
　　　　　　　　　　　　　　　　　　　　　　　　　　　　　　　　　（人：41）
　　　　（さらにその火ヲ二度吹いたが）

の場合には、"在烟火上"の部分について述べた"其实根本不会灭"が後続しているため、"吹"という動作よりは"烟火上"というトコロの方に表現の比重が置かれているとみることができる。一方、例えば

　　(25) 他跑到我跟前，拍拍我的头说："别生气，和你开玩笑呀！你到哪里

110

去？"（人：121）
　　　（彼は私の目の前に走ってきて、私の頭ヲちょっとたたいて言った。）
は"跑到我跟前"に続いて"拍拍我的头说"という動作が行なわれたことを表わしており、"拍拍我的头"の部分は連動式表現の第一成分として"说"という動作について詳しく述べる働きをしている。連続する動作を描写したこのような表現の場合には、動作そのものに表現の比重が置かれるため、身体部分に話者の視点を置いた"在我的头上拍拍"を用いることはできない。また、

(26) 韩常新又去拍林震的肩膀，林震不由得躲开了。（组织部：12）
　　（韓常新がさらに林震の肩ヲたたこうとしたところ、林震は思わず身を避けた。）

における"拍林震的肩膀"は主体の意志内に含まれる未実現の抽象的な動作であり、林震の肩を実際にたたく場面を描写するためにトコロをクローズアップする必要がなく、"在林震的肩膀上拍"に置き換えることはできない。

　前述したように、"在・トコロ＋V"表現におけるトコロは、コトガラ成立に不可欠の成分としては表現されていない。このことは、(1)〜(8) や (23)、(24) においてトコロがとりたてられていることと矛盾するものではない。例えば (1) の場合には、通常ならば"拍"の客体として表現されるはずの「肩（かた）」が、"拍"という動作の成立する場として (15) の場合よりもクローズアップされているのである[6]。これを述語動詞の側からみれば、"拍"は本来、主体と客体の2者を必須項とする動詞であり、客体となり得る成分をあえてトコロとしてとりたてる場合には、(1) のように一項述語として働くということである。(2)〜(8) および (23)、(24) における述語動詞も同様に、二項述語として働くことが可能でありながら"在・トコロ＋V"形式に用いられているため、一項述語として働いている。

　ところで、「さがす、さぐる」という意味特徴を有する動詞は、接触をともなう動作を表わす動詞の場合とは異なり、"在・トコロ＋V"表現に用いられる場合であっても一項述語とならないことがある。(9)、(10) における"掏"、"找"は、4.1.1 で述べたように"他"、"我"をそれぞれ必須項とし、表現全体はこれだけで一つの完結したコトガラを表わしているため一項述語として働いているということができる。これに対し、(9)、(10) とおなじ名詞、動詞の組み合わせをとる以下の表現例の場合はどうであろうか。

(27) 他在自己的拷包里掏了一阵，摸出两个馒头。(中川 1990：236)
 （彼はひとしきり自分の肩掛けカバンヲまさぐり、マントウを二つ取り出した。）
(28) 我在东边的屋子里找过，但是没找到你的手机。
 （僕は東側の部屋ヲさがしたけど、君の携帯電話はみつからなかったよ。）

(27) の前件における"掏"は、最終的には"两个馒头"を取り出すことを目的としているものの、後件の"摸出"とは別個の動作として表現されているため"两个馒头"を客体としているとはいえず、一項述語として働いているとみてさしつかえない。これに対し (28) の前件における"找"は、"你的手机"を客体としていることが後件の内容から明白であるため、"我"と"你的手机"を必須項とする二項述語として働いているということができる。

一方、(28) の前件を"V＋O"形式に置き換えた
(28)' 我找过东边的屋子，但是没找到你的手机。
は自然な表現として成立はするものの、(28) の方が better である。(28)' の前件においては"找"の客体が"东边的屋子"となっており、"你的手机"を客体とする後件との整合性が (28) の場合よりもやや劣る。(28)' の前件に対しては、例えば
(28)" 我找过东边的屋子，但是西边的屋子还没找。
 （私は東側の部屋ヲさがしたが、西側の部屋はまださがしていない。）
のように"屋子"を客体とする後件を続けることが可能である。また、(10) における"找"は主体を必須項とする一項述語として働いている点において、(28) の前件における"找"が二項述語として働いているのとは異なる。"找"は何らかの目的物をさがしもとめて行なわれる動作であり、表現の中にその目的物（客体）を表わす成分が含まれていなくても、客観的事実においてその存在が予測されることは否定できない。しかし (10) は、(9) あるいは (27) の前件と同様に一個の動作を表わす表現であるため、言語の表現形式において"找"は一項述語として働いていることとなる。

4.1.1 で述べたように、接触をともなう動作を表わす (1)〜(8) は動作・行為がトコロに向かうという客観的事実を前提とする表現である。動作・行為はトコロに接触した時点で完結し、トコロとは別に客体が存在することは想定できない。これに対し、「さがす、さぐる」という特徴を有する動作を

表わす表現の場合には、トコロに存在すると予測される客体（＝非トコロ）をさがすという客観的事実が前提となっており、動作・行為はトコロ、客体の双方に向かうこととなる。このため、(28)"のようにトコロを客体として表現することも、(28)'のようにトコロに存在すると予測されるモノを客体として表現することも可能となる。

4.2.3　空間性を有するモノ名詞を用いた表現

　4.2.2で述べたように、"在・トコロ＋Ｖ"表現は話者の視点をトコロに置き、そこで行なわれる動作・行為を具体的に描写する場合に用いられる。このことは、「さがす、さぐる」という特徴を有する動作を表わす以下のような表現例にもあてはまる。

　　(29)　我掏一件外套的口袋，触到一个硬如核桃的东西。（人：178）
　　　　　（オーバーのポケットヲさぐると、クルミのような固いものにふれた。）

(29)における"掏一件外套的口袋"を"在・トコロ＋Ｖ"形式に置き換えると、

　　(29)'　我在一件外套的口袋里掏了掏，触到一个硬如核桃的东西。

のように、述語動詞の部分が"掏"や"掏了"ではなく、例えば"掏了掏"のような形をとる必要が生じる。(29)は"掏"という動作が行なわれるのとほぼ同時に、(29)'は"掏"という動作がしばらく続いた後に、それぞれ"触到一个硬如核桃的东西"という結果が生じたことを表わすのに適している。(29)においては"掏一件外套的口袋"と"触到一个硬如核桃的东西"が連続した一体のものとして表現されているのに対し、(29)'においては、"在一件外套的口袋里掏了掏"の部分が一個の動作として表現されており、後続の"触到一个硬如核桃的东西"との間の連続性が(29)の場合ほど明確ではない。これは、(29)'においては"在・トコロ＋Ｖ"形式をとることによってトコロに視点が置かれ、そこで生じた動作・行為がクローズアップされた結果として、後続の"触到一个硬如核桃的东西"との間の連続性が弱まったためと考えられる。同様のことは、

　　(27)　◎他在自己挎包里掏了一阵，摸出两个馒头。
　　(27)'　○他掏了一阵自己的挎包，摸出两个馒头。

についてもあてはまる。(27)、(27)'は、動作が一定の長さの時間続いたことを表わす"一阵"を含んでいるため、いずれも「肩掛けカバンをしばらく

の間まさぐり、やがてマントウを取り出した」という内容を表わす表現となり、"在・トコロ＋Ｖ"形式をとる(27)の方がbetterである。

ところで、"挎包"はトコロ性を有するモノ名詞（＝動作・行為に対して空間を提供することが可能なモノを表わす名詞）であり、(27)'においては"掏"に対してその内部の空間を提供している。このような名詞が"Ｖ＋Ｏ"形式に用いられると、同じ動詞と名詞との組み合わせをとる"在・トコロ＋Ｖ"形式の場合とは異なるコトガラを前提とした以下のような表現となることがある。

(30) 他<u>在挎包里</u>找了找，但是没找到钱包。
（彼は<u>肩掛けカバン（の中）ヲ</u>さがしてみたが、財布はみつからなかった。）

(30)' 他在屋子里找<u>自己的挎包</u>。
（彼は部屋で<u>自分の肩掛けカバンヲ</u>さがしている。）

(30)の"挎包"が"找"に対してその内部の空間を提供しているのに対し、(30)'の"自己的挎包"は、"找"という動作がそれ全体におよぶものである。同様のことは、"在书架上找"、"找书架"についてもあてはまり、前者は"在书架上找书"と同様に「本棚の本をさがす」を表わすことが可能であるため、例えば

(31) 他<u>在书架上</u>找了找，没找到那本书。
（彼は<u>本棚（の中）ヲ</u>さがしてみたが、その本はみつからなかった。）

のような表現において用いられるのがふさわしいのに対し、後者は「本棚そのものをさがす」ことを表わすため、例えば

(31)' 他在商店里找<u>书架</u>。（彼は店で<u>本棚ヲ</u>さがしている。）

のような表現において用いられるのがふさわしい。(31)における"书架"は"找"に対して空間を提供するのに対し、(31)'においては"找"という動作が"书架"というモノ全体に向かうこととなるためにこのような相違が生じるのである。また、例えば

(32) 妈妈正在用勺子<u>在铁锅里</u>搅拌。
（母はちょうどお玉で<u>鍋ヲ</u>かきまぜているところだ。）

は「鍋の中身をかきまぜている」ことを表わす表現として成立するのに対し、

(32)' ＊妈妈正在用勺子搅拌铁锅。

は非文であり、

(32)"妈妈正在用勺子搅拌铁锅里的稀饭。
　　　　(母はちょうどお玉で鍋の中のお粥ヲかきまぜているところだ。)
のように"铁锅"の中身を"搅拌"の客体としなければならない。
　トコロ性を有するモノ名詞とは異なり、例えば(28)、(28)'の前件である"我在东边的屋子里找过"、"我找过东边的屋子"のようなトコロ名詞(=単独でトコロを表わすことが可能な名詞)を用いた表現の場合には、いずれも「部屋の中をさがした」というコトガラを表わすこととなる。但し、例えば「住むための部屋をさがす」というコトガラを表わす場合には、例えば
　　(33)　我找了房子，但是没找到。
　　　　(私は部屋ヲさがしたが、みつからなかった。)
のように"V＋O"表現が用いられる。また、
　　(34)　他们在屋子里检查了一遍。　(彼らは部屋ヲひと通り調べた。)
　　(34)'　他们检查了一遍屋子。　　　(同上)
の両者を比較すると、(34)は例えば「(警察の捜査員などが)部屋の中の様子を調べた」という内容を、(34)'は「(大工などが)部屋そのものの具合を調べた」という内容を表わすのにそれぞれふさわしい表現である。"V＋O"形式をとる(34)'は、"检查"という動作が"屋子"の中の空間ではなく"屋子"そのものに向かうことを表わすために、このような相違が生じると考えられる。
　このように"V＋O"表現は、同じ動詞と名詞の組み合わせをとる"在・トコロ＋V"表現との間に様々な相違を有する。それらの相違には、(30)、(30)'や(31)、(31)'あるいは(34)、(34)'のように、両形式によって表わされるコトガラそのものが異なるケースや、(29)、(29)'のように、同一のコトガラの細かな点が異なるにとどまるケースがある。いずれのケースも、動作・行為がトコロにおいて行なわれることを表わす"在・トコロ＋V"と、動作・行為がOの表わすトコロやモノに向かうことを表わす"V＋O"との相違から生じたものであると考えられる。

4.3　"在・トコロ＋V／V＋O（客体）"と「トコロ・デ Vする／客体・ヲ Vする」

　4.1.1で述べたように、"在・トコロ＋V"、「客体・ヲ Vする」間の表現形式上の相違は、述語動詞の必須項数の相違と表裏一体である。このような相

違が生じる主たる要因は、4.1.2で述べたように、「デ」に対して要求されるイ、ロの使用条件が"在"に対しては要求されないということである。

接触をともなう動作・行為を表わす場合、中国語においては、動作・行為が直接に向かう先を"在・トコロ＋Ｖ"形式により「動作・行為が行なわれるトコロ」として表現することも、"Ｖ＋Ｏ"形式により客体として表現することも可能であり、それらの表現に用いられる動詞は一項述語、二項述語のいずれとして働くことも可能である。一方、日本語においては、動作・行為が直接に向かう先は「Ｎ・ヲ」により客体として表現されるため、それらの表現に用いられる動詞は二項述語として働く。

また、「さがす、さぐる」という特徴を有する動作・行為を表わす場合、中国語においては、動作・行為の向かう先を"在・トコロ＋Ｖ"形式によりトコロとして表現することが可能であり、動詞は一項述語として働く。但し、

(28) 我在东边的屋子里找过，但是没找到你的手机。

のように、トコロとは別に客体が存在することが表現内容から明白である場合には、トコロ、客体（非トコロ名詞）の両者を含んだ表現が成立し、動詞は主体、客体（非トコロ名詞）の２者を必須項とする二項述語として働くこととなる。この点において(28)は、「トコロ・デ」を用いた日本語の表現である

(14)' 私は部屋デその書類ヲちょっとさがしたが、みつからなかった。

と共通している。一方、

(28)" 我找过东边的屋子，但是西边的屋子还没找。

のように、"Ｖ＋Ｏ"形式により動作・行為の向かう先が客体（トコロ名詞）として表現される場合には、動詞は主体、客体（トコロ名詞）を必須項とする二項述語として働くこととなる。但し4.2.1で述べたように、中国語の"Ｖ＋Ｏ"表現にトコロ名詞が用いられる場合、その成分には方位詞を付加することができない。これに対し日本語においては、

(9)" 彼は肩掛けカバンの中ヲひとしきりまさぐった。

が成立することからも明白なように、名詞に方位を表わす成分を付加してトコロ化したものを「ヲ」により客体として表現することも可能であり、「カバンの中ヲまさぐる」、「机の上ヲさがす」、「鍋の中ヲかきまぜる」のような「モノ名詞＋方位を表わす成分」を用いた表現や、「部屋の中ヲさがす（調べる）」のような「トコロ名詞＋方位を表わす成分」を用いた表現が可能となる。

4.4 "V＋在・トコロ"の表現
4.4.1 "V＋在・トコロ"表現の非意図性
　"在・トコロ"を用いた動詞表現としては"在・トコロ＋V"のほかに"V＋在・トコロ"が存在するが、(1)～(10)をこの形式に置き換えると、以下のようにほとんどが非文もしくは不自然となる。

(35) ＊他拍在我的肩上。
(36) ＊他摸在小孩的小脸蛋上。
(37) ＊小猫舔在我的手上。
(38) 　他踢在自行车车条上。
(39) ＊他不停地拍在墙上。
(40) ？他踩在地上。
(41) ＊他敲在桌子上。
(42) ＊他按在门铃上。
(43) ＊他掏在挎包里。
(44) ＊我找在屋子里。

　上記の表現例のうち、(43)、(44)は、述語動詞"掏"、"找"が「さがす、さぐる」という特徴を有する動詞であり、これらと"在"との間に「動作・行為——結果」という関係が成立しにくいため、"V＋在・トコロ"表現にはそぐわない。また、(35)～(42)の述語動詞と"在"との間には「動作・行為——結果」という関係が成立するものの、"V＋在・トコロ"形式においては、動作・行為のトコロへの到達が意識されないため、表現内容と形式との間に矛盾が生じ、(1)～(8) や (15)～(22) よりも表現の整合性がいちじるしく劣ることとなる。上記の表現例の中で唯一成立する(38)も、例えば"到处乱踢，他踢在自行车车条上。(あちこち蹴りつけているうちに、たまたま自転車のスポークを蹴ってしまった)"のような状況を設定してはじめて自然な表現となる。

　丸尾2004：157は、中国語では対象が身体部位名詞である場合には、特にそれをトコロとしてとらえる意識から"在＋L＋V"の形でも表現が可能となり、"在＋L"を意図的な行為の場所ととらえることができるとして、以下のような表現例を挙げている。

(45) 在肩膀上拍一下
(46) 狗在他腿上咬了一口。

丸尾は、(45)、(46)における動作・行為、トコロはいずれも（主体によって）意図されたものであるのに対し、以下のような"V＋在・トコロ"表現の場合には、トコロは非意図的なものであるとしている[7]。

(45)' 拍<u>在肩膀上</u>

(46)' 狗咬<u>在他腿上</u>了。（第3章の(102)）

(45)、(45)' および (46)、(46)' は、身体部分がトコロとなっている点、動詞が接触をともなう動作を表わす点において (1)〜(3)、(35)〜(37) と共通している。また、荒川1984:12には

(47) 拍<u>在桌子上</u>

は、「単に（あるいはたまたま）机をたたいた」ことを表わし、非意図性が含まれうるという指摘がみられることから、身体部分だけでなく、モノの一部分をトコロとする"V＋在・トコロ"表現も同様であることが理解できよう[8]。丸尾、荒川のいう「非意図的」、「非意図性」とは、動作・行為が主体の意志によらない場合はもちろんのこと、主体の意志による場合であっても、動作・行為がトコロにいきつくことまでが主体によって意識されるわけではないということであると解される。"V＋在・トコロ"表現がこのような非意図性を帯びる要因について丸尾2004:156-157は、"V在L"形式においては結果補語という形式により、その行為が結果的にLに至ったということから、意味的には非意図的なものであったことを含意しうるとしている[9]。"V＋在・トコロ"表現が有するこのような非意図性は、例えば以下のような表現例において端的にあらわれている。

(48) 我想抓<u>他的头</u>，没想到，抓<u>在他的肩膀上</u>。

(48)においては、"抓"という動作自体は"我"の意志によって行なわれるものの、その動作が"他的肩膀上"というトコロにいきつくか否かについては"我"の意識の中にないことが明白である。主体によって動作・行為の到達点として意識された客体は"抓<u>他的头</u>"のように"V＋O（客体）"表現を構成しているのに対し、動作・行為が偶然にいきついた先は"抓<u>在他的肩膀上</u>"のように"V＋在・トコロ"表現を構成している。このことから、接触をともなう動作・行為を表わす"V＋O"表現における客体も、"在・トコロ＋V"表現におけるトコロと同様に、主体によって意図されることが理解できよう[10]。これらのことは、"在・トコロ＋V"、"V＋O"の両形式が例えば

(49) 我很想在他的手上使劲儿地拍一下。
(49)' 我很想使劲儿地拍他的手。

のような願望を表わす表現に用いられるのに対し、"V＋在・トコロ"形式を用いた

(49)" ＊我很想使劲儿地拍在他的手上。

が非文となることからも明白である。また、

(50) 我们第一次手拉手跳的是"找呀找呀找呀找，找到一个朋友。握握手呀，笑嘻嘻呀！"她一唱到这两句就要笑。我跟着笑，用力地用手掌去拍打她的手掌。（人：5）

の場合には、手段を表わす"用手掌"が存在することにより、後続の"拍打"が主体の意志にもとづいて"她的手掌"におよぶことが明白であるため[11]、"用力地用手掌去拍打她的手掌"を"用力地用手掌去拍在她的手掌上"に改めると非文もしくは不自然な表現となる。

このように、"V＋在・トコロ"は動作・行為のトコロへの到達が意識されないことを含意する表現形式であるため、以下のように身体部分が主体となっている表現に用いられることがある。

(51) 他的手捏在我的鼻子上。

同様に、(35)～(42)の主体（ヒト）を身体部分に置き換えると、以下のように自然な表現として成立する。

(35)' 他的手拍在我的肩上。
(36)' 他的手摸在小孩的小脸蛋上。
(37)' 小猫的舌头舔在我的手上。
(38)' 他的脚踢在自行车车条上。
(39)' 他的手不停地拍在墙上。
(40)' 他的脚踩在地上。
(41)' 他的手敲在桌子上。
(42)' 他的手按在门铃上。

身体部分が主体となっている表現の場合には、身体部分は意志を有するものとはみなされないため、動作・行為のトコロへの到達が意識されるか否かが問題とはならず、このように自然な表現として成立するのである[12]。但し、(51)や(35)'～(42)'のような身体部分を表現の中心に置いた場合には、話者の視点をヒトの身体部分に置いて描写性を高める効果が生じており、話

し言葉ではなく、小説などの具体的な場面描写に用いられる方がより自然である[13]。(51)に対しては

  (51)'　＊他的手捏我的鼻子。

のような"Ｖ＋Ｏ"表現は成立せず、

  (51)"　他用手捏我的鼻子。

のようにヒトを主体とする表現としなければならない。

 ところで、身体部分を用いた表現には、例えば

  (52)　"対！"林震把右拳头打在左手掌上。（组织部：23）

のように"主体＋把・Ｎ（身体部分）＋Ｖ＋在・トコロ"形式をとるものが存在するが、(35)'～(42)'を(52)にならって

  (35)"　？他把手拍在我的肩（膀）上。
  (36)"　＊他把手摸在小孩的小脸蛋上。
  (37)"　＊小猫把舌头舔在我的手上。
  (38)"　？他把脚踢在自行车车条上。
  (39)"　＊他把手不停地拍在墙上。
  (40)"　？他把脚踩在地上。
  (41)"　＊他把手拍在桌子上。
  (42)"　？他把手按在门铃上。

のように置き換えた場合には、いずれも非文もしくは不自然となる。これは、(35)"～(42)"の場合には述語動詞が身体部分を内包している（＝身体部分のどこを使って行なうかを含意している）ため、身体部分を"把"によってとりたてる必要性に乏しいためと考えられる。これに対し(52)が成立するのは、身体部分が"右拳头"のように特定されているために表現の描写性が(35)"～(42)"よりも高く、"把"による身体部分のとりたてが可能なためと考えられる。(35)"～(42)"のうち、(38)"は(38)の場合と同様に、例えば「彼は怒りのあまり、思わずそばにあった自転車のスポークを蹴りつけた」ことを表わすのであれば成立し、「蹴る」という動作の到達点までが意識されているわけではないこととなる。また、不自然ながらも(40)"は「地面を足でずっと踏みつけている」状態を表わす表現である。同様のことは(42)"についてもあてはまり、「呼び鈴を何度もくり返し押す」動作ではなく、「呼び鈴をずっと押さえている」状態を表わす表現となっている。これらのことは、動作・行為のトコロへの到達が主体の意識の中にはないとい

う"V＋在・トコロ"表現の特徴とは矛盾しない。すなわち、静的な状態は動的な動作に比べ、一般に主体の意志による積極的な働きかけが少ないと考えられるためである[14]。"V＋在・トコロ"表現が有するこのような特徴は、以下のような表現例をみると一層明白となる。

(53)　先把他推倒在地上，然后在身上猛踩。（中川 1990：233）

(53)'　？先把他推倒在地上，然后猛踩在身上。

"在・トコロ＋V"形式を用いた（53）の場合には、主体の意志によって"他"の身体を激しく踏みつけたことを表わす表現として成立するのに対し、(53)'は、"踩在身上"の部分が「身体を踏みつけている」状態を表わすこととなるため"猛"との間に論理的な矛盾が生じ、(53)よりも表現の整合性が劣る。

4.2.2で述べたように、"在・トコロ＋V"は、動作・行為を具体的に描写する表現形式としての性格が"V＋O（客体）"よりも強く、通常ならば動作・行為の客体として表現される成分を、動作・行為の行なわれるトコロとしてクローズアップする効果を有している。このことは、"在・トコロ＋V"表現がトコロに対する意図性を有することを排除するものではなく、例えば"用手"を用いた

(54)　他用手在脸上抹了一把。（李临定 1988：79）

(54)'　他用手抹了一把脸。

がいずれも自然な表現として成立し、(54)が(54)'よりもトコロがとりたてられた表現であるという点によっても明白である。一方、前述したように、"V＋在・トコロ"形式においては、トコロは動作・行為が偶然にいきつく先として表現されるため、

(54)"　＊他用手摸在脸上。

は(50)の場合と同様に非文となる[15]。

4.4.2　"V＋在・トコロ"と"V＋O（客体）"

4.4.1で述べたように、"V＋在・トコロ"表現におけるトコロは、主体によって意図されることがないという点において"在・トコロ＋V"、"V＋O（客体）"表現におけるトコロ、客体とは異なる。但し、"V＋O"は動作・行為が客体に向かうことを表わす形式であるのに対し、"在・トコロ＋V"の場合には、動作・行為がトコロに向かうことが形式に反映されていない。

このため"V＋O"表現は、動作・行為が到達点に達することを表わす点において、"V＋在・トコロ"表現との間に共通点を有するということができる。

また、4.2.1で述べたように、"V＋O"表現における客体は、主体の働きかけが直接におよぶ先であり、動作・行為を通して主体と対立する関係にある。これに対し、"V＋在・トコロ"表現におけるトコロは主体の働きかけがいきつく先であり、動作・行為を通して主体と対立する関係にあるとは言いがたい。このことは、"V＋O"表現は、有情物を主体とする限り、主体がその意志にもとづいて客体に対し動作・行為をおよぼすことを前提としており、主体、客体間に単なる空間的な結びつき以上の関係が存在しているのに対し、"V＋在・トコロ"表現におけるVとトコロとの結びつきは、「動作・行為がトコロにいきつく」という空間的なものであるということとも符合する。"V＋在・トコロ"が純然たる空間的な関係を表わす形式であるということは、前掲の荒川1984：12に挙げられている以下の表現例をみると理解しやすい。

　　(55)　拍在桌子上
　　(55)'　拍桌子

荒川によれば、(55)、(55)'はいずれも「机をたたく」ことを表わしているが、(55)は「単に（あるいはたまたま）机をたたいた」という具体的なコトガラを表わすのに対し、(55)'には「怒る」という意味が含まれているとしている。このことは、動作・行為とトコロとの空間的な関係を表わす"V＋在・トコロ"表現は、Vとトコロとの意味的総和を表わすにとどまるのに対し、"V＋O"表現はVとOとの意味的総和以上の概念を表わすことが可能であることを意味する[16]と同時に、"V＋O"表現における動作・行為と客体との意味上の結びつきの方が、"V＋在・トコロ"表現における動作・行為とトコロとのそれよりも緊密であることをも意味する。

このように、"V＋在・トコロ"表現におけるVとトコロとの結びつきは、"V＋O"表現におけるVと客体との結びつきに比べ、その強さの点で劣っている。但し、"V＋在・トコロ"表現におけるトコロは、動作・行為の最終的な到達点である点においては客体と共通しているため、客体と同様に出来事の成立に直接的に関わる成分であるとみるのが妥当である[17]。このような見方は、丸尾2005：91が

　　(56)　騎在马背上

のような"V+在+L"形式をとる表現においては、LはVと深い関わりをもっているため、統語的に必要な項（argument）となっているとしていることとも符合する[18]。

　従って、"V+O"表現におけるVは主体、客体の2者を必須項とする二項述語として、"V+在・トコロ"表現におけるVは主体、トコロの2者を必須項とする二項述語としてそれぞれ働いているとみることができよう。

4.5　非意図性を有する日本語の表現形式

　これまでみてきたように、中国語においては動作・行為が直接にいきつく先を、"V+O"形式により客体として表現するケース、"V+在・トコロ"形式によりトコロとして表現するケースが存在し、後者においては動作・行為のトコロへの到達が意識されない。一方、日本語の「客体・ヲ Vする」表現における客体は、主体の意志による働きかけを受ける成分であるため、例えば

　　(57) 彼が机ヲたたいた。

においては、「たたく」という動作の「机」への到達が「彼」によって意識されることとなる。動作・行為のトコロへの到達が意識されないことを明確に表わす日本語の表現形式としては、例えば

　　(58) 彼の手が机ニあたった。

のような、無意志動詞を用いた「非トコロ・ニ Vする」表現が存在する。しかしこの形式は、動作・行為そのものが最初から無意志であることによってトコロへの到達が非意図的となるものである点において中国語の"V+在・トコロ"表現とは異なるため、日本語においては、動作・行為が意志的でありながらその到達点に対する非意図性を有する表現形式は存在しないこととなる。一方、中国語の動詞はその多くが結果を含意せず、動作・行為の過程のみを表わす[19]ため、動作・行為が意志にもとづくものでありながら、それが到達点に達するという結果の段階が主体の意識に含まれない表現が成立するのである。

注

1) 原田・滑 1990：42-45 は、"在"-「ヲ」と訳し得る場合の動詞を意味特性によって分類すると、イ．動作主の手や道具などが対象物に接触することをその意味の一部とするもの（ex. 打、踩、捆扎、抓など）、ロ．「さがす」「さぐる」という意味をもつ動詞（ex. 探、寻找など）、ハ．移動することをその意味の一部とする動詞（ex. 飞、走、追、奔驰など）の3種類にほぼ分かれるとしている。ハのケースは本章の考察対象とはしない。イのケースに言及したものとしては他に中川 1990：232-233 がある。また、西槇 1992：93-95 には、"拍、摸、舔、敲、按、踩、扣"のようなくり返しある物に触れる意味を表わす動詞（"拍"類述語）や、"找、检查"のような探求するという意味を表わす動詞（"找"類述語）を用いた"在・トコロ＋V"表現に対し、日本語の「客体・ヲ Vする」表現が対応する例が挙げられている。

2) 角田 1991：90-92 は、「ガ－ヲ」という格枠組み（case frame）をとるものを「二項述語」としている。

3) (9)'の「肩掛けカバン」はモノとしての客体、(9)"の「肩掛けカバンの中」はトコロとしての客体である。山中 1984：46-47 は、「乞食が路地裏でポリバケツをあさっている。」は「ポリバケツがないかどうか見回っている」、「ポリバケツの中の残飯をあさっている」のいずれを表わすことも可能であり、「ポリバケツ」は、前者の内容を表わす場合には対象（本章でいう「客体」）、後者の内容を表わす場合には場所であるとしている。これに対し本章の考え方では、非トコロ名詞の「ポリバケツ」はいずれの内容を表わす場合においてもモノとしての客体であり、「乞食がポリバケツの中をあさっている。」における「ポリバケツの中」は、トコロとしての客体となる。

4) 望月 1982：19 は、"我打他。"における主格の"我"、直接目的格の"他"に対して格を表わす標識をつけることができないという点は、主格、直接目的格のような強い格がその格を表わす標識を必要としないことを示している、としている。

5) 孟琮等 1987：498、527、731 が"拍肩膀"、"拍后背"、"舔嘴唇"における"肩膀"、"后背"、"嘴唇"をトコロ（処所）とする一方で、"摸小孩的手"における"小孩的手"を客体（受事）としている点は、部分を表わす名詞がトコロ性を有するか否かの判断にゆれが生じやすいことを示している。三宅 1998：64-65 は、いわゆる受事賓語と場所賓語の中間的な性格を有する成分が存在することを指摘している。

6) 丸尾 2004：158 は、身体部位にみられるトコロ化は「部分——全体」というメトニミー的関係に基づくものであり、ある部分が焦点化されることによるものであるとしている。丸尾はさらに、全体の中の一部分に言及することによってトコロとしての概念化が成立するということは、身体部位のみならず、モノの一部分を表わす名詞を用いた"…最后还在钢轮条上踢了两脚,（最後にはさらに鋼のスポークをポンと蹴った）"についてもあてはまるとしている。

7) この点については丸尾 2005：102 にも述べられている。"在・トコロ＋V"が意図的な行為を、"V＋在・トコロ"が非意図的な行為を表わすのに適した表現形式であるという点についてはさらに朱徳熙 1990：9 を参照。

8) 第3章で挙げた(99)、(100)、(102)についても同様のことがあてはまる。荒川1984：12は"踢到他的脚上"のような"V＋到・トコロ"表現についても非意図性を認めている。
9) "V＋結果補語"表現における結果が非意図的なものであるという点については、石村1998：12, 19、同1999：145-147を参照。
10) "V＋O"表現が有する意図性については、荒川1984：11、同1985b：5-6を参照。
11) "用・身体部分＋V"が意志的な動作・行為を表わすのに適した形式であるという点については、平井・成戸1995b：13-16を参照。
12) 張黎1997：154-155には、身体部分について述べた"巴掌打在屁股上"、"手拍在桌子上"、非身体部分としてのモノについて述べた"白灰刷在房頂上"、"球弾在脳子上"が挙げられているが、いずれにおいても動作・行為のトコロへの到達は意識されない。また、荒川1984：12が"盒子掉下来，砸了我的脳袋。"と"盒子掉下来，砸在我的脳袋上。"の相違を説明困難であるとしているのは、表現の中心が"盒子"という無情物であるため、動作・行為のトコロへの到達が意識されるか否かということが問題とはならないためであると考えられる。無情物について述べる表現であるため、"V＋在・トコロ"形式をとる後者の方がより自然である。
13) 身体部分表現が有する描写性については、平井・成戸1995b：11を参照。本書では第8章および第9章で述べることとする。
14) (35)"、(36)"はそれぞれ"他把手放在我的肩（膀）上。"、"他把手放在小孩的小脸蛋上。"のように"放"を用いると「手を置いた状態」を表わす表現として成立する。このため、"放"は"拍"、"摸"に比べて身体部分の内包度が低いと考えられる。また、(40)"は、"他把足球踩在地上。"のように非身体部分を用いた表現とすれば「サッカーボールを踏みつけている状態」を表わす表現として成立する。
15) (35)"～(42)"の"把"を"用"に置き換えた場合も非文もしくは不自然となる。
16) (55)、(55)' 間のこのような相違は、"拍桌大罵"、"＊拍在桌上大罵"のような表現例の成立状況とも符合する。荒川1985b：6に挙げられている"装在车上（単に車につみこむ場合）"と"装车了（梱包までをも含む場合）"との間にも(55)、(55)' と同様の相違がみられ、前者は動作・行為とトコロとの意味的な総和を表わす点において後者とは異なる。この点についてはさらに荒川1984：12を参照。また、"拍胸脯答应"、"给妈妈捶肩膀"における"拍胸脯"、"捶肩膀"はそれぞれ「（同意を示すために）胸をたたく」、「（こりをほぐすために）肩をたたく」という目的をもった動作・行為を表わすため、この部分を"V＋在・トコロ"の形式に置き換えた"＊拍在胸脯上答应"、"＊给妈妈捶在肩膀上"は非文である。
17) この点については平井・成戸1994：122を参照。
18) この点についてはさらに第3章の注14を参照。
19) この点については荒川1981b：20-21、同1989：15-17、杉村1982：60-61を参照。

第5章
"在・トコロ" と「トコロ・ヲ」

5.0　はじめに

　移動動作を表わす中国語の"在・トコロ＋V"表現には、

　　(1)　　小李在沙滩上走。(盧濤 2000：95)
　　(1)'　李君が砂の上ヲ歩いている。(同上)

のように、"在・トコロ"に対して日本語の「トコロ・ヲ」が対応するケースがみられる[1]。同じく移動動作が行なわれるトコロを表わす成分であっても、"在・トコロ"、「トコロ・ヲ」の両者ではその使用条件が異なり、移動動作に対するトコロの関わり方も同じではない。このような相違や、それが生じる要因についての考察を行なうことにより、移動動作のトコロを示す"在"、「ヲ」の、先行研究ではふれられていない特徴を記述することが可能となる。本章は、中国語の"在・トコロ＋V"表現に対して日本語の「トコロ・ヲ　Vする」表現が対応するケースを考察の中心とし、それぞれの形式が有する使用条件を明らかにするとともに、「トコロ——移動動作」の関係を表わす中国語の"V＋O（トコロ）"や"V＋在・トコロ"表現、日本語の「トコロ・デ　Vする」表現の特徴についても一定の見解を提示することを目的とする。

5.1　移動動作とトコロとの関わり
5.1.1　"在・トコロ＋V" と「トコロ・ヲ」

　移動動作を表わす"在・トコロ＋V"に対して日本語の「トコロ・ヲ　Vする」が対応する例としては、(1)、(1)'のほか、さらに以下のようなものが挙げられる。

　　(2)　　他在大路上走。(张黎 1997：150)
　　(2)'　彼は大通りヲ歩いている。
　　(3)　　她在前面蹒跚地走着。(中原 2004：128)
　　(3)'　彼女が前ヲよろよろと歩いていた。(同上)
　　(4)　　他在树林里跑着。(丸尾 2003：62、同 2005：95)

(4)' 彼は林の中ヲ走っている。(同上)
(5) 他在马路上跑了三公里。(森 1998：125)
(5)' 彼は大通りヲ三キロ走った。
(6) 飞机在空中飞。
(6)' 飛行機が空ヲ飛んでいる。
(7) 他在门口走来走去。
(7)' 彼は門の外ヲ行ったり来たりしている。
(8) 爷爷每天在永定河畔散步。
(8)' 祖父は毎日永定河のほとりヲ散歩する（している）。
(9) 他们迷失了方向，在森林里绕了两天。
(9)' 彼らは道に迷い、森の中ヲ二日間さまよった。
(10) 他在街上溜达。(朴貞姫 2003：98)
(10)' 彼は街ヲぶらぶら歩いている。

　(1)～(10)の実線部は「動作・行為が行なわれるトコロ」を表わし、移動動作はトコロの範囲内に限定されることとなる[2]。このため、(1)～(10)は「主体がトコロにおいて移動動作を行なう」というコトガラを表わし、"在"によって示されるトコロは、3.1.1で述べたように、出来事の成立に直接的には関わらないものとして表現されているということができる。"在・トコロ＋V"表現は移動動作がトコロの範囲内において行なわれることを表わすため、これに対応する「トコロ・ヲ　Vする」表現についても、移動がトコロの範囲内であることが要求される。奥田1983c：140は、「トコロ・ヲ」が移動動作を表わす動詞と組み合わされた場合に表わす概念を、

　イ．移り動くトコロ
　ロ．通り抜けるトコロ
　ハ．離れるトコロ

に分類している。これらのうち、トコロの範囲内における移動が成立するのはイであり、ロ、ハは移動がトコロの範囲を越えるものであるため、"在・トコロ＋V"表現に対応することが可能であるのは、奥田の分類によれば、移り動くトコロを表わす「トコロ・ヲ」を用いた動詞表現であるということとなる[3]。

　(1)'～(10)'のような移動動作を表わす表現において「ヲ」により示されるトコロについては、コトガラが成立するために不可欠の成分であるという

見解が存在する。奥田 1983c：143-144 は、「トコロ・ヲ」が移動動詞と組み合わされて移動動作が行なわれるトコロを表わす場合、「ヲ」格の名詞と動詞との結びつきは単に空間的であるばかりでなく対象的でもあり、トコロは動作が成立するために必要な成分であるとしている[4]。同様に、寺村 1982：103、108-110、112 は、「通りみち」を表わす名詞が「ヲ」格をとって移動動詞と組み合わされた場合の「トコロ・ヲ」はいわゆる必須補語もしくは準必須補語であり、動作全体を包む空間の範囲を表わす「トコロ・デ」とは異なって、それがなければコトガラの描写が不完全となるか、あるいは述語の下位類を特徴づける要素となるものであるとしている[5]。また、田中・松本 1997：30-32 は、例えば「バスを降りる」や「公園を歩く」における「バス」、「公園」は「降りる」、「歩く」という動作が作用する対象であり、経路や起点を表わすとされる「トコロ・ヲ」を移動動作が作用する対象であると位置づけている[6]。この点においては森田 1990：195-196 も同様であり、「ヲ」により示されるトコロは、移動をも含めた動作・行為の対象となる場面である旨の記述がみられる。これらの見解から見いだされるのは、「トコロ・ヲ」が移動動詞と組み合わされて移動動作を表わす場合におけるトコロと動作との結びつきは、「トコロ・デ」の場合のような純然たる空間的な結びつきよりも緊密なものという考え方である。移動動作は、他者への働きかけをともなわず主体単独で完結しえるという特徴を有しているものの、移動動作の行なわれるトコロが「ヲ」によって示される場合には、「デ」の場合に比べ、出来事への関わりがより深いものとして表現されるのである。このことを端的に示しているのは、益岡 1987：19 に挙げられている以下の表現例である。

　　(11)　飛行機ヲ<u>東京上空デ</u>飛ばす。
　　(11)'　＊飛行機ヲ<u>東京上空ヲ</u>飛ばす。

(11)' が非文となるのは、「飛行機」という客体を示す「ヲ」と、「飛ばす」という動作・行為が行なわれるトコロを示す「ヲ」との間に用法上の近似性が存在するため、衝突が生じていることによると考えられる[7]。「ヲ」により示されるトコロが客体に近い性格を帯びるということは、言うまでもなく「トコロ・ヲ」と「客体・ヲ」が全く同一の性格を有していることを意味するわけではない。さらに以下の表現例をみてみよう。

　　(12)　<u>道ヲ</u>掘りかえす
　　(13)　<u>道デ</u>ころぶ

(14) 道ヲ歩く
　(12) においては、「道」は「掘りかえす」という働きかけの客体であり、両者は「客体――動作・行為」の関係（＝純然たる対象的な関係）にあるのに対し、(13) の「道」は「ころぶ」という出来事が生じるトコロであるため、両者は「トコロ――動作・行為」の関係（＝純然たる空間的な関係）にある。一方、(14) における「道」は動作・行為が行なわれるトコロである点においては (13) と共通しているが、「歩く」が「道」の用途・目的（＝通行する）の範囲内の動作であるという点においては異なる。(14) における「道」と「歩く」との関係は、(13) における「道」と「ころぶ」との関係のように単なる空間的なものではなく、「道を歩く→道を通行する→道を利用する」のような意味変化をたどりえる点からみても、対象的な関係としての性格を帯びていると考えてさしつかえない。従って、(14) における名詞と動詞との関係は、純然たる対象的な関係にある (12) と、純然たる空間的な関係にある (13) との中間的な性格を有することとなる。このことによっても、「ヲ」により示されるトコロが移動動作との間に、客体と動作・行為との関係に似た、単なる空間的な関わり以上のものを有していることが理解できよう。「ヲ」により示されるトコロは、出来事の成立に直接的に関わるものであるという点においては、「ヲ」格の名詞がいわゆる他動詞と組み合わされ、動作・行為の客体を表わす場合と共通している。但し、客体は主体の動作・行為が直接それに向かうものであるのに対し、移動動作が行なわれるトコロはそうではないため、動作・行為との関わりの深さの点においてトコロは客体にはおよばないと考えられる[8]。
　このように、(1)'〜(10)' におけるトコロと動作・行為との関わりは、純然たる空間的な結びつきを超えた、客体と動作・行為との関わりに近い性格を有するため、"在・トコロ＋V" 形式をとる (1)〜(10) におけるトコロと動作・行為との関わりよりも深いということができる。

5.1.2 「トコロ・デ」と「トコロ・ヲ」

　(1)〜(10) の "在・トコロ" にならい、(1)'〜(10)' の波線部を「トコロ・デ」に置き換えると、以下のように、すべての表現が成立するというわけにはいかなくなる。
　　(1)″ ？李君が砂の上デ歩いている。

(2)″　＊彼は大通りデ歩いている。
　　　(3)″　＊彼女が前デよろよろと歩いていた。
　　　(4)″　？彼は林の中デ走っている。
　　　(5)″　？彼は大通りデ三キロ走った。
　　　(6)″　？飛行機が空デ飛んでいる。
　　　(7)″　？彼は門の外デ行ったり来たりしている。
　　　(8)″　　祖父は毎日永定河のほとりデ散歩する（している）。
　　　(9)″　　彼らは道に迷い、森の中デ二日間さまよった。
　　　(10)″　＊彼は街デぶらぶら歩いている。
　上記の表現例のうち、自然な表現として成立するのは (8)″、(9)″ である。(8)″、(9)″ は (8)′、(9)′ に比べ、移動動作がトコロの範囲内で行なわれるというニュアンスがより強い表現である[9]。また、(8)″、(9)″ の「散歩する」、「さまよう」はいずれも方向性をもたず、一定範囲内で行なわれることが可能な移動動作である。(7)″ の「行ったり来たりする」が一定範囲内の移動動作であることは形式上明白であるが、「デ」よりは「ヲ」を用いる方が自然である。
　一方、(1)″〜(6)″、(10)″ に用いられている「歩く」、「走る」、「飛ぶ」は、方向性の定まらない移動、方向性の定まった移動のいずれを表わすのに用いることも可能である。これらの表現例のうち、(1)″、(4)″、(6)″ はそれぞれ、例えば
　　　(15)　李君が砂の上デ歩き回っている。
　　　(16)　彼は林の中デ走り回っている。
　　　(17)　飛行機が上空デ飛び回っている。
のように、移動動作がトコロの範囲内で行なわれることを明示した表現とすれば成立する。(15)〜(17) における述語動詞には「回る」が付加されているため、移動は方向性の定まらないものとなっている。(1)″〜(6)″、(10)″ が非文もしくは不自然とされ、あるいは仮に成立するとしてもどことなく不安定な表現である感じをぬぐいきれないのは、「歩く」、「走る」、「飛ぶ」という動作が「方向性の定まらない移動」だけでなく、「方向性の定まった移動」を表わすことも可能なためであると考えられる[10]。移動動作の方向性が定まっている場合には、その動作はやがてはトコロの範囲を越える可能性があるため、「動作・行為が行なわれるトコロを限定する」という「デ」の使

用条件に抵触するのである。但し、(15)〜(17)の「デ」を「ヲ」に置き換えても、以下のように自然な表現として成立する。

　(15)'　李君が砂の上ヲ歩き回っている。
　(16)'　彼は林の中ヲ走り回っている。
　(17)'　飛行機が上空ヲ飛び回っている。

　(15)'〜(17)'が成立することから、動作が方向性の定まった移動であること、移動がトコロの範囲を越えることが「トコロ・ヲ」の絶対的な使用条件であるとは断定しきれないということがみてとれる[11]。しかしながら、「トコロ・デ」と直接に比較した場合には、例えば以下の表現例のように、方向性の定まった移動のトコロを示す傾向が強いという「トコロ・ヲ」の特徴が鮮明にあらわれることがある。

　(18)　川デ泳ぐ
　(19)　川ヲ泳ぐ

　久野1973：59は、(18)は「川の岸の近くの狭い範囲で水泳をする」ことを、(19)は「川を泳いで渡る」または「川を上流から下流へ（or下流から上流へ）かなりの距離を一直線に泳ぐ」ことを表わす表現であるとしている。このことは換言すれば、(18)の「泳ぐ」は「泳ぎ回る」と同じく動作が川の中に限られており、その方向も一定しないのに対し、(19)の「泳ぐ」は動作が方向性の定まった移動であるということである[12]。(18)、(19)間のこのような相違がより具体的に示されている以下のような表現例が、穂積1987：185-186に挙げられている。

　(18)'　川デ泳いで対岸の山へ向かった。
　(19)'　川ヲ泳いで対岸の山へ向かった。

　穂積は(18)'、(19)'の相違について、前者は「一定の時間川で遊んだあと、対岸の山へ向かった」と解されるのに対し、後者は「川を渡って対岸に行くために泳いだ」と解されるとしている。このことは、(18)'の「川」は「泳ぎ回って遊ぶ」という動作・行為が行なわれるトコロであるのに対し、(19)'の「川」は「泳いで渡る」という通り抜け動作の行なわれるトコロである[13]ことを意味し、(19)'における「泳ぐ」の方が「川」に対する作用性が強く[14]、「川」は「泳ぐ」という動作がそれに向かう客体に近い性格を帯びているということができよう。このように、「トコロ・ヲ」を「トコロ・デ」と比較した場合には、移動動作が方向性の定まったものであると解される傾

向がみられ、トコロは動作・行為の客体に近い成分としての性格を帯びることが理解できよう。

　ところで、「散歩する」、「さまよう」は方向性こそ定まらないものの、その意味特徴として「移動」を含意しており、

　　（20）公園デ散歩する　　（20）'公園ヲ散歩する
　　（21）公園デさまよう　　（21）'公園ヲさまよう

のように、「デ」、「ヲ」のいずれによってトコロを示すことも可能である。「散歩する」、「さまよう」が「移動」を含意していることは、例えば

　　（22）公園デ遊ぶ　　　　（22）'＊公園ヲ遊ぶ

のように、移動という意味特徴を有しない動詞を用いた場合に「トコロ・ヲ」の表現が成立しないことと比較すれば理解しやすい。これに対し「歩く」、「走る」、「飛ぶ」、「泳ぐ」の場合には、方向性の定まった移動を表わすことが可能である点で「散歩する」、「さまよう」とは異なり、（15）〜（17）のように方向性の定まらない移動動作を表わす形式となっている場合や、（18）'のように表現内容から方向性の定まらない移動であることが明白である場合を除き、「デ」によるトコロ表現は成立しにくい。

　一方、

　　（23）＊公園デ通る　　　（23）'公園ヲ通る

において「デ」をよるトコロ表示が成立しないのは、「通る」が通り抜け動作、すなわち方向性の定まった移動を表わすことによると考えられる。

　以上のことから、移動動作を表わす動詞は、移動の方向性が定まっているか否かという点から、

　イ．方向性の定まらない移動を表わす動詞
　　　ex. 散歩する、さまよう、ぶらつく、など
　ロ．移動の方向性が定まっているか否かにかかわらず用いられる動詞
　　　ex. 歩く、走る、飛ぶ、泳ぐ、など
　ハ．方向性の定まった移動を表わす動詞
　　　ex. 通る、越える、渡る、上がる（下りる）、など

の三つに分類することができ、「デ」、「ヲ」のいずれによってもトコロ表示が可能なイ、通常は「ヲ」によるトコロ表示がなされるが方向性の定まらない移動であることが明白な場合には「デ」を用いることが可能なロ、「ヲ」によるトコロ表示のみが可能なハ、の順で「デ」によるトコロ表示の可能性

が低くなる。田中・松本1997：32は、(22)' が成立しないのは、「遊ぶ」動作が作用する対象として「公園」を位置づけることが阻まれるためであり、(23) が成立しないのは、「通る」が「公園」を「（そこで何かが起こる）場所」としてではなく、移動行程において通る対象としてとらえることを要請するためであるとしている。このような考え方によれば、(20)、(20)'、(21)、(21)' における「公園」と「散歩する」、「さまよう」との関わりは、「トコロ——動作・行為」、「対象——動作・行為」のいずれとしてとらえることも可能であるのに対し、

　　(24) ?公園デ歩く　　(24)' 公園ヲ歩く

の場合には、「公園」と「歩く」との関わりは「対象——動作・行為」としてとらえることはできるが、「トコロ——動作・行為」としてとらえることはできないこととなる。しかし、「公園」が「歩く」に対してトコロ、対象のいずれとなっているかということは明確に断定できるものではなく、5.1.1で述べたように「対象（本章でいう「客体」）としての性格を帯びたトコロ」であるとみる方が正確である。(24) は、(18) の「泳ぐ」が「水泳する」ことを表わすのと同様に、「歩く」が「ウォーキングする」ことを表わす表現として用いられるのであれば成立するが、そうでなければ不自然である。(24) は、(15)～(17) にならい

　　(24)" 公園デ歩き回る

とすれば自然な表現となり、方向性の定まらない移動の範囲であることを明示する「トコロ・デ」の使用が許容される。このため、「歩く」は、「通る」のような方向性の定まった移動を表わすことが明確な動詞に比べ、対象に対する要求度は低いと考えられる。

　以上の考察により、移動動作を表わす表現における「トコロ・デ」の使用条件は、

　・移動動作がトコロの範囲内における方向性の定まらないものである。

であり、トコロの範囲内であっても方向性の定まった移動が行なわれる場合には、トコロは「ヲ」により動作・行為の客体に近いもの（田中・松本のいう「対象」）として示されることが明白となった。

　上記のような特徴を有する「トコロ・デ」に対し、中国語の"在・トコロ"は、例えば (5) のように移動の距離が明示されていたり、

　　(25) 我们在这条路上追，肯定能追上。

133

のようにルートに沿って移動することが明白である場合、すなわち移動の方向性が定まっている場合にも、

　(26)　两个高大的汉子这么议论着<u>在街上</u>走着。

のように移動の方向性が定まっているか否かが不明である場合にも用いることが可能である。同様のことは、(1)～(4)、(6)についてもあてはまる。

　丸尾 2003：71、同 2005：149 は

　　(27)　<u>在天空中</u>飞过　　　(27)'　<u>从天空中</u>飞过

の両者を比較した場合、(27)' は直線的な移動を表わすのに対し、(27) は（直線的な移動だけでなく）曲線的な動きも連想されうるとしている[15]。また、森 1998：125 は、"从・トコロ" を用いる場合には、ある距離・空間にわたっての直線的な道筋が前提となっていて、運動が必ず連続的に一方向へ向かって行なわれるものでなければならないのに対し、"在・トコロ" を用いる場合にはある限られた範囲の場所が前提となっていて、動詞によって表わされる運動が、必ずしも連続的一方的に行なわれるのではないとしている。丸尾、森の記述からは、移動動作に関わるトコロを "在" により限定する場合には、移動が方向性の定まったものであるか否かは問われないということがみてとれる[16]。"在・トコロ" の使用が排除されるのは、例えば

　(28)　＊两个高大的汉子这么议论着<u>在街上</u>走过来／去。
　(29)　＊外国飞机<u>在日本领空上</u>飞过来／去。

のように述語動詞がいわゆる複合方向補語をともなうことにより、移動動作の方向性が定まっていることが明示される場合である。このような移動動作は、やがてはトコロの範囲を越えることが明白であり、動作・行為が行なわれるトコロを限定する "在・トコロ" の使用条件を満たさないことが表現形式にあらわれているために非文となる[17]。

　以上のことから、移動動作を表わす表現における "在・トコロ＋V" の使用条件は、

・方向性が定まっているか否かにかかわらず、トコロの範囲内の移動を表わすことが可能である。但し、"－过来／去" のような複合方向補語により移動がトコロの範囲を越えることが形式的に明示されている場合には用いることができない。

となる[18]。

　以上の考察により、"在・トコロ＋V" は、トコロの範囲内の移動を表わ

す形式である点においては「トコロ・デ Vする」と共通点を有する一方、方向性の定まった移動を表わすことが可能な点においては「トコロ・デ Vする」と異なることが明白となった。

5.2 「トコロ――移動動作」の関係を表わす中国語の諸形式
5.2.1 "V＋トコロ"表現について

トコロの範囲内における移動動作を表わす"在・トコロ＋V"形式をとる(1)～(10)は、日本語の「トコロ・ヲ」にならって"V＋トコロ"形式に置き換えると、以下のようにほとんどが非文もしくは不自然となる。

(30) ＊小李走沙滩。

(31) 　他走大路。

(32) ＊她蹒跚地走（着）前面。

(33) ＊他跑（着）树林。

(34) ＊他跑了三公里马路。

(35) ＊飞机飞空中。

(36) ＊他走来走去门口。

(37) ＊爷爷每天散步永定河畔。

(38) 　他们迷失了方向，绕了两天森林。

(39) ＊他溜达街（上）。

"V＋トコロ"表現は日本語の「トコロ・ヲ」表現とは異なり、例えば(32)のように方位を表わす成分がトコロとなっている場合や、(36)の"走来走去"、(39)の"溜达"のように、移動がトコロの範囲内における方向性の定まらないものである場合には成立しない。(37)の"散步"は、徐靖2006：29-30も指摘しているように、動目構造をとる成分であるため、トコロを目的語とすることがそもそも不可能である[19]。(38)は「森の周囲を歩き回る」ことを表わす点において、「森の中を歩き回る」ことを表わす(9)とは異なる。(38)は、"V＋トコロ"形式をとることによって、"森林"の範囲を越えた移動を表わす表現としての性格を帯びているということができる。また、方向性の定まらない移動を表わす点においては"转"も"绕"と同様であり、"在・トコロ＋V"、"V＋トコロ"形式を用いてしかるべき適切な表現を作例すると、例えば

(40) 他在百货公司里转来转去。　(40)' 他转了几家百货公司。

となる。(40)は「デパートの中をあちこち歩き回る」ことを、(40)'は「いくつかのデパートを見て回る」ことをそれぞれ表わしている。これらのことから、方向性の定まらない移動を表わす"V＋トコロ"表現は、トコロの範囲を越えた移動動作を表わすことがみてとれる。さらに、"逛"を用いた

　　　(41) 他们<u>在公园里</u>逛。　　　(41)' 他们在逛<u>公园</u>。

の両者を比較した場合、(41)は「公園という空間において歩きまわる」ことを表わすのに対し、(41)'は「公園を見てまわる」ことに表現の比重が置かれているという相違がみられる。このことはすなわち、(41)'の"逛"は単なる移動動作ではなく、「見て楽しむ」という、"公园"に対する積極的な心理的働きかけをともなう動作でもあるということを意味する。張潮生1994：40は、(41)'の表現例について、"似乎既有'在公园中散步'的意思，又有'观看欣赏公园'的意思。如果这样的话，则'公园'可能是双重格。"とし、三宅1998：65は張のこの見解について、「二つの格を兼ね備えているということは、その二つの意味の中間状態であることの現われであると考えられる」としている。このような考え方によれば、(41)'における"逛"と"公园"との関わりは「トコロ——動作・行為」であると同時に、「客体——動作・行為」としての性格をも帯びていることとなる[20]。

　一方、"走（歩く）"のように、方向性の定まった移動、方向性の定まらない移動のいずれを表わすことも可能な動詞の場合には、例えば

　　　(42) 你走过<u>桥</u>，就可以看见汽车站。
　　　(43) 一个渔工突然走过<u>拐角儿</u>，吓了我一跳。(蟹：103をもとに作例)

のように"V过"の形をとり、"路过"や"通过"のような通り抜け動作を表わす動詞と同じく、トコロの範囲を越えた移動を表わす表現に用いられることが可能である。"路过"や"通过"を用いた

　　　(44) 他路过<u>门口儿</u>。
　　　(45) 火车通过<u>山下</u>，越来越小了。

においては、話者の視界は"门口儿"、"山下"の範囲内に限定されておらず、これらのトコロ以外の領域も視界に含まれている。このことは、(44)の場合には、門の前をヒトが通り過ぎるのを門の外から見てコトガラを表わす表現であると解されることにより、(45)の場合には後件が通過後の情景を表わしていることにより明白である。(42)、(43)の"走过"も同様に、"桥"、"拐角儿"を通り抜ける動作であり、トコロの範囲を越えた移動である。(42)

～(45)のいずれにおいても、トコロは移動動作に対し、その範囲内で移動動作が行なわれる面的な空間を提供するのではなく、そこを通過するための点的な空間を提供しているということができよう[21]。トコロを点的にとらえたことを反映する"V＋トコロ"の特徴は、以下の表現例においても同様にあらわれている。

(46) 能游过这条河吗?

(46)は「この川を泳いで渡ることができるか」は表わすが、「この川を流れに沿って泳ぐことができるか」は表わさない[22]。流れに沿って泳ぐ場合、「川」は「泳ぐ」という動作に対して線的な空間を提供することとなり、「川」以外の領域が問題とはならないため、"V＋トコロ"表現を用いることはできない。これに対し、「川」に対して垂直方向に泳いで渡る場合、結果として「川」というトコロを通り抜けることとなるため、「川」は「渡る」という動作に対して点的な空間を提供することとなり、"V＋トコロ"表現が成立すると考えられる。移動動作がトコロの範囲を越えているという点においては、「森の周囲を歩き回る」ことを表わす(38)も同様である。(38)は、述語が"V过"の形をとっていないため通り抜け動作を表わすことはできないものの、"绕"に対して"森林"は面的・線的いずれでもなく、回る動作の中心としての点的な空間を提供しているとみることができよう。

このように移動動作に対して点的な空間が提供される場合には、トコロの一部分ではなく全体が問題とされるため、移動動作とトコロとの関わりは、"在・トコロ＋V"によって表わされる線的移動や面の範囲内での移動に比べると、動作・行為と客体とのそれに近いものとなる[23]。

ところで、"走"が"V＋トコロ"表現に用いられる場合、「歩く」という移動動作のほか、(41)'の"逛"と同様にある種の積極的な心理的働きかけをともなうことを含意する場合がある。例えば(31)や

(47) 我们走大路。

は「他の道ではなく大通りを歩く(＝大通りを選んで利用する)」というニュアンスを含んでおり[24]、「選択する」という心理的働きかけがみてとれる。このような"V＋トコロ"表現は、徐靖2005：204が指摘するように

(48) 平时我们走小路。(徐靖2005：204)

のような習慣的な動作・行為を表わす場合に用いられることがある。これに対し、"在・トコロ＋V"形式をとる

（49）我们在大路上走。（张黎 1997：154）
は実際に大通りを歩いている情景を表わし、"走"は「歩く」という具体的な動作・行為である[25]。また、例えば徐靖 2005：206 に挙げられている
　　（50）他走小路去学校。（徐靖 2005：206）
における"走小路"は、大通りを歩くことや自転車に乗ることではなく、"他"が学校に行くために選択し利用する手段となっているのに対し、"在・トコロ＋V"を用いた
　　（50）' ＊他在小路上走去学校。（徐靖 2005：206）
は非文である。さらに、"走铁路"は「鉄道を利用する」ことを表わすため、例えば
　　（51）我们还是走铁路吧。
のような表現に用いられるのに対し、"在铁路上走"は「線路の上を歩く」ことを表わし、例えば
　　（52）欧阳海一个人在铁路上走着。
という具体的な情景を表わす表現に用いられる。
　「選択し利用する」という意味合いを帯びた（47）、（48）、（50）、（51）の"走"は、（41）'の"逛"と同様に、トコロに対する主体の心理的な働きかけをともなっているということができ、この点からも、"V＋トコロ"表現におけるトコロが客体としての性格を帯びることが理解できよう。但し、トコロが客体としての性格を帯びるということは、5.1.1 で述べた「トコロ・ヲ」の場合と同様にトコロが完全に客体化するということではなく、移動動作との間の空間的な関わりがなくなっているわけではない。このことは、例えば
　　（53）热爱北京
のような非移動動作を表わす表現と比較すると理解しやすい。（53）の"北京"はそれ自体はトコロ名詞であるものの、"热爱"という心理動作の客体であり、"热爱"に対して空間を提供するものではないため、両者は「客体──動作・行為」の関係（＝純然たる対象的な関係）にあることとなる。客体としての性格を帯びたトコロは、移動動作に対して空間を提供する点において（53）のようなケースとは異なるのである。
　以上の考察によって、移動を表わす"V＋トコロ"の使用条件は、
　・移動動作がトコロの範囲を越えるものであるか、トコロの範囲内であってもトコロに対して積極的な心理的働きかけをともなうものである。

であり、"V＋トコロ"表現におけるVとトコロとの結びつきは"在・トコロ＋V"表現のそれに比べ、トコロが客体としての性格を帯びる分だけ緊密であることが明白となった。従って、(30)、(33)～(35)のように、トコロの範囲を越えない移動動作を表わす場合には、動作がトコロに対する心理的働きかけをともなうことが明確に読みとれない限り非文となるのである。また、Vとトコロとの結びつきの強さは、"V＋トコロ"表現におけるトコロが"-里"、"-上"などの方位詞をともなわないことや[26]、"走海（航海する）"、"跑街（商売で外回りをする）"、"跑道儿（奔走する、使い走りする）"のようにVとトコロが一体となって比喩的な意味を表わしたり、"走路"が「歩く、歩行する」を表わす場合のように、"V＋トコロ"全体で一つの動詞として働く場合が存在することによっても裏付けられよう[27]。

　以上のような特徴を有する"V＋トコロ"表現に対し、日本語の「トコロ・ヲ Vする」表現は、トコロが客体としての性格を帯びる点において"V＋トコロ"表現と共通する一方、「散歩する」、「さまよう」、「歩き回る」などのように、トコロの範囲内における方向性の定まらない移動であっても成立し、移動がトコロの範囲を越えること（＝トコロが動作・行為に対して点的な空間としての性格を帯びること）や、移動動作がトコロに対して心理的な働きかけをともなうことまでは要求しない。

5.2.2　"V＋在・トコロ"表現について

　「トコロ——移動動作」の関わりを表わす表現形式としては、"在・トコロ＋V"、"V＋トコロ"のほか、"V＋在・トコロ"が存在する[28]。(1)～(10)を"V＋在・トコロ"形式に置き換えると以下のようになる。

　　(54)　　小李走在沙滩上。（盧濤 2000：95）
　　(55)　　他走在大路上。（张黎 1997：150）
　　(56)　　她蹒跚地走在前面。
　　(57)　　他跑在树林里。（丸尾 2005：95、191）
　　(58)　＊他跑在马路上三公里。
　　(59)　　飞机飞在空中。
　　(60)　＊他走来走去在门口。
　　(61)　＊爷爷每天散步在永定河畔。
　　(62)　＊他们迷了路，绕了两天在森林里。

(63) ＊他溜达在街上。

　(54)～(63)の成立の可否をみると、丸尾 1997：106、同 2005：96 に述べられているように、"Ｖ＋在・トコロ" 表現が成立するのは、Ｖが "走"、"跑"、"飞" などのいわゆる様態移動動詞（移動の際の様子を描写する動詞）であり、"在・トコロ" が移動動作の行なわれるトコロを表わす場合であることが理解できよう[29]。

　菱沼 1994：40、42-43 は、"在～走" の場合には動詞が持続、方向など具体的な動作をより強く表わすため動作の強調に傾き、"走" がそのままの形で使われることは少なく "走着" などの形で使われるか[30]、"在前面慢吞吞地走" のように連用修飾成分をともなうのに対し、"走在～" は移動する場所に関心が寄せられる場合の表現として用いられ、「前を（後ろを）歩く」のように移動の位置を明示する場合に使われることが多いとしている[31]。(58)、(60) が非文となるのは、"三公里" や "走来走去" が動作そのものを詳しくする働きをしているためと考えられる。"在～走" が動作そのものに視点を置いた表現形式であることは、同：41 に挙げられている以下の表現例によって一層明白となる。

　(64) 春天的一个下午，叫小白的狗在恬静的马路上边走边嗅着土。

(菱沼 1994：41)

　(64) においては、移動をともなう "走" とそうでない "嗅" が並列関係にあるため、"走" という様態移動動詞が表わす移動の側面よりは、移動する際の動作のありようが問題にされていると考えるのが妥当である。

　また、"前面" のような方位を表わす成分によって移動の位置が明示されている

　(3) 她在前面蹒跚地走着。　(56) 她蹒跚地走在前面。

の場合には方位を表わす "前面" が含まれているため、菱沼の指摘によれば "Ｖ＋在・トコロ" 形式をとる (56) の方がより自然な表現となるはずであるが、動作について詳しく述べる "蹒跚地" が存在するため、表現の自然さの度合いにおいて両者は同等となっている。

　一方、(1) と (54) とを比較した場合には、単に動作・行為の行なわれる範囲を限定する (1) に比べ、(54) の方が "沙滩上" の広がりや距離が感じられ、主体がいるトコロであるというニュアンスが強い。これは、"Ｖ＋在・トコロ" 形式をとる (54) においては、話者の視点が "走" ではなく "在沙

第 5 章 "在・トコロ"と「トコロ・ヲ」

滩上"に置かれるため、"走"という動作の動きそのものよりは、「ドコヲ移動しているか」の側面が前面に出ることによると考えられる。

　同様のことは

　　（2）他在大路上走。
　　（4）他在树林里跑着。
　　（6）飞机在空中飞。
　　（55）他走在大路上。
　　（57）他跑在树林里。
　　（59）飞机飞在空中。

についてもあてはまる。このため、(1)、(2)、(4)、(6) は「ナニヲしているか」を、(54)、(55)、(57)、(59) は「ドコヲ移動しているか」をそれぞれ表わす表現であるということとなる。このことは、例えば (4) が

　　（65）他在树林里做什么？

に対する返答として、(57) が

　　（65）'他跑在哪儿？

に対する返答としてそれぞれ用いられることによっても理解できよう。さらに、例えば

　　（66）我多么想向孙悦诉诉自己的苦恼，求得她的宽怒。我多么想像以往一样，和她肩并肩地走在河边、路上，谈理想、谈文艺、谈新闻、谈爱、谈恨！（人：101）

においては、"走在河边、路上"に後続成分"谈理想、谈文艺、谈新闻、谈爱、谈恨！"が続いている。後続成分が表わす動作・行為が行なわれるのは"河边、路上"においてであり、このような場合には"在河边、路上走着"よりも"走在河边、路上"を用いる方がふさわしい。(66) の実線部と後続成分"谈理想、谈文艺、谈新闻、谈爱、谈恨！"との間には"在・トコロ＋V"の関係が成立しているとみても不自然ではないため、"走在河边、路上"は"走"という動作そのものよりは、主体（＝"我和她"）が実線部のトコロに存在することを表わす働きの方が強いということができよう。従って、"在河边、路上走着"は主として"走着"を、"走在河边、路上"は主として"在河边、路上"をそれぞれ表わすこととなる。(66) と同様に、

　　（67）我们走在那条路上碰见了她。

の実線部も、"走"との間には"V＋在・トコロ"形式を、"碰见了她"との

141

間には"在・トコロ＋V"形式を形成している。(67)においては、述語の中心は"在那条路上碰見了她"であり、表現全体は「その道で偶然彼女に出会った」ことを述べているため、"走在那条路上"の部分は主として"在那条路上"を表わしているとみてさしつかえない。

一方、

(67)' 我们在那条路上走（着），碰見了她。

は、「歩いていたら偶然彼女に出会った」ことを表わす表現であり、前件において意味的な中心をなしているのは"在那条路上"ではなく"走（着）"である。

"V＋在・トコロ"は動作・行為そのものよりもトコロの方に表現の比重を置いた形式であり、このような効果は、コトガラを述べる際に、動作・行為を旧情報として、トコロを新情報としてあつかうことによって生じると考えられる。盧濤2000：106は、

(68) 住在城市　　　　(68)' 住城市

について、(68)'の"城市"のような目的語は、新情報を提供するという意味では、(68)の"在城市"のような後置の新情報を提供するという語用機能と平行するものと考えることができ、(68)のようにVに後置される"在"は新情報を提示する役割を有するとしている[32]。これに対し、"在・トコロ＋V"がトコロよりも動作・行為そのものに表現の比重を置く形式であるのは、Vが新情報としてトコロに後置されていることによると考えられる。

"V＋在・トコロ"、"V＋トコロ"はいずれもトコロを新情報として動詞に後置する形式であるが、5.2.1で述べたように、後者の場合にはトコロが点的な空間としての性格を帯びたり、動作・行為がトコロへの心理的方向性を有するケースが存在するなど、「客体——動作・行為」に近い関係を表わすことが可能であるのに対し、前者における動作・行為とトコロとの関わりは純然たる空間的なものであり、移動がトコロの範囲内において行なわれる[33]という相違がみられる。

従って、"V＋在・トコロ"は、トコロを新情報としてVに後置させると同時に、移動動作とトコロとの関わりが純然たる空間的なものであることを明示する表現形式であるということができる。

5.3 「トコロ──移動動作」の関係を表わす日中両言語の諸形式

　日本語の「トコロ・デ Ｖする」は、移動がトコロの範囲内における方向性の定まらないものである場合に限って用いられるのに対し、「トコロ・ヲ Ｖする」は「トコロ・デ Ｖする」に比べると方向性の定まった移動を表わす表現に用いられる傾向が強いものの、方向性の定まらない移動を表わす表現に用いることも可能であり、通り抜け動作や離れる動作のような、トコロの範囲を越える移動を表わす場合にも用いられる。また、「デ」が示すトコロと移動動作との関わりは純然たる空間的なものであるのに対し、「ヲ」が示すトコロと移動動作との関わりは、空間的であると同時に対象的な性格をも帯びている。

　一方、中国語の"在・トコロ＋Ｖ"は、方向性が定まっているか否かにかかわらずトコロの範囲内の移動を表わすことが可能であり、動作そのものに表現の比重が置かれた形式である。また、"在・トコロ＋Ｖ"表現において様態移動動詞が用いられる場合には、動作よりもトコロに表現の比重を置いた"Ｖ＋在・トコロ"形式をとる表現も成立し、主体がトコロに存在することを表わす表現としての性格が"在・トコロ＋Ｖ"形式の場合よりも強くなる。"在・トコロ＋Ｖ"、"Ｖ＋在・トコロ"いずれの表現においてもＶとトコロとの関わりは純然たる空間的なものであり、移動はトコロの範囲内にとどまるのに対し、"Ｖ＋トコロ"表現の場合には移動はトコロの範囲内には限定されず、トコロの範囲内であっても動作・行為がトコロに対して心理的働きかけをともなうなど、移動動作とトコロとの関わりは空間的であると同時に対象的な性格をも帯びる。"Ｖ＋トコロ"表現は、移動がトコロの範囲内であるか否かにかかわらず用いられる点、移動動作とトコロとの関わりが対象的な性格を帯びる点において日本語の「トコロ・ヲ Ｖする」表現と共通点を有するが、5.2.1で述べたように、「トコロ・ヲ Ｖする」表現は、"Ｖ＋トコロ"表現のように、トコロが動作・行為に対して点的な空間を提供するものであることや、動作・行為がトコロに対して心理的な働きかけをともなうものであることまでは要求しない。

注

1) 第4章の注1で述べたように、原田・滑 1990：42-45 は、"在"——「ヲ」と訳し得る場合の動詞の意味特性の一つとして「移動することをその意味の一部とする(ex. 走、飞、跑、赶、追、爬、移动、奔驰、流、转悠、晃动、穿梭、散步、溜达など)」を挙げている。

2) 李臨定 1993：203-204 は、"他在河边上小心地走着。"における"在"は"她在院子里晒了两床被子。"、"他在床上躺着。" などと同様に「事件（あるいは動作・行為）の発生場所」を表わすとし、丸尾 2003：72 は、移動を表わす"在・トコロ＋V"表現において"在"の使用が可能になるということは、Lをいかにして動作・行為の場所としてとらえるかという話者の認識と関わっているとしている。

3) 同様の指摘が方美麗 1995：173 においてなされ、"跑"のほか、"散步"、"巡逻" などの動詞を用いた表現例が挙げられている。また、奥田 1983c：141-142 は、「移り動くトコロ」を表わす場合に用いられる動詞として、「行く、来る、登る、上がる、下りる、まわる、曲がる」などのように移動動作を方向性という観点からとらえたものや、「歩く、走る、はう、かける、泳ぐ、飛ぶ、すべる」などのように移動動作を様態という観点からとらえたものを挙げ、「うろうろする」、「ぶらつく」なども移り動くトコロを表わす連語をつくるとしている。移動を表わす"在・トコロ＋V"に対して日本語の「トコロ・ヲ Vする」が対応するケースについては、さらに中原 2004：128 を参照。

4) この点についてはさらに小矢野 1989：79 を参照。

5) 寺村 1982：103、112 は、移動動詞は、主として助詞の使い方からみて、イ．出どころと縁の深いもの、ロ．通り道と縁の深いもの、ハ．入りどころと縁の深いもの、の3種類に分かれ、通り道を表わす名詞が「ヲ」格をとる場合に「対象」的性格が最も強くみられるとしている。

6) 奥田のいう「対象的」とは、移動動作とそれが成立にするために不可欠な成分との関係を指している。これに対し、田中・松本のいう「対象」とは、本章でいう客体としての性格を有するトコロ成分をさすと考えられる。寺村 1982：112 の「対象」も同様である。

7) 奥田 1983c：143 は「百里にちかい道ヲ馬の背で生糸の材料ヲ運ぶ。」のような「二重を格」の現象を紹介しながらも、このような例はごくわずかであるとしている。

8) 奥津 1980：80-81 が指摘するように「ヲ」格をとる移動動詞が自動詞、他動詞のいずれであるかについて議論があるのも、「ヲ」により示されるトコロがこのような性格を有するためである。奥田 1983c：22 は、「客体・ヲ」と他動詞との結びつきを「対象的な結びつき」とし、「トコロ・ヲ」と移動動詞との結びつきを「状況的な結びつき」としている。なお、仁田 1993：12 は「子供達が吊り橋ヲ渡った。」における「吊り橋ヲ」を主要共演成分（動詞の表わす動き・状態・関係の実現・完成に最低限必要な成分）、「子供たちが運動場ヲ走っている。」における「運動場ヲ」を副次的共演成分（主要共演成分よりもやや必須度・要求度のおちる共演成分）とし、同じく移動動作を表わす表現において「ヲ」により示されるトコロの間にも、述語動詞にとっての必須度

第 5 章 "在・トコロ" と「トコロ・ヲ」

に差異が存在することを指摘している。
9) 田中・松本 1997：32-33 は、「散歩する」という述語は「公園を」と「公園で」の両方と共起するが、「を」は散歩の〈（動作作用）対象としての公園〉が、「で」は散歩が行なわれる〈場所としての公園〉がそれぞれ前景化されるとしている。
10) 寺村 1982：110-111 は「大阪の上空ヲ／デ飛ぶ」の場合、「ヲ」を用いると「大阪の上空を横切って（直線を描いて）飛ぶ」情景が、「デ」を用いると「大阪の上空を不規則な曲線を描いて、あるいはぐるぐると飛び回る」情景が浮かぶのが一般的であるとしているが、後者の場合には「飛ぶ」よりは「飛び回る」の方が安定した表現となる。
11) 鈴木・王 1987：51-52 は「〔場所〕＋ヲ＋動詞」の用法について、広い意味での移動を示すものであり、「続けて一方向に向かって行なわれることを示す」という久野 1973：58 の記述はこの形式のすべての用法をおおうものではないとし、「廊下ヲ」が「廊下ヲ走る」のようにルートを表わす例と、「廊下ヲ走り廻る」のように自由な動きの行なわれるトコロを表わす例を挙げている。また、菱沼 1994：47 は、「歩く」が前進を表わす場合、「ヲ」で示される場所は経過する場所であり、「公園ヲ歩く」、「東京ヲ歩く」において「ヲ」が表わす場所は、移動がある軌跡を描く範囲であって、移動の主体はこの範囲を出ることがなく方向や到達点も示されないとしている。
12) 『日本語教育事典』：454-455 には「プールデ／ヲ泳ぐ」における「デ」、「ヲ」と動作の方向性との関わりについての記述がみられる。また、原田・滑 1990：44 は、"走"のように方向性のある移動を示すものほど"在"に対して「ヲ」という訳があらわれ、"晃動（ゆれ動く）"のように方向の定まらない動きを示すものほど、「ヲ」もあらわれるが、「デ」という訳があらわれやすいとしている。さらに朴貞姫 2003：98 は、(10) に対し、「彼は町の中デ／ヲぶらぶらしている」という日本語の表現を対応させ、「デ」、「ヲ」いずれを用いた表現も成立するとしている。
13) 奥田 1983c：144 は、「トコロ・ヲ」と組み合わされて通り抜け動作を表わす動詞として「通る、渡る、越える、抜ける、過ぎる、経る、横切る」などを挙げている。
14) 楠本 2002：9 は「川ヲ泳ぐ」のような表現には「支配性に伴う占有意識」が反映されており、「川」は主体が占有的に動作・作用をおよぼすものとしてとらえられているとしている。
15) 丸尾 2003：70-71 は、トコロの通過を表わす"在头顶上飞过"、"在城市上飞过"は発話時に主体がトコロにさしかかっている状態を描写する表現であるとしている（丸尾 2005：148 にも同様の記述がみられる）。このことは、直線的であっても移動がトコロの範囲内にとどまっていれば (27) のような"在・トコロ＋Ｖ过"表現が成立することを意味する。
16) 丸尾 2003：67、同 2005：144, 191 が、"走、游、跑、飞、飘"などの様態移動動詞（移動の際の様子を描写する動詞）は「方向性」を有しておらず（この点は注 12 で挙げた原田・滑 1990 の見解とは異なる）、移動はトコロの範囲を出ないため"在＋Ｌ＋Ｖ"の形で使用できるとしている点は、トコロ内の直線的移動を表わす表現における"在・トコロ"の使用を否定するものではなく、直線的移動であるか否かが問題とはならない移動動詞が"在・トコロ"と組み合わされることを示唆したものと考えられ

る。

17) 丸尾 2003：62、同 2005：192 は、"他在树林里跑着。"が自然な表現として成立するのは移動がトコロの領域内にとどまっているためであり、"＊他在树林里跑过来。"が非文となるのは、方向補語「－过来」の付与によって動作がトコロの範囲を越え、異領域にわたる移動を表わすこととなるためであるとしている。

18) 述語動詞が"－过"をともなっている場合には、トコロを通過することを表わす"在・トコロ＋Ｖ过"表現が成立するが、そのような場合においてもトコロの範囲内における移動を表わすという基本的な働きを有することに変わりはない。この点については丸尾 2003：68-72、同 2005：145-146 を参照。

19) 方向性を有する"来"、"去"が"Ｖ来Ｖ去"のカタチで"在・トコロ＋Ｖ"表現に用いられる点については、丸尾 2003：67、同 2005：144 を参照。"散步"は"走来走去"などに近いものの、より抽象化された概念を表わしており、この点において"巡逻"や"旅游"のようなさらに抽象的な概念を表わす動詞（両者とも「歩く」とは限らない）に通じる。丸尾 2001：3、同 2005：48 は、"他在公园散步。"、"他在南方旅游。"における"在・トコロ"は経路ではないとし、"散步"、"旅游"は移動に主眼を置いたものではなく一連の行為をさししめすものであり、様態移動動詞とはみなされないという見解をとっている。この点において、日本語の「公園ヲ散歩する」の「公園ヲ」が、田中・松本 1997：31-32 が主張するように経路とみなされるのとは異なる。本章は、"他在南方旅游。"や"警察在大街上巡逻。"よりは具体的な移動動作を表わす"他在公园散步。"について、"散步"を方向性の定まらない移動を表わす動詞とし"在公园"を移動動作の行なわれるトコロとしている。

20) 菱沼 1994：48-49 に"在旧书店里逛"、"逛旧书铺（古本屋をひやかす）"という表現例が挙げられていることや、徐靖 2005：205 が"'逛'、'游'等移动行为对场所的作用是与场所中的内容物发生某种联系，即实现移动的目的。"とし、"逛商场→逛＋商场（商场里的商品）」のような分析を行なっていることは、"逛"に後続するトコロ名詞が客体としての性格を帯びることを裏付けるものと考えられる。

21) "Ｖ＋トコロ"表現がトコロの範囲を越えた移動を表わし、トコロが点的にとらえられていることを反映しているという見方については、島村 2003：129-130, 133 を参照。

22) 島村 2003：131-132 は、"河、街、公路、铁道"などは一定の範囲をもたない無限の経過点を表わす成分であり、これらが"Ｖ＋トコロ"形式に用いられて移動動作を表わす場合には、トコロに対して垂直方向の移動であるとしている。

23) 丸尾 2005：43-44 は、英語において"climb the mountain"、"walk the street"のように中間経路を直接目的語の形で表わす場合には全体的影響という意味合いが強くあらわれるという現象にふれ、中国語においても起点・中間経路を表わす「移動動詞＋直接目的語」（ＶＯ）の組み合わせには、対象としての結びつきという性格が強くみられるとしている。また、徐靖 2005：206 は、移動動作を表わす"ＶＰ＋Ｌ"表現におけるＬを"移动作用的对象"であるとしている。

24) 徐靖 2005：204-205 は"走小路"のような"Ｖ＋トコロ"表現について、"'走'、'飞'等移动行为必然发生在一定的交通路径，移动行为对场所发生的作用即选择某一交通路

第5章 "在・トコロ"と「トコロ・ヲ」

径作为移动的方式和手段。"としている。また、丸尾 2005：248 は、"走"には「通行する」の意味もあり、ＶＬ形式で成立する場合にこの意味になっていることも少なくないとしている。このことは、"Ｖ＋トコロ"形式に用いられた"走"が、5.1.1 の「道ヲ歩く」についてと同様に「歩く→通行する→利用する」のような意味的な変化を経る可能性を示唆していると考えられる。

25) "Ｖ＋トコロ"が抽象的なコトガラを、"在・トコロ＋Ｖ"が具体的なコトガラを表わすのに適した形式であるという点については張黎 1997：154、丸尾 2001：9、同 2005：36-37 を参照。

26) 荒川 1981a：12-13 は、"进屋子"に方位詞がつかないのは、"进"と"屋子"との結びつきがトコロ（空間）的な結びつきではなく、対象的な関係にあるためとしている。同様の記述は丸尾 2005：44 にもみられる。このことに通じる主張としては、移動動作の起点をとりあげた島村 2003：128-129 がある。

27) これらの場合については、荒川 1981a：15、同 1985b：6、菱沼 1994：32-36、丸尾 2001：9、18、同 2005：36、54-55、64、207-208、248 を参照。

28) 中原 2004：129 は、移動することを意味の一部とする動詞が使用される文では、"在"を「ヲ」に訳すのは、例外があるものの、基本的には"在・トコロ＋Ｖ"と"Ｖ＋在・トコロ"形式に限るのが原則であり、"在・トコロ"が主体の前に置かれる形式ではないとしている。

29) 丸尾 2005：96 は、様態移動動詞はそれ自体では〔−方向性〕であるため、"Ｖ＋在＋Ｌ"は着点義を表わす形式としては不成立となる一方、中間経路を表わす形式としては成立するとして "走在大路上"、"跑在路上"、"飞在空中"、"眼泪流在脸上" という例を挙げている。また、同：249-250 は、方向性をもたない存在義（中間経路に相当）を表わす介詞フレーズは "在・トコロ＋Ｖ"、"Ｖ＋在・トコロ" いずれの形式によっても表わしうるとして、"在空中飞"、"飞在空中" という例を挙げている。"徘徊" は、"Ｖ＋在・トコロ" 表現に用いられることから様態移動動詞あるいはそれに準ずるものとみなすことが可能であるが、"溜达" は "Ｖ＋在・トコロ" 表現に用いると非文もしくは不自然となるため、様態移動動詞としての性格は "徘徊" よりも弱いと考えられる。ちなみに奥田 1983c：142 は、日本語の「うろうろする、ぶらぶらする」などを、移動性であるか否かがはっきりしない動詞としている。

30) 菱沼は "走着" とともに "走过来" を挙げているが、これを用いると "在・トコロ＋Ｖ" 表現の成立に困難を生じるようである。この点については丸尾 2005：95 を参照。

31) 盧濤 2000：95-96 が、動いているところをとらえる場合には (54) は不自然であるとしていることから、"走在～" においては動作よりも「トコロに位置する（いる）」ことに表現の比重が置かれていると考えられる。また、方美麗 2002：65 に挙げられている "'要过桥' 的两个主要条件。鸣凤走在最后。他们很快地过了桥。" においては、"鸣凤" が歩く位置を問題としているため、"鸣凤在最后走。" を用いるよりも better である。"在・トコロ＋Ｖ" が動作・行為に、"Ｖ＋在・トコロ" がトコロにそれぞれ重点を置いた表現形式であるという点については、さらに 3.2.4 で挙げた山口 1988a：223-224、226 を参照。

147

32) 但し、"V＋O"形式をとっていてもVとトコロが意味上一体化している場合はこの限りではない。新情報と表現の重点との関係については、3.2.4 で挙げた山口 1988a：224、226 を参照。
33) 丸尾 2005：96 は、"走在大路上"のように様態移動動詞を用いた"V＋在＋L"においてLが中間経路を表わす場合には、移動は同一領域内にとどまっているとしている。

第6章

"从・トコロ" と「トコロ・ヲ」

6.0　はじめに

　中国語の動詞表現に用いられる"从・トコロ"は移動動作の起点を表わすほか、以下のように移動動作の経過点を表わす場合がある[1]。

(1)　火车从山下通过。

(2)　他从旁边儿擦过去。

(3)　阳光从薄云里透出来。（罗敬仁 1982：26）

(4)　你从桥上过去，就可以看见汽车站。

(5)　他三步并两步地从十字路口走到路那边去了。

(6)　两个高大的汉子这么议论着从街上走过。

(7)　我们从这条路追，肯定能追上。

(8)　一个渔工突然从拐角儿上走过来了。（蟹：103を一部修正）

　中国語の"从・トコロ"と同様に、動詞表現に用いられて主体の移動の起点、経過点のいずれを表わすことも可能な日本語の表現形式としては「トコロ・ヲ」、「トコロ・カラ」が存在するが、(1)～(8)が表わすコトガラを日本語で表現すると、以下のように「トコロ・カラ」ではなく「トコロ・ヲ」が用いられる。

(1)'　汽車は山のふもとヲ通った。

(2)'　彼はそばヲすれすれになって行く。

(3)'　日光が薄雲ヲ通して射す。

(4)'　橋ヲ越えてゆけば、すぐバス停が見えますよ。

(5)'　彼はスタスタと四辻ヲ向う側に横切ってしまった。

(6)'　二人の大男は、このように話し合いながら通りヲ歩いていった。

(7)'　私たちがこの道ヲ追ってゆけば、きっと追いつける。

(8)'　一人の漁師がひょいと角ヲ曲がってきた。（蟹：102を一部修正）

(1)"　＊汽車は山のふもとカラ通った。

(2)"　＊彼はそばカラすれすれになって行く。

(3)"　＊日光が薄雲カラ通して射す。

(4)" ＊橋カラ越えてゆけば、すぐバス停が見えますよ。
(5)" ？彼はスタスタと四辻カラ向う側に横切ってしまった。
(6)" ＊二人の大男は、このように話し合いながら通りカラ歩いていった。
(7)" ？私たちがこの道カラ追ってゆけば、きっと追いつける。
(8)" ？一人の漁師がひょいと角カラ曲がってきた。

　このことは、同じく移動の経過点を示す成分であっても、「ヲ」と「カラ」ではその使用条件が異なることを意味するが、中国語においても"从・トコロ"のほか、"在・トコロ"あるいは"V＋O（トコロ）"におけるOの形式などが、それぞれ異なった使用条件のもとで移動の経過点を表わす働きをになっている。

　本章は、経過点を表わす中国語の"从・トコロ"と日本語の「トコロ・ヲ」との比較を、それぞれの言語における上記のような類意表現をも視野に含めて行ない、さらに日中両言語それぞれにおける、経過点を表わす表現と起点を表わす表現との使い分けについても考察を加えることを目的とする。

6.1　"从"、「ヲ」、「カラ」で示されるトコロと移動動作
6.1.1　通り抜け動作と移り動く動作

　移動動作の経過点は、(1)～(8)においては"从・トコロ"形式により連用修飾成分として、(1)'～(8)'においては「トコロ・ヲ」形式によりいわゆる補語としてそれぞれ表現されている。

　5.1.1で述べたように、「トコロ・ヲ」が移動動詞と組み合わされて移動を表わす場合においては、トコロはコトガラの成立にとって極めて重要な成分であり、トコロと移動動作との関係は、「客体——動作・行為」のような純然たる対象的な関係、「トコロ——動作・行為」のような純然たる空間的な関係の中間的な性格を有する。

　一方、中国語の動詞表現に用いられる"从・トコロ"は、日本語の「トコロ・ヲ」のように客体を表わす形式との間に共通点はなく、前述したように動作の起点を表わす働きをも有し、述語の連用修飾成分として用いられる。この点で日本語の「トコロ・カラ」と共通している。

　寺村1982：179-180は、移動の起点を表わす「トコロ・カラ」が述語の必須補語あるいは準必須補語、副次補語のそれぞれになる場合について述べて

いるが、「トコロ・カラ」は、述語の副次補語となる場合がある点において、移動の起点を表わす「トコロ・ヲ」よりも述語動詞との結びつきが弱いということができる。一方、移動の経過点を表わす「トコロ・カラ」と「トコロ・ヲ」との間にも移動の起点を表わす場合と同じ形式上の相違がみられるため、トコロを表わす成分と述語動詞との結びつきの強さという点においては、後者の方が優位にあることとなる[2]。従って、(1)'〜(8)'におけるトコロと移動動作との関わりの方が、(1)〜(8)におけるそれよりも深いということができる。

　また、奥田1983c：140が、移動動詞と組み合わされた「トコロ・ヲ」の表わす概念は

　　イ．移り動くトコロ　ロ．通り抜けるトコロ　ハ．離れるトコロ
に分類されるとしている点は5.1.1で紹介したとおりである。同：141-142、144は、移り動くトコロを表わす場合に用いられる動詞としては、「行く、来る、登る、上がる、下りる、まわる、曲がる」などのように移動動作を方向性という観点からとらえたものや、「歩く、走る、はう、かける、泳ぐ、飛ぶ、すべる」などのように移動動作を様態という観点からとらえたものが用いられるのに対し、通り抜けるトコロを表わす場合に用いられる動詞としては「通る、渡る、越える、抜ける、過ぎる、経る、横切る」などが用いられるとしている。移り動くトコロはその範囲内で移動動作が行なわれるのに対し、通り抜けるトコロはそこを主体が通過するのであり、移動がトコロの範囲を越えて行なわれるという相違がみられる。

　(1)'〜(8)'のうち、(1)'、(4)'、(5)'の「通る、越えてゆく、横切る」はいずれも通り抜け動作を表わしている。また、「行く」は、奥田の上記の分類では移り動く動作を表わす動詞とされているが、(2)'においては「通る」に置き換えることが可能であるため、通り抜け動作を表わしているとみてさしつかえない[3]。(3)'の「通して射す」は、全体で通り抜け動作を表わし、一種のあわせ動詞的な形式となっている。従って、(1)'〜(5)'の波線部はいずれも通り抜けるトコロを表わしているということができる。

　(1)'〜(5)'に対し、(6)'〜(8)'の「歩いていく」、「追ってゆく」、「曲がってくる」はいずれも移り動く動作を表わす動詞を組み合わせたあわせ動詞であり、(6)'〜(8)'の波線部はいずれも移り動くトコロを表わしている[4]。

　以上の考察により、(1)〜(5)および(1)'〜(5)'は主体がトコロを通り

抜けるというコトガラを表わし、トコロの範囲を越えた移動を前提とした表現であるのに対し、(6)〜(8)、(6)'〜(8)'は主体がトコロを移り動くというコトガラを表わし、トコロの範囲内における移動を前提とした表現であることが明白となった。

一方、中国語の表現例(1)〜(8)の述語動詞は、(7)の"追"を除いてはいずれも方向補語をともなっている。これは、これらの表現における動詞は動作のあり方そのものを表わすことを主たる役目としており、方向補語をともなってはじめて方向をも含めた移動を表わす成分として完成するためである。例えば(2)の"擦"は、「すれすれになる、かすめる」のように動作のあり方そのものを表わす動詞であるため、方向補語をともなわなければ移動を表わすことができない。また、(1)の"通"、(3)の"透"はいずれも「突き抜ける」のように動作の方向よりはそのあり方を表わすため、単独では移動を表わすのに不十分である。一方、(4)の"过"は「過ぎる、通過する」のように移動を表わすが、方向補語をともなった方が移動を表わす成分としての完成度が高くなる。(5)、(6)、(8)の"走"もこの点では(4)と同様である。《现代汉语虚词例释》：127は、"从"が移動の経過点を表わす場合、述語動詞はしばしば"－过"あるいはその他の方向を表わす成分をともなうとしているが、中国語においては、トコロを経過する動作を表わす場合に用いられる動詞は上記のように方向補語をともなう必要があるか、もしくはともなった方がより完成された表現となる。(7)の"追"は、仮定表現に用いられているため単独でも移動を表わすが、移動動作を事実として表現する場合には、例えば"他们从这条路追过去了。"のように方向補語をともなわなければならない。

このように、中国語においては、通り抜け動作、移り動く動作はいずれも「動作のあり方を表わす動詞」と方向補語によって表わされるため、日本語の「通り抜け動作を表わす動詞」、「移り動く動作を表わす動詞」のように明確に分類することができない。このことは、"走"が、(5)においては通り抜け動作を、(6)、(8)においては移り動く動作を表わしているという点において最も明白である。

6.1.2　異なる領域間の移動の経過点を示す「カラ」

(1)"〜(8)"が自然な表現として成立しないのはなぜであろうか。

森田 1988：370-372 には、「トコロ・カラ」が動詞表現に用いられて移動動作の経過点を表わす場合、動作は相異なる二つの領域間の移動でなければならず、例えば「階段」のような距離や面積をもたないトコロであっても、他の領域への移行の通過点となる場合には「カラ」により示すことができる、つまり「カラ」は、ある領域を設定しその領域から離れて領域外へと位置を変えることを前提とした移動を表わす表現において、二つの領域の境界にある経過点を示すのに用いられるという性格を有するのに対し、「ヲ」は移動動作が開始または進行する場面をドコであると指示するという性格を有する旨の記述がみられる[5]。従って、例えば

　　(9) 坂ヲ下る　　　　(9)' ＊坂カラ下る

のようにトコロの範囲内の移動を表わす場合には「ヲ」が用いられるのに対し、

　　(10) ＊窓ヲ逃げる　　(10)' 窓カラ逃げる

のようにある領域から別の領域に (=部屋の中から外に) 移動する動作を表わす場合には「カラ」が用いられる。

また、例えば

　　(11) 階段ヲ降りる　　(11)' 階段カラ降りる

のように「ヲ」、「カラ」いずれを用いることも可能な場合も存在する。前者における「階段」はその範囲内で移動が行なわれるトコロとして、換言すれば「降りる」という継続動作がなされる場面として位置づけられているのに対し、後者における「階段」は階上と階下という別々の領域間を移動する際の経過点として位置づけられているという相違がみられる[6]。このため「ヲ」を用いた場合には、例えば

　　(12) 階段ヲ登ったり降りたりする

のように階段以外の領域を問題にしない表現が成立するが、(12) の「ヲ」を「カラ」に置き換えると不自然な表現となる。これに対し、例えば

　　(13) 階段カラ一階のホールに降りる

のように移動先の領域としてのトコロを含んだ表現の場合には、「カラ」を「ヲ」に置き換えると不自然な表現となる。(13) においては移動の到達点「一階のホールに」が明示されているため「階段」は移動の起点としての性格が強いが、(11)' と同様に階上と階下という別々の領域間を移動する際の経過点としての性格をも有している[7]。

このように、「トコロ・カラ」を用いた動詞表現においては、トコロは異領域間を結ぶ経過点であり、(13) のように同一表現中に到達点が明示される場合があるため、このような表現は「トコロ・ヲ」を用いた動詞表現と比較すると、動作そのものよりはトコロに表現の比重を置いたものであるということができる。これに対し「トコロ・ヲ」を用いた動詞表現においては、「ヲ」で示される以外のトコロの存在は想定されず、さらに、5.1.1 で述べたように、名詞と動詞との結びつきは空間的であるばかりでなく対象的でもある。このため、「カラ」を用いた場合ほどにはトコロに表現の比重が置かれず、その分動作に比重が置かれているということができる[8]。

(1)'〜(5)' および (6)'〜(8)' の波線部が表わす「通り抜けるトコロ」、「移り動くトコロ」はいずれも異領域間を結ぶ経過点ではない。従って、(1)'〜(8)' が表わすコトガラは「カラ」の使用条件を満たさないこととなり、(1)'〜(8)' の「ヲ」を「カラ」に置き換えた形の (1)"〜(8)" はいずれも自然な表現としては成立しない。

経過点を表わす「トコロ・ヲ」と「トコロ・カラ」との間には以上のような相違がみられるのに対し、中国語の"从・トコロ"は、(1)〜(8) のような異領域間の移動を前提としない表現にも、

(14) 月光从窗户射进来。（月の光が窓カラ差し込む。）
(15) 小偸儿从门口进来了。（泥棒は入り口カラ入った。）

のような異領域間の移動を前提とした表現にも用いることが可能である[9]。但し、異領域間の移動を前提としない (1)〜(8) のような表現における"从・トコロ"は、トコロにいたるまでの動作が視野に入っていない点において日本語の「トコロ・ヲ」とは異なる。このことは、丸尾 2003：64 が「"面包车从桥上开过去。"は、河のこちら側にいたバスが『橋』を起点にして向こう側に移った、という認識で捉えられ、〈通過点〉も〈起点〉の一種とみなされる」という木村 1996：155 の記述を紹介し、「起点、通過点のいずれとしてとらえるかということは、その通過点に至るまでの部分をスコープに入れるかどうかということ」であるとしていることとも符合する[10]。

6.2 "V＋トコロ" と "在・トコロ＋V"
6.2.1 経過点を表わす "V＋トコロ" 表現

中国語においては、動作の客体を表わす場合と同様に、移動の経過点を動

詞の目的語として表現するケースがある。(1)〜(8)の表現例を、トコロを目的語とした"V＋O"形式に置き換えようとすると、以下のようになる。

(16)　火车通过山下，越来越小了。(第5章の(45))
(17)　他擦过我的身边远去了。
(18)　阳光透过薄云，射了出来。
(19)　你走过桥，就可以看见汽车站。
(20)　他三步并两步地走到十字路口那边去了。
(21)　＊两个高大的汉子这么议论着走过街上。
(22)　＊我们追这条路，肯定能追上。
(23)　一个渔工突然走过拐角儿，吓了我一跳。

(20)は"V＋O"形式となってはおらず、(21)、(22)は非文となる。(16)は"越来越小了"という後件をともなっているが、このような後件がなければ自然な表現としては成立しない。(16)の後件は"火车"が通りすぎた後の様子について述べているため、表現全体は主体である"火车"の動きを詳しく述べたものとなっている。従って、(16)は(1)に比べ、動作により比重を置いた表現であるということができる。また、(16)は後件の内容から、話者が視界を波線部のトコロに限定していないことは明白である[11]。(16)のような"V＋トコロ"表現において話者の視界がトコロの範囲を越えるということは、例えば以下のような表現例についてもあてはまる。

(24) 他从门口儿过去。　(24)' 他路过门口儿。(第5章の(44))

(24)の場合、話者の視界は"门口儿"に限られており、例えば「門の前をヒトが通りすぎるのを家の中から見た」ことを前提としてコトガラを表現するような場合に用いられる。これに対し(24)'の場合には5.2.1で述べたように、話者の視界は"门口儿"を中心としてはいるものの、それ以外の領域も視界に入っているため、例えば「門の前をヒトが通り過ぎるのを門の外から見た」ことを前提としてコトガラを表現するような場合に用いられる。

(17)も(16)と同様に、"远去了"という後続成分をともない、主体がトコロを通り過ぎた後の様子について述べているため、話者の視界はトコロの範囲を越えることとなる[12]。さらに、(2)におけるトコロ"旁边儿"は(17)においては"我的身边"となっているが、これは、移動の方向を表わす"-去"のない"他擦过旁边儿"では誰のそばを移動するのかが不明であるため、移動の方向も不明となるからである。

(2)、(17) と同様の相違を有する表現例としては、

(25)　监工一个个从上到下打量着这些正在干活儿的人，<u>从旁边</u>走过去。

(蟹：117)

(25)'　监工一个个从上到下打量着这些正在干活儿的人，走过<u>他们的旁边</u>。

が存在する。(25) における "旁边" は、(25)' においては "他们的旁边" となっているが、"-去" を含んでいない (25)' においては "他们的" は必要な成分であり、これがなければ誰のそばを通るのかが不明となり、移動の方向も不明となって不自然な表現となる。

また、(2)、(25) における方向補語の "-去" は、(17)、(25)' においては存在しないが、このことは、(2)、(25) における移動動作が「トコロを通り過ぎ、さらにトコロから遠ざかる」ものとして表現されているのに対し、(17)、(25)' における "V＋トコロ" の場合には、トコロを通り過ぎるものとして表現されてはいるが、トコロから遠ざかるものであるかどうかについてまでは明白でないことを意味する[13]。

(3) と (18) との間にも同様の相違がみられる。(3) における "透出来" は (18) においては "透过" となっているが、前者は主体がトコロを通り過ぎさらに話者に向かって近づいてくる（＝トコロから遠ざかる）ことを表わすのに対し、後者は主体がトコロを通り過ぎることを表わすにとどまる。このため (18) には、主体がトコロを通り過ぎた後さらに話者に近づいてくることを表わす "射了出来" が後件として必要になってくるのである。"射了出来" がなければ (18) は (3) と同一のコトガラを表わすことができない。

(4)、(19) を比較すると、話者の視界が、前者においては "桥上" に限られているのに対し、後者においては "桥" を越えた範囲にまでおよんでいるという相違がみられる。このことは換言すれば、(4) における "桥上" は話者の視界全体を占める一定の広がりをもった領域ととらえられているのに対し、(19) における "桥" は話者の視界の一部分として、いわば点に近いものととらえられているということである。従って、(19) における "桥" は "走过" の客体としての性格を帯びており[14]、表現全体は (4) に比べると動作により比重を置いたものとなっている。

"V＋トコロ" が "从・トコロ＋V" に比べて動作により比重を置いた表現形式であるということは、以下の表現例においても同様である。

(26)　＊<u>从马路上</u>横过去时，可要注意车辆。

(26)′ 横过马路时，可要主意车辆。

　(26)、(26)′のうち、前件と後件とが論理的整合性を有するのは後者の方である。これは、"可要注意车辆"という後件と直接的なつながりをもつ前件の成分はトコロではなく動作であり、いわば「渡る時には車に注意しなさい」が表現の意味的な骨格をなすためである。(26)は、前件がトコロに表現の比重を置いた形式となっており、後件との間に論理的整合性を有しないために非文となる。

　(5)の実線部におけるトコロを動詞の後ろに移し換えた(20)の場合には、動作とトコロは(16)〜(19)、(23)のように"V＋トコロ"の形式によって表わされていないが、これは、(5)における"从十字路口"が、移動動作の経過点であると同時に、"到路那边"との間に起点・到達点の関係を有しているためである。(5)において"从"により起点として示されている"十字路口"は、(20)においては"到"により到達点として示されており、二つの表現例は内容が大きく異なっている。

　ところで、(5)は、移動の到達点を表わす成分"到・トコロ"が含まれている点で(1)〜(4)および(24)、(25)とは異なり、実線部のトコロは移動の起点としての性格が強い。しかし(5)は、主体が"从"により示されるトコロを通り過ぎ、さらにそこから遠ざかることを表わす点で(1)〜(4)および(24)、(25)と共通しているため、"从十字路口"は移動の経過点としての性格をも兼ね備えているということができる。(5)とは反対に、(1)〜(4)および(24)、(25)における"从・トコロ"は移動の経過点としての性格が強いが、同時に起点としての性格をも兼ね備えている。なぜならば、(1)〜(4)および(24)、(25)においては、話者の視界は"从"により示されるトコロに限定されているため、客観的には移動過程の途中にある経過点も、話者の視界の範囲内においては起点となるからである。すなわち、移動を表わす動詞表現に用いられる"从・トコロ"の表わす概念が移動の経過点、起点のいずれであるかは意味の上での相対的な違いである。

　(5)と同様に、"从・トコロ"、"到・トコロ"の両者を含んだ動詞表現としては

　　(27) 从街道穿过去到对面的书店。

が挙げられる。但し、(27)の"到对面的书店"は、動作に表現の比重を置いた"V＋トコロ"形式であるため、(27)は、その前半部"从街道穿过去"

を"V＋トコロ"形式を用いて

(27)′ 穿过街道到对面的书店去。

とする方がbetterである。このことは、(27)における"从街道"は(5)における"从十字路口"に比べて移動の起点としての性格が弱く、反対に移動の経過点としての性格が強いということを意味する。この点からも、"从・トコロ"によって表わされる移動の起点と経過点との間に明確な境界が存在しないということが理解できよう。

(6)における実線部のトコロを動詞の後ろに移し換えた(21)は、非文とされる。(6)は二人の男が通りを歩いていく様子を詳しく描写した表現である。このような描写性が高い表現の場合には、動作・行為に関わるトコロにも表現の比重が置かれるため、トコロは(6)のように"从"によって示される[15]。これとは反対に、例えば

(28) 我们走小路吧。

(29) 走这条路快。

のように描写性が低い表現の場合には、5.2.1で述べたように"V＋トコロ"形式が用いられる。

(7)に対する(22)は非文である。"追"という動作は客体を必要とする点で、例えば"走"のような純然たる移動動作とは異なる[16]ため、(22)のように"追"の後ろに置かれたトコロは動作の客体となり、「道そのものを追う」という論理的に不整合な内容を表わす表現となって非文となる。また、(7)は未実現のコトガラ(＝仮定)を述べた表現であり、"从"によって示された道(トコロ)は、複数存在する道の一つであるというニュアンスを含んでいる。つまり"这条路"は、他にも存在するいくつかの道と対比関係にあるということである。このことは具体的には、例えば「今までは一本道に沿って追ってきたが、ある地点から道が分かれている。そこでそれらのうちの一つを選択し、今からはこの道に沿ってゆく」ということとなる。従って、(7)の"这条路"は、"追"という移動動作の経過点であると同時に、話者の限定された視界の範囲においては起点でもあるということができ、「異領域にわたる移動での通過点が起点となりうる」という丸尾2003：65の記述とも符合する。

客体を必要とする動作である"追"に対し、例えば"游(泳ぐ)"のように客体を必要としない動作を表わす動詞の後にはトコロを続けることができ

るが、そのような場合でも、トコロは動作の積極的な作用を受ける客体としての性格を帯びる。例えば

　　(30) 从这条河游过去吗？　　(30)' 能游过这条河吗？（第5章の (46)）
の両者を比較すると、前者は「この川を流れに沿って泳ぐことができるか」、「この川を泳いで渡ることができるか」のいずれの内容を表わすことも可能な多義表現であるのに対し、後者は5.2.1で述べたように「この川を泳いで渡ることができるか」という内容を表わすことは可能であるが、「この川を流れに沿って泳ぐことができるか」という内容を表わすことはできない。「流れに沿って泳ぐ」と「泳いで渡る」では、通り抜け動作である後者の方が移り動く動作である前者に比べ「川」に対する作用性がより強いため、上記のような相違が生ずるのである[17]。

　(23) は"吓了我一跳"という後件をともなっているが、(16)～(18) と同様に、このような後件がなければ自然な表現としては成立しない。(8)、(23) の両者を比較すると、"渔工"が"拐角儿（上）"に到る以前にいたトコロが、前者においては話者の視界に含まれていないのに対し、後者においては含まれているという相違がみられる。前述したように、話者の視界は、"从・トコロ＋V"表現においてはトコロに限定されるが、"V＋トコロ"表現においては限定されないためにこのような相違が生ずる。

6.2.2　移動の範囲を限定する"在・トコロ＋V"表現

　動詞表現に用いられて移動の経過点を表わす前置詞句としては、"从・トコロ"のほかに"在・トコロ"が存在する。"在・トコロ＋V"表現は、移動がトコロの範囲内において行なわれることを表わすため、(1)～(8) における"从"を"在"に置き換えると以下のように非文もしくは不自然な表現となる傾向が存在する。

　　(31)　? 火车在山下通过。
　　(32)　? 他在旁边儿擦过去。
　　(33)　* 阳光在薄云里透出来。
　　(34)　* 你在桥上过去，就可以看见汽车站。
　　(35)　* 他三步并两步地在十字路口走到路那边去了。
　　(36)　? 两个高大的汉子这么议论着在街上走过。
　　(37)　　我们在这条路上追，肯定能追上。（第5章の (25)）

(38) ＊一个渔工突然在拐角儿上走过来了。

　6.2.1で述べたように、移動動作を表わす表現において"从"により示されるトコロが移動の経過点、起点のいずれであるかは意味の上での相対的な違いであり、一般に経過点を表わすとされる"从・トコロ"は、移動の経過点としての性格の方が起点としての性格に比べてより強いということにすぎない。移動の起点とは主体がそこから遠ざかるトコロであり、主体の移動はトコロの範囲を越えることとなるため[18]、移動の経過点を表わす"从・トコロ"も通常は"在・トコロ"に置き換えることができない。

　(31)～(38)のうち、(37)以外が自然な表現として成立しない要因としては、"从・トコロ"を用いた動詞表現がもつ以上のような特徴に加え、さらに以下のような点が挙げられる。

　(31)～(38)のうち、不自然な表現とされる(31)における"在"は、トコロを示すと同時に動作の進行のニュアンスをも含んでいるとされ、実際に山のふもとを汽車が通っている様子を山の上から見てコトガラを表現する場合に限り自然な表現として成立する[19]。

　また、6.1.1で述べたように、(1)～(5)は主体がトコロを通り抜けるというコトガラを表わし、トコロの範囲を越えた移動を前提とした表現であるため、(1)～(5)の"从"を"在"に置き換えた形の(31)～(35)はこの点によっても自然な表現としては成立しない。"在・トコロ"を用いて経過点を表わすのであれば、例えば

(39) 他在门口走来走去。(第5章の(7))

のような、移動動作がトコロの範囲内において行なわれることが明らかな表現としなければならない。(39)は、"走来走去"がトコロの範囲内を行ったり来たりする移動動作を表わし、トコロの範囲を越えた移動を前提とした表現ではないため、移動の経過点を"在"により示すことができるのである。

　(6)～(8)は主体がトコロを移り動くというコトガラを表わし、トコロの範囲内における移動を前提とした表現であるにもかかわらず、(6)～(8)の"从"を"在"に置き換えた形の(36)～(38)のうち、(37)以外はいずれも非文もしくは不自然となる。

　6.1.1でとりあげた奥田1983c：141-142の考え方を参考にすれば、(36)、(38)の述語動詞"走"は移動動作を様態という観点からとらえたものであるということとなる。このような動詞は、動作の方向よりはそのあり方を表

わす傾向が強いため、実際の移動場面を描写する場合には単独で"从・トコロ＋V"表現に用いられにくく、以下のように"－过"あるいは"－过去"のような方向補語をともなわなければならない[20]。

(40)　？国王光着身子从街上走。

(40)'　国王光着身子从街上走过（去）。

(41)　？外国飞机从日本领空上飞。

(41)'　外国飞机从日本领空上飞过（去）。

(40)'、(41)'においては話者の視界はトコロに限定され、移動動作もトコロの範囲内に限られている。しかし、動詞が方向補語をともなっていることからも明白なように、移動動作は一定方向に向かうものであるため、やがてはトコロの範囲を越える可能性がある。このようなコトガラは、動作が行なわれるトコロを限定する"在"の使用条件を満たしていない[21]。(38)もこの点においては同様であり、"走"がいわゆる複合方向補語"－过来"をともなっているため上記のような"在"の使用条件を満たしていないことにより非文となる[22]。これに対し、述語動詞が方向補語をともなっていない(37)は自然な表現として成立する。

(36)は、インフォーマントによって成立するか否かの判断にゆれがみられるが、「話者の眼前をちょうど二人の男が通っている時にその話し声が耳に入ってきた」ことを前提とする表現としてであれば自然な表現であるとされ、移動動作がトコロの範囲内にとどまっていることがうかがわれる。(36)に対し、例えば

(42)　两个高大的汉子这么议论着在街上走着。（第5章の(26)）

のように動詞が"－着"をともなっている表現の場合には問題なく成立する。これは、(42)が"走着"のように動作の持続を表わす成分をともなっているため、それが行なわれるトコロの範囲を限定することが可能であることによる[23]。(42)の"走着"は、動作がすでに実現し持続していることを表わすが、"在"を"从"に置き換えると、これから動作が行なわれるというニュアンスを含んで論理的に不整合な内容を表わす表現として非文となる。

ところで、"从"により示されるトコロは移動の経過点としての性格だけでなく、起点としての性格をも有しているという点については6.2.1においてすでに述べたが、トコロを示す"在"が(31)のようにしばしば動作の進行をも表わすのと同様[24]、トコロを示す"从"は時間的な起点をも示すと考

えられる。

　例えば (7) は、"我" がまだ "这条路" に足を踏み入れていない段階で、複数ある "路" のうちの一つを選択した場合に用いられる表現であるのに対し[25]、(37) は、"我" がすでに "这条路" に足を踏み入れ、誰かを追いかけている場合に用いられる表現であるという相違がみられる[26]。

　同様に、

　　(43) 从第三游道游的是小李。　　(43)' 在第三游道游的是小李。

の両者を比較した場合も、前者は「第三コースを（これから）泳ぐのは李君だ」のような、時間的な起点の存在を暗示した内容を表わすのに対し、後者は「第三コースを（今）泳いでいるのは李君だ」のような、主体がすでにトコロに存在して動作を行なっていることを暗示した内容を表わすという相違がみられる。

6.3　客体的経過点と起点的経過点

　5.1.1 で述べたように、移動の経過点が「ヲ」により示される場合、トコロと移動動作との結びつきは空間的であると同時に対象的でもあるため、移動の経過点が「カラ」により示される場合と比較すると、トコロよりは動作そのものに表現の比重が置かれるという相違がみられる。トコロと動作との結びつきが対象的であるということは、換言すれば、トコロが動作の働きかけを受ける客体としての性格を帯びているということであり、主体がトコロに対し何らかの意志的な働きかけを行なうことが暗示される。森田 1980：539、同 1990：195 は、「ヲ」によって示される場面（経過点）は移動動作の対象となる場面であり、その移動は目的意識をもったものであるとしている[27]。このことは、例えば

　　(11) 階段ヲ降りる

は自然な表現として成立するのに対し、

　　(44) ＊階段ヲ落ちる

は非文となるような場合にあてはまる。(44) は、「ヲ」を「カラ」に置き換えて

　　(44)' 階段カラ落ちる

とすると自然な表現として成立する[28]。また、

　　(45) 風が戸の隙間カラ吹き込む。

においては、主体である「風」は無情物であり意志をもたないものであるため、「カラ」を「ヲ」に置き換えた

　(45)' 風が戸の隙間ヲ吹き込む。

よりも自然な表現となる。(1)'、(3)'(45)'のように、無情物が主体となっている表現において移動の経過点が「ヲ」により示される場合には、主体を有情物に擬する効果が生じる。

　これに対し「カラ」は、(11)'のようにヒトの意志的な動作を表わす場合にも、(44)'のように無意志の出来事を表わす場合にも用いることが可能である。さらに、主体が有情物であり、動作がその意志によるものであっても、例えば

　(46) 泥棒は勝手口ではなく玄関カラ入った。

のように表現の比重が明らかにトコロに置かれている場合には、「ヲ」ではなく「カラ」が用いられる。

　また、「カラ」により示される経過点は異領域間の境界にあるが、移動先の領域からみれば一種の起点としての性格を帯びている。つまり、例えば(10)'の「窓」は家の中と外との、(11)'の「階段」は階上と階下との境界にあるが、(10)'の「窓」、(11)'の「階段」は、それぞれ「家の外」、「階下」からみた場合にはいずれも起点であると位置づけることができ、表現全体は移動の全過程ではなく一過程、すなわち「カラ」で示されるトコロからの出発の過程を視野におさめたものであるということができる。このことは、(10)'、(11)'に対して移動先の領域を表わす成分「トコロ・ニ」を加え、例えば

　(10)'' 窓カラ（外の）ベランダニ逃げる
　(13) 階段カラ一階のホールニ降りる

とすることができることによっても明白である。(10)''、(13)の実線部におけるトコロは「ニ」により示されるトコロと対立関係にあるため、移動の起点としての性格が(10)'、(11)'の実線部におけるトコロよりも強い。これとは反対に、移動先が示されていない(10)'、(11)'における実線部のトコロは、移動先が示されている(10)''、(13)におけるそれに比べると起点としての性格が弱く、その分経過点としての性格が強い。

　一方、「ヲ」により示される経過点に対しては移動先の存在は想定されず、トコロは動作の客体としての性格を帯びるため、表現全体は、例えば(1)'

〜(8)'のように、トコロを移動する全過程を視野におさめたものとなる。(5)'には、移動先を表わす「向う側に」が含まれているが、「ヲ」で示される「四辻」は、「ニ」で示される「向う側」との間に対立関係を有しておらず、両者は起点・到達点の関係にはない。「向う側」と対立するのは、表現には含まれていない「こちら側」であり、経過点「四辻」は「横切る」の客体としての性格を帯びたトコロである。

6.4 "从"と「ヲ」、「カラ」との相違

中国語の動詞表現における"从・トコロ"は、(2)、(4)〜(8)のように主体が有情物である場合にも、(1)、(3)のように主体が無情物である場合にも用いられて移動の経過点を表わすことが可能な点において、日本語の「トコロ・ヲ」とは異なる。これは、"从・トコロ"が述語の連用修飾成分であり、トコロが動作の働きかけを受ける客体としての性格を帯びることがないためである。従って、"从・トコロ"は、動作が意志的なものであるか否かにかかわりなく用いられ、移動の経過点を表わすことができる。

また、"从"により示されるトコロは(5)、(27)におけるように、"到・トコロ"と共起しているために起点としての性格の方が経過点としての性格よりも強い場合が存在する。しかし、移動の到達点を含まない表現であっても、"从・トコロ"が経過点を表わす表現における述語動詞は、通常"-过、-过来／去"などの方向補語をともなうため、トコロが起点としての性格を有するという点において変わりはない。

(1)〜(5)のような通り抜け動作を表わす表現の下地になっているのは、主体がよそから移動してきて"从"で示されるトコロを通過し、さらに遠ざかるという内容のコトガラである。6.1.2および6.2.1で述べたように、"从・トコロ＋V"表現においては話者の視界はトコロに限定されており、主体がトコロに到達する以前の過程は話者の視界には含まれない。従って、"从"により示される経過点は、客観的事実としては移動の途中に存在するものであるが、言語表現の上では起点を表わす場合と同じ形式となっている。

また、(6)〜(8)のような移り動く動作を表わす表現の場合は、6.2.2で述べたように、移動動作は"从"で示されるトコロの範囲内で行なわれるものの、"从"が時間的な起点を示す性格を有し、発話時以前には主体がトコロに存在していなかったことを暗示するため、トコロが起点としての性格を有

することは明白である。

　このように、中国語の"从"は、移動の経過点を示す場合においても起点表示のマーカーとしての性格を完全には失なわないという点で日本語の「**カラ**」と共通点を有する一方、その用法が「**カラ**」のように異領域間の移動を表わす場合に限られるということがなく、経過点表示のマーカーとしての用法がより広い範囲にわたるという点については、6.1.2で述べた通りである。

　中国語では、移動動作の各過程のうち、主体がトコロに到達する以前の過程を含めないでコトガラを表わす"从・トコロ＋V"表現に対し、移動の全過程を視界におさめてコトガラを表わす場合には"V＋トコロ"表現が用いられ、移動がトコロの範囲内において行なわれるというコトガラを表わす場合には"在・トコロ＋V"表現が用いられる。これに対し日本語では、異領域間の移動でない限り、上記のようなコトガラはいずれも「トコロ・ヲ　Vする」表現により表わされる。

注

1) この点については、例えば李临定 1988：40-41 を参照。
2) 仁田 1993：13-14 は、「舟が川ヲ下っている。」、「船は岸カラ離れた。」における「川ヲ」、「岸カラ」をいずれも共演成分（4.1.1 を参照）としているが、「トコロ・ヲ」、「トコロ・カラ」と動詞との結びつきの強さの差異にはふれていない。
3) 奥田の分類による通り抜け動作を表わす動詞と移り動く動作を表わす動詞との間には、両者のいずれにも属する中間的な性格を有する動詞が存在すると考えられる。
4) (7)' の「追う」は対象に向かう動作を表わすため、移動動作を方向性の観点からとらえた動詞であるということができる。
5) 「カラ」、「ヲ」のこのような特徴については、さらに森田 1980：537-538、同 1988：365-368、同 1990：192-194 を参照。
6) 同様の表現例としては、「はしごヲ／カラ降りる」、「山ヲ／カラ降りる」、「玄関ヲ／カラ入る」、「非常口ヲ／カラ出る」などが挙げられる。「ヲ」、「カラ」の相違については、さらに田中・松本 1997：29-32 を参照。
7) 「経過点」と「起点」との間にみられるこのような連続性については、中国語について述べた木村 1996：155、丸尾 2003：64、森 1998：122-123 にも同様の記述がみられる。
8) 『日本語教育事典』：458 には、離れる場所を示す「ヲ」にはその動作自体に重要な意味をもたせるという意図が、「カラ」には動作よりも出発点としての場所を強調するという意図がそれぞれ働いている旨の記述がみられる。
9) 森 1998：122 が、日本語においては「起点」はカラ格により、「経過点」はヲ格により示されるのに対し、中国語においては「起点」、「経過点」はいずれも "从" により示されるとしている点は、本書の記述と符合する。また同：126 は、「経過点」も「経路」も「起点」への読み替えが行なわれ、"从" の機能は移動行為の離れ去る地点を示すことにあるとして、その地点を「基点」と規定している。
10) 但し、森 1998：122 は、"一架飞机从高空飞过去。" のように経過点が広大無辺な空間の場合には木村の説明では不充分であるとしている。
11) 第 5 章の注 21 に記したように、"V＋トコロ" で表わされる移動はトコロの範囲を越えるため、話者の視界もトコロに限定されないこととなる。島村 2003：129 はまた、"V＋トコロ" は動作の達成を強調する表現形式であると指摘しており、この点で "V＋トコロ" が、トコロよりも動作に比重を置いた表現形式であるという本書の考え方と符合する。
12) 島村 2003：129-130 は、"V＋トコロ" は、トコロの範囲を越えた移動を前提とした表現形式であり、トコロが経過点である場合には、主体がトコロの全域を通過するという意味を表わし、主体はトコロを通過した後さらに他の空間へ移動することとなるとしている。このことは、同：130 の "奶奶拉着毛驴逃出蛤蟆坑，重新上驴。" や "穿过植物园，走进讲堂去。" のような、主体がトコロを通過した後さらに別の動作を行なうことを表わす表現や、同：133 の "走过客厅和花园"、"走过两条街"、"转过两个弯"

のような、複数のトコロを通過することを表わす表現が存在することによっても明白である。これらの表現例はいずれも"从・トコロ＋V"形式に置き換えることができない。

13) (17)においては、"远去了"の部分によって主体がトコロから遠ざかることが表わされているものの、"擦过我的身边"の部分は主体がトコロを通り過ぎることを表わすにとどまる。

14) この点は、(19)の"桥"が、(4)の"桥上"とは異なり方位詞をともなっていないことによっても明白である。同様のことは(3)、(18)の"薄云里"、"薄云"にもあてはまると考えられる。第5章の注26を参照。

15) "从・トコロ＋V"においては動作よりもトコロに表現の比重が置かれているという点については、島村2003：131、133を参照。

16) "追"は、例えば"他在追着一个女人。"のように客体を表わす目的語をとることができる。

17) 第5章の注22を参照。

18) 但し、6.2.1で述べたように、"从・トコロ＋V"表現においては話者の視界がトコロに限定される。

19) この点については第5章の注15を参照。

20) 但し、(7)の"从这条路追"のように仮定のコトガラを表わす場合はこの限りではない。また、丸尾2005：143-144は"从高速公路走"、"从马路上走"のような表現が成立する条件にふれている。

21) "在・トコロ＋V"がトコロの範囲内の移動を、"从・トコロ＋V"がトコロの範囲を越える移動を表わすという点については、森1998：125、丸尾2003：61-62、67、同2005：95、137、144、192を参照。

22) 方向を示す"-过"をともなっている場合には、トコロの範囲内における移動を表わす限りにおいて"在"の使用が可能である。この点については第5章の注15を参照。

23) "走"は、丸尾2003：67、丸尾2005：95、144、191における様態移動動詞にあたる。同2003：62、同2005：95は、〔－方向性〕という意味特徴を有する移動動詞"走、游、跑、飞、飘"などのいわゆる様態移動動詞は"在・トコロ＋V"の形で成立するとし、"他在树林里跑着。"という例を挙げている。様態移動動詞に"-着"が付加されても方向性が加わらないため"在・トコロ＋V"表現が成立するのに対し、〔＋方向性〕という意味特徴を有する"来、去、上"などが付加された場合には、丸尾2003：62、同2005：192に挙げられている"＊他在树林里跑过来。"のように非文となる。第5章の注17を参照。

24) 中川1978：7は、例えば"他在那儿贴着广告呢。"のような進行表現は、「状態」という無限の時間的広がりを"在那儿"という場所表現をからませることによって限定したものであり、その頻用により"那儿"が脱落し、"在"のみで進行を表わすようになったとしている。また、例えば"他在里屋看书。"のように、"在那儿"でもなく、いわゆる副詞の"在"でもない"在・トコロ"を用いた動詞表現で動作の進行を表わす場合には、"在"は主としてトコロの範囲を限定する役目を果たしながら同時に時

間的な範囲の限定をも行ない動作の進行を表わしている。この点については平井・成戸 1997a、同 1997b を参照。
25) この点については、森1998：128-129、島村2003：134-135にも同様の記述がみられる。
26) 但し、(37) の実線部には"‐上"が必要である。
27) この場合、言うまでもなく主体が有情物である場合に限る。主体が無情物である表現が例外的で特殊な現象であるという点については、三宅 1996：147 を参照。
28)「階段ヲ／カラころげ落ちる」の場合には「ヲ」、「カラ」のいずれを用いることも可能であるが、「カラ」を用いる方が better である。「ヲ」を用いるのは、主体が実際に階段を転げ落ちる様子を描写する場合であって、「カラ」の場合に比べると動きがより強く感じられ、主体が有情物であることを暗示したり、無情物である主体を有情物に擬する効果が生じる。

第7章
"在・トコロ"と「トコロ・カラ」

7.0 はじめに

中国語の"主体+在・トコロ+V+客体"表現が表わすコトガラを日本語で表現すると、"在・トコロ"の部分が「トコロ・デ」ではなく「トコロ・カラ」となる場合が存在する。例えば

(1) 他在飞机上看海。(第2章の (29)、朱徳熙 1981：9)
(2) 我们在山顶欣赏远处的风景。
(3) "琳琳，猜，我在哪儿给你打电话？"(原田・滑 1990：45、不)
(4) 他在桌子上抓了一把花生。(西槙 1992：99)
(5) 前边停着一条帆船，在船头上牛鼻孔那样的地方垂着锚锁。

(蟹：9 を一部修正)

(6) 他在像册里找着自己童年时的照片。

はいずれも「トコロ・カラ」を用いて

(1)' 彼は飛行機(の中)カラ海を見る。
(2)' 私達は山頂カラ遠くの景色を楽しむ。
(3)' 「琳琳、私がどこカラ電話をかけているかあててみて。」

(原田・滑 1990：45、不)

(4)' 彼はテーブルの上カラ落花生を一つかみ取った。
(5)' 前方には帆船が、へさきの牛の鼻孔のようなところカラ錨の鎖を
　　　下ろして停泊していた。(蟹：8 を一部修正)
(6)' 彼はアルバム(の中)カラ幼い頃の自分の写真を探していた。

のような日本語の表現になるが、「トコロ・デ」を用いて

(1)" ＊彼は飛行機(の中)デ海を見る。
(2)" ？私達は山頂デ遠くの景色を楽しむ。
(3)" ？「琳琳、私がどこデ電話をかけているかあててみて。」
(4)" ＊彼はテーブルの上デ落花生を一つかみ取った。
(5)" ＊前方には帆船が、へさきの牛の鼻孔のようなところデ錨の鎖を
　　　下ろして停泊していた。

(6)"＊彼はアルバム（の中）デ幼い頃の自分の写真を探していた。
とすると非文もしくは不自然な表現となる。

　中国語の"在"、日本語の「デ」がいずれも動詞表現においてトコロを表わす成分に付加され、動作・行為が行なわれるトコロを示す働きを有していることはこれまでみてきた通りであるが、それぞれの使用条件の相違により、上記のように"在"に対して日本語の「デ」ではなく、「カラ」が対応する場合が存在する。本章は、日中両言語間の上記のような表現形式の相違が生ずる要因となる"在"、「デ」それぞれの使用条件を明らかにし、さらに、「動作の起点」を示す日本語の「カラ」と、通常「カラ」に対応するとされる中国語の"从"をも考察の対象に含め、「動作・行為が行なわれるトコロ」、「動作・行為の起点」のとらえ方が日中両言語でどのように異なるかを明らかにすることを目的とする。

7.1　動作・行為の種類と方向性
7.1.1　"在"、「カラ」により示されるトコロと動作・行為

　(1)〜(6)と(1)'〜(6)'とを比較すると、以下のような相違がみられる。
　(1)〜(6)の実線部は、"在・トコロ"の形式により主体が動作・行為を行なうトコロとして表現されており、"在"で示されるトコロは出来事の成立に直接的には加わらないものである。この点はこれまで述べてきた"在・トコロ＋V"表現と共通している。このため、第3章、第4章で述べたと同様に、動作・行為がトコロとの間に方向的な関わりをもつか否か、すなわち主体から発せられた動作・行為がトコロに向かうか否か、あるいは動作・行為がトコロを起点とするか否かということは、実際の場面においてはともかく、表現形式には反映されていないこととなる[1]。
　一方、(1)'〜(6)'の波線部は、「トコロ・カラ」の形式により、主体が動作・行為を行なうトコロ、主体の動作・行為の起点としてのトコロ、のいずれの性格をも有する成分として表現されている。渡辺1983：365-366は、「見る」、「言う」およびこれに類する一連の動詞には具体的な移動の意味は含まれておらず、視線や音波を支えとした非具体的移動を思わせる心理的方向性が含まれているが、これらの動詞が「トコロ・カラ」と組み合わされた場合の名詞と動詞との結びつきを、「空間的な結びつき」の一種である「空間的方向性をもつ心理的な動作を表わす結びつき」であるとしている。そして、

第7章 "在・トコロ"と「トコロ・カラ」

このような場合の「トコロ・カラ」は、動詞と結びついて心理的な動作を行なう主体の位置を表わすことがあるとしている。また、荒1983：404-405は、言語活動、視覚活動を表わす動詞が「カラ」格の名詞と組み合わされる場合、名詞はこれらの活動が行なわれる場所を表わして動詞との間に空間的な結びつきをつくるとしている。荒によれば、名詞の連語の中での働きは「デ」格の空間名詞に近づくが、話しかけられたり見られたりする対象は「カラ」が示す以外の空間にいるため、かざられ動詞の表わす動作が対象へ向かって働きかけるためには一定の心理的な方向をもたざるを得ず、かざりの位置からある方向性をもって働きかけが行なわれるという点では「出発点（or 出どころ）のむすびつき」[2]と同様であり方向性のニュアンスは保たれているとされる。同：397はこのような名詞と動詞との結びつきを、「状況的なむすびつき」の一種である「空間的なむすびつき」に分類し、同：416は、状況的な結びつきをとる名詞と動詞との組み合わせは、動作とその動作が成立する状況（時間・空間など）との関係を表わすものであり、名詞が表わすトコロと動作との結びつきは、動作とそれが成立するのに必要な成分との関係である「対象的なむすびつき」とは異なるとしている。

　(1)'の「見る」は視覚を用いた動作・行為であり、(2)'の「楽しむ」は、それ自身は視覚を用いた動作・行為ではないが、表現全体の内容から「眺めて（or 見て）楽しむ」と言い換えることができるため、視覚を用いた動作・行為に準ずるものであるということができる。また、(3)'の「電話をかける」は、言語活動としての「話す、言う」に準ずる動作・行為である[3]。従って、(1)'～(3)'に対しても渡辺、荒の考え方をあてはめることができる。(1)'～(3)'における波線部のトコロが、主体がそこに存在して動作・行為を行なうトコロであると同時に、客体（or 相手）に対する動作・行為の起点としてのトコロでもあることは、渡辺、荒の考え方によって一層明白となる。また、荒の考え方によれば、(1)'～(3)'においては、「カラ」で示されるトコロと動作・行為との結びつきは状況的な結びつきであって、トコロはコトガラの成立に不可欠の成分ではないこととなり、この点では(1)～(3)において"在"で示されるトコロと動作・行為との結びつきと同様である。しかし、(1)'～(3)'の波線部におけるトコロは客体に対する動作・行為の起点であり、動作・行為との間に方向的な関係を有するため、(1)～(3)の実線部におけるトコロに比べ、動作・行為との関わりはより深いこととなる。

(4)'は、主体が客体をトコロから取りはずすというコトガラを表わす。述語動詞は取りはずし動作を、「カラ」格の名詞は「ヲ」で示される客体が取りはずされるトコロを表わす。荒1983：416は、このような表現において「カラ」で示される名詞と動詞は、「対象的なむすびつき」の一種である「とりはずし場所のむすびつき」[4]をとるとしている。対象的な結びつきにおいては、動作とその動作が成立するために必要な対象[5]との関係が表わされるから、(4)'における波線部のトコロと動作・行為との関わりは、(4)の場合よりも深い[6]こととなる。

(5)'は、主体が客体を波線部のトコロから別のトコロに移動させるというコトガラを表わす。述語動詞は、客体を空間的に移動させる動作・行為を表わし、「カラ」格の名詞は客体の移動の起点を表わす。荒1983：398-399は、このような表現における「カラ」格の名詞と動詞との結びつきを、「空間的なむすびつき」の一種である「出発点のむすびつき」に分類しているが、「カラ」によって示される成分が客体の移動の起点を表わしている点で「とりはずし場所のむすびつき」の場合のそれと共通しているため、(5)の場合に比べると、トコロと動作・行為との関わりはより深いこととなる[7]。

(6)'は、主体がトコロに存在すると予測される客体をさがすというコトガラを表わし[8]、客体が動作・行為によってその位置を変える可能性がある点においては(4)'、(5)'のような移動をともなう動作表現に準ずる性格を有する一方、動作・行為が客体に対する心理的方向性を有する点においては(1)'〜(3)'と共通している。荒1983：410は、このような表現におけるトコロと動作・行為との結びつきを、(1)'〜(3)'、(5)'の場合と同様に「空間的な結びつき」に分類し、トコロは「発見物の出どころ」を表わすとしている。(6)'においては、トコロと動作・行為との間に心理的な方向関係が存在するため、両者の関わりは(6)の場合に比べるとより深いということができる。

以上のように、(1)'〜(6)'においては、主体の動作・行為が「カラ」で示されるトコロ以外の方向に向かってなされること、換言すれば、動作・行為とトコロとの間に方向的な関係が存在するということが表現形式から明白であり、動作・行為とトコロとの関わりは、(1)〜(6)におけるそれよりも深い。但し(1)'〜(3)'は、「主体が波線部のトコロに位置し、トコロの範囲外に存在する客体（or相手）に向けて動作・行為を行なう」というコ

第7章 "在・トコロ"と「トコロ・カラ」

トガラを表わすのに対し、(4)'～(6)'は、「波線部のトコロに存在する（or 存在すると予測される）客体に対して主体が働きかけ、客体をトコロの範囲外に移動させる（or 移動させようとする）」というコトガラを表わすという相違がみられる。従って、(1)'～(3)'、(4)'～(6)'が表わすコトガラの成り立ちは、それぞれ以下のような図によって示すことができよう。

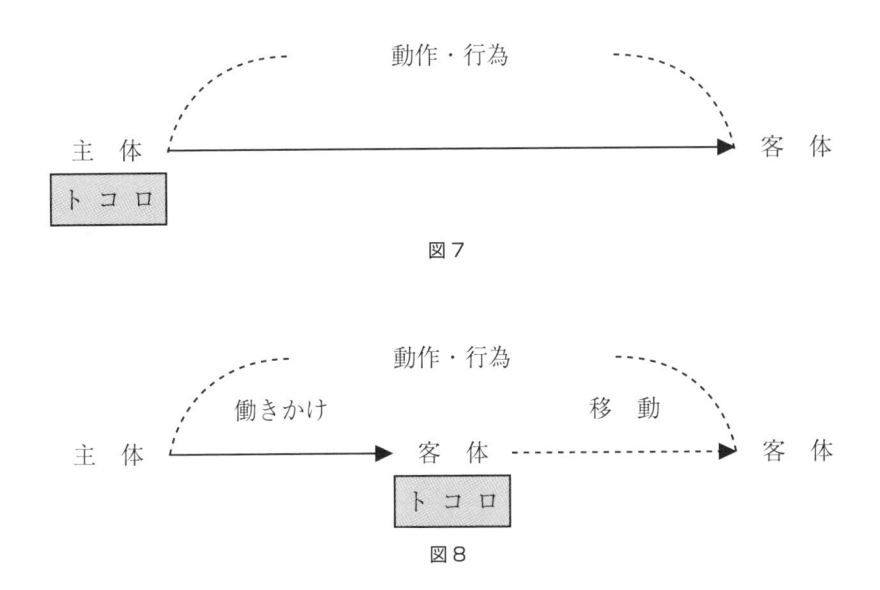

図7

図8

　一方、"主体＋在・トコロ＋V＋客体"表現の中には、例えば
　　(7) 他在飞机上看电影。　　(8) 我在河里摸鱼。
のように主体、客体のいずれもがトコロに存在し、動作・行為とトコロとの間に方向的な関係が存在しない場合に用いられるものや、
　　(9) 我在屋子里看见了一个人。（李临定 1988：13）
　　(10) 我在桶里捉鱼了。
のように客体のみがトコロに存在し、動作・行為がトコロに存在する客体に向かってなされる場合に用いられるものが存在するため[9]、この点からも"主体＋在・トコロ＋V＋客体"形式をとる (1)～(6) が動作・行為とトコロとの間の方向的な関係を表わしていないことは明白である。(1)～(6) が表わすコトガラの成り立ちは、1.1.2で挙げた図2によって示すことができよう。

173

7.1.2 「トコロ・デ」と主体、客体の位置

1.1.1、1.1.2、2.1.2、3.1.1で述べたように、日本語の動詞表現において「デ」により示されるトコロは、述語動詞が表わす出来事との間に直接的な関わりをもたないという点で、中国語の"在"により示されるトコロと共通している。一方、主体の客体に対する動作・行為がトコロを起点としてトコロの範囲外に向けてなされる場合には、「デ」によってトコロを示そうとすると、(1)"〜(6)"のように非文もしくは不自然な表現となる。

第2章、第3章で述べたように、「デ」が動詞表現に用いられてトコロを示すためには、

　イ．主体がトコロに存在する
　ロ．述語の表わす出来事が主体の意志による動的かつ時間有限的なものである
　ハ．動作・行為はトコロに向かうものではない

という使用条件を満たす必要があるが、(1)"〜(3)"はこれらの使用条件を満たしているにもかかわらず自然な表現としては成立しない。

(1)"は、客体である「海」が「飛行機（の中）」に存在するというニュアンスを、(2)"は、客体である「遠くの景色」が「山頂」に存在するというニュアンスをそれぞれ含み、いずれも実際には有り得ないコトガラを表わす表現となって非文もしくはやや不自然な表現となる。(1)"、(2)"における「海」、「遠くの景色」をそれぞれ「映画」、「桜の花」に置き換えて

　(1)"' 彼は飛行機の中デ映画を見る。
　(2)"' 私達は山頂デ桜の花を楽しむ。

とすると、このようなコトガラは実際に有り得るため自然な表現として成立する。

(3)"においては、「電話をかける」という動作の相手「琳琳」が主体とは別のトコロにいることは明白であるが、「トコロ・デ」を用いているために、「琳琳」が主体と同じトコロにいるというニュアンスを含み、実際には有り得ないコトガラを表わす表現となって不自然となる。

中川1990：235は、日本語では仕手と受け手（本書でいう「主体」と「客体」）が明確に仕切られた別の領域にある場合、トコロを表わす成分には「デ」ではなく「カラ」が付加されるとしているが、このことは換言すれば、「デ」が用いられるためには、主体、客体のいずれもがトコロに存在しなければな

らないということである[10]。

　(1)″、(2)″はいずれも、トコロを示す「デ」が存在することにより、主体、客体がいずれもトコロに存在することを含意し、このことが表現内容と矛盾するために自然な表現としては成立しない（(2)″については成立の余地がないわけではないが (2)'の方が better である）。

　また、(3)″の「電話をかける」は、「N・ヲ Vする」という形式をとってはいるものの、(1)″の「海を見る」や、(2)″の「遠くの景色を楽しむ」に比べて「N・ヲ」と「Vする」との結びつきがより強く、いわば全体で一つの動詞のような働きをするものであるため[11]、「電話」が動作・行為を行なう主体の位置するトコロに存在することは明白である。従って(3)″においては、(1)″、(2)″における「海」、「遠くの景色」に相当する成分は「電話」ではなく、動作の相手「琳琳」であるとみるのが妥当である。(3)″は、トコロを示す「デ」が(1)″、(2)″の場合と同様に、主体、動作・行為の相手の双方がトコロに存在することを暗示し、このことが表現内容と矛盾するために不自然となるのである。

　(4)″～(6)″が非文となるのも、(1)″～(3)″と同様の理由による。(4)″～(6)″の場合には(1)″～(3)″とは反対に、客体はトコロに存在するかあるいは存在すると予測されるが、主体はトコロには存在しない。しかし、主体、客体の双方がトコロに存在するという「デ」の使用条件を満たしていない点では(1)″～(3)″と同様である。

　ところで、中川1990：234は、

　　(11) 私は岸デ魚を釣る。

における「魚」は実際に川や池などにいる具体的な魚と同一レベルのものではなく、「釣る」という動作に完全に取り込まれ、抽象的な概念を表わす成分となっているとしている。この場合の「魚を釣る」は「魚釣りをする」と同じで、「魚」は独立した一つの概念を表わしてはいない。中川はさらに

　　(12) 彼は山頂デ星を観察する。

という表現例を挙げているが、この場合の「星」も、(11)の「魚」と同様に「観察する」という動作と一体になっているような観があり、「星を観察する」は「天体観測をする」と同じ内容を表わしている。(11)、(12)がいずれも自然な表現として成立するのは、「N・ヲ」と述語動詞との結びつきが強いため、上記の「デ」の使用条件に抵触しないことによる。但し、例え

ば

　　(13) こっちデ見ていた漁夫達は、思わず肩から力を抜いた。
　　　　　　　　　　　　　　　　　　　　　　　　　（蟹：110）
　　(14) 黒い影が窓の外デ言った。（原田・滑 1990：45、蒼）

のように、動作・行為の向かう先（客体 or 相手）が表現中に明示されていない場合には「デ」を用いてもさしつかえないが、「カラ」を用いた場合に比べ、話者の視点が主体よりに置かれた表現となる。

　以上のように、日本語の動詞表現において「トコロ・デ」が用いられるためには、
　　二．主体、客体の双方がトコロに存在する
という使用条件を満たす必要がある。これに対し、中国語の"在・トコロ"にはこのような使用条件はなく[12]、(1)～(6)が成立することからも明白なように、動作・行為がトコロにおいて行なわれるものでありさえすれば"主体＋在・トコロ＋V＋客体"表現が成立するため、以下のような多義文が生じる場合がある。

　　(15) 他在门口向我点了头。（范継淹 1982：81）
　　(16) 他在小船上拉着我的手。（同上）

　(15) は「彼は入り口のところカラ（部屋の中あるいは外にいる）私に向かってうなずいた」、「彼は入り口のところデ（入り口のところにいる）私に向かってうなずいた」いずれの内容をも、(16) は「彼は小船の上カラ（水の中にいる）私の手を引っ張った」、「彼は小船の上デ（小船の上にいる）私の手を引っ張った」いずれの内容をも表わすことが可能である[13]。

7.2 "在"、"从"と動作・行為の方向性
7.2.1 心理的方向性を含む動作・行為とトコロ

　動作・行為の起点を示す「カラ」に対応するとされる中国語の成分としては、前置詞"从"が存在する。(1)～(6)の"在"を"从"に置き換えると、以下のようになる。

　　(17) 他从飞机上看海。
　　(18) ？＊我们从山顶欣赏远处的风景。
　　(19) "琳琳，猜，我从哪儿给你打电话？"
　　(20) 他从桌子上抓了一把花生。（西槙 1992：99）

176

(21) 前边停着一条帆船，从船头上牛鼻孔那样的地方垂着锚锁。

(22) 他从像册里找着自己童年时的照片。

(18) が非文もしくは不自然な表現となる以外は、いずれも自然な表現として成立する。

(17) は、"在・トコロ"を用いた (1) よりも better な表現である。これは、"看"が一定方向に積極的に視線を向けようとする動作・行為であるため、動作・行為が行なわれるトコロを限定する"在・トコロ"よりは起点を表わす"从・トコロ"を用いた方が表現内容に合致するからである。(1) においては、"他"と"海"の両者が共に"飞机上"に存在することが実際には有り得ないため、動作・行為が"飞机上"を起点とすることはおのずと明らかであるが、表現形式上は、"看"という動作・行為が"在"で示されるトコロにおいて行なわれることを表わすにとどまる。

また、例えば

(23) ○他在窗口往外望过两眼。　(23)' ◎他从窗口往外望过两眼。

においては、"望"が視線を遠くに向ける動作・行為であり、かつ、動作・行為の方向を明示する"往外"が存在するため、(1)、(17) を比較した場合と同様に"在"よりも"从"を用いる方が better である。

さらに、動作・行為の起点を明示した"主体+从・トコロ+V+客体"表現が、そうでない"主体+在・トコロ+V+客体"表現に比べ、動作・行為に対する主体の積極性という点においてまさっている場合が存在する。例えば

(24) 我在飞机上看见了长江大桥。(范继淹 1982：79 を一部修正)

は「飛行機に乗っていたら偶然に長江大橋が見えた」という内容を表わしており、動作が"我"の意志によらないことが含意されているのに対し、

(24)' 我从飞机上看见了长江大桥。

からは"我"がその意志によって「飛行機（の中）から長江大橋を見た」ことが推測される。このような相違が生ずるのは、意志的な動作・行為であるならば、"我"は"长江大桥"に対して積極的に自らの視線を向けようと努めるため動作・行為の方向性がより明白となるのに対し、無意志の動作であれば必ずしもそのようなことはないためである[14]。

ところで、

(25) ＊在山脚看上去，山顶上好像有个小亭子。

(26) ＊在火车的车窗里看到大海。

は視覚動作を表わし、動作・行為が方向性を有することを明示する"-上去"や"-到"のような成分を含んでいる点で"往外"を含む(23)と共通しているにもかかわらずいずれも非文となる。これは、(25)、(26)がそれぞれ"山顶上"、"大海"のような動作・行為の到達点(＝客体)を表わす成分を含んでいるためである。方向と到達点の双方を明示する表現は、(23)のような方向のみを明示する表現に比べて動作・行為の方向性をより強く表わすこととなるため、(25)、(26)のような"在・トコロ"を用いた動詞表現は成立しない。(25)、(26)はいずれも、"在"を"从"に置き換えると自然な表現として成立する。但し、(26)は"能"を加えて

(26)' 在火车的车窗里能看到大海。

のように「見ることができる」という一種の状態を表わす表現とすれば動作・行為の方向性が弱まるため、自然な表現として成立する。

(18)においては、客体である"风景"が"远处的"という連体修飾成分をともなっており、主体と客体との間にかなりの距離が存在することを表わしているため、動作・行為が主体の存在するトコロを起点として"远处"に向かうことは明白である。(18)が、動作・行為が主体の存在するトコロを起点としてトコロの範囲外に向かうことを表わす点において(17)、(23)'、(24)'との間に共通点を有するにもかかわらず非文もしくは不自然な表現となる、あるいは成立するとしても表現の整合性が(2)よりも劣るのは、(18)の"欣赏"が、視覚動作そのものである"看"や"望"の場合ほどには視線を支えとした心理的方向性を含んでいないためであり、換言すれば、方向性に乏しい"欣赏"という動詞が、主体と客体との間の距離の存在を前提とした"主体＋从・トコロ＋V＋客体"表現に適合しないためである[15]。この点から、日本語の表現である(2)'において「カラ」によるトコロ表示が可能であるのとは異なり、中国語の"从"の方が動作・行為の方向性をより強く要求することがみてとれる。さらに(18)は、"欣赏"が"山顶"から"远处"までの全ての風景におよぶという内容を表わすが、これは、起点を表わす"从山顶"の存在によって"远处"が動作・行為の到達点としての性格を帯びるためである。実際には山顶から遠くまでの風景を全て視野に入れて眺めることもあり得るが、そのような内容を表わす場合には(18)ではなく、例えば

(18)′ 我们在山顶欣赏从近处到远处的风景。

のように"从～到～"の形式をとり、動作・行為の起点と到達点とを明確に表わす表現としなければならない。

　このように (18) は、"我们"と"风景"との間にかなりの距離が存在するにもかかわらず動詞の方向性が弱いこと、"欣赏"という動作・行為が、通常は"山顶"と"远处"との間の連続した全ての"风景"におよぶよりも、"山顶"の範囲外にある"远处"の"风景"におよぶと解されること、の二つの理由によって自然な表現としては成立しにくいのである。この点においては、日本語の「カラ」を用いた (2)′ との間に相違がみられる。日本語の「カラ」は、(2)′ が自然な表現として成立することからも明白なように、中国語の"从"の場合ほどには主体・客体間の空間的連続性を要求しない。

　(3)、(19) の両者を比較すると、前者の方が better である。言語活動に準ずる"打电话"も、視覚動作を表わす動詞と同様に（音波を支えとした）心理的方向性を含んではいるが、"从"を用いる場合は表現中に動作・行為の方向性を表わす成分を必要とするため、視覚動作を表わす動詞ほどにはその方向性は強くないということができる。(19) は、動作・行為が方向性を有することを明示する"给你"を含んでいるため自然な表現として成立するが、"给你"がなければ不自然となる。

　また、

　　(27)　黑影在窗外说。（原田・滑 1990：45、苍）
　　(27)′　?黑影从窗外说。
　　(28)　母亲在隔壁发问。（原田・滑 1990：45、苍）
　　(28)′　＊母亲从隔壁发问。

の場合には"从"を用いると非文もしくは不自然な表現となる。これは、(27)′、(28)′ は"从"によってトコロを示しているにもかかわらず方向を明示する成分を含んでいないため、動作・行為の向かう方向が十分に明らかではないことによる。(27)′、(28)′ は、例えば

　　(27)″黑影从窗外向里说。　　(28)″母亲从隔壁向我发问。

のように動作・行為の方向を表わす"向里"、"向我"を加えると自然な表現となる。

　以上のように、動詞の語彙的意味が心理的方向性を含んでいること、方向あるいは到達点を表わす成分、すなわち動作・行為が方向性を有することを

明示する成分が存在することなどによって、動作・行為がトコロを起点とすることが明白である場合には、"在・トコロ＋Ｖ"よりも"从・トコロ＋Ｖ"形式が用いられる傾向があり、動作・行為の方向性が比較的弱いものである場合には、方向を表わす成分を用いることが"从・トコロ＋Ｖ"表現の成立に必要な条件となる。

7.2.2　空間移動をともなう動作・行為とトコロ

　(4)、(20)の両者を比較すると、(20)においては動作・行為がトコロを起点としていることが表現形式から明白であるのに対し、(4)においてはそうではない。このような相違は、言うまでもなく"在"と"从"のいずれによってトコロを示すかに起因するのであるが、"在"によってトコロが示されている表現であっても、以下のように述語動詞が方向補語をともなっている場合には、"从"によりトコロが示されている表現と同様に動作・行為がトコロを起点としていることが明白である。

　　(29)　我在小炕桌上端起了灯。　　(29)'　我从小炕桌上端起了灯。

　(29)、(29)'においては述語動詞に方向補語"－起"が付加されているため、両者はいずれも動作・行為がトコロから上に向かって行なわれること、換言すれば、動作・行為がトコロを起点とする垂直移動をともなうことが形式上明白である点で(4)、(20)とは異なる。(29)、(29)'から"－起"を除くと、

　　(30)　？我在小炕桌上端了灯。[16]（李临定 1988：20）
　　(30)'　我从小炕桌上端了灯。（同上：20）

となる。"端"は「両手でもつ、ささげる」という概念を表わし、それ自身は移動性が弱いため[17]、(30)のような"在・トコロ"を用いた表現においては、「持ち上げる」という動作・行為を表わすことができない。しかし、(30)'のように"从・トコロ"を用いた表現においては"从"が動作・行為の起点を示すため、「（オンドル用の）机の上からランプを持ち上げた」という内容を表わすことが可能である。

　"端"に対し、"拿"を用いた場合には方向補語をともなわなくても以下のように"在・トコロ＋Ｖ"、"从・トコロ＋Ｖ"いずれの表現も成立する。

　　(31)　○两个人在盒子里拿东西。　　(31)'　◎两个人从盒子里拿东西。

　"拿"は「取る、持つ、手にする」という概念を表わし、"端"に比べると

180

移動性が強いため[18]、"在・トコロ"、"从・トコロ"いずれの表現に用いることも可能である。但し、(31)、(31)'の両者を比較すると、"从・トコロ"を用いた(31)'の方がbetterである[19]。

(29)、(29)'のように述語動詞が方向補語をともなった表現例としては、さらに

　　(32)　？他在衣袋里掏出一张钞票来。

　　(32)'　他从衣袋里掏出一张钞票来。

が挙げられる。(32)は、「ポケットの中を探っておもむろに紙幣を取り出す」という内容を表わす場合には自然な表現として成立するが、そうでなければ非文となるのに対し、(32)'は「ポケットの中からサッと紙幣を取り出す」という内容を表わす。このことは、(32)の方が、動作・行為がトコロの範囲内にとどまるという意味に傾いていることを意味する。このような相違が生じるのは、"从・トコロ"を用いた(32)'における方が、動作・行為の方向性が強く表わされるためである。但し、いずれの表現例においても述語動詞が"－出来"をともなっているため動作・行為がポケットの中から外に向けて行なわれることが明白であり、"从・トコロ"を用いた(32)'の方が自然である[20]。上記のように、(32)は「ポケットの中を探る」、「紙幣を取り出す」という二つのコトガラの存在を前提とした表現であるのに対し、(32)'は「ポケットの中から紙幣を取り出す」という一つのコトガラの存在を前提とした表現である。このことは、(32)が

　　(32)"　他在衣袋里摸索一阵，掏出一张钞票来。

と言い換えられることによっても明白である[21]。従って、(32)'における"衣袋里"と"掏出来"との結びつきの方が、(32)におけるそれよりも強いこととなる。

　同一の動詞が"在・トコロ＋V"、"从・トコロ＋V"いずれの形式にも用いられ、動作・行為がトコロの範囲を越えるか否かの点で相違がみられるケースとしてはさらに、俞咏梅1999：22-23に挙げられている以下のような表現例がある。

　　(33)　在锅里捞饺子　　(33)'　从锅里捞饺子

(33)は動作が鍋の中で行なわれている最中であることを、(33)'は動作が鍋の中から外に向けて行なわれ、少なくとも"饺子"の一部がすでに鍋の外にすくい出されていることをそれぞれ前提とする。また、"在・トコロ＋

V"形式は、移動性を有する"拿"や"撈"よりは、"找"のような移動の可能性を有するにとどまる動作・行為を表わすのに適しており、例えば

　　(34) ◎他在书包里找那本书。　　(34)' ○他在书包里拿一本书。

の両者を比較すると、(34)の方がより自然である。

　"在・トコロ+V"表現において述語動詞が方向補語をともなっている場合、(32)のような状況設定が可能であれば自然な表現として成立するが、一般には以下のように非文もしくは不自然な表現となる[22]。

　　(35)　？他在瓶子里抓出一把糖来。
　　(35)'　他从瓶子里抓出一把糖来。
　　(36)　？他在那个盘子里抓过来点儿。
　　(36)'　他从那个盘子里抓过来点儿。
　　(37)　？他在口袋里拿出来十块钱。
　　(37)'　他从口袋里拿出来十块钱。

　述語動詞が"-出来"をともなった(35)は、"瓶子"が口の大きいものである場合には、瓶の中に手を入れてアメを取り出すことができ、(32)の場合と同様に「瓶の中を探ってアメを取り出す」という場面が想定されるため、そのようなコトガラを表わす場合には自然な表現として成立する。これに対し"瓶子"が口の小さいものである場合には、上記のような場面を想定することができないため非文となる。(36)、(37)も(35)と同様に、主体がトコロに手をやって客体を探り、しかる後に取り出すというコトガラを前提として用いられるのであれば自然な表現として成立するが、そうでなければ非文となる。

　西槇1992：98-99、106-107は、"从・トコロ+V"表現の中には「取得」の意味をもつ動詞が述語の中心語となっているものがあり、このような表現に用いられる動詞（"取"類述語）は、"往・トコロ+V"表現に用いられる動詞（"放"類述語）の場合とは反対方向の動作・行為を表わすとしている[23]。"往・トコロ+V"表現は、動作・行為がトコロに向かうことを明示するが、動作・行為とトコロとの間の方向的な関係を表わすという点においては"从・トコロ+V"表現と共通している。これに対し"在・トコロ+V"表現は、動作・行為とトコロとの間の方向的な関係を表わさない。従って、"往・トコロ+V"、"从・トコロ+V"表現における方が"在・トコロ+V"表現の場合に比べ、述語動詞とトコロとの結びつきがより強いということが

できる。

　ところで、動作・行為の起点は到達点の存在を前提としており、両者は相互に対立する概念であるため、"从・トコロ＋V"表現は以下のように到達点の存在を暗示する場合がある。

　　（38）　他在菜地里拔了几根葱。
　　（38）'　他从菜地里拔了几根葱。（西槙1992：99）

（38）'は、発話時には主体である"他"はすでに"菜地里"の範囲外、すなわち葱を抜いた後に移動した先にいるというニュアンスを含んでいるのに対し、（38）はそのようなニュアンスを含んではいない[24]。また、

　　（39）　他在银行里取款。　　（39）'　他从银行里取款。

の両者を比較すると、前者は一つの完成されたコトガラを表わす表現であるのに対し、後者は、主体が波線部のトコロの範囲外に移動するという内容の後件を続けて、例えば

　　（39）"　他从银行里取了款，就去买东西了。

のようにすることが可能な点からも明白なように、起点としての"银行里"に対する到達点の存在を暗示すると同時に、"取款"の後にさらに次の動作・行為が続くことをも暗示した表現である[25]。この点では（38）'も同様であり、例えば

　　（38）"　他从菜地里拔了几根葱，就拿回家了。

のように後件を続けることができる。

　（38）、（39）は、"在"で示されるトコロに主体が存在する点において（35）～（37）とは異なる。このような場合には、述語動詞が方向補語をともなっていても、例えば

　　（40）　他在地上捡起来一根针。
　　（41）　他在废品堆里捡回来一件古铜器。
　　（42）　我在岸边儿把鱼捞了上来。

のように自然な表現として成立することがある。（40）～（42）のように主体がトコロに存在して動作・行為を行なう場合には、その行なわれる範囲がトコロに限定されるため、（35）～（37）のように主体がトコロに存在しない場合に比べると動作・行為の方向性は弱く、"在"によってトコロを示すことができる。但し（40）～（42）は、方向補語によって動作・行為の方向が明示されている点において（35）～（37）と共通しているため、"从・トコロ＋V"

形式をとる
　　（40）′ 他从地上捡起来一根针。
　　（41）′ 他从废品堆里捡回来一件古铜器。
　　（42）′ 我从岸边儿伸手把鱼捞了上来。
の方が better である。
　（4）、（20）を比較した場合とは異なり、（5）、（21）を比較すると前者の方が better である。（21）は、述語動詞に"向下"を付加して"向下垂着"とする方がより安定した表現となるのに対し、（5）はそのような必要はない。"垂"は上から下への方向性を含んでおり、"在・トコロ＋Ｖ"よりも"从・トコロ＋Ｖ"表現に用いられる傾向があるが、前述したように、"从・トコロ＋Ｖ"表現は動作・行為の到達点の存在を暗示するという性格を有しているため、方向を表わす成分、到達点を表わす成分のいずれも含まれていない（21）は自然な表現として成立はするものの、"向下"のような成分を加えた方が、（23）′、（27）″、（28）″の場合と同様に表現としての完成度が高くなる。"向下"を用いないのであれば、上記のように"从・トコロ"よりは"在・トコロ"を用いた（5）の方が better となる。
　主体が客体をトコロの範囲内から外に移動させるというコトガラを表わす表現においては、トコロは以下のように"在"ではなく"从"によって示される傾向がある。
　　（43）　？他在列车窗口（向外）伸出手来。
　　（43）′ 他从列车窗口（向外）伸出手来。
　　（44）　＊他在屋子里搬了几把椅子。
　　（44）′ 他从屋子里搬了几把椅子。（西槙 1992：99）
　一方、
　　（45）　他在院子里扔球。（张黎 1997：151）
　　（45）′ 他从院子里扔球。
はいずれも自然な表現として成立し、"扔"という動作・行為は、（45）においては"院子里"の範囲内で、（45）′においては"院子里"から外に向けて行なわれることとなる。
　上記のような"在・トコロ＋Ｖ"表現の性格にもかかわらず（5）が自然な表現として成立するのは、（43）、（44）とは異なり状態を表わす表現であるために、方向性を明示する必要性が（43）、（44）の場合ほどには強くなく、

"在・トコロ"を用いても自然な表現として成立するのみならず、"从・トコロ"を用いた(21)よりもむしろbetterな表現となるのである。
　また、
　　(46) 岳母鬼头鬼脑地在门背后将脖子一伸，朝这头张望。
(原田・滑1990：45、苍)
は"鬼头鬼脑地（コソコソと）"という成分を含んでおり、"岳母"が"门背后"から外の者に見られないように行なう動作・行為を表わしているために方向性を明示する必要性が弱く、"在"を"从"に置き換えることはできない。"从"を用いると「身を乗り出すようにして首を伸ばす」という、動作・行為の方向がより明確な内容の表現となり、"鬼头鬼脑地"との間に意味上の矛盾が生ずる。このことは換言すれば、(46)においては動作・行為はトコロの範囲内で行なわれるものとして表現されているのに対し、(46)の"在"を"从"に置き換えると動作・行為はトコロの範囲を越えて行なわれるものとして表現されるということである。
　(6)、(22)はいずれも動作・行為の持続を表わす"找着"を用いた表現であるが、"在"を用いた前者の方がbetterである。これとは反対に
　　(6)"' 他在像册里找出了自己童年时的照片。
　　(22)' 他从像册里找出了自己童年时的照片。
の両者を比較した場合には、"从"を用いた後者の方がbetterである。"自己童年时的照片"は、(6)、(22)においては"找"という動作の客体ではあるが実際にはまだ見つかっていないのに対し、(6)"'、(22)'においては見つかっている。このことは換言すれば、前者の場合には客体が存在するか否かは不明であるのに対し、後者の場合には客体が明らかに存在するということである。従って、"找"という動作・行為の方向性は、前者よりも後者における方が強いこととなり、前者の場合には"在"を、後者の場合には"从"を用いる方がそれぞれの表現内容に合致するのである。

7.3　動作・行為の方向性と表現形式
7.3.1　「デ」、「カラ」と動作・行為の方向性
　7.1.2で述べたように、日本語の動詞表現においてトコロを示す「デ」が用いられるためには主体、客体のいずれもがトコロに存在するという使用条件を満たす必要があるが、(11)、(12)のように「ヲ」で示される客体が述

語動詞と一体化している、もしくは結びつきが強い場合や、(13)、(14) のように述語動詞の表わす動作・行為の向かう先（客体 or 相手）が表現中に明示されていない場合には、上記の使用条件を満たさなくても「デ」によってトコロを示すことが可能である。

　また、7.1.1 で述べたように、(1)'〜(6)' において「カラ」により示されるトコロは、動作・行為が行なわれるトコロ、動作・行為の起点としてのトコロ、のいずれの性格をも有する。「カラ」により示されるトコロのこのような特徴は、「デ」を用いた (11)〜(14) のような表現と比較すると理解しやすい。すなわち (11)、(12) においては、7.1.2 で述べたように「Nヲ」の部分が述語動詞と一体化もしくは半ば一体化しており、具体的な個別の「魚」、「星」を表わしているとは言いがたいため、例えば

　　(47)　私は岸カラ大きな魚を釣り上げた。
　　(48)　彼は山頂カラ夜空の流れ星を観察している。

のような表現におけるよりも動作・行為の方向性が弱く、トコロで行なわれる動作・行為そのものに視点が置かれている。これに対し (47)、(48) においては客体が具体的な個別の概念を表わしているため、動作・行為の方向性が (11)、(12) の場合よりも明確である。(11)、(12) および (47)、(48) におけるトコロは、表現の前提となる客観的事実においては、動作・行為が行なわれるトコロであると同時に、動作・行為の起点としてのトコロでもあるが、このように表現における位置づけが異なるのである。従って、(11)、(12) の「デ」を「カラ」に置き換えた

　　(11)'　私は岸カラ魚を釣る。　(12)'　彼は山頂カラ星を観察する。

は (47)、(48) と同様に、具体的な個別の「魚」、「星」の存在を前提とした表現であると解する方が自然である。また、(13)、(14) においては、動作・行為の向かう先（客体 or 相手）が表現中に明示されていないため、動作・行為の向かう先が明示されている (1)'〜(6)' の場合よりも動作・行為の方向性が弱く、7.1.2 で述べたように、表現全体は主体の側よりに視点が置かれたものとなっている。これに対し、(13)、(14) の「デ」を「カラ」に置き換えた

　　(13)'　こっちカラ見ていた漁夫達は、思わず肩から力を抜いた。
　　(14)'　黒い影が窓の外カラ言った。（原田・滑 1990：45）

は、「デ」を用いた (13)、(14) よりも、波線部のトコロの範囲外に存在す

る客体（or 相手）の存在が強く暗示され、方向性がより明確となっている。

7.3.2 "在"、"从" と「デ」、「カラ」

　中国語の"在・トコロ＋V"は、動作・行為の方向性が明示されない表現形式である点において日本語の「トコロ・デ Vする」と共通する一方、7.1.2 で述べたように、主体、客体のいずれもがトコロに存在するという使用条件を満たす必要がない点において「トコロ・デ Vする」とは異なる。"在・トコロ＋V"表現は、客体が"在"によって示されるトコロの範囲外に存在する場合でも成立するが、表現中に動作・行為の方向を明示する成分が含まれている場合は、(23)、(23)' および (32)、(32)' のように"从・トコロ＋V"形式を用いる方が better であり、さらに到達点を明示する成分も含まれている場合は (25)、(26) のように"在・トコロ＋V"形式を用いると非文となる。

　また、中国語においては一般に、"欣賞、说、发问"のような方向性が比較的弱い動作・行為を表わす動詞は (2)、(27)、(28) のような"在・トコロ＋V"表現に用いることはできるが、(18)、(27)'、(28)' のような"从・トコロ＋V"表現に用いることはできない。但し、(27)"、(28)" のように動作・行為の方向を表わす成分が含まれている場合には、"从"によってトコロが示されていても上記の動詞を用いることが可能である。

　これに対し日本語においては、(2)'、(14)' あるいは

　　(49) 母が隣の部屋<u>カラ</u>尋ねた。（原田・滑 1990：45）

のような「カラ」によってトコロが示される表現には、"欣賞、说、发问"に対応するとされる「楽しむ、言う、尋ねる」のような方向性が比較的弱い動作・行為を表わす動詞を用いることができるが、「デ」によってトコロが示される表現にこれらの動詞を用いると (2)" のように不自然とされるか、(14) あるいは

　　(49)' 母が<u>隣の部屋デ</u>尋ねた。（原田・滑 1990：45）

のように、自然な表現として成立はするものの、「言う」、「尋ねる」の相手がトコロに存在することを含意する表現となる。

　上記のことから、心理的方向性を有する動作・行為を表わす場合、日本語の「トコロ・カラ Vする」表現は、主体のみがトコロに存在する場合に一律に用いられるのに対し、中国語の"从・トコロ＋V"表現は、主体のみが

トコロに存在することを要求するのに加え、客体に対する方向性を「トコロ・カラ Vする」表現の場合よりも強く要求することが理解できよう。

　また、7.2.2で述べたように、主体が客体をトコロから取りはずすというコトガラを表わす場合、中国語の"在・トコロ＋V"表現は、(4)、(31) のように動作・行為が方向性を含んだものであれば、表現中に動作・行為の方向を表わす成分がなくても自然な表現として成立するが、(20)、(31)'のように"从"を用いると動作・行為の方向性が明確となる。これに対し日本語の「トコロ・デ Vする」表現の場合には、(4)"や、(31) を日本語で表現した

　　(31)"　＊二人は箱の中デ物を取った。

のように非文となる。(4)"、(31)" は、述語動詞「取る」を、それぞれ「取り上げる」、「取り出す」のような方向を表わす成分を付加した形式に改めても、「デ」を「カラ」に置き換えない限りは非文となる。

　主体が客体をトコロの範囲外に移動させるというコトガラを表わす場合、中国語においては、(5) のような状態表現であれば"从・トコロ"よりも"在・トコロ"を用いる方がbetterである。これに対し日本語においては、(5)"のような「トコロ・デ」を用いた表現は成立せず、(5)'のような「トコロ・カラ」を用いた表現としなければならない。7.1.2で述べたように、日本語の「トコロ・デ」が動詞表現に用いられるためには、述語の表わす出来事が主体の意志による動的かつ時間有限的なものであるという使用条件を満たしていなければならない。従って、「トコロ・デ」を用いた動詞表現は動作性が極めて強く、状態表現として用いられる可能性は極めて低いということができる。

　主体が客体をさがすというコトガラを表わす表現において、主体がトコロに存在しない場合、中国語においては (6)、(22) および (6)"、(22)'のように、"在"、"从"のいずれによってトコロを示すことも可能であるのに対し、日本語においては、(6)"のような「トコロ・デ」を用いた表現は成立せず、(6)'のような「トコロ・カラ」を用いた表現としなければならない。(6)'は、トコロが動作・行為の起点として表現されているという点では (22) と共通しているが、客体がトコロに存在するか否かが明白でないという点では (6) と共通している。(22) は (6) に比べ、客体がトコロに存在するというニュアンスが強く感じられる。

このように、客体をトコロの範囲外に移動させる（orさせようとする）というコトガラを表わす場合、日本語においては「**カラ**」によるトコロ表示がなされるのに対し、中国語においては"在"、"从"いずれによるトコロ表示も可能であり、"在"を用いた場合には動作・行為がトコロの範囲内で行なわれている段階を、"从"を用いた場合には動作・行為がトコロの範囲を越えた段階を表わすという傾向がみられる。このことは、日本語の動詞とは異なって、中国語の動詞の多くが動作・行為の過程段階を表わすものであることと関係していると考えられ、"在"を用いる場合にはトコロの範囲内における動作・行為のありようを、"从"を用いる場合にはトコロを越えた動作・行為の方向性をそれぞれ視野におさめた表現となるということである。

注

1) 第3章の注5を参照。俞咏梅1999：22は、"在菜板上放了块肉"、"在菜板上拿了块肉"、"在菜板上刨肉"における"在菜板上"は、それぞれ"終点"、"起点"、"原点（動作・行為の場所）"を表わすとしているが、本章ではこれらはいずれも「動作・行為が行なわれるトコロ」を表わすという見解をとっている。このように考えれば、王占华1996：38-39に挙げられている"他在地里拣麦穗。"のような多義文の存在も理解できよう。同：38によれば、この表現例は、①"麦穗"のみが"地里"に存在する、②"他"のみが"地里"に存在する、③"他"、"麦穗"の双方が"地里"に存在する、のいずれの事実を前提とした表現として用いることも可能である。

2) 「出発点のむすびつき」については荒1983：399を参照。

3) 原田・滑1990：45は、"在"に対して日本語の「カラ」が対応するケースは動作・行為がある距離を要する場合であり、声や音を出すことを意味する動詞や、視覚に関係した動詞を用いた表現例が多くみられると指摘している。但し(3)'の場合、動作・行為が向かう先は客体ではなく相手ということになる。

4) 「取る」をはじめとする「とりはずし場所のむすびつき」をつくる動詞については、荒1983：417を参照。この種の結びつきについては奥田1983c：31-33においても言及されている。

5) この場合の「対象」とは、動作・行為が成立するために必要な成分を指す。第3章の注2に挙げた奥田1983bの「対象」と同様である。

6) 「とりはずし場所のむすびつき」をとる名詞と動詞との組み合わせは、奥田1983c：27-31のいう「とりつけのむすびつき」の場合とは反対方向の動作・行為を表わす。「とりつけのむすびつき」を表わす連語は、「を格」の名詞で示される第一の対象を「に格」あるいは「へ格」の名詞で示される第二の対象にくっつけるという関係を表現しており、動詞は、「を格」の名詞との間には「とりつけのむすびつき」を、「に格」の名詞との間には「くっつきのむすびつき（奥田1983b：295-298）」を有することとなる。「とりはずし場所のむすびつき」を構成する名詞が表わすトコロは、出来事の成立に直接的に関わるという点においては、3.1.1で述べた「くっつきのむすびつき」における「非トコロ」の場合と同様である。

7) 「とりはずし場所のむすびつき」との共通点、相違点については奥田1983c：33-36、荒1983：417-418を参照。

8) このようなコトガラを表わす場合、例えば"他在书本里找例句。（齐沪扬1998：102）"に対する「彼は本（の中）ノ例文を探す。」、「彼は本（の中）カラ例文を探す。」のように二通りの日本語の表現が対応するケースがある。第2章の考察対象である前者においては、動作・行為が客体におよぶと同時にトコロにも向かうというとらえ方が、後者においては動作・行為がトコロの範囲外に向かうというとらえ方がそれぞれなされている。同様のことは、とりはずし動作を表わす(4)のような表現例についてもあてはまる。

9) (9)、(10)はいわゆる多義文である。この点については中川1990：232-233、237お

よび第2章の注14、注18のほか、王占华1996：33を参照。
10) この点についてはさらに渡辺1983：361を参照。
11) 「電話をかける」が「何をかけるのか？」に対する返答として用いられることはないという点からもこのことは明白である。
12) この点は、丸尾2002：121-122に挙げられている表現例をみても明白である。
13) この点については范継淹1982：81を参照。
14) "－见"が動詞を無意志動詞化する働きを有する点については太田1958：183、香坂1983：36に述べられているが、(24)' のように"从・トコロ"と共起した場合には客体に対する動作・行為の方向性が明確となり、主体の意志が存在することを含意すると考えられる。
15) 丸尾2002：121に挙げられている"从山顶上能看到城市"が成立するのは、"看"という動詞が同：123の指摘するように"发出义"を有するのに加え、"－到"によって視線の到達点が示されているため動作・行為の方向性が明確であることによると考えられる。
16) (30) は、李临定1988：20においては (30)' と同様の内容を表わす表現として成立するとされつつも「？」のマーキングがなされている。李は、(30) が"我把灯端在小炕桌上，坐下来整理材料。"とは反対方向の動作・行為を表わしているとしており、同様の例が俞咏梅1999：21、24、丸尾2005：87、104にみられる。このことは、"在"に「カラ」が対応するケースは"在・トコロ＋Ｖ"形式に限られるという原田・滑1990：45-46の記述、「起点」を表わす"在・トコロ"は動詞の前に位置し、動詞の後に置くことはできないとする俞咏梅1999：26の記述とも符合する。俞は、"ＮＰ＋在＋処所＋ＶＰ"の語順が時間の流れに沿ったコトガラの認識の順序を反映していると指摘している。この点については、盧濤1997：107、同2000：91、丸尾2005：86-88にも同様の記述がみられる。
17) 例えば"在手里端了半天，也找不着地方放。"における"端"は移動をともなわない。
18) (4)、(20) の"抓"も「取る」という概念を表わし、"拿"と同様に移動をともなう動作としての性格が強い。
19) 丸尾2005：151は、対象（本章でいう「客体」）の移動を表わす場合には、"在"、"从"の使用の可否についてインフォーマントの判断にゆれがみられるが、そこには移動事象に関わる要素に対する発話者の認識が多分に影響を与えているとし、同：229は、"在／从墙上起钉子"、"在／从菜板上拿了块肉"において"在"、"从"のいずれを使うかということには、"起"や"拿"という動作自体に「方向義」、「動作義」のいずれをより強く読み取るかということが関わってくるとしている。同様に、丸尾2002：125は"在锅里盛饭"、"？从锅里盛饭"について、話者が"盛饭"という行為に客体の移動を意識するか否かが表現の成立の可否を決定しており、"在／从猫身上抓跳蚤"、"在／从书包里拿书"、"我在／从小炕桌上端了灯。"については、客体の移動が明白に意識される場合において"从"が用いられるとしている。このことは (31)、(31)' においては、前者が「箱の中から物を取り出そうとする段階」を、後者が「箱の中身を外に出した段階」をそれぞれ表わすという相違となってあらわれる。

20) 丸尾2005：192は、他動詞表現において、動作の結果として引き起こされるモノの移動の方向が明示されると"在"とは共起できないとして、"在／从书包里拿一本书"、"？在／从书包里拿出一本书"という例を挙げている。この点は、同：153、丸尾2002：120においても言及されている。同様の見解が斉沪扬1998：102-103にもみられ、"他在书本里找例句。"は成立するのに対し"＊他在书本里找出例句。"は非文であり、"他从书本里找出例句。"としなければならないとしている。但し、(29)の"-起"のようにトコロに対して垂直方向の移動を表わす成分が補語となっている場合は"在"によりトコロを示すことが可能である。ちなみに、王占华1996：50-51には上記の丸尾、斉の見解に反する表現例が挙げられているが、移動の方向性が明示されている場合には"在"よりも"从"を用いる方がbetterであることが否定されるものではない。本章では、"在・トコロ＋V"表現は(32)のように複合方向補語をともなう場合には一般に成立しないが、"-出"のような単純方向補語をともなう場合には成立の可能性がより高くなるという考え方をとる。

21) (32)"は、例えば"他在口袋里拿了十块钱，就跑出去了。"と同様に二つの動作を表わす表現である。(32)は、"在"が用いられることにより、実際の動作が「探る」、「取り出す」の二つであることが暗示される表現となっている。

22) 但し、後述するように主体がトコロに存在する場合はこの限りではない。

23) このような例として、西槇1992：106-107は、"他从书柜里拿书。"、"他往书柜里放书。"および"他从锅里舀水。"、"他往锅里倒水。"を挙げている。この点についてはさらに西槇1993：50-51を参照。

24) 丸尾2002：127は、主体、客体の双方がトコロに存在する場合にも、"从"を用いると領域外への移動を表わすこととなるとして、"他从地上捡石头。"という例を挙げている。さらに丸尾2005：193は、"在"と"从"の対立が「領域内」と「領域外」という移動領域の相異に反映される例として、"他在河边拉沙子。彼は川辺デ（一輪車などで）砂を運んだ。"、"他从河边拉沙子。彼は川辺カラ砂を運んだ。"、"他在沙滩上捧沙子。彼は砂浜デ砂をすくった。"、"他从沙滩上捧沙子。彼は砂浜デ砂をすくって（別のところに移動して）いった。"という例を挙げている。

25) 丸尾2002：124、同2005：193は、"买"、"借"などについては、その「獲得」という性格から対象となる事物の移動が読みとれるため、トコロを"在商店买东西"、"在图书馆借书"のような「動作・行為の場所」としてのみならず、"从商店买东西"、"从图书馆借书"のような「モノの出どころ」としてとらえることも可能であるとしている。このことは(39)、(39)'についてもあてはまると考えられ、"从"を用いた(39)'は、主体が客体をともなってモノの出どころとは別の領域に移動することを含意する表現となる。

第8章
身体部分表現の日中対照（1）

8.0 はじめに
　衣服・装飾品などを身につける動作を表わす場合、中国語では
　　（1）他身上穿着一件毛衣。
の実線部のようにトコロ（＝身体部分）として表現される成分が、日本語では
　　（1）'彼はセーターを着ている。
のように、対応する成分として表現されないケースがみられる。このような現象は、コトガラを表現する際にヒト中心の表現方法、状況中心の表現方法のいずれをとるかという相違にもとづくものであり、それぞれの言語における身につけ動詞が表わす概念とも深く関わっている。
　本章は、身につけ動作を表わす中国語の"主体＋トコロ＋V＋客体"表現と、これに対応する日本語の「主体は（が）客体をVする」表現との対照を通じて、このような表現形式上の相違が生じる統語的・語彙的要因を明らかにし、そこから生じる表現構造の相違について考察することを目的とする。

8.1 表現形式の相違と身につけ動詞の概念
8.1.1 状況中心の"主体＋トコロ＋V＋客体"表現
（1）、（1）'と同様の表現例としては、以下のようなものが挙げられる。
　　（2）他身上披着一件大衣。
　　（2）'彼はオーバーをはおっている。
　　（3）他腿上穿着一条裤子。
　　（3）'彼はズボンをはいている。
　　（4）他脚上穿着一双皮鞋。
　　（4）'彼は革靴をはいている。
　　（5）他脚上穿着一双袜子。
　　（5）'彼は靴下をはいている。
　　（6）他头上戴着一顶帽子。
　　（6）'彼は帽子をかぶっている。

(7) 他脖子上系着一条领带。
(7)' 彼はネクタイをしている（締めている）。
(8) 她脖子上戴着一条项链。
(8)' 彼女はネックレスをしている。
(9) 她脖子上围着一条丝巾。
(9)' 彼女はマフラーをしている（巻いている）。
(10) 她嘴上戴着一副口罩。
(10)' 彼女はマスクをしている。
(11) 他脸上戴着一副眼镜。
(11)' 彼は眼鏡をかけている。
(12) 他手上戴着一副手套。
(12)' 彼は手袋をしている（はめている）。
(13) 她手指上戴着一枚戒指。
(13)' 彼女は指輪をしている（はめている）。
(14) 他手腕上戴着一块手表。
(14)' 彼は腕時計をしている（はめている）。

(1)～(14)の表現例は、いずれも"主体＋トコロ＋V＋客体"形式をとっている。この形式においては、トコロはいわゆる「小主語」として"V＋客体"と直接的に結びついて共に述語を構成し、主体はこの述語に対するいわゆる「大主語」となっている[1]。すなわち(1)～(14)の表現例は、大きく"主体"と"トコロ＋V＋客体"に分かれ、"トコロ＋V＋客体"の部分はさらに"トコロ"と"V＋客体"に分かれるということである。このことは、"V＋客体"との統語上の結びつきの強さという点において、主体よりもトコロの方が優位にあるということを示している。(1)～(14)におけるトコロは主体であるヒトの身体部分であり、ヒト全体に比べるとVの表わす出来事に最も深く関わる範囲に限定されている。"主体＋トコロ＋V＋客体"表現におけるトコロと主体との間には以上のような相違が存在するため、述語動詞の表わす出来事との関わりは前者の方がより深いこととなる。

さらに、(1)～(14)から主体を表わす成分を除いた部分は、いずれも"トコロ＋V＋モノ"形式をとっている点でいわゆる存現文と共通している。この部分は単独で用いることができないため存現文の範疇に入るものではないが、存現文に極めて近い性格を有するということができる[2]。存現文におい

てはトコロを表わす成分は極めて重要であり、出来事の成立に深く関わるものであるが、(1)〜(14)におけるトコロは前述したように主体よりも出来事との関わりが深いため、通常の存現文におけるトコロに類似した成分であるとみてさしつかえない。(1)〜(14)におけるトコロはいずれも主体であるヒトの身体部分であり、いわば主体を表わす名詞の意味素性の一部分を取り出したものであるため、後述するようにトコロを表現しない"主体＋Ｖ＋客体"形式をとる表現も成立する。このことから、"主体＋トコロ＋Ｖ＋客体"形式におけるトコロは必ずしも不可欠の成分ではないようにみえるが、実際には、前述したように統語上"Ｖ＋客体"との結びつきが主体よりも強いこと、主体であるヒトのうち、Ｖの表わす出来事に最も深く関わる部分を表わすことによって、主体全体よりも出来事との関わりが深いことは明白である。

(1)〜(14)における主体とトコロとの間には以上のような相違が存在するが、両者はいずれもコトガラの成立に不可欠の内包的要素であるという点では共通しており、コトガラは主体、トコロ、Ｖ、客体の４者によって構成されている[3]。一方、日本語の表現である(1)'〜(14)'における主体、客体はいずれもＶの表わす出来事に直接的に関わる成分であり、コトガラは主体、Ｖ、客体の３者によって構成されている。このように、(1)〜(14)と(1)'〜(14)'では、コトガラを構成する成分の数が異なる。また、(1)〜(14)における主体と"Ｖ＋客体"との統語上の結びつきは前述したように直接的ではないのに対し、(1)'〜(14)'における主体と「客体をＶする」との結びつきは直接的である。このため、(1)'〜(14)'の場合は主体であるヒトが表現の中心に据えられているのに対し、(1)〜(14)の場合は主体であるヒトが表現全体の中心に据えられると同時に、主体の身体部分としてのトコロが述語の中心に据えられていることとなる。このことは何を意味するのであろうか。

國廣1974a：48-49、同ｂ：47-48[4]は、日英両言語の間にみられる表現構造の相違（表現から統語構造の相違を取り除いてなお残る相違）の一つとして、英語はヒト中心の表現方法をとるのに対し日本語は状況中心の表現方法をとるということがあると指摘し、以下の表現例を挙げている。

  (15) They gave us chicken.
  (15)' ごちそうは鶏肉だった。

そして、同一のコトガラが、(15)ではヒトの行為として表現されている、すなわちヒトを表現の中心に据えてそのヒトが何か活動したり認識したりす

195

る形をとっているのに対し、(15)'ではヒトを表現の表面に出さず状況としての「ごちそうは鶏肉だ」ということを表現の中心に据えている、すなわち場面の状況をとらえて表現する形をとり活動や認識の主体としてのヒトは背景に後退している、としている。國廣1974b：48-50はまた、英語ではヒトを全体的にとらえて表現の中心に置くのに対し、日本語ではヒトの一部のみをとらえて表現すると指摘し、以下の表現例を挙げている。

　　(16)　I've got a pain in my stomach.
　　(16)'　(私は) 胃が痛む。[5]
　　(17)　He's broken a bone.
　　(17)'　(彼は) 骨が一本折れている。

　國廣の指摘を参考にして (1)～(14) と (1)'～(14)' との相違をみていくと、以下のようになる。後者においては主体であるヒトの動作としてコトガラが表現されているのに対し、前者においては主体であるヒトが表現の中心となっているものの、述語の中心はヒトの一部分としてのトコロであり、また、述語の部分が前述したように存現文と共通した形式をとっているため、主体の動作ではなく客体のトコロにおける存在としてコトガラが表現されていることとなる。つまり、後者が完全なヒト中心の表現であるのに対し、前者はヒトについて述べる表現でありながらさらにその身体部分としてのトコロにも視点が置かれているため、完全なヒト中心の表現ではない。従って、前者は後者に比べてヒト中心の表現としての性格が弱い。ということは、それだけ状況中心の表現としての性格が強いと考えられる。

8.1.2　「ドコニ」を内包する日本語の身につけ動詞

　(1)～(6) と (1)'～(6)' を比較すると、相互に対応するとされる述語動詞の間には以下のような相違がみられる。(1)'～(6)'の「着る」、「はおる」、「はく」、「かぶる」はいずれも身体の「ドコニ」[6]つけるかを明確に表わし、いわばこれらの動詞自身に「ドコニ」が内包されている。「着る」、「はおる」は「上半身あるいは上半身を含む身体全体」に、「はく」は「足あるいは足を含む下半身」に、「かぶる」は「頭あるいは頭を含む身体全体」につける動作を表わすものである[7]。一方"穿"は、例えば「袖に手を通して身につける、靴や靴下に足を突っ込んで身につける」のように「身体の一部を通して身につける」という点に特徴があるが、このことは (1)'の「着る」、(3)'

〜(5)' の「はく」に対し、(1)、(3)〜(5) の"穿"が対応していることから明白である。また、(6) の"戴"は"帽子"、"眼鏡"、"戒指"、"花儿"、"手套"などのいずれを身につける場合にも用いることが可能な動詞であり、その表わす概念は「モノを身体の一部にくっつける」ことである。(2) の"披"は「腕を通さずに身につける」という点に特徴があるが、このことは"披着衣裳没伸上袖子（着物をひっかけて袖を通していない）"という表現が成立することにより明白である。以上のように、"穿"、"披"、"戴"はいずれも「ドノヨウニ身につける」を表わすが「ドコニ身につける」は表わさない。つまり、これらの動詞には「ドコニ」が内包されていない[8]。このため、"穿"、"披"、"戴"を用いた (1)〜(6) の場合には、これらの動作が行なわれるトコロを実線部のように表現することが可能であるが、「ドコニ」が内包されている「着る」、「はおる」、「はく」、「かぶる」を用いた (1)'〜(6)' の場合には、「ドコニ」を加えると動詞との間に意味の上で衝突が生じ、以下のようにいずれも非文となる。

　　(1)"　＊彼は身体ニセーターを着ている。
　　(2)"　＊彼は身体ニオーバーをはおっている。
　　(3)"　＊彼は足ニズボンをはいている。
　　(4)"　＊彼は足ニ革靴をはいている。
　　(5)"　＊彼は足ニ靴下をはいている。
　　(6)"　＊彼は頭ニ帽子をかぶっている。

これに対し、例えば
　　(18)　その強盗は頭ニストッキングをかぶっていた。
のように客体であるモノが本来の用途とは異なる使い方をされている場合や
　　(19)　その男は素足ニ草履を履いていた。
のように「ドコニ」の部分が連体修飾成分をともなって特に注目すべきものを表わす場合、あるいは
　　(20)　外は寒いから（私は）セーターの上ニオーバーをはおっていく。
のように「重ねて身につける」ことを表わす場合には「ドコニ」を加えることができる。但し、このような場合でも「ドコニ」によってコトガラをより正確に表わすことはできるものの、それが必須の成分であるというわけではない。

　また、(1)'、(2)' の「着る」、「はおる」はいずれも「身ニつける」によっ

て置き換えることが可能である。その場合、「ドコニ」が特定されている点、動詞「つける」には「ドコニ」が内包されていない点では(1)、(2)と共通する。しかし、「身ニつける」という表現は、「ドコニつける？」に対する返答として用いられるものではないため、

 (21) a 彼はセーターを身ニつけている。
 (22) a 彼はオーバーを身ニつけている。

は成立するが、

 (21) b ＊彼は身ニセーターをつけている。
 (22) b ＊彼は身ニオーバーをつけている。

のように「身ニ」と「つける」が切り離されて用いられることはない。従って、「身ニつける」は「着る」や「はおる」と同じく一概念を表わすものであるとみてさしつかえない[9]。(7)'〜(14)'の「する」、「締める」、「巻く」、「かける」、「はめる」は、(1)'〜(6)'の「着る」、「はおる」、「はく」、「かぶる」とは異なり、それらの動詞自身からは身体の「ドコニ」つけるかが明白でない[10]。この点では(1)〜(6)の"穿"、"披"、"戴"と同様である。但し、客体である「ネクタイ」、「ネックレス」、「マフラー」、「マスク」、「眼鏡」、「手袋」、「指輪」、「腕時計」はいずれも身体のどこにつけるかが明白なものであり、日本語ではこれらを身につけることを表わす場合には、通常「ドコニ」を表現しない。(7)'〜(14)'の表現例に「ドコニ」を補うと、以下のようにいずれも非文もしくは不自然な表現となる。

 (7)" ＊彼は首ニネクタイをしている（締めている）。
 (8)" ？彼女は首ニネックレスをしている。
 (9)" ？彼女は首ニマフラーをしている（巻いている）。
 (10)" ＊彼女は口ニマスクをしている。
 (11)" ＊彼は顔ニ眼鏡をかけている。
 (12)" ＊彼は手ニ手袋をしている（はめている）。
 (13)" ＊彼女は指ニ指輪をしている（はめている）。
 (14)" ＊彼は腕ニ腕時計をしている（はめている）。

上記の表現例のうち、(7)"、(10)"、(11)"はどのような状況を設定しても非文となるが(8)"、(9)"、(12)"〜(14)"は、以下のような状況設定をすれば自然な表現として成立する。

 (8)"' 彼女は首ニ真珠のネックレスをしている。

(9)‴　彼女は首ニ真赤なマフラーをしている（巻いている）。
(12)‴　彼は片手ニ手袋をしている（はめている）。
(13)‴　彼女は左手の薬指ニ指輪をしている（はめている）。
(14)‴　彼は右腕ニ純金の腕時計をしている（はめている）。

　(8)‴、(9)‴における客体を表わす名詞は、いずれも連体修飾成分によってそれがどのようなものであるかが説明されている。従って、これらの表現例はいずれも、客体に連体修飾成分がない(8)″、(9)″に比べ、話者の視点が客体よりに置かれているということができる。客体に視点が置かれれば、その客体が身体の「ドコニ」つけられるかということにもおのずと表現の比重が置かれることとなり、身体部分表現が可能になると考えられる。しかし、このような場合においても「ドコニ」は不可欠の成分ではなく、これがなくてもコトガラは成立する。一方、(12)‴、(13)‴の場合は客体に連体修飾成分がないが、実線部はそれぞれ「片手ニ」、「左手の薬指ニ」であるから(12)″、(13)″の実線部よりもさらに特定された身体部分に表現の比重が置かれる結果、自然な表現として成立するのである。(14)‴に対しては、身体部分に視点が置かれた「彼は右腕ニ腕時計をしている」、客体に視点が置かれた「彼は腕ニ純金の腕時計をしている」のいずれも自然な表現として成立するため、(14)‴は客体、身体部分の双方に視点が置かれた自然な表現として成立する。

　以上のように、日本語において身につけ動作を表わす表現に「ドコニ」が用いられるためには、通常は述語動詞、客体を表わす名詞のいずれにも「ドコニ」が内包されていないことが要求される。これに対し中国語の身につけ動詞"穿"、"披"、"戴"、"系"、"围"には、前述したように「ドコニ」が内包されていない。動詞に「ドコニ」が内包されていないと、客体を表わす名詞に「ドコニ」が内包されていても「ドコニ」が十分に特定されないため、(1)～(14)のような身体部分表現が成立すると考えられる。

8.2　身につけ動作を表わす中国語の諸形式
8.2.1　"主体＋トコロ＋V＋客体"と"主体＋V＋客体"

　日本語の(1)'～(14)'と同様に、(1)～(14)からトコロを表わす成分を除いた以下のような表現例も成立する。

　　(23) 他穿着一件毛衣。

(24) 他披着一件大衣。
(25) 他穿着一条裤子。
(26) 他穿着一双皮鞋。
(27) 他穿着一双袜子。
(28) 他戴着一顶帽子。
(29) 他系着一条领带。
(30) 她带着一条项链。
(31) 她围着一条丝巾。
(32) 她戴着一副口罩。
(33) 他戴着一副眼镜。
(34) 他戴着一副手套。
(35) 她戴着一枚戒指。
(36) 他戴着一块手表。

(1)～(14) と (23)～(36) を比較すると、前者は実線部のトコロと他のトコロ（＝身体部分）との対比を前提とした表現であるのに対し、後者はそうではないという相違がみられる。例えば、(1)、(2)、(7)、(8) にはそれぞれ

(37) 他身上穿着一件毛衣，头上戴着一顶帽子。
(38) 他身上披着一件大衣，脚上穿着一双皮鞋。
(39) 他脖子上系着一条领带，手上戴着一副手套。
(40) 她脖子上戴着一条项链，手上戴着一块手表。

のように後件を続けることができるが、このことは"主体＋トコロ＋V＋客体"が"主体＋V＋客体"に比べ、トコロに表現の比重が置かれた形式であることを意味する。

また、以下の表現例にトコロを補うことができないのは、身につけ動作が抽象的な内容であることによる。

(41) 我想穿上白大衣研究红血球。

(41) の"穿上白大衣"は「白衣を着る」という具体的な動作ではなく、「医者（あるいは医療関係の技師など）になる」という抽象的なコトガラを表わしている。(41) の場合、"穿上"の前に"身上"を付加すると具体的な動作を表わす表現となって内容上の矛盾が生じ、非文となる。このことは、以下の表現例に対してはトコロを付加することが可能であることと比較すれば明白である。

(42) 赵慧文正在这里，她穿着紫黑色的毛衣，脸儿在灯光下显得越发苍白。(组织部)

(42)の"她穿着紫黑色的毛衣"は具体的な情景を描写しているのであり、このような場合には"穿"の前に"身上"を付加して以下のような表現とすることが可能である。

(42)' 她身上穿着紫黑色的毛衣，脸儿在灯光下显得越发苍白。

(42)'はトコロが表現されている分だけ(42)よりも詳細かつ具体的な表現となっている。さらに以下の表現例にみられるように、"主体＋V＋客体"表現においては願望を表わす助動詞「要」を用いることができるが[11]、"主体＋トコロ＋V＋客体"表現においてはそれができない。

(43) a 他要穿新毛衣。　　　b ＊他要身上穿新毛衣。
(44) a 他要穿皮大衣。　　　b ＊他要身上穿皮大衣。
(45) a 他要穿牛仔裤。　　　b ＊他要腿上穿牛仔裤。
(46) a 她要穿高跟鞋。　　　b ＊她要脚上穿高跟鞋。
(47) a 他要穿长筒袜。　　　b ＊他要脚上穿长筒袜。
(48) a 他要戴鸭舌帽。　　　b ＊他要头上戴鸭舌帽。
(49) a 他要系真丝领带。　　b ＊他要脖子上系真丝领带。
(50) a 她要戴金项链。　　　b ＊她要脖子上戴金项链。
(51) a 她要围羊毛围巾。　　b ＊她要脖子上围羊毛围巾。
(52) a 她要戴新口罩。　　　b ＊她要嘴上戴新口罩。
(53) a 他要戴太阳镜。　　　b ＊他要脸上戴太阳镜。
(54) a 他要戴皮手套。　　　b ＊他要手上戴皮手套。
(55) a 她要戴白金戒指。　　b ＊她要手指上戴白金戒指。
(56) a 她要戴西铁城表。　　b ＊她要手腕上戴西铁城表。

主体であるヒトの身体部分をトコロとして観察することができるのは、主体とは別の話者である。このため"主体＋トコロ＋V＋客体"表現は、話者の視点を主体から離し、いわば第三者的な視点からコトガラを描写するものであるということができる[12]。一方、願望を表わす助動詞"要"を用いた表現は主体の意志を問題とするものであるが、意志なるものは一種の心理活動であり、他者が直接それを認識することができないという点で具体的な動作・行為とは異なる。話者が主体の心理活動に言及するためには自らの視点を主体に近づけなければならない[13]が、"主体＋トコロ＋V＋客体"形式を

とる表現において主体の願望を表わす"要"を用いることは、話者の視点が主体から離れた表現形式において視点を主体に近づけようとする成分を用いることとなる。従って、(43)〜(56)のｂはいずれも表現の視点の置き方において矛盾が生じるため非文となる。これに対し、"主体＋Ｖ＋客体"表現は主体、話者いずれの視点からコトガラを描写するかにかかわりなく用いることができるため、(43)〜(56)のａはいずれも自然な表現として成立するのである。(43)〜(56)のａが自然な表現として成立するのに対しｂが非文となる理由としては、このような表現の視点の問題のほか、さらに、動作は主体の意志にもとづくものであるため主体の願望の対象となり得るのに対し、存在は主体の意志にもとづくものではないため主体の願望の対象となり得ないということも挙げられる。

　ところで、8.1.1で述べたように、(1)〜(14)における"トコロ＋Ｖ＋客体"の部分は存現文に極めて近い性格を有するのであるが、このことは、(1)〜(14)を(23)〜(36)と比較するとより一層明白となる。(23)〜(36)においては、Ｖをはさんで客体と対立する関係にあるのは主体であるため、"Ｖ着"は主体の動作の結果としての状態を表わすこととなる。これに対し、(1)〜(14)においては、Ｖをはさんで客体と対立する関係にあるのは主体ではなくトコロであるため、"Ｖ着"は客体の存在のありようを具体的に表わすこととなる。つまり、(23)〜(36)におけるＶはいずれも純粋な動作動詞であるのに対し、(1)〜(14)におけるＶは純粋な動作動詞ではなく、いわゆる「存現動詞」としての性格を有するということである。藤堂1981：65は、一つの動詞がいわゆる「他動詞」としての意味と「存現動詞」としての意味のいずれをも表わす場合があるとして、"他写着字呢。"と"黒板上写着几个字。"という例を挙げている。藤堂の指摘によれば、"写着"は前者においては「書いている」という動作の持続を、後者においては「書いてある」という状態を表わしていることとなる。すなわち、前者の場合は他動詞として、後者の場合は存現動詞として働いているのである。換言すれば、ある動詞が他動詞として働く場合には「誰かがそうしている」ことを、存現動詞として働く場合には「そうなっている」ことをそれぞれ表わすということである。(1)〜(14)における"トコロ＋Ｖ＋客体"は、8.1.1で述べたように完全な存現文ではないため、Ｖを純粋な存現動詞であると断定することはできない。しかし、(23)〜(36)におけるＶが主体の動作を表わす純粋な動作動詞であるの

に対し、(1)～(14)におけるVはトコロ（＝身体部分）における客体の存在を具体的に表わすものであるため、存現動詞的な性格がより強いということは明白である。また、(1)～(14)、(23)～(36)における"V着"を"V了"の形式に置き換えた場合、いずれも自然な表現として成立するが、この場合にも同様の相違がみられる。すなわち、"主体＋トコロ＋V了＋客体"形式をとる場合には、"V了"は客体が主体の身体部分であるトコロに出現したことを表わすため、Vは存現動詞としての性格がより強い。これに対し、"主体＋V了＋客体"形式をとる場合には、"V了"は主体の動作が行なわれたことを表わすため、Vは純粋な動作動詞である[14]。従って、"主体＋V＋客体"は、話者がコトガラを主体の動作と認識した場合の表現形式であるのに対し、"主体＋トコロ＋V＋客体"は、コトガラを「主体について言えば、その一部分としてのトコロに客体が存在する（or 出現した）」と認識した場合の表現形式であるということとなる。

Vが主体の純然たる動作を表わす場合には"主体＋トコロ＋V＋客体"表現が成立しないため、例えば

(23)' 他穿上毛衣，出去了。

に"身上"を付加することはできない。(23)'の"他穿上毛衣"と"出去了"との間には時間的な前後関係が存在し、ともに"他"の純然たる動作を表わしている。

8.2.2 "主体＋トコロ＋V＋客体"と"主体・的＋トコロ＋V＋客体"

(1)～(14)に対しては、"主体・的＋トコロ＋V＋客体"形式をとる以下のような表現例が成立する。

(57) 他的身上穿着一件毛衣。
(58) 他的身上披着一件大衣。
(59) 他的腿上穿着一条裤子。
(60) 他的脚上穿着一双皮鞋。
(61) 他的脚上穿着一双袜子。
(62) 他的头上戴着一顶帽子。
(63) 他的脖子上系着一条领带。
(64) 她的脖子上戴着一条项链。
(65) 她的脖子上围着一条丝巾。

(66) 她的嘴上戴着一副口罩。
(67) 他的脸上戴着一副眼镜。
(68) 他的手上戴着一副手套。
(69) 她的手指上戴着一枚戒指。
(70) 他的手腕上戴着一块手表。

　(1)～(14) と (57)～(70) を比較すると、以下のような相違がみられる。すなわち、前者においては主体が表現の中心となっているのに対し、後者においては主体の身体部分であるトコロが表現の中心となっている。このことは、話者の視線が、前者の場合にはヒト全体および身体部分に向けられているのに対し、後者の場合には身体部分のみに向けられていることを意味する。両者はいずれも、コトガラを「客体のトコロにおける存在」と認識した表現である点において共通している。しかし、後者においては主体であるヒトが表現の中心となっていないためヒト中心の表現としての性格がより弱く、その分状況中心の表現としての性格が強いこととなる。

　また、8.1.1で述べたように、(1)～(14) は"トコロ＋V＋客体"の部分が存現文に極めて近い性格を有するが、表現全体はヒトについて述べるものとなっている。これに対し (57)～(70) の場合、主体はトコロに対する連体修飾成分にすぎないため、表現の基本的な構造は"トコロ＋V＋客体"であり、表現全体が完全な存現文の形式となっている。さらに、(1)～(14) よりも (57)～(70) の方が客体を修飾する数量詞の必須度が高く、このことによっても (57)～(70) は (1)～(14) に比べ、存現文としての完成度がより高いことは明白である。

　このようにみてくると、(57)～(70) におけるVは純粋な存現動詞であり、(1)～(14) におけるVは存現動詞としての性格が (57)～(70) のそれほど強くなく、動作動詞としての性格を一定程度残していることが理解できよう。つまり、(1)～(14) のVは、(23)～(36) のVに比べるとより存現動詞的であり、(57)～(70) のVに比べるとより動作動詞的であるということである。

8.2.3　"主体＋トコロ＋V＋客体" と "在・トコロ＋V" 表現

　トコロを含む動詞表現としては"主体＋トコロ＋V＋客体"表現のほか、"主体＋在・トコロ＋V＋客体"あるいは"主体＋把・客体＋V＋在・トコロ"表現が存在する。但し、身につけ動作を表わす場合には、"主体＋在・

第 8 章　身体部分表現の日中対照（1）

"トコロ＋Ｖ＋客体"よりは"主体＋把・客体＋Ｖ＋在・トコロ"表現が用いられる傾向があり、(1)〜(14) は以下のように、"主体＋把・客体＋Ｖ＋在・トコロ"形式には置き換えられるが"主体＋在・トコロ＋Ｖ＋客体"形式には置き換えにくいという傾向がみられる。

(71) a 他把毛衣穿<u>在身上</u>。　　b ＊他<u>在身上</u>穿着一件毛衣。
(72) a 他把大衣披<u>在身上</u>。　　b ＊他<u>在身上</u>披着一件大衣。
(73) a 他把裤子穿<u>在腿上</u>。　　b ＊他<u>在腿上</u>穿着一条裤子。
(74) a 他把皮鞋穿<u>在脚上</u>。　　b ＊他<u>在脚上</u>穿着一双皮鞋。
(75) a 他把袜子穿<u>在脚上</u>。　　b ＊他<u>在脚上</u>穿着一双袜子。
(76) a 他把帽子戴<u>在头上</u>。　　b ＊他<u>在头上</u>戴着一顶帽子。
(77) a 他把领带系<u>在脖子上</u>。　b ？他<u>在脖子上</u>系着一条领带。
(78) a 她把项链戴<u>在脖子上</u>。　b ？她<u>在脖子上</u>戴着一条项链。
(79) a 她把丝巾围<u>在脖子上</u>。　b ？她<u>在脖子上</u>围着一条丝巾。
(80) a 她把口罩戴<u>在嘴上</u>。　　b ＊她<u>在嘴上</u>戴着一副口罩。
(81) a 他把眼镜戴<u>在脸上</u>。　　b ＊他<u>在脸上</u>戴着一副眼镜。
(82) a 他把手套戴<u>在手上</u>。　　b ＊他<u>在手上</u>戴着一副手套。
(83) a 她把戒指戴<u>在手指上</u>。　b ？她<u>在手指上</u>戴着一枚戒指。
(84) a 他把手表戴<u>在手腕上</u>。　b ？他<u>在手腕上</u>戴着一块手表。

このような傾向がみられるのは、"在・トコロ"を用いた上記の 2 種の表現形式の間には、トコロとＶの表わす出来事との関わりの深さの点で差異が存在するためである。2 種の形式を比較すると、ｂよりもａにおける方が、トコロとＶの表わす出来事との関わりが深い。つまり、3.2.2 で述べたように、ａにおけるトコロは「動作・行為がいきつく先」であり、コトガラ成立にとって不可欠の成分であるが、ｂにおけるトコロはそうではない。(71)〜(84) の実線部が表わすトコロは、8.1.1 で述べたようにいずれも主体の身体部分であり、出来事に対して主体全体よりも深く関わる成分である。このような成分を"主体＋在・トコロ＋Ｖ＋客体"形式によりトコロとして表現しようとすることは、トコロを出来事が成立するための外的な背景として表現するこの形式の性格に反するため、(71)〜(84) のｂはいずれも非文もしくは不自然な表現となる。

(77)〜(79) のｂ、(83)〜(84) のｂはいずれも非文とまではされないが、これらと (7)〜(9)、(13)〜(14) との間にはどのような相違が存在するので

あろうか。(77)b は「彼はネクタイをするという動作を今まさに行なっているところだ」と解されるのに対し、(7) は「彼はネクタイをした状態にある」と解される。このことは

　　(85)　他一边在脖子上系着领带，一边说话。

　　(85)'　＊他一边脖子上系着领带，一边说话。

のような表現例の成立の可否により明白である。"主体＋在・トコロ＋V＋客体"表現は、"主体＋V＋客体"表現に副次補語"在・トコロ"が付加されたものであるため、"主体＋V＋客体"表現と同様に主体の動作の持続を表わすことができる。これに対し"主体＋トコロ＋V＋客体"表現は、8.1.1 で述べたように"トコロ＋V＋客体"の部分が存現文に近い性格を有するため、動作の持続を表わすことはできない。従って、(77)b における"系着"は"系"という動作の持続を、(7) における"系着"は"领带"の存在のありようを表わすこととなるのである。同様のことは (78)～(79) の b および (83)～(84) の b と (8)～(9)、(13)～(14) とを比較した場合にもあてはまる。

　前述したように、"主体＋把・客体＋V＋在・トコロ"は"主体＋在・トコロ＋V＋客体"に比べ、出来事とトコロとの関わりをより深いものとして表現する形式であるが、"主体＋トコロ＋V＋客体"と"主体＋把・客体＋V＋在・トコロ"とを比較した場合はどうであろうか。"主体＋把・客体＋V＋在・トコロ"表現は、主体が客体に働きかけ、その客体がトコロにいきつくというコトガラ（身につけ動作もこの中に含まれる）を表わすのに対し、"主体＋トコロ＋V＋客体"表現は、述語部分が存現文としての性格を有し、トコロは身体部分でなければならない。このため、主体が客体に働きかけてその客体がトコロにいきつくというコトガラのうち、トコロが非身体部分である場合には"主体＋トコロ＋V＋客体"表現が成立しない。例えば以下のような表現例がこれにあたる。

　　(86)　a ＊他黑板上写字。　　　　b 他把字写在黑板上。
　　(87)　a ？他桌子上放了些钱。　　b 他把些钱放在桌子上。
　　(88)　a ＊他墙上贴着标语。　　　b 他把标语贴在墙上。
　　(89)　a ？他手帕里吐了口痰。　　b 他把口痰吐在手帕里。

　(1)～(14) におけるトコロはいずれも主体の身体部分であるのに対し、(86)～(89) におけるトコロはそうではない。このため、(1)～(14) におけるトコロは (86)～(89) におけるトコロよりも、出来事との関わりの深さの

点で優位にあるということができる。(86)〜(89) の a がいずれも非文もしくは不自然な表現となるのは、Vの表わす出来事とトコロとの関わりが (1)〜(14) におけるそれほどには深くないことに起因するのである。従って、"主体＋トコロ＋V＋客体"と"主体＋把・客体＋V＋在・トコロ"とでは、前者の方が、トコロとVとの結びつきをより強いものとして表現する形式であることとなる。また、(86)〜(89) の b は、以下のような"主体＋在・トコロ＋V＋客体"表現に置き換えることができる。

(90) 他<u>在黑板上</u>写字。
(91) 他<u>在桌子上</u>放了些钱。
(92) 他<u>在墙上</u>贴着标语。
(93) 他<u>在手帕里</u>吐了口痰。

以上のことから、身につけ動作と、それ以外の、主体が客体に働きかけてその客体がトコロにいきつくというコトガラとを比較した場合、前者は"主体＋トコロ＋V＋客体"、"主体＋把・客体＋V＋在・トコロ"の2形式によって表わされるのに対し、後者は"主体＋把・客体＋V＋在・トコロ"、"主体＋在・トコロ＋V＋客体"の2形式によって表わされることが明白となった。そしてこのことは、トコロとVとの結びつきが"主体＋在・トコロ＋V＋客体"→"主体＋把・客体＋V＋在・トコロ"→"主体＋トコロ＋V＋客体"の順で強くなっていくことを意味する。

8.3　日本語において「ドコニ」を表現する場合

(1)"〜(6)"、(7)"〜(14)"はそれぞれ
　イ．V、客体のいずれにも「ドコニ」が内包されている
　ロ．Vには「ドコニ」が内包されていないが、客体には内包されている
という特徴を有するため、いずれも非文もしくは不自然な表現である。これに対し

(94) 彼女は<u>頭ニ</u>包帯をしている（巻いている）。
(95) 彼女は<u>右足ニ</u>ギプスをはめている。
(96) 彼女は<u>肩ニ</u>カバンをかけている。
(97) その人は<u>腰ニ</u>風呂敷包みを結わえつけている。
(98) その子は<u>額ニ</u>ばん創膏を貼っていた。

のような表現例は、

第Ⅰ部　中国語前置詞"在"と日本語格助詞の対照

ハ．V、客体のいずれにも「ドコニ」が内包されていない

という特徴を有する自然な表現である。

　そして、イの特徴を有する表現に対しては、(18)～(20) のような極めて特殊な場合を除いては「ドコニ」を付加することができないが、ロの特徴を有する表現の中には、例えば (8)"'、(9)"'、(12)"'～(14)"' のように、客体やトコロに表現の比重が置かれた結果として「ドコニ」を付加することが可能なものがある。これに対し、(94)～(98) における「する（巻く）」、「はめる」、「かける」、「結わえつける」、「貼る」はいずれも身体のどこにつける動作であるかが明白ではなく、客体である「包帯」、「ギプス」、「カバン」、「風呂敷包み」、「ばん創膏」はいずれも身体のどこにつけるモノであるかが明白でないため、このような場合には「ドコニ」は不可欠の成分となる。つまり、イ、ロの特徴を有する表現とは異なり、ハの特徴を有する表現の場合には、主体、V、客体のほか、「ドコニ」もコトガラ成立にとって不可欠の成分である。このことから (94)～(98) の「ドコニ」は、述語動詞との間には3.1.1で述べた「くっつきの結びつき」を、客体との間には奥田1983c：27にいう「とりつけの結びつき」をとっているということができる[15]。(1)'～(14)' は、主体が客体を身体部分にくっつけることを前提とした表現である点においては (94)～(98) と同様であるが、くっつき先としての身体部分が言語表現の上で必須の成分となっていない点においては異なる。身につけ動作を表わす「主体は（が）客体を Vする」表現は、(18)～(20) や (8)"'、(9)"'、(12)"'～(14)"' のように客体のくっつき先を「ニ」によって示す場合があるという点では、第3章であつかった「主体は（が）非トコロ・ニ客体を Vする」表現に類するものであるという見方ができよう[16]。

　ところで、(94)～(98) の実線部はいずれも、主体の身体部分を表わす点において以下の表現例とは異なる。

　　(99) 彼女はいつも<u>テーブルニ</u>花を置いている。
　　(100) 私は<u>ポケットニ</u>印鑑を入れた。
　　(101) 彼女は<u>コップニ</u>ビールを注いだ。
　　(102) 私は<u>壁ニ</u>ポスターを貼った。
　　(103) 父は<u>車ニ</u>ワックスを塗っているところだ。

(94)～(98) と (99)～(103) は、述語動詞、客体のいずれにも「ドコニ」が内包されていない点、実線部がコトガラ成立にとって不可欠の成分である

208

点で共通している。そして、実線部が主体の身体部分であるか否かという相違は（94）～（98）と（99）～（103）との間の形式上の相違となって表われていないため、それぞれの表現例によって表わされるコトガラはいずれも同じく「くっつきの結びつき」をとるコトガラとしてとらえられているとみてさしつかえない。

　一方、8.2.3で述べたように、中国語においては主体の働きかけを受けた客体のくっつき先が身体部分であるか否かという相違が言語の表現形式に反映される。すなわち、くっつき先が身体部分である場合には、（1）～（14）および（71）～（84）にみられるように、"主体＋トコロ＋V＋客体"、"主体＋把・客体＋V＋在・トコロ"形式を用いることはできるが"主体＋在・トコロ＋V＋客体"形式を用いることはできない。これに対し客体のくっつき先が身体部分でない場合には、（86）～（89）および（90）～（93）にみられるように"主体＋把・客体＋V＋在・トコロ"、"主体＋在・トコロ＋V＋客体"形式を用いることはできるが"主体＋トコロ＋V＋客体"形式を用いることはできない。そしてこのような相違は、Vや客体に「ドコニ」が内包されているか否かとは関わりがない。

　以上みてきたように、身につけ動作は、中国語においては"主体＋V＋客体"あるいは"主体＋把・客体＋V＋在・トコロ"形式により主体の動作として、"主体・的＋トコロ＋V＋客体"形式により客体のトコロにおける存在あるいは出現として、さらに"主体＋トコロ＋V＋客体"形式により両者の中間的な性格を有するものとして表現することのいずれも可能であるのに対し、日本語においては「主体は（が）客体を Vする」形式により主体の動作として表現することができるにとどまる。このことは換言すれば、身につけ動作を表わす場合に、中国語においては上記のようなコトガラをヒト中心に表現するか状況中心に表現するかという点で幅のある選択が可能であるのに対し、日本語においてはヒト中心に表現することが可能であるにとどまるということであり、身につけ動詞が、中国語においては動作動詞、存現動詞いずれの性格をも有するのに対し、日本語においては動作動詞としての性格を有するにとどまることと表裏一体をなしている。

注

1) 例えば、(1) の "他身上穿着一件毛衣。" は "他" について述べる表現であるとされるため、"他身上" を一つの名詞的成分ととらえることは妥当ではない。
2) "主体＋トコロ＋Ｖ＋客体" 表現が存現文に近い性格を有する点については、大河内 1982：42-45、呼美蘭 2000：213-214 を参照。同：211 は、劉月華ほか 1991、中川・李 1997 がいずれも存現文の説明の項（劉月華ほか 1991：614、中川・李 1997：103）で "Ｓ身体ＶＰ" の表現形式を取り上げていると指摘している。
3) 主体、客体がＶの表わす出来事の成立に直接的に関わる成分であるという点については 4.1.1 および小矢野 1989：77-78 を参照。また、(1)～(14) におけるトコロは主体よりも出来事との結びつきが強いため、トコロもコトガラの成立に不可欠の内包的要素であるということとなる。
4) 國廣の指摘を引用して日英両言語間における表現構造の相違を論じたものとしては、石綿・高田 1990：96-97 がある。
5) 神田 1994：111、113 は、池上 1982：108 の〈スル〉的言語と〈ナル〉的言語についての記述を紹介し、"I have a headache." に対して日本語の「頭が痛い」という表現が対応するのは、〈動作主〉として行動する人間が関与していてもなるべくそれを際立たせないという〈ナル〉的言語の特徴を日本語が有しているからであるとして、〈スル〉的な傾向が強い英語との相違を指摘している。
6) 身体部分を表わす名詞はトコロ、非トコロのいずれとも解され（第 4 章の注 5、注 6 を参照）、例えば「ボールはドコニあたったの？── 頭ニあたった」、「とげはドコニ刺さっているのか？── 小指ニ刺さっている」のように「ドコニ」によって尋ねることができる。
7) 「着る」については森田 1977：183-184 を参照。
8) この点では (7)、(9) における "系"、"围" も同様である。"系" は「つなぐ、結ぶ、しばる、くくる」という動作を、"围" は「巻く」という動作をそれぞれ表わし、いずれも「ドコニ」を内包していない。
9) 「名詞＋格助詞＋動詞」の形をとる表現が一体化した複合的な述語となる場合については寺村 1982：186、187-189 を参照。
10) 森田 1977：250-251 は、身につけ動作を表わす「する」は「装身具などを身につける」ことを表わし「物を主体の一部に付着させる」場合に用いられ、「締める、巻く、掛ける、はめる」などは「する」で言い換えられるとしている。
11) 但し、"主体＋Ｖ＋客体" 表現において "要" が用いられるためには、(43)～(56) の a のように客体を表わす名詞が連体修飾成分をともなわなければならない。
12) 大河内 1982：42-43 は、"只见外边走进一个人来，头带瓦楞帽，身穿青布衣服。"、"陌生人头上戴着鸭舌雨帽，帽上的水珠还在滴落。" のような「状態性身体名詞の文」は主動者の動作を叙述するものではなく、文頭の主語について視覚的な展開を現出してみせるという極めて描写的な文であるとしている。また、呼美蘭 2000：212 は、中川・李 1997：103 の「眼前の状況をいう存現文は単なる存在をいうものと描写的なものに

第 8 章　身体部分表現の日中対照（1）

　　　二分される」という記述にふれ、"S 身体 VP" の表現形式は存在・出現・消失というより描写とよぶにふさわしい文が多いとしている。
13）この点については山崎 1982：33 を参照。
14）藤堂 1981：65 は、"他出了头了。"、"山沟里出了大水。"という表現例を挙げ、前者における"出"は他動詞、後者における"出"は存現動詞であるとしている。動作表現と存在表現との連続性については平井・成戸 1995a：93-95 を参照。
15）第 7 章の注 6 を参照。
16）奥田のいう「くっつき先」は非トコロを指すが、身体部分は「部分としてのトコロ」であると同時に、「手デたたく」が「手段——動作・行為」の関係を表わすことからも明白なように非トコロ的な性格をも備えている。部分を表わす名詞のトコロ性については、中国語の身体部位名詞について述べた第 4 章の注 5、注 6 を参照。また、奥田 1983c：28 は、「きる、まとう、はおる、かぶる、かぶせる、はく」のような着物や履物を身につけることを表わす動詞も「とりつけ動詞」のグループに入り、それらが核になっている連語では、第二の対象をさししめす「に格」の名詞が欠けていても連語の名づけ的な意味の完結性は保たれているとしている。

第9章
身体部分表現の日中対照（2）

9.0 はじめに

　以下の表現例はいずれも、主体が身体部分によって動作・行為を行なうというコトガラを表わしている。表現全体の中心は主体（ヒト）、述語の中心は身体部分であり、動詞は身体部分によって行なわれる動作・行為を表わしている。

　(1) 他嘴里吃着瓜子儿。
　(2) 他眼睛里凝视着蔚蓝的天空。
　(3) 他嘴里叼着烟斗儿。
　(4) 我心里一直在想着这件事。

(1)～(4)[1]が表わすコトガラを日本語で表現しようとすると、例えば以下のようになる。

　(1)' 彼は（スイカの）種を食べている。
　(2)' 彼は紺碧の空を見つめていた。
　(3)' 彼はパイプをくわえている。
　(4)' 私はずっとそのことを思っていた。

(1)'～(4)'はいずれも身体部分を含んでいない。(2)～(4)に対応する日本語の表現としては(2)'～(4)'のほか、さらに、身体部分も含めた以下のような表現例が成立する。

　(2)" 彼ノ目は紺碧の空を見つめていた。
　(3)" 彼はパイプを口ニくわえている。
　(4)" 私は心の中デずっとそのことを思っていた。

　日中両言語間にみられるこのような相違は、上記のようなコトガラを表現する際に身体部分を用いることが可能か否か、可能な場合にはそれがどのような成分となり、いかなる表現意図にもとづくかという点において相違が存在することに起因する。本章は、日中両言語における身体部分表現を相互に比較することを通して、それぞれの言語において身体部分表現に用いられる形式が満たさなければならない条件や、各形式が用いられる際の表現意図に

212

ついて明らかにすることを目的とする。

9.1 日本語の身体部分表現
9.1.1 「ドウスル」と「ドウナル」の相違

　(1)'～(4)'においてはヒトが表現の中心に置かれ、コトガラはヒトの動作・行為として表現されている。つまり、(1)'～(4)'はコトガラを「主体（ヒト）がどうしている」と認識した表現である。また、(1)'～(4)'における述語動詞「食べる」、「見つめる」、「くわえる」、「思う」はいずれもヒトを表わす成分と直接に結びつき、いわばヒトを表わす成分を項としているため、「ドウスル」の概念を表わしているということができる。一方、(1)～(4)においてはヒトが表現全体の中心に、身体部分が述語の中心に置かれているため、コトガラは純然たる動作・行為としては表現されていない。すなわち、(1)～(4)はコトガラを「主体（ヒト）について言えば、その身体部分がどうなっている」と認識した表現である。(1)～(4)における述語動詞"吃"、"凝視"、"叼"、"想"はいずれも身体部分を表わす成分と直接に結びつき、いわば身体部分を表わす成分を項としているため、「ドウスル」よりも「ドウナル」に近い概念を表わしているということができる[2]。

　前述したように、(2)を日本語に置き換えた表現例としては(2)'、(2)"が存在するが、(2)'と(2)"はどのように異なるのであろうか。

　国立国語研究所1972：659-660は、視覚・聴覚に関わるコトガラを表わす場合にはヒトを表わす成分が主体とされるほか、感覚器官が主体とされることがあるとして以下のような表現例を挙げている。

(5) 下人ノ眼は、その時、はじめてその死骸の中にうずくまっている人間を見た。（羅生門：11）

(6) それは彼の口で言ふのだが、彼の声ではない。その誰かの声を彼ノ耳が聞く。（田園：118）

そしてこのような場合、動作・行為がヒトの意志とは無関係に起こったこと、いわばヒトにはその気がないのにその一部分である感覚器官だけが勝手に行動してしまったかのように、偶然起こったことを暗示する効果が生じるとしている。このような効果が生じるのは、ヒトは意志をもつことができるがその一部分である感覚器官（＝身体部分）は意志をもち得ないためであると考えられる。

(5)、(6) と同様の効果が生じている表現例として、同：126-127 はさらに

 (7) 彼は、<u>彼女ノ手が</u>、背広の袖を、シッカリとつかまえているのに、気づいた。(自由学校：372)
 (8) <u>加治木ノ足が</u>、五百助の靴を、一度だけ踏んだ。(同上：242)
 (9) <u>陵ノ手が</u>無意識の中にその咽喉を扼してゐたのである。
(李陵：186)

のように、感覚器官でないものが主体とされるものも挙げている。

(2)″も、ヒトを連体修飾成分とする身体部分が主体となっている点で (5)～(9) と共通しているため、同様の効果が生じているとみてさしつかえない。(2)″および (5)～(9) のように、コトガラをヒトの意志とは無関係に身体部分によって行なわれるものとして表現するということは、その分だけ「ドウスル」から「ドウナル」に近いものとして表現するということである。しかし、このような表現は日常的な発話において用いられるものではなく、文学的な描写のテクニックを用いたかなり特殊なものであるということができよう。(2)″がこのような特殊性を帯びるのは、述語動詞「見つめる」に対して、ヒトを表わす成分を項としなければならないという制約が働いているためである。このことは、(5)～(9) における「見る」、「聞く」、「つかまえる」、「踏む」、「扼する」についてもあてはまる。

(3) を日本語に置き換えた表現例としては、(3)′、(3)″が存在する。(3)″の「口ニ」は、主体の働きかけを受けた客体のくっつき先を表わしているため、表現全体はくっつきの結びつきをとるコトガラを表わすものであるということができる。但し、「くわえる」が「口」によって行なわれる動作・行為であることは明白である、換言すれば「くわえる」という動詞には「口」という身体部分が内包されているため、身体部分を表現しない (3)′のような表現例も成立するのである。(3)′、(3)″と同様の表現例としては、さらに以下のようなものが挙げられる。

 (10) 彼は本をもっている。
 (11) 彼女は子供を抱いていた。
 (12) 彼は袋をかついでいる。
 (13) 彼はリュックを背負っている。
 (14) 彼は本を<u>手ニ</u>もっている。

(15) 彼女は子供を胸ニ抱いていた。
　(16) 彼は袋を肩ニかついでいる。
　(17) 彼はリュックを背中ニ背負っている。

　(3)″および (14)～(17) は、身体部分を含んでいる分だけ (3)′および (10)～(13) よりもコトガラが詳細かつ具体的に表現されている。特に、(10) と (14) とを比較した場合、(14) は「本を実際に手にしている」という具体的な内容を表わすのに対し、(10) は (14) と同様の内容を表わすことができるほか、「彼は本を所有している」という、より抽象的な内容を表わすことも可能である。このように、(3)″および (14)～(17) は身体部分が含まれることによって描写表現としての性格を帯びているため、以下のようにさらに具体的な内容を表わす表現とした方がより自然である。

　(3)″′　彼は洒落たパイプを口ニくわえている。
　(14)′　彼は小さな赤い本を手ニもっている。
　(15)′　彼女は幼い子供を胸ニ抱いていた。
　(16)′　彼は大きな麻の袋を肩ニかついでいる。
　(17)′　彼は重いリュックを背中ニ背負っている。

　(4) を日本語に置き換えた表現例としては、(4)′、(4)″が存在する。(4)″の実線部におけるような「デ」の用法は極めて特殊である。2.1.1 で述べたように、「デ」が動詞表現に用いられてトコロを示す場合、主体がトコロに存在するという条件を満たしていなければならないのであるが、(4)″において「デ」によりトコロとして示されているのは、主体であるヒトの身体部分、しかも抽象的な「心の中」という概念であるため、主体がトコロに存在するということはあり得ない。(4)″における「デ」のこのような用法は、(2)″の場合と同様に極めて文学的な描写テクニックであり、コトガラを生き生きと聞き手（読み手）に伝えるための表現手法である。従って、日常の発話において用いられるのは (4)″ではなく (4)′の方である。(4)″と同様の効果を生じている表現例としてはさらに

　(18) その男は口の中デ何やらブツブツと呪文を唱えていた。

が挙げられる。(18) は、身体部分をトコロとして表現することにより具体的な描写の効果が生じている点で (4)″と共通している。(18) における「何やらブツブツと」は、男が呪文を唱えている様子を詳しく述べている部分であるが、この部分を除いた

(18)′ その男は口の中デ呪文を唱えていた。

を (18) と比較すると (18)′ の方が better であることからも、実線部がコトガラを具体的に描写する表現において用いられる傾向があるということがみてとれる。

身体部分が「デ」によりトコロとして示される動詞表現には、(4)″ と同様に心理活動を表わすものとして、例えば

(19) あの人は腹の中デ何を考えているのか分からない。

が挙げられるが、このような表現は半ば慣用的であり、同じく「考える」動作でもそれをありのままに表現するのではなく、話者のコトガラに対するマイナスの価値判断を含んでいる。

また、心理活動を表わす表現であっても

(20) 頭の中デ考えていることがなかなかまとまらない。

(21) 赤ちゃんは心の中デ何を思っているのだろう。

の場合、前者においては「頭の中デ」という具体的な概念としての身体部分が、後者においては「心の中デ」という抽象的な概念としての身体部分が用いられている。両者の間にこのような相違がみられるのはなぜであろうか。

國廣 1981：32-33 は、「考える」はある対象について知力を働かせる動作・行為であり論理的であるという特徴を有するのに対し、「思う」はある対象のイメージを意識する動作・行為であり直感的・情緒的であるという特徴を有するとし、「考える」は「頭の中」で、「思う」は「心の中」で行なわれる動作・行為であるとしている[3]。「考える」と「思う」の間にみられるこのような相違は、(20)、(21) を比較した場合にもあてはまる。(20) は、例えば「論文の構想を練っていて、色々なアイデアが浮かんではくるのだが、なかなかそれらをうまくまとめ上げて形にすることができない」のような内容を表わすのに用いられるが、「考える」は論理的・理性的な動作・行為であるため、身体部分には「頭の中デ」が用いられている。一方、(21) における主体は「赤ちゃん」であるが、赤ちゃんは大人のように論理的・理性的にものを考えることができないため、述語動詞には「思う」が、身体部分には「心の中デ」が用いられている。但し、森田 1977：140 は、「思う」は例えば「故郷を思う」のように対象に対して感情的に心を動かす動作・行為から、例えば「少年時代のことを思う」のように「考える」に近い、知性を運用させる動作・行為まで幅があるとしており、「考える」と「思う」との概念上

の区別は実際にはあまりはっきりしているわけではない。従って、「考える」、「思う」を用いた表現に対してそれぞれ「頭の中デ」、「心の中デ」を加えることは、二つの動詞のそれぞれの意味特徴を明確にし、コトガラをより正確に描写することにつながる。(20)、(21) は、いずれも実線部を除いても自然な表現として成立するため、実線部の役目は動作・行為が行なわれるトコロを表わすことではなく、述語動詞の意味特徴を明らかにし、表現全体の描写性を高めることであるとみてさしつかえない。

9.1.2 状態を表わす身体部分表現

日本語には、ヒトを表現の中心に、身体部分を述語の中心に置いた表現形式として「主体（ヒト）ハ 身体部分ガ Vする」が存在するが、(1)〜(4) をこの形式を用いた日本語の表現に置き換えることはできない。以下の表現例はいずれも非文である。

(22) ＊彼ハ口ガ（スイカの）種を食べている。
(23) ＊彼ハ目ガ紺碧の空を見つめていた。
(24) ＊彼ハ口ガパイプをくわえている。
(25) ＊私ハ心の中ガずっとそのことを思っていた。

佐治1975：85 は、形容詞表現にはいわゆる「総主のある文」といわれる構造をとるもの、例えば「ゾウハ鼻ガ長い」のようなものがあるが、動詞表現であっても「私ハ水ガ飲みたい」のように、叙述部である「水ガ飲みたい」が主題である「私」の状態について説明をしている場合には「総主のある文」が成立するとしている。このような例として同：86-87 は、以下のようなものを挙げている。

イ．自発の「思われる」
　　ex．私ハ故郷のことガ思われる。
ロ．自然可能の「見える」、「聞こえる」
　　ex．私ハ山ガ見える。
ハ．可能の「できる」、「読める」
　　ex．あの人ハスキーガできる。
ニ．「要る」[4)]
ホ．存在の「ある」
　　ex．あの人ハ子供ガある。

第Ⅰ部　中国語前置詞"在"と日本語格助詞の対照

　そして、上記の表現例はいずれもある種の状態を表わすものであり、「～ハ」の部分は「～ニハ」とも言えることから明白なように、その状態の存在の場所（トコロ）を示すものであるとしている。さらに同：87-88は、例えば「山ガ見える」という表現は「山が見える状態にある」ことを表わしており、形容詞表現の場合と同様に、状況に対してその属性を認知した表現であるとしている。

　「主体（ヒト）ハ　身体部分ガ　Ｖする」表現は「～ハ～ガ　Ｖする」表現の一種であり、以下のように表現全体がある種の状態を表わすものである場合には成立する。

　　(26)　彼女ハ<u>目ガ</u>見えない。
　　(27)　祖父ハ<u>左手ガ</u>動かない。
　　(28)　（風邪をひいているため）私ハ<u>鼻ガ</u>きかない。
　　(29)　彼女ハ（驚きで）<u>口ガ</u>きけなくなった。
　　(30)　（疲れて）私ハ<u>頭ガ</u>働かない。

　(26)～(30)においては、「身体部分ガ　Ｖする」の部分が一つの単位となり「ハ」で示されるヒトの状態について説明しているため、「身体部分ガ」の部分を除くと以下のように非文もしくは不自然な表現となるか、あるいは表現内容に変化が生じる。

　　(26)'　＊彼女ハ見えない。
　　(27)'　　祖父ハ動かない。
　　(28)'　＊（風邪をひいているため）私ハきかない。
　　(29)'　＊彼女ハ（驚きで）きけなくなった。
　　(30)'　？（疲れて）私ハ働かない。

　(27)'は、例えば「祖父は気絶していて身体が全然動かない」あるいは「祖父は人に言いつけるだけで自分では動こうとしない」というコトガラを、(30)'は、例えば「（疲れているから）私は働きたくない」というコトガラを表わす表現として用いられ、それぞれ(27)、(30)とは異なった内容となっている。

　一方、(22)～(25)は、「身体部分ガ　Ｖする」が「ハ」で示されるヒトの状態を表わす一つの単位とはなっておらず、「～ハ～ガ　Ｖする」表現の使用条件を満たしていないことによっていずれも非文となる。また、(23)～(25)の「見つめていた」、「くわえている」、「思っていた」は、(22)の「食べて

いる」に比べると具体的な動きに乏しく状態性がより強いということができるが、「見つめる」、「くわえる」、「思う」は、いずれも主体の意志による動作・行為であるため (26)～(30) の「見えない」、「動かない」、「きかない」、「きけなくなった」、「働かない」よりも動作性が強く、「～ハ～ガ Vする」表現において用いることはできない。

9.2 中国語の身体部分表現
9.2.1 身体部分表現の描写性（その1）

(1)～(4) から身体部分を除くと、(1)'～(4)' と同様にコトガラを主体（ヒト）の動作・行為としてとらえた表現となる。

(31) 他吃着瓜子儿。
(32) 他凝视着蔚蓝的天空。
(33) 他叼着烟斗儿。
(34) 我一直在想着这件事。

このことは、ヒトがその身体部分によって動作・行為を行なうというコトガラを、中国語では (31)～(34) のように「ヒトがどうしている」として表現することも、(1)～(4) のように「ヒトについて言えば、その身体部分がどうなっている」として表現することも可能であることを意味し、さらに、上記のようなコトガラを表わす場合に用いられる中国語の動詞に対する「ヒトを表わす成分を項としてとらねばならない」という制約が、日本語の動詞に対するそれに比べると弱いことをも示唆している。

8.2.1 で述べたように、主体の身体部分を観察することができるのは主体とは別の話者であるため、(1)～(4) のような身体部分を含んだ表現は、話者の視点を主体から離し、第三者的な視点から主体を観察してコトガラを表現するのに適している。従って、(1)～(4) と同じく身体部分を述語の中心に置いた表現は、小説などにおいて登場人物の様子を詳細かつ具体的に描写するのにしばしば用いられる[5]。例えば

(35) 郁鼻子里哼了一声，生气似的拍着华的肩膀："你难道相信他的话吗？"（路：28 を一部修正）
(36) 魏鹤鸣眼睛里冷冷地看着小个子的脸，用颤抖的声音问："您说谁？"
(组织部：10)
(37) 对手很老练地拿起棋子儿，嘴里叫着："当头炮。"他跟着跳上马。

(棋王：353)

(38) 孙悦<u>手里</u>拎着一只小篮子，正要和女儿一起出门，我问她到哪里去，得到的是毫不含糊的回答："给何荆夫送吃的去。"（人：154）
(39) "可是那大蒜头上的苗却当真只有三四茎呀！"老通宝<u>自心里</u>这么想，觉得前途只是阴暗。（春蚕：113）
(40) 一觉醒来，天光已经大亮，陈奂生体肢瘫软，头脑不清，眼皮发沉，<u>喉咙</u>痒痒地咳了几声；他懒得睁眼，翻了一个身便又想睡。

(陈奂生：179)

などがこれに相当する。特に、(35)〜(37)および(40)における"生气似的"、"冷冷地"、"很老练地"、"痒痒地"は、話者の側から観察した主体の様子を表わす部分であることが明白であり、このような成分の存在によっても、これらの表現例がコトガラを第三者的な視点から描写したものであることは明白である[6]。

身体部分を述語の中心に置いた表現の方が、単なるヒト中心の表現よりもコトガラを詳細かつ具体的に表現するのに適しているということは、以下のように前件あるいは後件を設定すると一層理解しやすい。

(41) a ◎王胖子笑嘻嘻地走来了，<u>手里</u>拿着一卷稿纸。（人：96-97）
　　 b ○王胖子笑嘻嘻地走来了，拿着一卷稿纸。
(42) a ◎王老头<u>嘴里</u>说着，右脚一收一抬，把皮球高高挑起，又用左脚停住。（少年狂：78）
　　 b ○王老头说着，右脚一收一抬，把皮球高高挑起，又用左脚停住。

(41)〜(42)はいずれもヒトの様子を描写した表現であるが、それぞれのa、bを比較すると、身体部分を含んだaの方がbetterである。これとは反対に、より抽象的なコトガラ、例えば

(43) a ○我的女儿<u>手里</u>每天都抱着绒娃娃睡觉。
　　 b ◎我的女儿每天都抱着绒娃娃睡觉。

のように習慣的な動作・行為を表現する場合には身体部分を含まない方がbetterであり、

(44) a ＊他说<u>心里</u>不怕。　　b 他说不怕。

のように、目の前に実在する具体的なコトガラではなく、主体の話した内容としての抽象的なコトガラを表わす場合には身体部分を含めた表現は成立しない。

ところで、日本語には「眼ニする」、「耳ニする」、「口ニする」、「手ニする」のような身体部分を含んだ表現が存在し、それぞれ「見る」、「聞く」、「言う（食べる）」、「もつ」の概念を表わす。また、「足ヲ運ぶ」、「耳ヲ傾ける」、「目ヲ凝らす」はそれぞれ「歩いて行く」、「注意して聞く」、「じっと見る（見つめる）」の概念を表わす。いずれも身体部分を含んだ表現であるが、動詞には身体部分が内包されておらず、また、「身体部分・ニ」、「身体部分・ヲ」はいずれも後続の動詞と一体になって一つのまとまった概念を表わし、いわば全体として一つの動詞に相当する成分となっている点で、身体部分を述語の中心とする中国語の表現とは異なる。

9.2.2 身体部分表現の描写性（その2）

(1)〜(4)の表現例に"的"を加え、ヒトを身体部分の連体修飾成分として表現すると以下のようになる。

(45) 他的嘴里吃着瓜子儿。
(46) 他的眼睛凝视着蔚蓝的天空。
(47) 他的嘴里叼着烟斗儿。
(48) 我的心里一直在想着这件事。

(45)〜(48)においては身体部分が表現の中心に置かれているため、これらの表現例は、コトガラを「ヒトの身体部分がどうなっている」のように認識した結果の表現であるということができ、それぞれの述語動詞"吃"、"凝视"、"叼"、"想"は、ヒト中心の表現である(1)〜(4)におけるそれらに比べると動作性がより弱く、「ドウナル」の概念を表わすものであるということができる。これに対し、(1)〜(4)の述語動詞が表わす概念は、(45)〜(48)におけるそれらに比べると「ドウスル」的な性格がより強い。従って、(31)〜(34)、(1)〜(4)、(45)〜(48)の順序で「ドウナル」表現としての性格が強まっていくこととなるが、このことは、コトガラがヒトの意志的な動作・行為であるというニュアンスがこの順序で弱まっていくことによっても裏付けられる。中国語の動詞"吃"、"凝视"、"叼"、"想"がこのように「ドウスル」の概念を表わす場合から「ドウナル」の概念を表わす場合まで幅のある用い方をされる[7]のに対し、日本語の「食べる」、「見つめる」、「くわえる」、「思う」はいずれも「ドウスル」の概念を表わすことは可能であるが、「ドウナル」の概念を表わすことは、(2)''および(5)〜(9)のように文学的な特殊

な描写法を用いた表現以外にはあり得ない。

　(3) の"叼"は、いわゆる「とりつけ動詞」である[8]点で (1)、(2)、(4) における"吃"、"凝視"、"想"とは異なる。このことは、(3) の表現例が (3)" のように、いわゆる「とりつけの結びつき」をとるコトガラを表わす日本語の表現に置き換えられることにより明白である。(3) と同様の表現例としては、(14)～(17) を中国語に置き換えた以下のようなものが存在する。

　(49)　他手里拿着书。
　(50)　她怀里抱着孩子。
　(51)　他肩膀上扛着口袋。
　(52)　他身后背着背包。

(3) および (49)～(52) は、述語動詞が上記のような特徴を有するため、中国語における「とりつけの結びつき」を表わす形式である"主体＋把・客体＋V＋在・トコロ"に置き換えて以下のような表現とすることができる。

　(53)　他把烟斗儿叼在嘴里。
　(54)　他把书拿在手里。
　(55)　她把孩子抱在怀里。
　(56)　他把口袋扛在肩膀上。
　(57)　他把背包背在身后。

(3) および (49)～(52) と (53)～(57) とを比較すると、前者は 9.1.1 で述べたように「主体（ヒト）について言えば、その身体部分がどうなっている」というコトガラを表わす表現であるのに対し、後者は「主体（ヒト）が客体に働きかけて身体部分（＝トコロ）にくっつける」というコトガラを表わす「ドウスル」の表現である。また、前者においては述語が"トコロ（＝身体部分）＋V＋モノ"形式、すなわち存現文の形式をとっているため、表現全体が表わす内容をさらに詳しく述べると「主体（ヒト）について言えば、その身体部分としてのトコロにモノが存在している」となる。従って、前者における述語動詞は存現動詞としての性格を帯び、身体部分におけるモノの存在のありようを具体的に述べるものとなっている[9]。

(53)～(57) は"在・トコロ"を用いた動詞表現であるが、トコロが主体であるヒトの一部分であるため、"在・トコロ"を述語動詞の前に移し換えると、以下のように表現の整合性がいちじるしく劣ることとなる[10]。

　(58)　＊他在嘴里叼着烟斗儿。

(59) ＊他在手里拿着书。
(60) ？她在怀里抱着孩子。
(61) ？他在肩膀上扛着口袋。
(62) ？他在身后背着背包。

　身体部分は主体の一部分であり、主体がそれによって動作・行為を行なうことは明白であるため、9.2.1 で述べたように特別な表現意図が存在する場合でない限り、本来は表現する必要がないものである。(1)〜(4) のように身体部分を表現するのは、話者が主体であるヒトの様子を観察し、ヒト全体のみならずその身体部分にも焦点をあててコトガラを詳細かつ具体的に述べるためである。従って、身体部分はコトガラにおいて極めて重要な位置を占めているのであって、このような重要成分に"在"を付加し、いわゆる副次補語として表現することは (1)〜(4) のような身体部分表現の性格に反するため、(58)〜(62) は非文もしくは不自然な表現となる[11]。

　(3) および (49)〜(52) が上記のような特徴を有するのに対し、(1)、(2)、(4) は、それぞれの述語動詞"吃"、"凝視"、"想"がいずれもとりつけ動詞ではないため、これらの動詞が存現動詞としての性格を帯びることはない。しかし、身体部分に"在"を付加して述語の連用修飾成分とすることができないという点では (3) および (49)〜(52) の場合と同様である。また、日本語においては (4)" および (18)〜(21) のように、身体部分を「デ」により述語の連用修飾成分とし、動作・行為が行なわれるトコロとして表現することのできる場合があるが、これらの表現を中国語の"在・トコロ"を用いた動詞表現に置き換えた場合も、前述の理由で以下のように非文となる。

(63) ＊我在心里一直在想着这件事。
(64) ＊那人在嘴里不知在念叨些什么。
(65) ＊不知道他在心里在想什么。
(66) ＊在脑海里考虑的东西总是整理不出头绪来。
(67) ＊婴儿在心里在想些什么呢？

　(63)〜(67) の実線部から"在"を除き、身体部分を述語の中心に置いた形式とするのであれば自然な表現として成立する。

9.3 手段を表わす身体部分表現
9.3.1 身体部分を含んだ連動式表現

中国語においては以下のように、身体部分を述語の中心とする表現に対し、"V・身体部分"が述語の第一成分となって後続の動作・行為の手段を表わす連動式表現が成立する場合がある。

(68) a 他手里攥着一把斧子。　　b 他用手攥着一把斧子。

(68)aにおいては、コトガラが、斧が彼の手の中に握られている状態、すなわち斧の存在のありようとしての状態ととらえられているのに対し、(68)bにおいては、彼が斧を握るという動作・行為の持続ととらえられており、(68)bの方が動作性が強い。また、例えば

(69) a 他嘴里叼着一支烟。

はタバコが彼の口にくわえられている状態を表わす表現であるが、これを連動式表現に置き換えるのであれば、以下のように動作・行為そのものを表わす表現としなければならない。

(69) b 他用嘴叼出一支烟。

(69) bは、例えば

(69)' b 他顺手拿起一包香烟递到嘴边，用嘴叼出一支。

　　　　　　　　　　　　　　　　　（金灿灿：608を一部修正）

のような表現において用いられる。

このように連動式表現は、身体部分を述語の中心とする表現に比べ、動作性がより強いコトガラを表わすのに適している。このため、"V（一）V"、"V了一・量詞"のように主体の意志的な動作・行為を表わす形式[12]は、以下のように連動式表現において用いることは可能であるが、身体部分を述語の中心とする表現に用いることはできない。

(70) a ＊周润祥眼睛里看一看林震，又眼睛里看一看李宗秦，皱起了眉头，沉默了一会，迅速地写了几个字，然后对大家说："讨论下一项议程吧。"（组织部：33を一部修正）

　　　b 周润祥拿眼看一看林震，又拿眼看一看李宗秦，皱起了眉头，沉默了一会，迅速地写了几个字，然后对大家说："讨论下一项议程吧。"

(71) a ？薪笑嘻嘻地说，眼睛里瞅了杜若一眼。

　　　b 薪笑嘻嘻地说，拿眼瞅了杜若一眼。（路：27を一部修正）

(72) a ？蓉眼睛里冷冷地看了薪一眼。
   b 蓉拿眼冷冷地看了薪一眼。（路：12 を一部修正）
(73) a ？他鼻子里闻了一闻，就走了。
   b 他用鼻子闻了一闻，就走了。
(74) a ？他耳朵里听了一下，然后进去了。
   b 他用耳朵听了一下，然后进去了。

これとは反対に、動詞にいわゆる結果補語や可能補語が付加された形式のように、主体の意志的な動作・行為としての性格がより弱い内容を表わす成分は[13]、以下のように連動式表現ではなく、身体部分を述語の中心とする表現に用いられる。

(75) a 进了走廊，他鼻子里闻到了一股煎鱼的香味。
   b ？进了走廊，他用鼻子闻到了一股煎鱼的香味。
(76) a 我坐在办公桌前，眼睛看不清稿纸上的字。
   b ？我坐在办公桌前，拿眼睛看不清稿纸上的字。
(77) a 他耳朵里还听得见萨萨萨的声音和屑索屑索的怪声。
   （春蚕：111 を一部修正）
   b ？他用耳朵还听得见萨萨萨的声音和屑索屑索的怪声。

また、命令表現は話者の意志を表わすものであるから、このような場合には以下のように連動式表現が用いられる。

(78) a ＊你好好脑子里想一想。 b 你好好用脑子想一想。
(79) a ＊你两只手里拿着。   b 你用两只手拿着。

(78) a、(79) a がいずれも非文となるのに対し、

(80) 他脑子里想了想，说，"明白了！" (81) 他两只手里拿着西瓜。

はいずれもコトガラを客観的に述べた表現であり、命令表現の場合ほどには主体の意志が問題とはされないため自然な表現として成立する。

身体部分を述語の中心とする表現と連動式表現との間に以上のような相違が存在することは、さらにそれぞれの表現に用いられる動詞の種類によっても明白である。例えば、「のど」による動作・行為を表わす表現の場合、

(82) 何荆夫嗓子里咳了两声，似乎在平息自己的激动。（人：43）

においては意志性の比較的弱い"咳"という動詞が用いられているのに対し、

(83) 我用我的鳖脚的嗓子给战士唱讴歌。（组织部：22 を一部修正）

においては意志性の強い"唱"という動詞が用いられている。

また、「目」による動作・行為を表わす動詞としては"看"のほかに、"看"よりも意志性の強い"瞅、盯、注視、斜視"などが存在する[14]が、これらの動詞は以下のように連動式表現において用いられる方がbetterである。

(84) a ○薪眼睛里瞅着华的面孔，笑。
　　　b ◎薪拿眼瞅着华的面孔，笑。（路：27を一部修正）
(85) a ○他蹲在那里，一双绿色的眼珠里死死地盯着我。
　　　b ◎他蹲在那里，用一双绿色的眼珠死死地盯着我。
　　　　　　　　　　　　　　　　　　　　（错：538を一部修正）
(86) a ○薪眼睛里注视着华的面孔，一口气就下了三个质问。
　　　　　　　　　　　　　　　　　　　　（路：50を一部修正）
　　　b ◎薪拿眼注视着华的面孔，一口气就下了三个质问。
(87) a ○她总是那双怀疑的小眼睛里斜视着我，仿佛一眼就看透了我的秘密。
　　　b ◎她总是用那双怀疑的小眼睛斜视着我，仿佛一眼就看透了我的秘密。（错：527）

同様に、「手」による動作・行為を表わす動詞にも"拿"のほか、これよりもさらに意志性の強い"抚"、"抚摸"、"掰"などが存在するが、このような動詞を用いる場合も以下のように連動式表現による方がbetterである。

(88) a ○"这里也有这样的灌木。"她手里抚了抚小树的叶子，低声地说。
　　　b ◎"这里也有这样的灌木。"她用手抚了抚小树的叶子，低声地说。
　　　　　　　　　　　　　　　　　　　　　　　　　　　　　　　（人：162）
(89) a ○他悠闲地溜到桌子边去，手里抚摸着茶碗沉思地说："不过具体到麻袋厂事件，倒难说了。……"
　　　b ◎他悠闲地溜到桌子边去，用手抚摸着茶碗沉思地说："不过具体到麻袋厂事件，倒难说了。……"（组织部を一部修正）
(90) a ○环环站在我床边，小手掰开我的眼皮："我给爸爸拜寿。"
　　　b ◎环环站在我床边，用小手掰开我的眼皮："我给爸爸拜寿。"
　　　　　　　　　　　　　　　　　　　　　　　　　　　　　　　（人：6）

身体部分を述語の中心とする表現と連動式表現の間に以上のような相違がみられる要因としては、後者においては主体の積極的な働きかけが身体部分におよぶことが明白であり、いわばコトガラを「ヒトがその身体部分を働かせて動作・行為を行なう」のように認識した結果の表現である[15]のに対し、

226

前者においてはそうではないということが挙げられる。主体の積極的な働きかけが身体部分におよぶことが形式上明白であれば、そうでない場合に比べて動作性・意志性がより強く前面に出ることとなる[16]。

9.3.2 「身体部分・デ Vする」の表現

日本語には、「ヒトがその身体部分を働かせて動作・行為を行なう」というコトガラを表わす表現形式として、身体部分を「デ」により述語の連用修飾成分とし、動作・行為の手段として表わすものが存在する。

国立国語研究所 1972：660 は、感覚器官は「眼デ」、「耳デ」のように手段としての表現をもうけるが、このような表現がとられる場合には描写を具体化する効果が生じるとし、以下の表現例を挙げている。

(91) 平野は<u>キラキラ輝く眼デ</u>伸子を見、短く笑った。（伸子：39）
(92) 手拭いの下から<u>黒い瞳デ</u>青年を見るのであった。（土：121）
(93) 私には私にも最後の決断が必要だといふ声を<u>心の耳デ</u>聞きました。
　　　　　　　　　　　　　　　　　　　　　　　　　　　（こゝろ：257）

(91)～(93) の実線部における身体部分はいずれも連体修飾成分をともなっており、これらの連体修飾成分によって手段が具体的に説明され、コトガラの描写がより写実的になされている。このことは、「見る」、「聞く」に対してそれぞれ「眼デ／瞳デ」、「耳デ」を付加しても別段新しい情報が加わらないこと、(91)～(93) の実線部における身体部分から連体修飾成分を除くといずれも非文となることにより明白である。

「眼デ見る」、「瞳デ見る」、「耳デ聞く」から手段である「身体部分・デ」を除いても、表現の知的意味は同一であり変化は生じない。これは、このような表現において手段とされている身体部分に対しては対比されるべき他の身体部分が存在せず、「身体部分・デ」はいわば「Vする」の意味素性の一部分を取り出したものであることによる。同様のことは、感覚器官以外の身体部分を手段とした以下のような表現例についてもあてはまる。

(94) 父は<u>大きな暖かい手デ</u>私の頭を撫でてくれた。
(95) 蛇は<u>大きな口デ</u>ネズミを飲み込んだ。
(96) 鶴は<u>細長い嘴デ</u>エサをくわえ、飛び立った。
(97) ピラニアは<u>するどい歯デ</u>獲物の肉を食いちぎる。
(98) アリクイは<u>細長い舌デ</u>アリをなめる。

(99) 象は長い鼻デエサのにおいをかいだ。

　上記の表現例のうち、(95)〜(99) はいずれもヒト以外の生物を主体としているが、身体部分を「デ」により手段として示す動詞表現はこのように、ヒトとは異なる身体的特徴をもった生物の動作・行為を表わす場合にしばしば用いられる。

　(91)〜(93) の場合と同様に、(94)〜(99) の実線部における身体部分から連体修飾成分を除くと、以下のように非文もしくは不自然な表現となる傾向がある。

　　(94)'　＊父は手デ私の頭を撫でてくれた。
　　(95)'　＊蛇は口デネズミを飲み込んだ。
　　(96)'　　鶴は嘴デエサをくわえ、飛び立った。
　　(97)'　？ピラニアは歯デ獲物の肉を食いちぎる。
　　(98)'　　アリクイは舌デアリをなめる。
　　(99)'　？象は鼻デエサのにおいをかいだ。

(96)'、(98)' は非文ではないものの、(96)、(98) と比較した場合、後者の方が better である。

　前述したように、(91)〜(99) においては、実線部の身体部分に対する連体修飾成分によって手段がより具体的に説明され、表現全体の描写性が高まっているのである。例えば (91) の場合、「眼」にも様々な表情があるが「キラキラ輝く眼」と特定することによって表現全体がより生き生きとしたものとなっている。「キラキラ輝く眼」は、そうでない状態の「眼」、例えば「うつろな眼」などと暗に対比されている。但し、「キラキラ輝く眼デ見る」、「うつろな眼デ見る」における手段の対比と、「顕微鏡デ見る」、「望遠鏡デ見る」における手段の対比とは同一ではない。同じく手段の対比であるといっても、前者における「眼デ」は、前述したように「見る」の意味素性の一部分を取り出したものであるのに対し、後者における「顕微鏡デ」、「望遠鏡デ」はそうではない。換言すれば、「見る」には「眼デ」は内包されているが、「顕微鏡デ」、「望遠鏡デ」は内包されていないということである。「眼デ」は本来「見る」に内包されているものであるから、これを取り出すためには (91) にみられるように描写の具体化という特別の表現意図が存在しなければならず、従って、身体部分に対する連体修飾成分を必要とするのである。

　「身体部分・デ Vする」表現において、身体部分が後続の「Vする」の意

味素性の一部分を取り出したものである場合、以上のように身体部分に連体修飾成分を付加した表現のほか、以下のように複数の動作・行為を対比させた表現も成立する。

　　(100) 顔デ笑って心デ泣く。
　　(101) 自分の眼デ見、耳デ聞いたことをお話しいたしましょう。
　　(102) 頭デ（ハ）わかっていても身体がいうことをきかなかった。
　　(103) 口デ言っても聞かないのでひっぱたいてやった。

　(100)～(103)においては、身体部分の対比よりはむしろ、「笑う」と「泣く」、「見る」と「聞く」、「わかる」と「いうことをきかない」、「言う」と「ひっぱたく」のような動作・行為の対比に比重が置かれていると考えるのが妥当である。特に、(103)においては身体部分は対比されていない。(100)～(103)のように複数の動作・行為が対比されると、コトガラの描写がより詳細かつ具体的になるという効果が生ずる。

　以上のように、「身体部分・デ Vする」表現が成立するためには、身体部分が連体修飾成分をともなっているか、あるいは複数の動作・行為が対比された表現であるという使用条件を満たしていなければならず、この点において中国語の連動式表現とは異なっている[17]。

注

1) 身体部分は"-里"や"-上"のような方位詞が付加される場合と、方位詞が付加されない場合がある。例えば"他要关心我们的家庭建设，他眼睛看着我，心里在想：她该买一件外套了。"、"魏鹤鸣托着腮，眼睛看着别处，心里也象在想别的事。"のように、一つの表現において両形式が同じく身体部分として対比される場合があるため、本章では特に断わりのない限り両者を区別しない。大河内 1982：43 は、"手拿"、"心想"における"手"、"心"のような場所接辞をともなわない成分をいずれも場所であるとしている。第8章の注16を参照。
2) 大河内 1981：9 は、"她们手里拿着铅笔，膝盖上放着书，眼睛里闪着光。"のような身体部分表現は、現象文と同じものではないが現象文に極めて近い表現であるとしている。
3) この点については柴田・國廣・長嶋・山田・浅野 1979：107-112、森田 1977：140-141、中 1988：371 を参照。
4) 佐治は「要る」を用いた表現例を挙げていないが、例えば「私ハお金ガ要る」がこれに相当する。
5) この点については、大河内 1981：9、同 1982：42-43、45、呼美蘭 2000：208-209、214-215 を参照。
6) このような描写性は、身体部分を表わす成分に付加される方位詞に使い分けが存在することとも符合する。保坂・郭 2000：247 が、"手上"は「開いた手の甲の上」もしくは「手のひらの上」を、"手里"は「（握った）手の中」を表わすというように、方位詞によって身体部分の具体的な形状を表現し分けることができるとしていることからも、身体部分表現の描写性が高いことは理解できよう。同様の例として、同：245-248 は "嘴上" と "嘴里"、"心上" と "心里" を挙げている。
7) 宋玉柱 1986：127 が "动态存在句" として挙げている "小路上走着几只活泼的'麻雀'。"や、"动态存在句" ではないが同：130 が挙げている "戏台上唱着寿戏。"は、いずれも本章であつかう身体部分表現ではない。しかし、表現の中心が主体ではないため述語動詞が「ドウナル」の概念を表わしている点では、(45)〜(48)のような身体部分表現と共通している。
8) 奥田 1983c：28 は、"叼" に対応する日本語の動詞「くわえる」を「とりつけ動詞」としている。
9) (47) や、(49)〜(52) に "的" を加えた "主体・的＋トコロ＋V＋客体" 表現におけるVは、8.2.2で挙げた (57)〜(70) の場合と同様に純粋な存現動詞である。
10) 丸尾 2005：112-113 も、"她在怀里抱着孩子。"、"他在肩上扛着麻袋。"のような身体部分表現はやや不自然であり、"在"を除いた"她怀里抱着孩子。"、"他肩上扛着麻袋。"としなければならないとしている。
11) この点は8.2.3で挙げた (71)〜(84) のbと同様である。張黎 1997：152 は "他在怀里抱着孩子。" を成立する例として挙げている。この表現はインフォーマントによって成立の可否が分かれ、成立すると判断される場合には "他怀里抱着孩子。" に比べ

て動作性の強い表現であるとされる。また、中原 2003：83 は"我胳膊上扎了几个针眼。"、"我在胳膊上扎了几个针眼。"はいずれも自然な表現として成立するとしている。これは、"扎"が"胳膊上"で行なわれるとは限らない、すなわち動作に身体部分が内包されていないという点で (58)～(62) の"叮、拿、抱、扛、背"とは異なるため、"胳膊上"を動作が行なわれる背景として表現することが可能であることによると考えられる。中原は、二つの表現間にみられる相違として、後者は「刺した」という能動文であるのに対し、前者は「刺された」という受動文であるとしているが、このことは"身体部分＋V＋モノ"が「ドウナル」表現としての性格を有することと矛盾しない。朱徳熙 1990：9 も"在手上扎针"は意識的な行為であるとしている。

12) この点については山崎 1982：36 を参照。
13) 山崎 1982：36、第 7 章の注 14 を参照。
14) "看"が"盯、瞧、望"などに比べ動作性が弱い（従って意志性が弱い）という点については、张志毅编著 1981：57-58、山崎 1982：38 を参照。
15) この点については山崎 1982：37 を参照。
16) 李临定 1988：80 は、"他左手端着笔记本，用右手拿着的水笔在空中画……（赵树理）"のように"身体部分＋V"と連動式表現が共起する例を挙げ、"左手"の前には"用"を補うことができるとしている。このような表現例の存在は、表現の描写性を高めるという点において二つの形式が共通した働きをすることを意味すると考えられる。
17) 身体部分を述語の中心に置いた中国語の表現は、日本語の「身体部分・デ V する」と同様に、複数の動作・行為を対比させた表現に用いられる場合がある。この点については呼美蘭 2000：215-216 を参照。

第10章
むすび

　以上、中国語の"在・トコロ＋V"表現に対して日本語の「N・格助詞 Vする」表現が対応するケース、中国語の"主体＋身体部分＋V＋客体"表現に対して日本語の「主体は（が）客体を Vする」表現が対応するケースを中心として、日中両言語間にみられる形式上・意味上の相違やそのような相違が生じる要因、表現形式に反映されているコトガラのとらえ方の相違について考察を行なってきた。考察の過程において、上記以外の表現形式をも対象とし、一定の見解を提示することができた。

　中国語の"在"は日本語の「デ」に比べると使用条件がゆるいため、動作・行為の行なわれるトコロとして示すことのできる対象の範囲が「デ」の場合よりも広い。周知のように前置詞"在"は動詞"在"がもとになっており、同じく"主体＋在・トコロ＋V＋客体"形式をとる表現であっても、"在"の文法機能語としての性格には強弱がみられる。このことは、中川1990：238が、主体のみがトコロに存在する

　　（1）我在岸上钓鱼。

のような表現における"在"を動詞とし、客体のみがトコロに存在する

　　（2）我在桶里捉鱼。

のような表現における"在"を前置詞とする施关淦1980：414-415のような見解が存在すると指摘していることや、盧濤2000：92が

　　（3）小李在黑板上写字。

　　（4）小李在桌子上摆书。

の実線部が目的語関連の場所と解釈される場合には"在"（＝目的語関連の所格標識）について一歩進んだ文法化が認められる一方、（3）、（4）が主語関連の場所とも解されるのは主語関連の所格標識が"在"の原型であることの証であるとしていることによっても明白である。前置詞"在"が動詞としての性格をとどめているのに対し、現代日本語の「デ」には語彙的意味が認められないため、文法機能語としての性格は"在"よりも強いということができる。反面、具象物を表わす名詞と組み合わされる場合、"在"は語彙的

意味を有するがゆえに一貫してトコロを示す働きをするのに対し、語彙的意味を有しない「デ」の働きは、トコロ表示のみならず手段表示にまでおよぶ。このように、"在"、「デ」は語彙的意味の有無、文法機能語としての性格の強弱という点において異なり、それぞれのトコロ表示領域を有するのである。従って、"在"によるトコロ表示が可能なコトガラのうち、「デ」によるトコロ表示が不可能なものは、第1～7章で述べたような「デ」以外の格助詞によるトコロ表現・非トコロ表現によってカバーされる。

また、中国語の"主体＋身体部分＋V＋客体"は描写性・状態性が強い表現形式であって「ドウスル」表現と「ドウナル」表現の中間的な性格を有し、身体部分を含まない場合に比べると述語動詞の動作性が低い。この形式においては、"身体部分＋V＋客体"の部分が存在・現象を表わす表現と同じく"トコロ＋V＋モノ"形式をとることにより上記のような効果が生じている。"主体＋身体部分＋V＋客体"とは異なり、日本語の「主体ハ　身体部分ガ　Vする」は純然たる状態を表わす表現形式である。9.1.2でふれたように、「～ハ～ガ　Vする」は、「～ハ」の部分が「～ニハ」とも言えることから状態が存在するトコロを表わすとする見解が存在する。このことから、「～ハ～ガ　Vする」は現象を表わす表現形式としての性格を帯びているということができる。「～ハ～ガ　Vする」表現のすべてについて上記のような置き換えが可能というわけではないが、この形式が有する「ドウナル」表現としての側面を指摘したものであるといえよう。「～ハ～ガ　Vする」が「ドウナル」表現であることにより、「ドウスル」表現としての側面を有する"主体＋身体部分＋V＋客体"が表わすコトガラを日本語で表現するには「主体は（が）客体を　Vする」形式によらなければならないのである。

ところで、本書における考察結果は、従来の言語研究とはやや異なった言語のあつかい方によってみちびかれたものである。具体例を章ごとに示すと以下のようになる。

　第1章：「デ」のトコロ表示機能と手段表示機能との間には連続性がみられ、「デ」と組み合わされる名詞の表わす事物がトコロ、手段のいずれであるかの判断も相対的となる場合がある。
　第2章：「ノ」のトコロ表示と所属表示との間には連続性がみられる。「トコロ・デ　主体は（が）　Vする」表現が存在を表わす「ドコニ何ガアル（イル）」表現に近い性格を帯びるケースがある。

第3章：「ニ」格の名詞と動詞との組み合わせにより「トコロ——動作・行為」の結びつきとして表現されるコトガラと「非トコロ——動作・行為」の結びつきとして表現されるコトガラは、連続した一つの領域をなしている。

第4章："V＋O"におけるOがヒトやモノの部分を表わす名詞である場合には、トコロ、非トコロいずれの側面をも有するケースがある。

第5章：移動動作を表わす"V＋トコロ"、「トコロ・ヲ Vする」表現におけるトコロが客体に近い性格を帯びるケースがある。

第6章："从"、「カラ」で示される移動の起点と経過点との間には連続性がみられる。

第7章：「デ」と「カラ」、"在"と"从"がそれぞれの言語において同一の動詞と組み合わされる場合、その使い分けの根拠は動作・行為の方向性の強弱にある。

第8章：身につけ動作を表わす"主体＋身体部分（トコロ）＋V＋客体"は動作表現と存在表現との中間的な性格を有する形式であり、Vは動作動詞と存在動詞との中間的な性格を有する。

第9章：身体部分動作を表わす"主体＋身体部分＋V＋客体"は「ドウスル」表現と「ドウナル」表現の中間的な性格を有する形式であり、Vも同様の両面性を有する。

このように、実際の言語現象においては、トコロを含んだ各表現、各成分のさまざまな働きが相互に連続性を有しており、同一の成分が複数の用法にまたがって用いられるケースも存在する。このような考え方によって言語をあつかうメリットとしては、実際の言語現象にそった正確な記述が可能となる点が挙げられる。例えば、山梨 1993：47-48 が指摘するように深層格のカテゴリーの境界は明確ではない。格関係を表わす形式はおのおの別個に存在しているのではなく、相互に補い合いながらコトガラを表わしていると考えられる。言語現象を連続体としてとらえるこのような考え方は、格関係を表わす形式についての考察のみならず、これらの形式に用いられる名詞がトコロ、非トコロいずれの性格をより強く有するかというトコロ性の問題や、動詞が有する動作性・方向性の強弱の考察においても極めて有効である。

また、個別の表現例の検討においては、それらが自然な表現として成立するか否かという二者択一的な判断だけでなく、不自然となるケースについて

はいかなる操作を加えれば成立するのか、自然な表現として成立する複数の表現のうち better と判断されるのはいずれで、いかなる理由によるかを追求する方法をとった。例えば、本書におけるトコロ表現考察にからんで検討の対象となった表現形式には、各種の前置詞を用いた"前置詞・N + V"表現や"V + O"表現などがあり、これらと"在・トコロ + V"表現との相違を調べる上で用いた。このような手法は、それぞれの表現例に対してインフォーマントが感じる自然さの度合いやニュアンスの相違における個人差に影響されやすい点できわどさはあるものの、異なる表現形式間の働きについて考察し、両者の使い分けを明らかにする上では不可欠なものである。各表現形式の特徴は、その典型的な用例よりは、他の形式によっても表現可能な、いわば境界領域に属する用例においてこそ際立つのである。

　以上のような考察の姿勢および手法は、トコロ表現のみならず他の表現形式を研究対象とする場合においても有効であろう。

用 例 出 典
(カッコ内は略称)

阿城〈棋王〉，钱谷融・吴宏聪主编《中国现代文学作品选读・下册（当代部分）》，华东师范大学出版社，1987．（棋王）
残雪〈苍老的浮云〉，《中国》，1986 年 5 期．（苍）
谌容〈错，错，错！〉，华岱主编《新时期小说争鸣选》，花山文艺出版社，1987．（错）
戴厚英《人啊，人！》，花城出版社，1980．（人）
高晓声〈陈奂生上城〉，钱谷融・吴宏聪主编《中国现代文学作品选读・下册（当代部分）》，华东师范大学出版社，1987．（陈奂生）
蒋濮〈不要问我从哪里来〉，《上海文学》，1988 年 10 期．（不）
李贯通〈洞天〉，《青年佳作》，中国青年出版社，1988．
茅盾〈春蚕〉，钱谷融・吴宏聪主编《中国现代文学作品选读・上册（现代部分）》，华东师范大学出版社，1987 年第 2 版．（春蚕）
茅盾〈路〉，《茅盾中篇小说选》，四川人民出版社，1981．（路）
茅盾〈三人行〉，《茅盾中篇小说选》，四川人民出版社，1981．（三人行）
王安忆〈金灿灿的落叶〉，华岱主编《新时期小说争鸣选》，花山文艺出版社，1987．（金灿灿）
王蒙〈组织部来了个年轻人〉，钱谷融・吴宏聪主编《中国现代文学作品选读・下册（当代部分）》，华东师范大学出版社，1987．（组织部）
吴金良〈少年狂〉，《1 分間小説選 扉ごしの対話》，人民中国雑誌社，1984．（少年狂）
叶圣陶〈潘先生在难中〉，钱谷融・吴宏聪主编《中国现代文学作品选读・上册（现代部分）》，华东师范大学出版社，1987 年第 2 版．（潘先生）

芥川竜之介『羅生門』，岩波文庫，1915．（羅生門）
蒋濮著／久保田美年子・松本みどり訳『何処から来たかは聞かないで』，白帝社，1989．
小林多喜二著／李思敬译注・尚永清校订《〔日汉对照〕蟹工船》，北京出版社，1981．（蟹）
佐藤春夫『田園の憂鬱』，岩波文庫，1917．（田園）
残雪著／近藤直子訳『蒼老たる浮雲』，河出書房新社，1989．
獅子文六『自由学校』，新潮文庫，1950．（自由学校）
中島敦『李陵』，新潮文庫，1943．（李陵）
長塚節『土（上）』，岩波文庫，1910．（土）
夏目漱石『こゝろ』，岩波文庫，1914．（こゝろ）
宮本百合子『伸子（上）』，岩波文庫，1926．（伸子）

主要参考文献（第Ⅰ部）

⦿日本語

荒正子 1983.「から格の名詞と動詞とのくみあわせ」，言語学研究会編『日本語文法・連語論（資料編）』，むぎ書房，397-425頁.

荒川清秀 1981a.「日本語名詞のトコロ（空間）性——中国語との関連で——」，日本語と中国語対照研究会編『日本語と中国語の対照研究』第6号，1-19頁.

荒川清秀 1981b.「中国語動詞にみられるいくつかのカテゴリー」，『愛知大学文学論叢』第67輯，1-25頁.

荒川清秀 1984.「中国語の場所語・場所表現」，『愛知大学外国語研究室報』第8号，1-14頁.

荒川清秀 1985a.「中国語入門 動詞(4)〔動詞とその相手〕」，『中国語』1985年10月，大修館書店，14-16頁.

荒川清秀 1985b.「中国語入門 動詞(3)〔動作とトコロ（場所）〕」，『中国語』1985年9月，大修館書店，4-6頁.

荒川清秀 1989.「補語は動詞になにをくわえるか」，『外語研紀要』第13号，愛知大学外国語研究室，11-24頁.

池上嘉彦 1982.「表現構造の比較——〈スル〉的な言語と〈ナル〉的な言語——」，國廣哲彌編集『日英語比較講座 第4巻 発想と表現』，大修館書店，67-110頁.

石村広 1998.「動補動詞の認知的視点」，『中国文化——研究と教育——』第56号，中国文化学会，11-22頁.

石村広 1999.「現代中国語の結果構文——日英語との比較を通じて——」，『文化女子大学紀要（人文・社会科学研究）』第7集，文化女子大学，141-155頁.

石綿敏雄・高田誠 1990.『対照言語学』，桜楓社.

王建康 2000.「日中言語対照の諸問題」，『日本と中国 ことばの梯 佐治圭三教授古稀記念論文集』，くろしお出版，307-323頁.

大河内康憲 1981.「状語性身体名詞」，『中国語』1981年11月，大修館書店，9頁.

大河内康憲 1982.「中国語構文論の基礎」，森岡健二・宮地裕・寺村秀夫・川端善明編集『講座 日本語学10 外国語との対照Ⅰ』，明治書院，31-52頁.

太田辰夫 1958.『中国語歴史文法』，江南書院.

奥田靖雄 1983a.「で格の名詞と動詞とのくみあわせ」，言語学研究会編『日本語文法・連語論（資料編）』，むぎ書房，325-340頁.

奥田靖雄 1983b.「に格の名詞と動詞とのくみあわせ」，言語学研究会編『日本語文法・連語論（資料編）』，むぎ書房，281-323頁.

奥田靖雄 1983c.「を格の名詞と動詞とのくみあわせ」,言語学研究会編『日本語文法・連語論（資料編）』,むぎ書房,21-150頁.

奥津敬一郎 1980.「動詞文型の比較」,國廣哲彌編集『日英語比較講座 第2巻 文法』,大修館書店（3版1982）,63-100頁.

小野沢格子 1975.「《『介詞"在"』+『場所を表わす名詞』》と《客語》とを含んだ文について」,『麗沢大学紀要』第20巻,89-100頁.

神田千冬 1994.「中国語の特徴――日中対訳にみられる〈モノ〉的表現と〈コト〉的表現」,『中国語研究』第36号,白帝社,111-120頁.

木村英樹 1983.「Q＆A」,『中国語』1983年12月,大修館書店,34頁.

木村英樹 1996.『中国語はじめの一歩』,ちくま新書（1998）.

金田一春彦 1954.「日本語動詞のテンスとアスペクト」,金田一春彦編『日本語動詞のアスペクト』,むぎ書房（1976）,27-61頁.

楠本徹也 2002.「『を』格における他動性のスキーマ」,『東京外国語大学 留学生日本語教育センター論集』第28号,東京外国語大学留学生日本語教育センター,1-12頁.

國廣哲彌 1974a.「人間中心と状況中心――日英語表現構造の比較――」,『英語青年』1974年2月,研究社,48-50頁.

國廣哲彌 1974b.「日英語表現体系の比較」,『言語生活』1974年3月,筑摩書房,46-52頁.

國廣哲彌 1981.「語彙の構造の比較」,國廣哲彌編集『日英語比較講座 第3巻 意味と語彙』,大修館書店（1987）,15-52頁.

久野暲 1973.『日本文法研究』,大修館書店.

顧海根 1983.「中国人学習者によくみられる誤用例――格助詞,係助詞『も』,接続助詞『て』などを中心に――」,『日本語教育』第49号,日本語教育学会,105-118頁.

呼美蘭 2000.「身体名詞に関する一考察」,『中国語学』第247号,日本中国語学会,205-222頁.

小池清治・小林賢次・細川英雄・犬飼隆編集 1997.『日本語学キーワード事典』,朝倉書店.

国立国語研究所 1972.『国立国語研究所報告43 動詞の意味・用法の記述的研究』,秀英出版（3版1978）.

輿水優 1985.『中国語の語法の話――中国語文法概論』,光生館.

小矢野哲夫 1989.「名詞と格」,北原保雄編集『講座 日本語と日本語教育 第4巻 日本語の文法・文体（上）』,明治書院,73-97頁.

佐治圭三 1975.「日本語構文の特質――主語と述語,主題,主格など――」,『国

語シリーズ別冊2 日本語と日本語教育——文法編——』, 文化庁, 67-93頁.

柴田武・國廣哲彌・長嶋善郎・山田進・浅野百合子 1979.『ことばの意味2 辞書に書いてないこと』, 平凡社.

芝田稔・鳥井克之 1985.『新しい中国語・古い中国語』, 光生館.

島村典子 2003.「動詞の前後に位置する起点と経過点」,『中国語学』第250号, 日本中国語学会, 122-136頁.

杉村博文 1982.「『被動と"結果"』拾遺」, 日本語と中国語対照研究会編『日本語と中国語の対照研究』第7号, 58-82頁.

鈴木重幸 1972.『日本語文法・形態論』, むぎ書房.

鈴木英夫・王彦花 1987.「場所を表す名詞につくデ・ニ・ヲの用法の異同について——中国人への日本語教育に関連して——」,『茨城大学人文学部紀要 人文学科論集』第20号, 茨城大学人文学部, 39-62頁.

田中茂範・松本曜 1997. 中右実編『日英語比較選書6 空間と移動の表現』, 研究社.

角田太作 1991.『世界の言語と日本語』, くろしお出版.

寺村秀夫 1982.『日本語のシンタクスと意味Ⅰ』, くろしお出版.

寺村秀夫 1992.『寺村秀夫論文集Ⅰ——日本語文法編——』, くろしお出版.

藤堂明保 1979.『中国語概論』, 大修館書店 (3版 1981).

藤堂明保・相原茂 1985.『新訂 中国語概論』, 大修館書店.

中みき子 1988.「中国語の心理表現——頭, 心, 腹をめぐって——」,『京都外国語大学研究論叢ⅩⅩⅩ』, 370-377頁.

中右実 1995.「『に』と『で』の棲み分け——日英語の空間認識の型 (1) ——」,『英語青年』1995年1月, 研究社, 20-22頁.

中川正之 1978.「中国語の『有・在』と日本語の『ある・いる』の対照研究 (上)」, 日本語と中国語対照研究会編『日本語と中国語の対照研究』第3号, 1-10頁.

中川正之 1990.「中国語と日本語——場所表現をめぐって——」, 近藤達夫編集『講座 日本語と日本語教育 第12巻 言語学要説 (下)』, 明治書院, 219-240頁.

中川正之 1997.「中国語, 日本語, 英語における共同行為者と道具をめぐって」,『大河内康憲教授退官記念 中国語学論文集』, 東方書店, 29-46頁.

中川正之・李淑哲 1997.「日中両国語における数量表現」, 大河内康憲編『日本語と中国語の対照研究論文集』, くろしお出版, 95-116頁.

中原裕貴 2003.「介詞"在"の有無について——『"在"＋名詞』構造における"在"の有無を中心に——」,『日中言語対照研究論集』第5号, 日中対照言語学会 (白帝社), 74-90頁.

中原裕貴 2004.「介詞構造『"在"＋場所詞』の日本語訳について」,『日中言語

対照研究論集』第6号，日中対照言語学会（白帝社），120-135頁．
西槙光正 1992．「現代中国語介詞研究（一）」，『語学研究』第68号，拓殖大学語学研究所，83-110頁．
西槙光正 1993．「現代中国語介詞研究（二）」，『語学研究』第72号，拓殖大学語学研究所，33-57頁．
西槙光正 1994．「現代中国語介詞研究（三）」，『語学研究』第74号，拓殖大学語学研究所，31-57頁．
仁田義雄 1993．「日本語の格を求めて」，仁田義雄編『日本語の格をめぐって』，くろしお出版，1-37頁．
日本語教育学会編 1982．『日本語教育事典』，大修館書店（縮刷版2000）．
原田寿美子・滑本忠 1990．「「在」に対応する日本語の格助詞」，『名古屋学院大学外国語学部論集』第2巻第1号，名古屋学院大学産業科学研究所，41-48頁．
針谷壮一 2000．「副詞との語順からみた介詞"在"」，『中国言語文化論叢』第3集，東京外国語大学中国言語文化研究会，46-69頁．
菱沼透 1990．「中国語と日本語の道具使用表現」，『日本語教育』第72号，日本語教育学会，80-90頁．
菱沼透 1994．「日本語と中国語の移動動詞――"あるく"に対応する中国語の表現――」，『明治大学教養論集』通巻265号，25-61頁．
平井和之 1991．「朱德熙《"在黑板上写字"及相关句式》の三つの稿について」，『東京外国語大学論集』第43号，47-66頁．
平井勝利・成戸浩嗣 1994．「中国語の"在・トコロ＋V"と日本語の"非トコロ・ニVする"表現の考察（二）」，『言語文化論集』第15巻第2号，名古屋大学言語文化部，119-132頁．
平井勝利・成戸浩嗣 1995a．「所謂存在表現に見られる動作性」，『言語文化論集』第17巻第1号，名古屋大学言語文化部，89-105頁．
平井勝利・成戸浩嗣 1995b．「身体部分表現の日中対照」，『言語文化論集』第16巻第2号，名古屋大学言語文化部，3-20頁．
平井勝利・成戸浩嗣 1996．「移動動作の場所を示す"从"と補語をうける"ヲ"の日中対照」，『言語文化論集』第17巻第2号，名古屋大学言語文化部，107-123頁．
平井勝利・成戸浩嗣 1997a．「"在・トコロ＋V"表現のアスペクト性」，『言語文化論集』第18巻第2号，名古屋大学言語文化部，3-15頁．
平井勝利・成戸浩嗣 1997b．「"在・トコロ"が表わす進行アスペクトの諸相」，『言語文化論集』第19巻第1号，名古屋大学言語文化部，273-287頁．
方美麗 1995．「日中文法対照研究――場所を表す介詞"在"と"に／で／を"

――」,『人間文化研究年報』第 19 号, お茶の水女子大学人間文化研究科, 167-177 頁.

方美麗 2002.「『連語論』〈『移動動詞』と『空間名詞』との関係〉――中国語の視点から――」,『日本語科学』11, 国立国語研究所, 55-77 頁.

朴貞姫 2002.「空間背景場所概念の表現における日中対照研究」,『日中言語対照研究論集』第 4 号, 日中言語対照研究会(白帝社), 138-153 頁.

朴貞姫 2003.「空間背景場所表現における日中対照研究 (2)」,『日中言語対照研究論集』第 5 号, 日中対照言語学会(白帝社), 91-103 頁.

保坂律子 1994.「方向を表す介詞"往"――"向""朝"との比較から――」,『お茶の水女子大学中国文学会報』第 13 号, お茶の水女子大学中国文学会, 27-39 頁.

保坂律子・郭雲輝 2000.「名詞を場所化する方位詞"〜上"と"〜里"」,『中国語学』第 247 号, 日本中国語学会, 233-249 頁.

益岡隆志 1987.「格の重複」, 寺村秀夫・鈴木康・野田尚史・矢澤真人編『ケーススタディ 日本文法』, おうふう, 18-23 頁.

丸尾誠 1997.「"V+到+L"形式の意味的考察」,『中国言語文化論叢』第 1 集, 東京外国語大学中国言語文化研究会, 103-123 頁.

丸尾誠 2001.「中国語の移動動詞に関する一考察――着点との関係において――」,『中国言語文化論叢』第 4 集, 東京外国語大学中国言語文化研究会, 1-22 頁.

丸尾誠 2003.「"(S+)从/在+L+VP"形式の表す移動概念」,『日中言語対照研究論集』第 5 号, 日中対照言語学会(白帝社), 60-73 頁.

丸尾誠 2004.「中国語の場所詞について――モノ・トコロという観点から――」,『言語文化論集』第 25 巻第 2 号, 名古屋大学大学院国際言語文化研究科, 151-166 頁.

丸尾誠 2005.『現代中国語の空間移動表現に関する研究』, 白帝社.

三上章 1967.「日英文法の比較」,『大谷女子大学紀要』創刊号, 80-102 頁.

三上章 1969.「存在文の問題」,『大谷女子大学紀要』第 3 号, 38-48 頁.

三宅登之 1998.「ある種の場所賓語の動詞との意味関係について」,『東京外国語大学論集』第 56 号, 57-66 頁.

三宅知宏 1996.「日本語の移動動詞の対格標示について」,『言語研究』第 110 号, 日本言語学会, 143-167 頁.

望月八十吉 1982.「日本語から中国語を眺める」,『日本語と中国語の対照研究』第 7 号, 18-31 頁.

森宏子 1998.「"从"の空間認識」,『中国語学』第 245 号, 日本中国語学会,

122-131 頁.

森田良行 1977.『基礎日本語』, 角川書店（12 版 1987）.

森田良行 1980.『基礎日本語 2』, 角川書店（3 版 1987）.

森田良行 1988.『日本語の類意表現』, 創拓社.

森田良行 1990.『日本語学と日本語教育』, 凡人社.

森山新 2002.「認知的観点から見た格助詞デの意味構造」,『日本語教育』第 115 号, 日本語教育学会, 1-10 頁.

森山卓郎 1988.『日本語動詞述語文の研究』, 明治書院.

山口直人 1988a.「"在 + 処所"に関連する 2 つの問題」,『北九州大学大学院紀要』創刊号, 221-242 頁.

山口直人 1988b.「介賓連語補語の特殊なものについて——特に『在 + 場所』の場合——」,『折尾女子経済短期大学論集』第 23 号, 79-98 頁.

山崎吾妻 1982.「動作表現に関する一考察」, 日本語と中国語対照研究会編『日本語と中国語の対照研究』第 6 号, 30-42 頁.

山田孝雄 1936.『日本文法学概論』, 宝文館 (1984).

山中信彦 1984.「場所主語文型・場所目的語文型と意味的要因」,『國語學』139, 國語學會, 43-53 頁.

山梨正明 1993.「格の複合スキーマモデル——格解釈のゆらぎと認知のメカニズム」, 仁田義雄編『日本語の格をめぐって』, くろしお出版, 39-65 頁.

李臨定著／宮田一郎訳 1993.『中国語文法概論』, 光生館.

劉月華ほか 1991. 刘月华・潘文娱・故韡著／相原茂監訳『現代中国語文法総覧（下）』, くろしお出版.

盧濤 1997.「"在大阪住"と"住在大阪"」,『大河内康憲教授退官記念 中国語学論文集』, 東方書店, 107-123 頁.

盧濤 2000.『中国語における「空間動詞」の文法化研究——日本語と英語との関連で——』, 白帝社.

和氣愛仁 2000.「ニ格名詞句の意味解釈を支える構造的原理」,『日本語科学』7, 国立国語研究所, 70-93 頁.

渡辺義夫 1983.「カラ格の名詞と動詞とのくみあわせ」, 言語学研究会編『日本語文法・連語論（資料編）』, むぎ書房, 353-395 頁.

◉中国語

北京大学中文系 1955・1957 级语言班编 1982.《现代汉语虚词例释》, 商务印书馆.

北京语言学院编《中国語教科書・上巻》, 光生館 (1984).

崔希亮 2002.〈汉语方位结构"在……里"的认知考察〉, 中国语文杂志社编《语

法研究和探索（十一）》，商务印书馆，246-264 页.

范继淹 1982.〈论介词短语 "在＋处所"〉，《语言研究》1982 年第 1 期，华中工学院出版社，71-86 页.

《汉语知识》，人民教育出版社 1959（采華書林 1976）.

黄国营 1982.〈"的"字的句法、语义功能〉，《语言研究》1982 年第 1 期，华中工学院出版社，101-129 页.

孔令达 2005.〈"名$_1$＋的＋名$_2$"结构中心名词省略的语义规则〉，孔令达·储泰松主编《汉语研究论集》，安徽大学出版社，22-33 页.（原载《安徽师大学报》1992 年第 1 期）

李临定 1988.《汉语比较变换语法》，中国社会科学出版社.

罗敬仁 1982.《日语助词概论》，北京出版社.

吕叔湘主编《现代汉语八百词》，商务印书馆（1980）.

孟琮等 1987. 孟琮·郑怀德·孟庆海·蔡文兰编《动词用法词典》，上海辞书出版社.

孟庆海 1986.〈动词＋处所宾语〉，《中国语文》1986 年第 4 期，中国社会科学出版社，261-266 页.

齐沪扬 1998.《现代汉语空间问题研究》，学林出版社.

邵敬敏 1982.〈关于"在黑板上写字"句式分化和变换的若干问题〉，《语言教学与研究》1982 年第 3 期，外语教学与研究出版社，35-43 页.

施关淦 1980.〈关于"在＋Np＋V＋N"句式的分化问题〉，《中国语文》1980 年第 6 期，中国社会科学出版社，413-415 页.

宋玉柱 1986.〈存在句〉，《现代汉语语法十讲》，南开大学出版社，122-135 页.

穗积晃子 1987.《中国人学日语常见病句分析一百例》，科学普及出版社.

丸尾诚 2002.〈现代汉语介词短语"在＋L""从＋L"的语义功能——从"表示对象移动的句式"谈起——〉，《多元文化》第 2 号，名古屋大学国际言语文化研究科·国际多元文化專攻，119-129 頁.

王还 1980.〈再说说"在"〉，《语言教学与研究》1980 年第 3 期，北京语言学院，25-29 页.

王占华 1996.〈处所短语句的蕴涵与"在"的隐现〉，《大阪市立大学文学部紀要 人文研究》第 48 卷第 7 分冊（中国語·中国文学），大阪市立大学文学部，31-54 頁.

文炼 1987.〈处所、时间和方位〉，《汉语知识讲话（合订本）3》，上海教育出版社.

徐靖 2005.〈"逛商场"和"在商场里逛"〉，《日本中国语学会第 55 回全国大会 予稿集》，日本中国语学会，203-207 页.

徐靖 2006.〈"逛商场"和「スーパーをぶらぶらする」——谈汉日空间表达方式

的异同〉,《外语研究》2006 年第 1 期, 中国人民解放军国际关系学院, 27-30 页.

俞咏梅 1999.〈论"在＋处所"的语义功能和语序制约原则〉,《中国语文》1999 年第 1 期, 商务印书馆, 21-29 页.

张潮生 1994.〈语义关系多样化的一些原因〉,《语言研究》1994 年第 1 期, 华中理工大学出版社, 36-55 页.

张黎 1997.〈"处所"范畴〉,《大河内康憲教授退官記念 中国語学論文集》, 東方書店, 141-156 頁.

张志毅编著 1981.《简明同义词典》, 上海辞书出版社.

朱德熙 1981.〈"在黑板上写字"及相关句式〉,《语言教学与研究》1981 年第 1 期, 外语教学与研究出版社, 4-18 页.

朱德熙 1990.〈"在黑板上写字"及相关句式〉,《语法丛稿》, 上海教育出版社, 1-16 页.

◉英語

Charles N. Li and Sandra A. Thompson, *Mandarin Chinese* (University of California Press, 1981)

第II部

存在表現、進行表現、動態表現

序　章
研究の対象と方法

　トコロを用いた動詞表現のうち、モノの存在に関わるコトガラを表わす以下のような表現については、すでに多くの先行研究が存在する。
　Ⅰ．"在・トコロ＋Ｖ＋モノ"形式をとる表現
　　(1) <u>在桌子上</u>摆着不少菜。
　Ⅱ．"トコロ＋Ｖ＋モノ"形式をとる表現
　　(2) <u>桌子上</u>摆着不少菜。
　Ⅲ．"モノ＋Ｖ＋在・トコロ"形式をとる表現
　　(3) 画儿挂<u>在墙上</u>。
　Ⅳ．"モノ＋在・トコロ＋Ｖ"形式をとる表現
　　(4) 画儿<u>在墙上</u>挂着。

Ⅱはいわゆる存現文として、トコロにおけるモノの存在を具体的に表わすのに用いられる形式である。このような形式をとる表現に対しては、同じトコロ、Ｖ、モノの組み合わせによるⅠの表現が成立する場合がある。Ⅰについては、李临定1988のように、Ⅱとは区別せず一括してあつかうものや、栌山1991、吕文华1997、芳沢2002、中原2003などのように、Ⅱとの相違について考察を行なったものがある。前者においては"在"の有無が特に重要な問題とはされておらず、後者においては動作が客体を必要とする場合、しない場合の双方を含めた考察や、"有"を用いた表現を含めた考察が行なわれている。
　これらの先行研究に対し、Li & Thompson1981：396-397には、
　　(5) <u>在桌子上</u>堆了很多书。
のような表現は「主体の存在を含意する動作表現」であるという旨の記述がみられる。このことは、Ｖが客体を必要とする動作を表わすものである場合には、Ⅰの表現が
　Ⅴ．"主体＋在・トコロ＋Ｖ＋モノ（客体）"
　　(6) 他<u>在桌子上</u>摆着菜。
につながる動作表現としての性格を帯びる可能性が存在することを意味す

る。一方、主体の存在を含意する日本語の表現形式としては、
　Ⅰ'．「トコロ・ニ モノが Ｖテアル」
　　（1）'テーブルの上ニたくさんの料理が並べ**テアル**。
が、含意しない形式としては
　Ⅱ'．「トコロ・ニ モノが Ｖテイル」
　　（2）'テーブルの上ニたくさんの料理が並ん**デイル**。
がそれぞれ存在する。Ⅰ'、Ⅱ'はともに、中国語のⅠ、Ⅱいずれの表現に対応することも可能である。このため、同じく主体の存在を含意する形式であっても、ⅠとⅠ'の間には何らかの相違が存在すると考えられ、この点について考察することは、動作表現と存在表現との関わりという点における日中両言語間の相違を明らかにすることにつながる。

　また、動詞表現においてトコロを示す"在"の働きについては、
　イ．"在・トコロ＋Ｖ"
　ロ．"Ｖ＋在・トコロ"
という形式間の相違として論じられることが多く、イは「動作・行為が行なわれるトコロ」を、ロは「動作・行為がいきつくトコロ」をそれぞれ表わすとするのが一般的な見方である。但し、このような見方は、主体を含む
　イ'．"主体＋在・トコロ＋Ｖ（＋客体）"
　ロ'．"主体（＋把・客体）＋Ｖ＋在・トコロ"
の表現を考察対象とした結果として導かれるものであって、イ、ロはいわばモデル化された形式であるといえよう。イ、ロのような成分を含む表現形式としては、イ'、ロ'のほかにⅢ、Ⅳが存在する。Ⅲ、ⅣおよびⅡはいずれもトコロにおけるモノの存在を前提とした表現形式であり、朱德熙1962、范継淹1982、朱德熙1987、范暁1988、李临定1988、聶文龍1989、齐沪扬1998、俞咏梅1999などにおいて考察がなされ、相互に変換関係が存在する点についての指摘がなされているものの、形式上・意味上の相違についてはさらに考察を行なう余地がある。Ⅱ、Ⅲ、Ⅳの間に変換関係が成立するか否かについて考察することは、言語研究におけるスタンダードな手法である。これらの対象および手法に加え、さらにⅠを加えた各形式間に存在する統語上・意味上の相違について考察することにより、トコロ、Ｖ、モノという三つの成分によって構成されるコトガラをどのように表現し分けるかを明らかにし、トコロを示す"在"の働きをより正確に記述することが可能となる。

さらに、Ⅱはトコロ中心の表現形式であるのに対し、Ⅲ、Ⅳはモノ中心の表現形式である。Ⅲの形式をとる表現については、これが被動表現であるか否かという点において見解が分かれている。一方、日本語には、トコロにおけるモノの存在を前提とした被動表現の形式として

　Ⅲ'.「モノは　トコロ・ニ　Vラレテイル」

　　(3)'　絵は壁ニ掛けラレテイル。

　Ⅲ".「トコロ・ニ　モノが　Vラレテイル」

　　(3)"　壁ニ絵が掛けラレテイル。

が存在し、これらと

　Ⅵ.「モノは　トコロ・ニ　Vテアル」

　　(7)　絵は壁ニ掛けテアル。

　Ⅶ.「モノは　トコロ・ニ　Vテイル」

　　(8)　絵は壁ニ掛かっテイル。

およびⅠ'、Ⅱ'との間には使い分けが存在する。第Ⅱ部では、日本語におけるこれらの諸形式の使い分けを参考にして、中国語におけるⅡ、Ⅲ、Ⅳの相違について考察を行なう。このことによって、各表現形式を日本語、中国語それぞれの言語において考察するにとどまっていた従来の方法によっては明らかとならなかった存在表現、被動表現の諸特徴がうきぼりとなるであろう。

　ところで、"主体＋在・トコロ＋V（＋客体）"形式をとる表現が進行中のコトガラを前提として用いられ、動詞がいわゆるハダカである場合には、"在"はトコロを限定すると同時に、動作が進行の段階にあることを表わすケースがある。進行を表わすいわゆる副詞"在"については、中川1978、同1990のように、トコロ限定の働きが時間限定に転用された結果として生じたものである旨の指摘が従来からなされ、"在那儿（or 那里）"という中間形式を経て生じた用法であるとされるのが一般的であった。しかし実際には、

　　(9)　他在里屋看书。

のように具体的なトコロを含んだ表現においても"在"の進行表示機能が働くことがあり、この点についての指摘がごく一部ではあるが存在する。"在"のこのような側面に着目して用例をみていくと、トコロを限定する"在"と進行を表わす"在"との間に統語的・意味的な連続性が観察される。"在"

の進行表示機能について考察する場合、"在Ｖ"形式を対象とするのが通例であるが、トコロ限定機能を視野に入れることによって、進行表示機能についてもより正確な記述が可能となるばかりでなく、進行表現において"在"と共起する"正"、"呢"、"着"の働きについても一定の見解を提示することができよう。

また、"Ｖ着"の働きについては、動作の持続、動作結果の持続を表わすとするのが従来の見方である。前者はいわゆる動態であり、後者はいわゆる静態である。

Ｖ'．"主体＋在・トコロ＋Ｖ着＋モノ（客体）"

は主として動作の進行を表わす表現形式であり、"Ｖ着"は動態を表わすこととなる。Ｖ'における"在・トコロ＋Ｖ着"の部分に対応する日本語の表現形式としては、「トコロ・デ／ニ　Ｖテイル（トコロダ）」が挙げられるが、両者の相違について考察したものは現在のところみあたらず、トコロを用いた進行表現にみられる日中両言語間の相違という観点から考察を行なう余地がある。

進行表現として用いられるＶ'に対し、

Ⅱ"．"トコロ＋Ｖ着＋モノ"

は主としてトコロにおけるモノの存在を表わす表現形式であり、"Ｖ着"は静態を表わすこととなる。但し、このような傾向に反する

　　(10) 山上架着炮。

のような動態表現が存在する点についての指摘が朱徳熙1962、同1990、陸儉明1988によってなされているため、Ⅱ"の形式をとる表現が常に静態を表わすとは限らない。と同時に、Ⅱ"の形式における"Ｖ着"についても、動態表示機能、静態表示機能という二つの働きを明確に区別することが可能であるか否かということをも含め、さらに考察を深める必要があると考えられる。

第Ⅱ部は、先行研究においては主たる考察対象としてとりあげられなかった以上のような点に着目し、トコロを用いた動詞表現の諸特徴を明らかにすることを目的とする。考察にあたっては必要に応じて日本語の表現形式と対照させ（第１～３章および第６章）、中国語、日本語双方の特徴について従来よりも一層正確な記述が可能となることをねらいとした。なお、各章において主たる考察対象となる表現形式は、以下の通りである。

第Ⅱ部　存在表現、進行表現、動態表現

第1章　"在・トコロ＋V着／了＋モノ"
　　　　"トコロ＋V着／了＋モノ"
　　　　"主体＋在・トコロ＋V着／了＋モノ"
　　　　「トコロ・ニ モノが Vテアル／テイル」
　　　　「主体は トコロ・ニ モノを Vテアル」

第2章　"トコロ＋V着＋モノ"
　　　　"モノ＋V＋在・トコロ"
　　　　"モノ＋在・トコロ＋V着"
　　　　「トコロ・ニ モノが Vテイル／テアル／ラレテイル」
　　　　「モノは トコロ・ニ Vテイル／テアル／ラレテイル」

第3章　"主体＋在・トコロ＋V（＋モノ）"
　　　　「トコロ・デ／ニ Vテイル（トコロダ）」

第4章　"主体＋在・トコロ＋V（＋モノ）"
　　　　"主体＋在V（＋モノ）"

第5章　"主体＋在・トコロ＋V（＋モノ）"
　　　　"主体＋在・トコロ＋V着（＋モノ）"

第6章　"トコロ＋V着＋N"
　　　　"在・トコロ＋V着＋N"
　　　　"トコロ＋正＋V着＋N"
　　　　"トコロ＋（正）在＋V着＋N"
　　　　「トコロ・ニ／デ（ハ）モノが Vラレテイル」

第1章
いわゆる存在表現にみられる動作性

1.0 はじめに

　以下の表現例はいずれも"在・トコロ＋Ｖ＋モノ"形式をとり、Ｖは客体（モノ）を必要とし、かつ結果をともなうものである。

　　(1) <u>在桌子上摆着不少菜</u>。
　　(2) <u>在墓的右边栽着一棵松树</u>。
　　(3) <u>在黑板上写着几个字</u>。
　　(4) <u>在桌子上堆了很多书</u>。
　　(5) <u>在墙上贴了一张标语</u>。
　　(6) <u>在院子里种了几棵菊花儿</u>。

　これらは従来、いずれもいわゆる存現文の一種とされ、

　　(1)' <u>桌子上摆着不少菜</u>。
　　(2)' <u>墓的右边栽着一棵松树</u>。
　　(3)' <u>黑板上写着几个字</u>。
　　(4)' <u>桌子上堆了很多书</u>。
　　(5)' <u>墙上贴了一张标语</u>。
　　(6)' <u>院子里种了几棵菊花儿</u>。

のような"トコロ＋Ｖ＋モノ"表現と同列にあつかわれてきた[1]。しかし、"在・トコロ＋Ｖ＋モノ"は動作主体の存在が明確に意識される表現形式である[2]のに対し、"トコロ＋Ｖ＋モノ"はそうではない。

　本章は、中国語の"在・トコロ＋Ｖ＋モノ"表現の上記のような性格に着目し、中国語における動作表現と存在表現との境界について考察するとともに、日本語の「トコロ・ニ　モノが　Ｖテアル／テイル」表現と対照させて、動作表現、存在表現が日中両言語においてそれぞれどのように使い分けられているかを明らかにすることを目的とする。

1.1 中国語の存在表現と動作表現
1.1.1 主体の存在を明示する"在・トコロ＋Ｖ＋モノ"表現

(1)'〜(6)' と (1)〜(6) とを比較すると、前者は「どこに何がどのような状態で存在する（or 出現した）」という内容を表わす純粋な存在表現であり、"Ｖ着"、"Ｖ了" はそれぞれ、モノの存在のありよう、モノの存在のありようの変化を表わしている[3]のに対し、後者は「動作の結果としてどこに何が存在する（or 出現した）」という内容を表わし、Ｖの表わす概念は、モノがトコロに存在するに至った原因としての動作という性格をも帯びているという相違がみられる。このことは、同じく「どこに何が存在する（or 出現した）」という内容を表わす表現であっても、前者よりも後者の方が動作表現に近く、存在表現としての純粋性において劣ることを意味する。このような相違は、具体的には以下のような形であらわれる。

(1) は、「"摆"という動作の結果としてテーブルの上にたくさんの料理が存在する」という内容のほか、「誰かがテーブルの上にたくさんの料理を並べている（ところだ）」という内容を表わすことも可能である[4]。これに対し (1)' は、「テーブルの上にたくさんの料理が並んだ状態で存在する」という内容を表わす表現である。同様に、(2) も「"栽"という動作の結果として墓の右わきに一本の松の木が存在する」、「誰かが墓の右わきに一本の松の木を植えている（ところだ）」のいずれの内容を表わすことも可能であるのに対し、(2)' は「墓の右わきに一本の松の木が植えられた状態で存在する」という内容を表わす。(1)、(2) は「動作の結果としての存在」、「動作の進行」[5]のいずれを表わすことも可能な多義表現である。

(3) は (1)、(2) とは異なり、「"写"という動作の結果として黒板にいくつかの字が存在する」という動作の結果としての存在は表わすが、「誰かが黒板にいくつかの字を書いている（ところだ）」という動作の進行は表わさない[6]。

(4)、(4)' は、Li & Thompson1981：396-397 において、前者は「主体の省略された動作表現」として "(Someone) piled a lot of books on the table." という内容を、後者は「静的な表現」として "A lot of books are piled on the table." という内容をそれぞれ表わすとされている。このことは換言すれば、(4) は「誰かが積み上げた結果としてテーブル（机）の上にたくさんの本が存在する」、(4)' は「テーブル（机）の上にたくさんの本が積み上げられた

状態で存在する」という内容をそれぞれ表わしているということである。

　同様に、(5)、(6) はそれぞれ、「誰かが貼った結果として壁に一枚のスローガンが存在する」、「誰かが植えた結果として中庭に数本の菊が存在する」という内容を表わすのに対し、(5)'、(6)' はそれぞれ、「壁に一枚のスローガンが貼られた状態で存在する」、「中庭に数本の菊が植えられた状態で存在する」という内容を表わす。

　前述したように、(1)、(2) のような"在・トコロ＋Ｖ着＋モノ"表現は動作の進行を表わす場合がある。但し、"在・トコロ＋Ｖ着＋モノ"表現が、動作の結果としての存在、動作の進行のいずれを表わすかは、実際にはかなり微妙である。例えば

　　(7)　在信封上貼着郵票。

はインフォーマントによっては、"貼"という動作の進行は表わすが"貼"の結果として"郵票"が"信封上"に存在することは表わさないとされるケースがある一方、第一印象では存在表現と解されるが、表現には含まれていない主体による動作の進行を表わす表現と解することも可能とされるケースがある。

　これに対し、(7) に"一张"を加えた

　　(7)'　在信封上貼着一张郵票。

は動作の結果としての存在は表わすが、動作の進行は表わさない。また、

　　(8)　在花瓶里插着花。

は (7) の場合とは異なり、"插"という動作の進行、"插"の結果としての"花"の"花瓶里"における存在のいずれを表わすことも可能であるが、(8) に"一朵"を加えた

　　(8)'　在花瓶里插着一朵花。

は、"插"の結果としての存在を表わすにとどまる。

　数量詞を付加することによって、(7) の場合には動作表現が存在表現に変化し、(8) の場合には存在表現としての性格がより強くなっている[7]。このことは、徐丹 1992：457 が"当Ｖ表示动态时（这时'Ｖ着'中的'着'为'着₁'），'着'不能与有数量词的名词组结合，只能与'光杆名词'搭配，这点，陆俭明先生 (1988) 曾经指出过，当Ｖ表示静态时（这时'Ｖ着'中的'着'为'着₂'），'着₂'与这两种形态的名词词组都呈相容的关系。"としていることとも符合する。このように、"在・トコロ＋Ｖ着＋モノ"表現は、動作表

第II部　存在表現、進行表現、動態表現

現として動作の進行を表わすのに用いることも、動作表現的な性格を有する存在表現として用いることも可能である。

　(7)、(8)から"在"を除いた

　　(7)"信封上貼着邮票。　　(8)"花瓶里插着花。

は"トコロ＋V＋モノ"形式をとっているため、(1)'～(6)'と同様に純粋な存在表現である。

　ところで、(4)～(6)のVに付加された"了"は、(4)'～(6)'のそれとは性格が異なる。前述したように、(4)'～(6)'のVはモノの存在のありようを、(4)～(6)のVはモノがトコロに至った原因としての動作という性格を帯びた存在を表わす。このため、(4)'～(6)'における"V了"はモノのトコロにおける存在のありようの変化（＝出現）を表わし、この"了"を"着"に置き換えても、表現がモノのトコロにおける存在について述べたものである点において変わりはない[8]。一方、(4)～(6)における"V了"は、表現には含まれていない主体が行なった動作の完了というニュアンスを含んでいる。

　"トコロ＋V＋モノ"形式をとる(1)'～(6)'は純粋な存在表現であるため、トコロにモノが存在している情景をありのままに描写する場合には、(1)～(6)よりは(1)'～(6)'を用いる方がbetterである。木村1981a：24-25には、

　　(9)　床上放着书。

は本がベッドの上に置かれてある状態を述べているが、省略文ではなくこれだけで意味が"完整"しており、"放"という動作の主体は最初から不問に付されている旨の記述がみられる。このように、"トコロ＋V＋モノ"表現の場合には、動作主体の存在が意識されていることが形式上は明白ではない。これに対し、"在・トコロ＋V＋モノ"表現の場合には、Li & Thompson流に言えば「主体が省略された」動作表現としての性格を有することが明白である。従って、"在・トコロ＋V＋モノ"表現においては、動作主体の存在が形式的に明示されているということができる[9]。このことを(1)～(6)にあてはめると、(1)～(6)においては、モノをトコロに存在せしめる動作を行なった主体の存在が形式的に明示されているということとなる。但し、動作主体が誰であるかを推測できるか否かは、具体的な場面や文脈によって異なる。例えば

第 1 章　いわゆる存在表現にみられる動作性

　　(10)　院子虽不大，但却分做两截，<u>在二门口</u>，搭了一棚丝瓜架。

　　　　　　　　　　　　　　　　　　　　　　　　（范方莲 1963：389）
の場合、"搭"の主体は家に住む人であると推測されるが、

　　(11)　<u>在路上</u>铺着石子，只容得下一人行走。<u>在道路两旁</u>种着低矮的杜鹃。

　　　　　　　　　　　　　　　　　　　　　（彼岸花：173 を一部修正）
の場合には、"铺"、"种"の主体が誰であるかは全く不明である[10]。

　以上のように"在・トコロ＋V＋モノ"表現は、動作表現としての性格を有する点において"トコロ＋V＋モノ"表現とは異なるため、

　　(12)　◎<u>在各屋的画儿上</u>全悬上一枝冬青叶。

　　(12)'　○<u>各屋的画儿上</u>全悬上一枝冬青叶。（老舍《二马》）
のようにVが"上"をともなっているため主体の動作を表わしていることが明白である場合や、

　　(13)　◎<u>在监牢里</u>关着几个犯人。

　　(13)'　○<u>监牢里</u>关着几个犯人。（李临定 1988：217）
のように、動作が主体の積極的な働きかけによって行なわれ維持される性格が強いものである場合には、"トコロ＋V＋モノ"よりは"在・トコロ＋V＋モノ"形式を用いる方が better である[11]。

1.1.2　存在表現と動作表現との連続性

　(1)～(6) がいずれも主体の存在を形式上明示した存在表現として用いられることは 1.1.1 で述べたとおりであるが、これらに主体を表わす成分を加えると、例えば以下のようになる。

　　(1)"　　他<u>在桌子上</u>摆着不少菜。

　　(2)"　　他<u>在墓的右边</u>栽着一棵松树。

　　(3)"　？他<u>在黑板上</u>写着几个字。

　　(4)"　　他<u>在桌子上</u>堆了很多书。

　　(5)"　　他<u>在墙上</u>贴了一张标语。

　　(6)"　　我<u>在院子里</u>种了几棵菊花儿。

　上記の表現のうち、"了"を用いた (4)"～(6)"は動作の結果状態を表わす表現として用いることが可能である。これに対し"着"を用いた (1)"～(3)"は、インフォーマントによって動作の進行、動作の結果状態のいずれを表わすかの判断が微妙にゆれる。すなわち、(1)"はこのままでは状態表

第Ⅱ部　存在表現、進行表現、動態表現

現とされるが、"不少"を除いた

　　(1)"'　他<u>在</u>桌子上<u>摆</u>着菜。

は進行表現とされる。(2)"は進行表現、状態表現のいずれであるかがインフォーマントによって分かれる。(3)"はこのままでは不自然な表現とされ、"几个"を除いた

　　(3)"'　他<u>在</u>黑板上写着字。

は進行表現として成立するとされる。「黒板に字が書いてある」ことを前提として用いるためには、(3)"のような"着"ではなく"了"を用いる必要があり、"几个"も不可欠であるとされる。

　角田1985：71は、ある言語現象には代表的・原型的な例とそうでない例があり、この両者は連続体をなしていて明快に二分することはできない、という原型文法（プロトタイプグラマー）の考え方を紹介している。そして、他動詞表現と自動詞表現についても、一方に代表的他動詞表現、もう一方に代表的自動詞表現があり、両者の間にはさまざまな中間的な表現もあって、全体としては連続体をなしているとしている[12]。

　原型文法のこのような考え方は、存在表現、動作表現についてもあてはまる。代表的存在表現としては、(1)'～(6)'のような"トコロ＋V＋モノ"表現が挙げられる。これに対し、"在・トコロ＋V＋モノ"形式をとる(1)～(6)は、表現の中心がトコロである点においては(1)'～(6)'と共通しているが、トコロに"在"が付加されている点においては(1)"～(6)"と共通し、"在"が主体の存在を明示しているため、"主体＋在・トコロ＋V＋モノ（客体）"形式をとる(1)"～(6)"に近い性格を有しているとみることができる。さらに(1)"～(6)"は、(1)'～(6)'および(1)～(6)とは異なり、表現の中心が主体であるため、コトガラを存在ではなく動作としてとらえた表現であり、代表的動作表現であるとみてさしつかえない[13]。従って(1)～(6)は、代表的存在表現である(1)'～(6)'と代表的動作表現である(1)"～(6)"との中間的な性格を有するものであり[14]、これら3種類の表現は全体として連続体をなしているとみることができる。

　(1)"～(6)"における"在・トコロ"は、いわゆる連用修飾成分として動作が行なわれるトコロを表わすため、表現全体が表わすコトガラの成立にとっては不可欠の成分ではない[15]。このため、(1)"～(6)"から"在・トコロ"を除いても自然な表現として成立する。

これに対し (1)'〜(6)' におけるトコロは、これをいわゆる主題的成分とするか連用修飾成分とするかについては見方が分かれる[16]が、(1)'〜(6)' からトコロを除くと未完成の表現となるため、トコロはコトガラ成立に不可欠の成分であるとみるのが妥当である。

　以上のことから、代表的存在表現である (1)'〜(6)' のトコロと、代表的動作表現である (1)"〜(6)" のトコロとでは、Vが表わす出来事との結びつきの強さの点において前者の方がより強いことは明白であり、コトガラにおけるより重要な成分であるということができる。

　(1)'〜(6)' からトコロを除いた場合と同様に、(1)〜(6) から"在・トコロ"を除いた場合も未完成の表現となる[17]ため、(1)〜(6) のトコロは、(1)'〜(6)' のトコロと同様にコトガラ成立には不可欠の成分であるということとなる。しかし (1)〜(6) は、1.1.1 で述べたように「動作の結果としてどこに何が存在する (or 出現した)」という内容を表わす表現であるため、これらの表現におけるトコロは、「モノが存在する (or 出現した) トコロ」であると同時に、「主体が動作を行なったトコロ」でもある。このことから、トコロの主題的成分としての性格は (1)〜(6)→(1)'〜(6)' の順で強くなり、トコロの連用修飾成分としての性格は、(1)〜(6)→(1)"〜(6)" の順で強くなることがみてとれる[18]。従って、(1)〜(6) におけるトコロは、(1)'〜(6)' におけるそれに比べるとコトガラ成立に不可欠の成分としての性格が弱いが、(1)"〜(6)" の場合に比べるとより強いということができる。

　(1)"〜(6)"、(1)'〜(6)' はそれぞれ代表的動作表現、代表的存在表現であるため、前者におけるVは動作動詞、後者におけるVはいわゆる存現動詞である[19]とみることが可能である。このことは、(1)"〜(6)" のVは主体を項としているのに対し、(1)'〜(6)' のVはトコロ、モノを項とする一方で主体を項とはしていないことによっても明白である。前述したように、(1)〜(6) は代表的動作表現と代表的存在表現との中間的な性格を有するため、(1)〜(6) のVは動作動詞、存現動詞のいずれの性格をも有することとなり、(1)〜(3) の"V着"が表わす概念は、動作の持続、動作の結果としてのモノの存在のありよう（動作の結果状態）のいずれの性格をも有し[20]、(4)〜(6) の"V了"が表わす概念は、動作の完了、動作の結果としてのモノの出現のいずれの性格をも有することとなる。(1)〜(6) のVは"在・トコロ"、モノの2者を項としており、この点においては存現動詞である (1)'〜(6)' のV

に極めて近い。しかし、(1)～(6)のうち、(1)～(2)、(4)～(6)に対しては(1)"～(2)"、(4)"～(6)"のように主体を補うことが可能であるという点から、"在・トコロ＋Ｖ＋モノ"表現におけるＶは、"在・トコロ"、モノの2者を項としているのみならず、主体を潜在的な項としており、動作動詞としての性格をも有しているということができる。

　ところで、同じく"主体＋在・トコロ＋Ｖ＋モノ（客体）"表現であっても、(1)"～(3)"のようにＶに"着"を付加した場合と、(4)"～(6)"のようにＶに"了"を付加した場合とでは、自然な表現として成立するか否かという点において相違がみられ、後者の場合には自然な表現として成立するのに対し、前者の場合には、動作の結果状態を表わす表現としてはむしろ不自然となることが多い[21]。これは、代表的動作表現である"主体＋在・トコロ＋Ｖ＋モノ（客体）"表現におけるＶが主体を項としており、"着"の働きが動作の結果状態よりは動作の持続を表わす方に傾くため、表現全体の働きも動作の進行を表わす方に傾くことによると考えられる。例えば

　　(14)　他在花瓶里插着花。
　　(15)　他在信封上貼着邮票。
　　(16)　妈妈在小梅头上扎着小辫。

はいずれも進行表現として用いることは可能であるが、状態表現としては不自然である。また、

　　(17)　他在窗台下疏疏拉拉种着几棵扁豆。（范方蓮1963：391を一部修正）
　　(18)　他在食柜上杂乱地陈列着许多酒瓶、玻璃杯、暖壶、茶碗。
　　　　　　　　　　　　　　　　　　　　　　　（同上：390を一部修正）

はそれぞれ、モノのありようを表わす"疏疏拉拉"、"杂乱地"のような成分を含んでいるために状態表現として成立するが、"着"を"了"に置き換えた方がbetterである。

　動作の結果状態を表わす"主体＋在・トコロ＋Ｖ＋モノ（客体）"表現において、"着"よりも"了"の方が許容度が高いのはなぜであろうか。(4)"～(6)"の"了"はいずれも動作の完了に関わる成分であるが、完了した動作はすでに眼前にはなく、あるのは動作の完了によって残された結果であり、これが状態として存在している[22]。このように(4)"～(6)"は、発話時における状態の存在を前提とした表現であるという点で(4)～(6)と共通している。これに対し動作の進行の場合には、発話時において動作が行なわれ

ている点で、動作の結果状態とは異なる。このため、"主体＋在・トコロ＋V＋モノ（客体）"表現において"着"を用いた場合には、表現全体の進行表示機能と結果状態表示機能との衝突が生じるのに対し、"了"を用いた場合には表現全体の完了表示機能と結果状態表示機能との間に衝突が生じにくいため、表現がスムーズに成立することとなるのである。

1.2 主体の存在を明示する日本語の表現形式
1.2.1 「Vテアル」表現と「Vテイル」表現

　中国語の"在・トコロ＋V＋モノ"表現においては、動作主体の存在が形式的に明示されているため、(1)〜(6)が表わすコトガラは、日本語の「トコロ・ニ モノが Vテアル」形式を用いて以下のように表現することが可能である[23]。

　(19)　テーブルの上ニたくさんの料理が並べテアル。
　(20)　墓の右わきニ一本の松の木が植えテアル。
　(21)　黒板ニいくつかの字が書いテアル。
　(22)　テーブルの上ニたくさんの本が積んデアル。
　(23)　壁ニ一枚のスローガンが貼ッテアル。
　(24)　中庭ニ数本の菊（の花）が植えテアル。

　井上1976：81、83 は、日本語の「テアル」表現は純粋の受動文と同じく基底構造として他動詞表現を補文とし、補文の主語（＝動作主格）として不特定の名詞句（ex.「誰か」）をとるとしている。このような考え方によれば、(19)〜(24)に対しては以下のような補文が設定されることとなる[24]。

　(19)'　誰かがテーブルの上ニたくさんの料理を並べた。
　(20)'　誰かが墓の右わきニ一本の松の木を植えた。
　(21)'　誰かが黒板ニいくつかの字を書いた。
　(22)'　誰かがテーブルの上ニたくさんの本を積んだ。
　(23)'　誰かが壁ニ一枚のスローガンを貼った。
　(24)'　誰かが中庭ニ数本の菊（の花）を植えた。

　「テアル」表現が主体の存在を含意するのは、「テアル」がいわゆる他動詞に付加されるためである。いわゆる自動詞の場合には、「テアル」ではなく「テイル」を用いて「トコロ・ニ モノが Vテイル」表現としなければならない[25]。(19)〜(24)のV（いわゆる他動詞）のうち、対応する自動詞が存

在するのは（19）の「並べる」、（20）、（24）の「植える」であるが、（19）、（20）、（24）を「Ｖ（自動詞）テイル」を用いた表現とすると、

 （19）″ テーブルの上ニたくさんの料理が並んデイル。
 （20）″ 墓の右わきニ一本の松の木が植わっテイル。
 （24）″ 中庭ニ数本の菊（の花）が植わっテイル。

となる。（19）、（20）、（24）と（19）″、（20）″、（24）″は、発話時以前に実現した出来事の結果が発話時に状態として残っていることを表わす点において共通している。但し、前者においては、その状態は他者の働きかけにより生じたもの（＝主体の動作によってもたらされた結果状態）ととらえられている[26]のに対し、後者においては、主体の働きかけをうけたというニュアンスがない点において異なっている[27]。

（19）、（20）、（24）と（19）″、（20）″、（24）″との間にみられるこのような相違は、以下の表現例において一層明白となる。

 （25）ヒョウタンがぶら下げテアル。（森田 1988：130）
 （25）′ヒョウタンがぶら下がっテイル。（同上）
 （26）死体がぶら下げテアル。（森田 1977：52、同 1990：36）
 （26）′死体がぶら下がっテイル。（同上）

通常、（25）は明らかに誰かヒトの手によって吊り下げられたと判断される場所あるいは吊り下げられ方をしているヒョウタンを見てコトガラを表現する場合に、（25）′はヒョウタンのツルがのびて棚などからヒョウタンがのぞいているのを見てコトガラを表現する場合にそれぞれ用いられる。同様に、（26）、（26）′では、死体がぶら下がっている事態に対し、前者は明らかに他殺行為の結果ととらえた場合に、後者は他殺か自殺かの判断以前に、眼前の事態をあるがままにとらえた場合に用いられる。要するに（25）、（26）は、話者が眼前の事態を主体の動作の結果ととらえた表現であるのに対し、（25）′、（26）′は話者が眼前の事態をあるがままにとらえた表現であり、主体の存在を問題とはしていない。

寺村 1984：148、151 は、眼前の事態がある変化の結果であり、その変化が誰かによって引き起こされたものであることが明白な場合においても、日本語では受け身ではなく自発態や自動詞を用いてコトガラを自然に生じた変化のように表現する場合が多いとして、以下のような表現例を挙げている。

 （27）ドアに鍵がかけラレテイマス。

(27)′ ドアに鍵がかけ**テアリマス**。

(27)″ ドアに鍵がかかっ**テイマス**。

　同：148 は、(27)、(27)′、(27)″ はいずれも文法的には正しいが、日本語話者は通常 (27)″ を用いるであろうとしている。このことは、眼前の事態が明らかに主体の動作の結果である場合においてもそれを自然に生じたものとして表現する傾向が日本語に存在するということを意味する。寺村の考え方によれば、(19)、(20)、(24)～(26) と (19)″、(20)″、(24)″、(25)′～(26)′ はいずれも自然な表現であるが、後者はコトガラが明らかに主体の動作の結果である場合にも用いることが可能であるということとなる。ということは、「トコロ・ニ モノが Vテアル」は、コトガラが主体の動作の結果であることをとりたてて述べる場合に用いられる表現形式であり、そのような表現意図がない場合には「トコロ・ニ モノが Vテイル」形式を用いてもさしつかえないということとなる。

1.2.2　存在を表わす「Vテアル」表現

　1.2.1 で述べたように、「トコロ・ニ モノが Vテアル」表現は動作主体の存在を明示しているため、そうでない「トコロ・ニ モノが Vテイル」表現よりも動作表現的な性格が強いということができる。この点では、中国語の"在・トコロ＋V＋モノ"表現が"トコロ＋V＋モノ"表現よりも動作表現的な性格が強いということと共通している。しかし、"在・トコロ＋V＋モノ"表現に対しては、例えば (1)～(2)、(4)～(6) に対する (1)″～(2)″、(4)″～(6)″ のように主体を表わす成分を付加した表現が成立する場合があるのに対し、(19)～(24) のような「トコロ・ニ モノが Vテアル」表現に対しては、主体を表わす成分を付加した表現は成立しない[28]。

　「Vテアル」を用いた表現としては、「トコロ・ニ モノが Vテアル」表現のほか、「主体は トコロ・ニ モノを Vテアル」表現が存在するが、(19)～(24) をこの形式に置き換えることはできないのであろうか。

　森田 1988：133-141 は、「～がV（他動詞）**テアル**」表現は、目的意識に根ざした第三者の行為の結果を話者が現状としてとらえたものであり、眼前に存在する事態や情景をあるがままの事実としてとらえた場合に用いられるため、「～が＋述語」形式をとる現象文の一種であるとしている。一方、「主体は～をV（他動詞）**テアル**」表現は、現状もしくは未来のある状況に対処

する目的から主体が前もって意図的にある手を打っておいた、という行為の結果を述べるものであるが、「～がＶ（他動詞）テアル」表現とは異なって行為主体（＝主として話者）が発想の背後にあり、「行為主体がある目的から何かを行なった。その結果、そのような状況になっている」という意識が表現の根底に存在するため、話者が見たままの現状を述べる現象文とは根本的に異なり、「～は＋述語」形式をとる判断文の一種であるとしている[29]。

このように、「主体は～をＶ（他動詞）テアル」表現は、話者の目の前にある情景を描写する表現ではないため、「～がＶ（他動詞）テアル」形式をとる(19)〜(24)に主体を付加して「主体は トコロ・ニ モノを Ｖテアル」表現に置き換えることはできない。(19)〜(24)に主体を表わす成分を加えるのであれば、「テイル」を用いて

　(28)　彼はテーブルの上ニたくさんの料理を並ベテイル。
　(29)　彼は墓の右わきニ一本の松の木を植えテイル。
　(30)　彼は黒板ニいくつかの字を書いテイル。
　(31)　彼はテーブルの上ニたくさんの本を積んデイル。
　(32)　彼は壁ニ一枚のスローガンを貼っテイル。
　(33)　彼は中庭ニ数本の菊（の花）を植えテイル。

としなければならない。但し(28)〜(33)は、主体を表わす成分を含んでいるのに加え、動作の結果状態のみならず動作の進行を表わすことも可能な多義表現であるため、(19)〜(24)に比べると動作表現的な性格が強い。

いわゆる他動詞は、客体に対する主体の働きかけを表わすものであるため、動作表現に用いられる場合には、(28)〜(33)におけるように、主体、客体の二つを項[30]としなければならない。しかし、(19)〜(24)における「Ｖ（他動詞）テアル」は主体を項としておらず、トコロ、モノを項としているため、存在を表わす「アル」に近い性格を有するということができる。ということは、(19)〜(24)のような「トコロ・ニ モノが Ｖテアル」表現は、主体の存在を明示しない(19)″、(20)″、(24)″のような「トコロ・ニ モノが Ｖテイル」表現よりは動作表現的な性格が強い反面、(28)〜(33)のような「主体は トコロ・ニ モノを Ｖテイル」表現よりも動作表現的な性格が弱いということとなる。

1.3 日中両言語の存在表現
1.3.1 いわゆる存現文にみられる二つのタイプ

　中国語の"在・トコロ＋V＋モノ"と日本語の「トコロ・ニ モノが Vテアル」は、動作主体の存在を明示した表現形式である点においては共通しているが、1.2.2 で述べたように、前者には (1)〜(2) および (4)〜(6) に対する (1)"〜(2)" および (4)"〜(6)"のように主体を表わす成分を加えることが可能な場合が存在するのに対し、後者には主体を表わす成分を加えることができない。中国語には、日本語の「トコロ・ニ モノが Vテアル」のように、主体の存在を明示しつつも主体を付加することの不可能な表現形式は存在しないのであろうか。

　1.1.2 で述べたように、"トコロ＋V＋モノ"形式をとる (1)'〜(6)' は代表的存在表現であるが、Vが表わす出来事はいずれも本来は客体を必要とするものである。これに対し、以下の表現例においては、Vが表わす出来事は客体を必要としないものである。

　　(34)　樹底下坐着一个大姑娘。(范方蓮 1963：387 を一部修正)
　　(35)　桌子下边藏着一个小孩。(李临定 1988：217)
　　(36)　岸边上的槐树下睡着一头大花狗。(范方蓮 1963：387 を一部修正)
　　(37)　楼上住了一些客人。
　　(38)　窗外边密密层层挤了许多人。(李临定 1988：218)
　　(39)　就正门口站了两个人。(范方蓮 1963：389 を一部修正)

Hopper & Thompson1980：251-252 は、表現の他動性の高低を決定する 10 の意味特徴を挙げ、それらの意味特徴を多くもてばもつほど、その表現の他動性が高いとしている[31]。10 の意味特徴の一つに「コトガラに関与する者の数」があり、関与者が二つ以上の場合には、一つの場合よりも他動性が高いとしている。

　また、山口 1988：235-236 は、いわゆる存現文には、意味上の主語が"施事"であるもの（施事タイプ）と"受事"であるもの（受事タイプ）の二つのタイプがあるという呂叔湘 1946：456-462 の指摘を引用し、同じ動詞を用いた場合においても、

　　(40)　屋簷底下挂着一条条的冰柱。(呂叔湘 1946：462)
　　(41)　不想这班里人里头夹着个灵官庙的姑子。(同上)
　　(42)　山顶上一年到头都盖着一层雪。(同上)

第Ⅱ部　存在表現、進行表現、動態表現

のような施事タイプの表現は、

　　（43）　<u>正中挂着一幅松石大中堂</u>。（同上）

　　（44）　<u>句句话里头夹着个"的话"</u>。（同上）

　　（45）　<u>身上只盖着一条破军毯</u>。（同上）

のような受事タイプの表現に比べると一層原型的な自動詞文である可能性が高いとしている。このことは、（43）～（45）の方が（40）～（42）よりも他動性が高いということを意味する。山口1988：236-238はさらに、

　　（46）　<u>绳子上挂着一只蝙蝠</u>。

は施事タイプ、受事タイプのいずれとしても用いられるいわゆる多義表現であるというTeng Shou-hsin1981：88の指摘を引用し、施事タイプの表現として用いられる場合の基底構造は

　　（46）'　蝙蝠把自己挂<u>在</u>绳子上。

であり、受事タイプの表現として用いられる場合の基底構造は

　　（46）"　某个人把蝙蝠挂<u>在</u>绳子上。

であるとしている[32]。そして、（46）'は主体と客体が同じである表現、換言すれば、主体の動作が主体自身におよぶというコトガラを表わすいわゆる再帰文であるが、再帰文は動作が主体自身におよぶという点において一項文と二項文との中間的な性格を有しているため、二項文である（46）"よりも他動性が低いとしている。

　Hopper & Thompson1980、山口1988におけるこのような指摘を参考にして（1）'～（6）'、（34）～（39）の相違をみていくと、以下のようになる。

　（1）'～（6）'は、1.1.2で述べたように代表的存在表現であるが受事タイプに属するため、モノをトコロに位置させた具体的な主体の存在を否定することはできない。すなわち、表現の下地になっている客観的事実として、主体、客体の２者がコトガラに関与していることは明白である[33]。但し、トコロに"在"が付加されていない（＝主体の存在が明示されていない）点においては（1）～（6）と異なる。

　これに対し、（34）～（39）は施事タイプの表現であり、表現の下地になっている客観的事実として、主体がコトガラに関与しているものの、客体なるものはもともと存在しない。従って、（1）'～（6）'、（34）～（39）の両者を比較すると、前者の方がコトガラに関与する成分の数が多いため、他動性がより高いこととなる。但し、このような相違は両者の形式上の相違に反映され

てはいない。

　(1)'～(6)'は、(1)～(6)のように主体の存在を明示した表現ではないが、(34)～(39)のようないわゆる施事タイプの表現よりは他動性が高く[34]、主体の存在を意味の上で暗示しているということができる[35]。但し、(1)'～(6)'には主体を表わす成分を加えることができない[36]。"トコロ＋V＋モノ"形式をとる(1)'～(6)'は、主体を表わす成分を加えることができないという点においては、日本語の「トコロ・ニ モノが Vテアル」形式をとる(19)～(24)と共通する反面、主体の存在を明示していないという点においては(19)～(24)と異なる。

1.3.2　存在表現としての純粋性

　1.3.1で述べたように、日本語の「トコロ・ニ モノが Vテアル」表現は、中国語の"在・トコロ＋V＋モノ"、"トコロ＋V＋モノ"いずれの表現にも共通する特徴を有している。このため、(19)～(24)のような「トコロ・ニ モノが Vテアル」表現に対しては、(1)～(6)のような"在・トコロ＋V＋モノ"表現が対応するケースだけでなく、以下のように"トコロ＋V＋モノ"表現が対応するケースも存在する[37]。

　　(47)　屋子当中吊了一盏油灯。(中川1978：8)
　　(47)'　部屋の真中ニランプが一つぶら下げテアル。
　　(48)　杆子上吊着一个灯笼。(中川1978：7)
　　(48)'　柱ニ灯籠が一つぶら下げテアル。
　　(49)　每棵树干上都挂着，四张弓，箭则吊在细枝上。(中川1978：8)
　　(49)'　どの樹の幹ニモ弓が三、四本ずつ立て掛けテアルし、枝からはゆがけがぶらさがっている。(中川1978：8・福永武彦『草の花』)
　　(50)　路上铺着石子，只容得下一人行走。道路两旁种着低矮的杜鹃。
　　(50)'　足はばだけ石が敷かれて、両側ニ背低いつつじが植えテアル。

(彼岸花：172-173)

　(47)～(50)はいずれも受事タイプの存在表現であり、主体の存在を意味の上で暗示している。1.2.1で述べたように、「トコロ・ニ モノが Vテアル」は、コトガラが主体の動作の結果であることをとりたてて述べる場合に用いられる表現形式であるため、(47)～(50)の前提となる客観的事実を目にした話者にそのような表現意図があれば(47)'～(50)'のような日本語の表現

が成立することとなる。これに対し、話者にそのような表現意図がない場合には、「トコロ・ニ モノが Vテイル」形式を用いた以下のような表現が成立する。

　　(47)"部屋の真中ニランプが一つぶら下がっテイル。
　　(48)"柱ニ灯籠が一つぶら下がっテイル。
　　(50)"足はばだけ石が敷かれて、両側ニ背低いつつじが植わっテイル。

但し(49)に対しては、「立て掛ける」に対応する自動詞が存在しないため、「トコロ・ニ モノが Vテイル」表現は対応しない。

日本語の「トコロ・ニ モノが Vテアル」表現が、中国語の"在・トコロ＋V＋モノ"表現だけでなく"トコロ＋V＋モノ"表現にも対応しえるのは、さらに以下のような要因による。

1.1.1で述べたように、中国語の"在・トコロ＋V＋モノ"表現はモノの存在を表わすほか、(1)、(2)、(7)、(8)のように動作の進行を表わすことがあるのに対し、日本語の「トコロ・ニ モノが Vテイル」表現は動作の進行を表わすことがない。従って、"在・トコロ＋V＋モノ"表現と「トコロ・ニ モノが Vテイル」表現の両者を比較した場合には、前者は動作表現としての性格がより強く、後者は存在表現としての性格がより強いということとなる。このように、"在・トコロ＋V＋モノ"表現は「トコロ・ニ モノが Vテイル」表現に比べると、存在表現としての純粋性に欠けている。

一方、"トコロ＋V＋モノ"表現は、モノの存在を表わすことはあっても動作の進行を表わすことはない[38]ため、存在表現としての純粋性という点においては"在・トコロ＋V＋モノ"表現よりも優位にあり、日本語の「トコロ・ニ モノが Vテイル」表現に近い性格を有している。また、"トコロ＋V＋モノ"表現は、それが受事タイプであることによって主体の存在を意味の上で暗示することができるため、日本語の「トコロ・ニ モノが Vテイル」表現に対応しえるのである。

1.2.1で述べたように、日本語においては、眼前の事態が主体の動作の結果であることが明白な場合においてもそれを自然に生じたものとして表現する傾向があり、そのような場合には、「トコロ・ニ モノが Vテイル」表現が用いられる。「トコロ・ニ モノが Vテイル」表現には、モノのトコロにおける存在が動作の結果であるというニュアンスは全く含まれてはおらず、「トコロ・ニ モノが Vテアル」表現との間には形式上も意味上も明らかな

相違が存在する。この点においては、中国語における施事タイプの存在表現と受事タイプの存在表現がいずれも"トコロ＋Ｖ＋モノ"という同一の形式をとっているのとは異なる。また、「トコロ・ニ モノが Ｖテアル」表現にはいわゆる他動詞が、「トコロ・ニ モノが Ｖテイル」表現にはいわゆる自動詞が用いられるのに対し、中国語においては動詞の自他の区別が形態上明確ではない。従って、"トコロ＋Ｖ＋モノ"表現がいわゆる施事タイプ、受事タイプのいずれであるかは形式上の相違ではなく、意味上の相違であるにすぎない。眼前の事態が主体の動作の結果であることが明白な場合、日本語においてはそれを「トコロ・ニ モノが Ｖテアル」形式により主体の動作の結果として表現することも、「トコロ・ニ モノが Ｖテイル」形式により自然に生じたものとして、主体の存在を明示せずに表現することも可能である。これに対し中国語においては、"在・トコロ＋Ｖ＋モノ"形式によればコトガラが主体の動作の結果として表現されていることは明白であるが、"トコロ＋Ｖ＋モノ"形式による場合でも主体の存在を意味の上で暗示した表現となる。

第II部　存在表現、進行表現、動態表現

注

1) 例えば宋玉柱 1986：134、李临定 1988：216-218、雷涛 1993：247-248、斉沪扬 1998：96-97 など。また、呂文華 1997：167 は"存现句中句首处所词语前以不用'在'为常，有时可用"、"无论是口语或书面语中均以不用为常"としている。さらに中原 2003：82 は、"在"が存現文のトコロに付加された場合には、トコロが"这"や"那"などの指示代名詞によって限定されたり他の語によって修飾されない限り、基本的に「両可性（"在"の付加が義務的ではない）」であるとしている。
2) 但し、"在・トコロ＋V＋モノ"表現におけるVが"有"、"是"のように動作を表わさないものである場合や、"坐"、"站"、"住"のように客体を必要としない動作を表わすものである場合はこの限りではない。また、"在・トコロ＋V＋モノ"表現における"在"は、丸尾 2006：1-3、同 2007：342 に紹介されているような「トコロのとりたて→トコロの対比」という働きをする場合もある。本章でとりあげる"在・トコロ＋V＋モノ"表現の特徴は、"在"のこのような働きの存在を否定するものではない。
3) 存在表現における"V着"がモノの存在のありようを表わすという点については藤堂 1968a：326-327、刘宁生 1985：121、朱德熙 1987：6、李臨定 1993：333、丸尾 2007：328 を、"V了"が"V着"と同じく存在表現を構成するという点については藤堂 1979：65、松村 1983：20、潘文 2005：307-308 を参照。
4) さらに (1) は、例えば"在墙上挂着'欢迎光临'的标语，在桌子上摆着不少菜。"のような対比の表現に用いることも可能である。このことは、"在・トコロ＋V＋モノ"表現における"在"がトコロとりたての働きをする場合もあることを意味している。
5) 中国語においては一般に、"在V"が「進行」を、"V着"が「持続」を表わすと説明されるが、"主体＋在・トコロ＋V着＋モノ（客体）"表現は進行中の動作を前提として用いられ、トコロを示す"在"が進行表示機能をも有する（この点については第3～5章で述べる）ため、"在・トコロ＋V着＋モノ"表現が表わすコトガラについても「進行」という用語を用いる。
6) 動作の結果としてモノが生じる"写"のような動詞が存在表現に用いられるという点については、藤堂 1968a：326-327、李臨定 1993：331-332、高順全 2005：73、75、丸尾 2007：341 を参照。
7) 但し、(2) は"一棵"が含まれているにもかかわらず動作の進行を表わすことが可能である。これは、一本の松の木を植えるには比較的長い時間を必要とし、動作の進行が想定されやすいためであると考えられる。これに対し、「切手を貼る」、「花を挿す」という動作はいずれも比較的短時間に完了するものであり進行が想定されにくいため、(7)'、(8)' は動作の進行を表わすことができない。ちなみに、存在を表わす"トコロ＋V＋モノ"表現におけるモノ（名詞）が数量詞をともなう傾向にあるという点については、宋玉柱 1986：131、刘月华・潘文娯・故韡 1983：458 を参照。
8) この点については木村 1997：170-171 を参照。また、丸尾 2005a：127 は「出現義」を非存在から存在への方向性を有するものとして、「消失義」を存在から非存在への方向性を有するものとして、「存在義」をいずれの方向性をも有しないものとしてと

らえている。"トコロ＋Ｖ＋モノ"表現のＶに"了"、"着"が付加された場合の意味的な近似性については、范方蓮 1963：389、藤堂 1968a：326、朱德煕 1981：16、刘月华・潘文娯・故韡 1983：457-458、刘宁生 1985：122-123、聶文龙 1989：97、徐丹 1992：458、雷涛 1993：251、李临定 1993：333、宋玉柱 1995：210、丸尾 2005a：117-118 などを参照。両者の相違について考察を行なったものとしては、戴耀晶 1991：103-105、王学群 2005、同 2007：202-218、朱継征 1998a、同 2000：75-96、梁紅 1999、齐沪扬 1998：77-82、丸尾 2007：328-334 がある。なお、両者の意味的な近似性をうらづける表現例としては、例えば"櫥上放着一个青瓷细劲花瓶，插了鲜艳的鲜花，这是她特地为这次聚会布置的。(《人啊，人！》：187)"が挙げられる。この場合には"插了"を"插着"としても同様の内容を表わすこととなるが、修辞上の技巧として"着"の繰り返しが避けられているという側面がある。

9) 同様の見解は丸尾 2006、同：2007、岡本 1992 にもみられる。丸尾 2006：2-3、同 2007：342 は、"在墙上挂着一幅画儿。"には「動作主の意思」の意味が強く感じられ、"在书架上摆了很多书。"においては動作主の存在が顕在化しており、静態義に加えて「並べた」という動態義も表わされているとしている。また岡本 1992：299 は、"在头上戴着一顶草帽。"は「何もしないでいることをしている行為」の文であり、"在"の前には一定状態を保つヒトが存在するとしている。なお呂文華 1997：164、170 に、"在江苏、安徽一带再次遇到暴雨。"、"在车厢里遭到一伙歹徒的抢却。"は"某人在某地的遭遇"を、"在宿舍里暖和，在教室里很冷。"は"人的感受"をそれぞれ表わすのに対し、"江苏、安徽一带再次遇到暴雨。"、"车厢里遭到一伙歹徒的抢却。"は"某处的遭遇"を、"宿舍里暖和，教室里很冷。"は"处所的冷暖"をそれぞれ表わすという旨の記述がみられるのは、"在"が主体の存在を明示する働きを有することを裏付けるものと考えられる。さらに中原 2003：83 には、"在所有的井里都下了毒药。(王还 1957：25)"は「すべての井戸に毒を撒いた」という内容を表わすのに対し、"所有的井里都下了毒药。"は「すべての井戸に毒が撒かれた」という内容を表わすという記述がみられ、主体の動作であるというニュアンスが"在"によって強まることがうかがわれる。

10) 范方蓮 1963：389 は、(10)における"在二门口，搭了一棚丝瓜架。"は明らかに存在表現であるとしているが、(1)〜(6)と同様に主体の存在を明示しているため、動作表現としての性格をも有していると考えられる。

11) 刘宁生 1985：123 は、"トコロ＋Ｖ＋モノ"表現におけるＶが方向補語あるいは結果補語をともなっている場合には、Ｖは状態ではなく動作を表わすとしている。また、(13)の"关"は、その状態を維持するために主体の積極的な働きかけを必要とする点において、そうでない(1)〜(6)、(1)'〜(6)'のＶよりも動作性が強いということができる。

12) 表現の他動性とプロトタイプについて論じたものとしては、ウェスリー・Ｍ・ヤコブセン 1989 がある。

13) 鵜殿 1982：10 は、"他在墙上挂着画儿。"が表わす基底の意味は"画儿在墙上挂着。"と同じであるが、前者はなお能動文であるとしているため、主体を含んだ(1)"〜(6)"

はいずれも動作表現であるとみてさしつかえないと考えられる。また、岡本1992：295は、"这一年他一直在墙上贴着一张年历。"においては「敢えて現状を動かさずに維持しておく」という行為が主体によって選択されているとしており、この表現例が動作表現とみなされていることがうかがわれる（これに対し木村1981a：25は、上記の表現例は「受け手の『カレンダー』が壁に付着している状態を伝えているが、仕手の『彼』の具体的状態については何も語っていない」としている。平井1987：71もこの考え方を肯定している）。但し、(1)"～(3)"は、動作表現であってもいわゆる状態を表わすものであるため、同じく"主体＋在・トコロ＋V着＋モノ（客体）"形式により進行を表わす場合に比べるとその動作性は弱いこととなる。この点に関わる記述としては、"主体（＋在・トコロ）＋V着＋客体"表現が静態を表わす場合、動態を表わす場合にみられるVの客体指向性と主体指向性、"着"の働きの相違について述べた平井1987：73-74が挙げられる。

14) 中川1990：226-227には、(4)のような表現がLi & Thompson1981：396において「仕手の省略された動作表現」とされているのは、(4)'のような"トコロ＋V＋モノ"表現がいわゆる存現文であるのに対し、"在・トコロ＋V＋モノ"表現がいわゆる連動文であると解釈されることによるという旨の記述がみられる。本章では、"在・トコロ＋V＋モノ"表現を連動文とみなすことは、代表的動作表現とみなすことにつながるため、このような考え方をとらない。この点は、盧濤2000：108が、"在"には動詞述語の機能と文法標識の機能が並存し、統語範囲としては連続性をもっているとしていることとも符合する。なお、丸尾2007：342にも、"在・トコロ＋V＋モノ"を"トコロ＋V＋モノ"と"主体＋在・トコロ＋V＋モノ（客体）"との中間的な性格を有する表現形式として位置づける考え方がみられる。

15) この点については第Ⅰ部(3.1.1)を参照。

16) 范方蓮1963：394-395、宋玉柱1986：132-135を参照。

17) 范方蓮1963：388、宋玉柱1986：134-135を参照。

18) これに対し宋玉柱1986：134は、"在・トコロ＋V＋モノ"表現における"在・トコロ"を"トコロ＋V＋モノ"表現におけるトコロと同様にいわゆる"主語"とみなしている。このような考え方の存在については、内藤1987：80において指摘がなされている。また、松村1977：7には、存在表現に用いられる"在"の働きは、「何かについて（話者は）どう認定する」という題述化された表現とは異なるものとすること、すなわち「トコロの題述化（対照化）をはばむ」ことである旨の記述がみられる。

19) この点については第Ⅰ部(8.2.1および8.2.2)を参照。

20) "V着"に対するこのような見方に対し、徐丹1992：457は、"他在院儿里种着花呢。"の"着"は"动作持续"を、"院儿里种着花呢。"の"着"は"动作结果的持续"をそれぞれ表わすとしており、2種類の"着"が存在することを主張している（木村1981aも徐丹1992とは異なる観点から、別個の機能範疇に属する2種類の"着"が存在するとみる）が、本書では、"V着"の働きにはかなりの幅があるものの、一つの連続した領域を形成しているという見解をとる。このような考え方に通じる記述としては、陈月明2000：545の"持续是状态的一个特征（G.Leech1981），动作持续与状

態是十分相似的，有的難以截然区分，如动作持续的'看着'和状態持续的'坐着'区别不是很明显。"や、张亚军2002：259の"现代汉语中持续体标记'着'的核心意义只有一个，即'持续'"が挙げられる。荒川1985a：30は、上記の木村1981aに対する反対の見解を述べ、"着"の働きは一つであるとしている。

21) 例えば"在门上钉着一个圖。"、"在衣架上挂着几件衣服。"に"他"を付加した"他在门上钉着一个圖。"、"他在衣架上挂着几件衣服。"はいずれも不自然な表現となる。このことは、丸尾2006：2、同2007：335が、主体を含む(1)"～(6)"のような表現の場合には、その静態的な意味は主として"V了"の形がになうとし、"V着"の形を用いるためには状態の持続を積極的に支持する"总是"、"一直"のような成分が往々にして必要となる、としていることとも符合する。この点についてはさらに岡本1992：299-300を参照。静態を表わす"主体＋在・トコロ＋V着＋モノ"表現が成立するか否かは実際には微妙であり、この点についての記述が丸尾2006：2、同2007：335、336、341-342にみられる。

22) 丸尾2007：336は、"书架上摆了很多书。(本棚に本がたくさん並んでいる。)"の表わす内容が静態的であるのは、「動作の完了と同時に存在状態が実現する」という性格にもとづくとしている。本章では、(4)"～(6)"のような"主体＋在・トコロ＋V了＋モノ"表現についても同様であるという見解をとる。

23) 日本語の「トコロ・ニ モノが Vテアル」表現が主体の存在を明示しているという点については、寺村1984：147、青木1991：60-61、森田1977：51-55、森田1988：130、145-146、森田1990：35-36を参照。また、(21)の「黒板」は単独では非トコロ(モノ)を表わす名詞であるが、「黒板ニ」の形をとることによって主体の働きかけを受けた客体が「いきつく先」を表わすことが可能であるため、「トコロ・ニ」との間に形式上・意味上の共通点を有することとなる。この点については第Ⅰ部(3.3.3および3.4)を参照。さらに、(23)の「壁」は建物の部分としてのトコロとみることが可能である。この点については中国語の"墙"について述べた第Ⅰ部(4.2.1)を参照。

24) 井上1976：81-83、89を参照。この点についてはさらに鈴木1972：385、村木1989：196を参照。

25) この点については森田1977：87-88、鈴木1985：5を参照。

26) 但し、原沢1998：20には、対応する自動詞をもたない他動詞を用いた「Vテアル」表現においては「意志的行為による状態変化」という基本概念がかなり弱まり、変化の状態が客観的に近い形で描写されている旨の記述がみられる。

27) この点については、森田1988：128-129、寺村1984：147-148、青木1991：60-61、原沢1998：18-19を参照。

28) 井上1976：80-81は、①この箱にりんごが詰めテアル。①'この箱にりんごを詰めテイル。②毛布とふとんが重ねテアル。②'毛布とふとんを重ねテイル。はいずれも主体の存在を含意した表現であるが、①'、②'に対しては例えば、①"太郎がこの箱にりんごを詰めテイル。②"花子が毛布とふとんを重ねテイル。のように主体を表わす成分を加えることが可能であるのに対し、①、②に対しては主体を加えることができない旨の記述がみられる。この点についてはさらに、村木1989：196、同1991：

271

28-29 を参照。
29) 森田 1977：51-55 は、「～がV（他動詞）テアル」は「行為の結果の現存」を、「～をV（他動詞）テアル」は「前もって準備、結果の蓄積」を表わし、前者には行為の結果が外見にあらわれる「置く、並べる、書く、あける」のような動作動詞が、後者には行為の結果が目でとらえにくい「教える、話す、頼む、見る、考える」のような動作動詞が用いられる傾向があるとしている（行為の結果が外見にあらわれる動作動詞も文型によっては結果の蓄積を表わす）。「～がV（他動詞）テアル」、「～をV（他動詞）テアル」の相違についてはさらに森田 1971：185-186、高橋 1969：128-130 を参照。
30) 「項」については角田 1991：89-94 を参照。
31) Hopper & Thompson 1980：252 は、下記の意味特徴を多くもてばもつほど、その表現の他動性が高いとしている（山口 1988：232 における日本語訳は以下の通り）。

他動性	高い	低い
A. 関与者／物	二つ或いはそれ以上の関与者／物（AとO）	関与者／物が一つ
B. 運動性	動作	非動作
C. 相	完了相	未完了相
D. 時間的有限性（Punctuality）	時間有限的	非時間有限的
E. 意志性	意志的	非意志的
F. 肯定性	肯定的	否定的
G. 法（モード）	現実	非現実
H. 動作主性	動作主性が高い	動作主性が低い
I. Oの受ける影響	Oは全体的に影響を受ける	Oは影響を受けない
J. Oの個別化	Oは高次に個別化される	Oは個別化されない

（A = Agent, O = Object）

32) 施事タイプ、受事タイプの境界が明確ではないという点については、さらに宋玉柱 1986：130-131 を参照。
33) (1)'～(6)' の基底構造としては、以下のような補文が設定される。
①某个人把不少菜摆在桌子上。　　④某个人把很多书堆在桌子上了。
②某个人把一棵松树栽在墓的右边。　⑤某个人把一张标语贴在墙上了。
③某个人把几个字写在黑板上。　　⑥某个人把几棵菊花儿种在院子里了。
34) "トコロ＋V＋モノ" 形式をとる表現の間に他動性の高低の点で差異が存在する可能性については、山口 1999：167 に指摘がある。また、受事タイプの "トコロ＋V＋モノ" 表現には、例えば "火堆上用石头架着一个洋磁盆。(范方莲 1963：391)" のように "用・N（手段）" が用いられることがあるが、手段は主体の働きかけを直接に受けるものであるため、"用・N（手段）" を含まない場合に比べると表現の他動性が一層高くなると考えられる。さらに、齐沪扬 1998：77-79 は（丸尾 2005a：118 に紹介されているように）、"墙上挂了一幅画。" は表現中に明示されていない主体の動作の

完了を表わす点において"墙上挂着一幅画。"と同義ではないとしており、同じく受事タイプの"トコロ＋V＋モノ"表現であっても"V了"、"V着"のいずれが用いられるかによって表現の他動性の高低に差異が生じることを示唆している。ちなみに、"墙上挂着一幅画。"は発話時における具体的な情景描写の表現であるのに対し、"墙上挂了一幅画。"の場合には、発話時においてすでに絵がはずされている可能性があると判断されるケースがあった。

35) 丸尾2006：2、同2007：334は、"床上放着书。"、"墙上挂着一幅画儿。"のような"トコロ＋V＋モノ"表現について、その存在状態をもたらしたという意図性の観点から、静態義の背後にも動作主の存在を読み取ることは可能であるとしている。

36) "主体＋トコロ＋V＋モノ（客体）"表現が成立するのは、トコロが主体の一部分すなわち身体部分である場合に限られる。この点については第Ⅰ部（8.2.3）を参照。

37) 王忻1996：65は「壁ニ絵が掛けテアル。」、「店先ニきれいな干しいかが並べテアル。」に対してそれぞれ、"墙上挂着画。"、"商店门前摆着干净漂亮的墨鱼干。"を対応させている。同様の表現例としては、赵福泉1983：11の「かベニハ油絵がかけテアル。（墙上挂着油画。）」、「部屋の中ニハ電燈がつけテアル。（屋子里点着电灯。）」が挙げられる。また、战宪斌1980：45は、「墓の右わきニひともとの松が植えテアル。」に対して"在墓的右边栽着一棵松树。（本章の（2））"を対応させる一方で、「黒板ニハ字が書いテアル。」に対して"黑板上写着字。"を対応させている。さらに、荒川1981a：3、18は、"墙上挂着一张画。"に対して「壁ニ絵がかかっテイル。」を、"窗子上边还安着大玻璃。"に対して「それに窓（ノウエ）ニハ大きなガラスがはめテアッタ。」をそれぞれ対応させ、朱継征2000：92は"墙上挂着一幅画儿。"に対して「壁ニ絵が掛かっテイル。」を、"墙上挂了一幅画儿。"に対して「壁ニ絵が掛けテアル。」をそれぞれ対応させている。

38) 本書では、"トコロ＋V着＋モノ"形式が動態表現に用いられる場合であっても、その表わすコトガラは「進行」ではないという見方をとる。この点については6.1で述べる。

第2章

動作の結果としての存在を表わす表現

2.0 はじめに

　1.1.1で述べたように、中国語における"トコロ＋V＋モノ"表現は、トコロにおけるモノの存在のありようを具体的に表わす。一方、これと同じ「トコロ、V、モノ」の組み合わせによって、例えば以下のように、モノのトコロにおける存在を前提とした"モノ＋V＋在・トコロ"、"モノ＋在・トコロ＋V"表現が成立するケースがある。

　　(1) a 墙上挂着画儿。
　　(1) b 画儿挂在墙上。
　　(1) c 画儿在墙上挂着。
　　(2) a 山顶上盖着房子。
　　(2) b 房子盖在山顶上。
　　(2) c 房子在山顶上盖着。

李临定1988：212、218-219は、上記のa～cのような表現を"状態存在句"とよび、いずれも「モノがどのような状態でドコニ存在するか」を表わす点において共通点を有するとしている[1]が、a～c相互の間には統語的・意味的な相違が存在するほか、"挂"、"盖"が客体（モノ）を必要とする動作であることによって、表現の他動性の高低にも差異がみられる[2]。また、aはトコロ中心の表現、bおよびcはモノ中心の表現であるため、aに対応すべき日本語の表現としては

　　(1) d 壁ニ絵が掛かっテイル。
　　(1) e 壁ニ絵が掛けテアル。
　　(1) f 壁ニ絵が掛けラレテイル。
　　(2) d 山頂ニ家が建っテイル。
　　(2) e 山頂ニ家が建テテアル。
　　(2) f 山頂ニ家が建テラレテイル。

が考えられ、bおよびcに対応すべき日本語の表現としては

　　(1) g 絵は壁ニ掛かっテイル。

274

(1) h 絵は壁ニ掛けテアル。
(1) i 絵は壁ニ掛けラレテイル。
(2) g 家は山頂ニ建ッテイル。
(2) h 家は山頂ニ建テテアル。
(2) i 家は山頂ニ建テラレテイル。

がそれぞれ考えられる。そして、日本語の「Vテイル」、「Vテアル」、「Vラレテイル」相互の間にも、統語的・意味的な相違や、表現の他動性の高低における差異が存在する。

本章は、トコロにおけるモノの存在を前提とした"トコロ+V+モノ"、"モノ+V+在・トコロ"、"モノ+在・トコロ+V"表現において、Vが客体を必要とする動作を表わすものである場合に、3種の表現形式の間にどのような相違がみられるかを、日本語における「トコロ・ニ モノが Vテイル／テアル／ラレテイル」、「モノは トコロ・ニ Vテイル／テアル／ラレテイル」の使い分けと比較しつつ明らかにすることを目的とする。

2.1 モノの存在を表わす中国語の諸形式
2.1.1 "トコロ+V+モノ"表現と"モノ+V+在・トコロ"表現

モノのトコロにおける存在を前提とした中国語の表現形式としては"トコロ+有+モノ"、"モノ+在+トコロ"が存在し、前者はモノの有無を、後者は既定物の位置を表わすとされている[3]。例えば

(3) a 桌子上有书。　　(3) b 书在桌子上。

はそれぞれ「机の上ニ本がアル」、「本は机の上ニアル」という内容を表わし、(3)bの"书"は既定物であるのに対し(3)aの"书"は不定物である。(3)a、(3)bと

(4) a 桌子上放着书。　　(4) b 书放在桌子上。

とを比較すると、前者は単に存在を表わしているのに対し、後者は存在のありようを具体的に表わしているという相違がみられる[4]。また、"书"は(3)b、(4)bにおいては既定物、(3)a、(4)aにおいては不定物であり、この点は(1)、(2)のa、bにおける"画儿"、"房子"も同様である。このことは、(1)a〜(4)aに対してはそれぞれ"一张"、"一栋"、"一本"を、(1)b〜(4)bに対してはそれぞれ"那张"、"那栋"、"那本"を加えて

(1)' a 墙上挂着一张画儿。

第Ⅱ部　存在表現、進行表現、動態表現

　　　(1)'b 那张画儿挂<u>在墙上</u>。
　　　(2)'a <u>山顶上</u>盖着一栋房子。
　　　(2)'b 那栋房子盖<u>在山顶上</u>。
　　　(3)'a <u>桌子上</u>有一本书。
　　　(3)'b 那本书在桌子上。
　　　(4)'a <u>桌子上</u>放着一本书。
　　　(4)'b 那本书放<u>在桌子上</u>。
とすることが可能な点によっても明白である。
　(1)、(1)'、(2)、(2)'、(4)、(4)'のaは、いずれも"トコロ＋V＋モノ"形式をとるいわゆる存現文である。存現文におけるモノは不定物であることが多い。これに対し、(1)、(1)'、(2)、(2)'、(4)、(4)'のbは、いずれも"モノ＋V＋在・トコロ"形式をとるいわゆる主述表現であり[5]、このような表現においては、旧情報（既知の情報）であるモノに続けて新情報（未知の情報）であるトコロが述べられるため、そのモノは特定物であることが多い[6]。そして、通常は旧情報よりも新情報に表現の比重が置かれるため、"モノ＋V＋在・トコロ"表現においては"トコロ＋V着＋モノ"表現の場合とは異なり、トコロに表現の比重が置かれることとなる。
　ところで、中川1978：5は、(3)aにおいては「誰かが机の上に本を存在せしめた」ことが全く問題とされていないのに対し、(3)bにおいてはそれが含意されているとしている[7]。上記のように、"トコロ＋有＋モノ"は"トコロ＋V＋モノ"との間に、"モノ＋在＋トコロ"は"モノ＋V＋在・トコロ"との間に共通点を有することによって、(4)aと(4)bとの間にも、(3)aと(3)bの場合と同様の相違が存在する可能性がある[8]。しかし、(4)aはいわゆる受事タイプの存在表現であるため、1.3.1で述べたように、表現の下地となっている客観的事実として、客体であるモノと共に主体がコトガラに関与していることが明白である。この点では(1)a、(2)aの"挂"、"盖"も同様である。このため、(1)a、(2)a、(4)aにおいてはいずれも主体の存在が意味の上で暗示されており、モノの存在が主体の動作の結果であるか否かについて全く関知しない表現ではないということができよう。鵜殿1981：11も、
　　　(1)"a 墙上挂着一幅画。
における"挂着一幅画"には「モノを静止（存在）した状態にする」という意味があるとしている。但し、(3)aと(3)bとの間にみられる上記の相違と

平行して、"トコロ＋Ｖ＋モノ"形式をとる(1)a、(2)a、(4)aと、"モノ＋Ｖ＋在・トコロ"形式をとる(1)b、(2)b、(4)bとでは、後者における方が主体の存在がより強く感じられるという相違がみられる[9]。このように、"トコロ＋Ｖ＋モノ"表現および"モノ＋Ｖ＋在・トコロ"表現には、程度の差こそあれいずれも主体の存在が含意されているが、主体が誰であるかは不問に付されている。

　"モノ＋在＋トコロ"表現について、中川1978：4は、

　　(5) 我的书在桌子上。

はいわゆる自然被動文であり、深層構造において結果補語"在"の前に存在していた無指定の主要動詞が表層で削除されたものであるとしている。中川のこのような考え方によれば、(5)は、例えば

　　(5)' 我的书放在桌子上。

における"放"が削除されたものであり、(3)bは、例えば(4)bにおける"放"が削除されたものであるということとなる[10]。"モノ＋Ｖ＋在・トコロ"のような、動作の客体と考えられるモノが表現の中心となっている動詞表現については、これをいわゆる自然被動文とみるか自動詞文とみるかについて意見が分かれている。王还1957：25、中川1978：4-5、木村1981b：33-36は前者の見方をとるのに対し、大河内1973：48-49、55、同1997：123-129は、「自然被動文」あるいは「意味上の受身」というとらえ方には否定的である。これらの見方に対し、石村2000a：99-100は、

　　(6) 照片放在胸前的口袋里。（写真は胸のポケットにしまっ**テアル**。）
　　(7) 宣传画贴在墙上。（ポスターが壁に貼っ**テアル**。）

について、

　　(6)' 我把照片小心地放在胸前的口袋里。
　　(7)' 小王把宣传画贴在墙上。

のような"Ｖ在Ｌ"表現の自動用法とみなしつつも、動作者の存在が前提となるため（いわゆる）"被"受身文が成立するとしている[11]。

　このように見解の相違がみられるのは、中国語の表現が基本的に「題目＋説明」という形をとるためである。題目となる名詞的成分が、説明部分との意味関係において客体となるものを表わしている点を重視すれば被動表現であるという見方が生じ、この点を重視しなければそのような見方を否定することとなる。中国語の表現を「題目＋説明」であるとみることにより、さま

ざまな表現についての合理的な説明が可能となる。但し"モノ＋Ｖ＋在・トコロ"表現は、Ｖと"在"が意味の上で「動作――結果」の関係にあるため、「モノは（＝モノについて言えば）、それは動作を受けた結果としてトコロに位置する」という内容を表わす[12]表現である点は肯定してもよいと考えられる。このため、"モノ＋Ｖ＋在・トコロ"表現は、被動表現としての性格を全く有しないわけではないこととなる。このことは、(4)b、(5)'について言えば、「(私の)本は置かれた結果として机の上にある」ということである。同様のことは(1)b、(2)bについてもあてはまり、それぞれ「絵は掛けられた結果として壁にある」、「家は建てられた結果として山頂にある」という内容を表わす。

(1)b、(2)b、(4)b、(5)'のような"モノ＋Ｖ＋在・トコロ"表現は、「動詞＋結果補語」を含んだモノ中心の表現であるという点において、例えば

　　(8) 茶碗打破了。(藤堂1968b：335)

などと共通している[13]。Ｖが客体を必要とする動作を表わす場合、(8)のように、客体であるモノが表現の中心に置かれて主体が表現されないのは、中国語においてしばしばみられる現象であるが、"モノ＋Ｖ＋在・トコロ"表現についてもこのことがあてはまる。(1)b、(2)b、(4)b、(5)'における"画儿"、"房子"、"书"、"我的书"は、それぞれの表現例における実線部のトコロに存在するモノであると同時に、Ｖが表わす動作の客体であると解される。但し、"モノ＋Ｖ＋在・トコロ"表現においてはトコロが不可欠の成分であり、"在"で表現を終了することはできない[14]という点で、(8)のような"在"を用いない表現が結果補語で終了するケースとは異なる。

このように、モノのトコロにおける存在を表わす"モノ＋Ｖ＋在・トコロ"表現は、モノが動作によりトコロに存在せしめられたこと、換言すれば、「動作の結果としてのモノの存在」を表わす。これに対し、"トコロ＋Ｖ＋モノ"表現は、トコロにおけるモノの存在の具体的なありようを表わすものであり、前述したように、主体の存在を暗示はするものの、動作の結果としての存在は表わさない。"トコロ＋Ｖ＋モノ"、"モノ＋Ｖ＋在・トコロ"いずれの表現においても、コトガラはモノ、Ｖ、トコロの３者によって構成されているが、後者においてはコトガラの潜在的な構成成分としての主体が前者よりも強く含意されており[15]、"Ｖ＋在"の部分が動作とその結果を表わしているため、前者よりも表現の他動性が高いということができる[16]。

ところで、"トコロ＋V＋モノ"は、主として発話時における眼前の情景をありのままに描写する場合に用いられる表現形式である。藤堂1968a：328は、"トコロ＋V＋モノ"表現は、話者が発見したさまを如実に訴えようという一種の発見ムードが加わって生じた表現であるとしている[17]。さらに、望月1992：62-63は、

　　(9) <u>台上坐着主席団</u>。

のような存現文は、話者の判断をともなわない、いわば「中立叙述」ムードをともなうときにしか使われないとしているが、このことは、(9)と同じく存現文である"トコロ＋V＋モノ"表現についてもあてはまる。情景はそれ全体がひとまとまりとしてとらえられるものであるため、"トコロ＋V＋モノ"表現は全体が一つの新しい情報を表わすものであり、いわゆる事象表現[18]であるということができる。従って、(1)a、(2)a、(4)a、(1)"aや

　　(10) a <u>墙上贴着画儿</u>。

　　(11) a <u>书房里挂着地图</u>。

　　(12) a <u>桌子上摆着菜</u>。

は、話者が眼前の情景を目にしてそのコトガラ全体を把握して述べる場合に用いられる。これに対し、"モノ＋V＋在・トコロ"形式をとる(1)b、(2)b、(4)b、(5)'および

　　(10) b <u>画儿贴在墙上</u>。

　　(11) b <u>地图挂在书房里</u>。

　　(12) b <u>菜摆在桌子上</u>。

は、発話時における眼前の情景を目にした場合に用いることが可能である点においては(1)a、(2)a、(4)a、(1)"a、(10)a～(12)aと同様であるが、モノについてそれが「ドコニ」存在するかを説明する形式をとっており、いわばモノについての話者の判断を表わす表現となっている点においては異なる。

また、発話時における眼前の情景を目にしていても、例えば話者が、自分が止めたのとは異なるトコロに車が止められているのを目にした場合に用いられる表現は、

　　(13) a <u>宿舍后面的停车场上停着我的车</u>。

ではなく

　　(13) b <u>我的车停在宿舍后面的停车场上</u>。

であるというように、"トコロ＋V＋モノ"、"モノ＋V＋在・トコロ"い

ずれの表現形式が用いられるかは、個別の具体的な situation（あるいは context）によって決定されるという面がある。(13)b はさらに、具体的な個別の情景を目の前にしないで、「私の車は宿舎の裏の駐車場に止めてある」という話者の判断を表わすのにも用いられる。

このように、"モノ＋V＋在・トコロ"は、モノについての話者の判断を表わす、換言すれば、話し手・聞き手が共通に話題にする旧情報について、話者が新情報を付け加える表現形式であるため、事象表現ではなくいわゆる題述表現であるということとなる。このことは、"モノ＋V＋在・トコロ"表現におけるモノが既知の情報であり、多くの場合は特定物であるということと表裏一体をなす。

"モノ＋V＋在・トコロ"表現がモノについての話者の判断を表わすということは、(1)b、(2)b、(4)b、(10)b～(12)b を命令表現として用いることが可能な点によっても明白である[19]。命令表現は話者の意志そのものを表わすため、情景描写の場合よりも一層強く話者の判断を表わすこととなる。話者の意志を表わすことが可能であるという点においても、"モノ＋V＋在・トコロ"表現は"トコロ＋V＋モノ"表現に比べて他動性が高いということができる[20]。

2.1.2 トコロをとりたてる"モノ＋在・トコロ＋V"表現

"モノ＋V＋在・トコロ"形式をとる (1)b、(2)b、(4)b、(5)'、(10)b～(13)b に対しては、以下のような"モノ＋在・トコロ＋V"表現が成立する。

(1) c 画儿<u>在墙上</u>挂着。

(2) c 房子<u>在山顶上</u>盖着。

(4) c 书<u>在桌子上</u>放着。

(5)" 我的书<u>在桌子上</u>放着。

(10) c 画儿<u>在墙上</u>贴着。

(11) c 地图<u>在书房里</u>挂着。

(12) c 菜<u>在桌子上</u>摆着。

(13) c 我的车<u>在宿舍后面的停车场上</u>停着。

上記の表現例はいずれもいわゆる主述表現であり、旧情報であるモノに続けて新情報であるモノの位置を述べているため、そのモノが特定物であることが多いという点[21]においては、"モノ＋V＋在・トコロ"形式をとる (1)b、

(2)b、(4)b、(5)'、(10)b〜(13)bと共通しているが、Vと"在"とが「動詞＋結果補語」の関係にはないという点、"モノ＋V＋在・トコロ"形式の場合に比べるとトコロがより一層とりたてられた表現となっている点においては異なる[22]。

　前述したように、"モノ＋V＋在・トコロ"表現は被動表現としての性格を有しており、モノはVが表わす動作の客体であるという側面を有する。これに対し"モノ＋在・トコロ＋V"表現は、被動表現としての性格が"モノ＋V＋在・トコロ"表現よりもさらに弱い[23]。このことは、"着"をともなわない"モノ＋V＋在・トコロ"表現の中には、例えば

　　(14) b 此画是被他挂在墙上的。(战宪斌1980：45を一部修正)

のように、"被・主体"を含むものが存在するのに対し、(14)bを"モノ＋在・トコロ＋V"形式に置き換えて

　　(14) c ？此画是被他在墙上挂的。

とすると不自然となることによっても理解されよう。同様に、(1)b、(4)b、(5)'、(10)b〜(13)bに対して"被人"を加えると、

　　(15) b 画儿被人挂在墙上。
　　(16) b 书被人放在桌子上。
　　(17) b 我的书被人放在桌子上。
　　(18) b 画儿被人贴在墙上。
　　(19) b 地图被人挂在书房里。
　　(20) b 菜被人摆在桌子上。
　　(21) b 我的车被人停在宿舍后面的停车场上。

のようにいずれも自然な表現として成立する[24]のに対し、

　　(15) c ＊画儿被人在墙上挂着。
　　(16) c ＊书被人在桌子上放着。
　　(17) c ＊我的书被人在桌子上放着。
　　(18) c ＊画儿被人在墙上贴着。
　　(19) c ＊地图被人在书房里挂着。
　　(20) c ＊菜被人在桌子上摆着。
　　(21) c ＊我的车被人在宿舍后面的停车场上停着。

はいずれも非文となる。"モノ＋V＋在・トコロ"よりも被動表現としての性格が弱い"モノ＋在・トコロ＋V"表現は、表現の安定性という点におい

第Ⅱ部　存在表現、進行表現、動態表現

ては"モノ＋Ｖ＋在・トコロ"におよばない[25]ため、トコロをとりたてるという特別の表現意図がない限りは用いられないと考えられる[26]。

　2.1.1で述べたように、"モノ＋Ｖ＋在・トコロ"表現は、「モノは動作を受けた結果としてトコロにある」という内容を表わすため、"在"により示されるトコロは、モノが存在するトコロであると同時に、動作の結果としてモノが存在するにいたった到達点でもあるということとなる。これに対し"モノ＋在・トコロ＋Ｖ"表現においては、"在・トコロ"はモノが存在するトコロではあるが、動作の結果としてモノが存在するにいたった到達点ではない。従って、"モノ＋Ｖ＋在・トコロ"、"モノ＋在・トコロ＋Ｖ"の二つの表現におけるＶとトコロとの結びつきを比較した場合には、動作がトコロに向かうことを表わす前者の表現における方がより緊密であるということができる。

　また、モノの存在を表わす"モノ＋Ｖ＋在・トコロ"表現は、Ｖを除いた"モノ＋在＋トコロ"表現との間に、2.1.1で述べたような共通点を有し、かつ、Ｖと"在"とが「動作――結果」の関係にあるため、述語の中心はＶではなく"在・トコロ"である。一方、"モノ＋在・トコロ＋Ｖ"表現においては"在・トコロ"はいわゆる連用修飾成分であり、述語の中心はＶである。このことは、"モノ＋Ｖ＋在・トコロ"表現における意味的な骨格は「モノはトコロにある」であるのに対し、"モノ＋在・トコロ＋Ｖ"表現におけるそれは「モノはどうなっている」であるということを意味する[27]。従って、モノの存在を表わす場合に"モノ＋在・トコロ＋Ｖ"形式を用いるのであれば、(1)c、(2)c、(4)c、(5)"、(10)c～(13)cのようにＶに"着"を付加しなければならず、Ｖがハダカのままでは自然な表現として成立しない[28]。

　ところで、"モノ＋在・トコロ＋Ｖ"表現には、例えば

　　(22) c 灯笼<u>在那儿</u>挂了三天。(平井1987：66)

のような、Ｖの後に時間を表わす成分をともなうものが存在する。このことは"モノ＋在・トコロ＋Ｖ"が、コトガラを時間的に限定して表わすことの可能な表現形式であることを意味する。一方、"モノ＋Ｖ＋在・トコロ"表現は、「モノはトコロにある」がその意味的な骨格であるため、コトガラを時間的に限定して表わすことはできず、

　　(22) b ?灯笼挂<u>在那儿</u>三天。

は不自然となる。コトガラを時間的に限定して表わすことが可能であるとい

う点において、"モノ＋在・トコロ＋V"表現は"モノ＋V＋在・トコロ"表現に比べ、他動性が高いということができる[29]。

　また、存在を表わす"モノ＋在・トコロ＋V"表現における"在・トコロ"はコトガラ成立に不可欠の成分であり、"主体＋在・トコロ＋V＋モノ（客体）"のような動作表現に用いられる場合よりも必須度が高い[30]。例えば

　　　(23) 那本书放着呢。

は「本をどうしているか」を表わす表現として、

　　　(24) 那本书你看了吗？—— 还没看，那本书放着呢。

のように「その本は読まずにほうってある」という内容を表わす場合には自然な表現として成立するが、本の存在を表わす表現として用いられる場合には、

　　　(25) 那本书<u>在柜子里</u>放着呢。

のように"在・トコロ"を不可欠の成分とする。さらに、(1)c、(2)c、(4)c、(5)"、(10)c～(13)cから実線部の"在・トコロ"を除き、表現の末尾に"呢"を付加した

　　　(26) 画儿挂着呢。
　　　(27) 房子盖着呢。
　　　(28) 书放着呢。
　　　(29) 我的书放着呢。
　　　(30) 画儿贴着呢。
　　　(31) 地图挂着呢。
　　　(32) 菜摆着呢。
　　　(33) 我的车停着呢。

は、トコロが既知のものとして了解済みである場合には自然な表現として成立する[31]。しかし、存在という概念は動作に比べるとトコロとの関わりがより深いため、(26)～(33)が自然な表現として成立する場合においても、表現の安定性という点においては"在・トコロ"を含んだ表現におよばない。さらに、(27)や、

　　　(34) c 字<u>在黑板上</u>写着。

から"在・トコロ"を除いて"呢"を付加した

　　　(34)' c 字写着呢。

のように、新しくモノをつくり出す動作を表わす動詞を用いた表現の場合には、"着"は動作の持続のニュアンスを強く含んでいる。モノをつくり出す

第II部　存在表現、進行表現、動態表現

動作である"盖、写"と、そうでない"挂、放、貼、摆、停"とを比較すると、前者の方が主体の積極的な働きかけをより強く必要とし、かつ、継続して行なわれる可能性が高いために動作性がより強く、このことが"着"の役割の相違にも影響をおよぼしていると考えられる。これに対し(2)c、(34)cの場合には、存在と深く関わる成分すなわちトコロを含んでいるため"着"の持続のニュアンスは弱く、状態を表わすこととなる。

2.2　モノの存在を表わす日本語の諸形式
2.2.1　「Vテイル／テアル／ラレテイル」と表現の他動性

"トコロ＋V＋モノ"形式をとる(1)a、(2)a、(11)a〜(13)aが表わすコトガラを日本語によって表現する場合、(1)d、(1)e、(1)fや(2)d、(2)e、(2)fあるいは

　　(11) d　書斎ニ地図が掛かっテイル。
　　(11) e　書斎ニ地図が掛けテアル。
　　(11) f　書斎ニ地図が掛けラレテイル。
　　(12) d　テーブルの上ニ料理が並んデイル。
　　(12) e　テーブルの上ニ料理が並べテアル。
　　(12) f　テーブルの上ニ料理が並べラレテイル。
　　(13) d　宿舎の裏の駐車場ニ私の車が止まっテイル。
　　(13) e　宿舎の裏の駐車場ニ私の車が止めテアル。
　　(13) f　宿舎の裏の駐車場ニ私の車が止めラレテイル。

のように、「トコロ・ニ　モノが　Vテイル」、「トコロ・ニ　モノが　Vテアル」、「トコロ・ニ　モノが　Vラレテイル」の3種類の表現形式が考えられる。

(1)e、(2)e、(11)e〜(13)eのような「他動詞＋テアル」を用いた表現は、コトガラが主体の動作の結果であることをとりたてて述べる場合に用いられ、モノをトコロに存在せしめる動作を行なった主体の存在が明示されているため、(1)d、(2)d、(11)d〜(13)dのような「自動詞＋テイル」を用いた表現に比べると他動性が高い。この点については1.2.1、1.2.2で述べた通りである。換言すれば、上記のeの表現例は、コトガラを外からの意志的な作用により生じた状態ととらえたものであるのに対し、dの表現例はコトガラを自然にあるがままの状態ととらえたものである。但し、日本語には、眼前の事態が明らかに主体の動作の結果である場合においてもそれを自然に生じ

たものとして表現する傾向が存在するため、コトガラが主体の動作の結果であることをとりたてない場合にはｄの表現例が用いられる。

　一方、上記のｆのような「他動詞＋ラレテイル」を用いた表現について、寺村1984：148は、コトガラを外部からの力、作用により生じた状態ととらえたものであるという点では「他動詞＋テアル」を用いた表現と共通しているが、その力、作用はヒトが意図をもってした作為ではなく、自然の力あるいはヒトの動作でも非意図的なものであるとしている。また、森田1977：473、同1988：144-146、同1990：39は、「他動詞＋テアル」を「自動詞＋テイル」に置き換えるに際して対応する自動詞を欠く場合には、「他動詞＋ラレテイル」形式を用いて他動詞を自動詞化させるが、対応する自動詞が存在するにもかかわらず「他動詞＋ラレテイル」形式を用いるのは、それなりの理由がある場合を除いては決して好ましいことではなく、「自動詞＋テイル」が用いられるとしている[32]。このように、「他動詞＋ラレテイル」表現は、無意志の作用の結果としての状態を表わす場合に用いられるほか、他動詞に対応する自動詞が存在しない場合に「自動詞＋テイル」表現の代わりに用いられる場合があるため、「他動詞＋テアル」表現に比べると他動性が低いということができる。さらに、井上1976：89は、

　　(35) d 山門ニハ大きな額が掛かっテイタ。
　　(35) e 山門ニハ大きな額が掛けテアッタ。
　　(35) f 山門ニハ大きな額が掛けラレテイタ。

におけるｆは、ｄ、ｅに比べると日本語らしさの点において劣るとしているが、これは、「掛ける」が意志的な動作を表わし、さらに、対応する自動詞「掛かる」が存在するためｆを用いる必要性が低いということに起因する。加えて、(35)ｆのようないわゆる被動表現には、例えば

　　(35)' 僧侶たちが山門ニ大きな額を掛けた。

のようないわゆる能動表現が対応するため、(35)ｆは「ドウスル」表現としての性格が強いのに対し、(35)ｄ、(35)ｅは、これらに対応する能動表現が存在しない[33]ため「ドウナル」表現としての性格が強く、存在のように動作性が極めて低いコトガラを表わす場合には、(35)ｆよりも(35)ｄ、(35)ｅを用いる方が適切である。また、(35)ｅ、(35)ｆは、いずれも主体の存在を明示している点においては共通するが、(35)ｆに対しては

　　(35)'ｆ 山門ニハ僧侶たちによって大きな額が掛けラレテイタ。

のように主体を加えることができ、さらに動作の進行を表わす表現として用いることも可能である[34]のに対し、(35)eに対しては主体を加えることができず[35]、動作の進行を表わす表現としては用いられないという相違がみられる。従って、この点においても、(35)fは(35)eに比べて「ドウスル」表現としての性格が強く、存在を表わす表現としては(35)eの方が適切であるということとなる。

前述したように、他動詞に対して対応する自動詞が存在しない場合には、「他動詞＋テアル」に対しては「自動詞＋テイル」の代わりに「他動詞＋ラレテイル」が用いられ、例えば

(4) e 机の上ニ本が置いテアル。

(10) e 壁ニ絵が貼っテアル。

(34) e 黒板ニ字が書いテアル。

に対しては

(4) f 机の上ニ本が置かレテイル。

(10) f 壁ニ絵が貼ラレテイル。

(34) f 黒板ニ字が書かレテイル。

が対応する。「他動詞＋ラレテイル」が「自動詞＋テイル」の代わりとなりえるのは、「他動詞＋ラレテイル」表現においては主体を表わす成分を含むことが義務的ではなく、いわゆる能動表現の場合に比べて動詞の必須項が一つ少ない[36]という点において「自動詞＋テイル」表現と共通しているためであると考えられる。但し、「自動詞＋テイル」表現においては主体の存在が全く感じられないのに対し、「他動詞＋ラレテイル」形式をとる(4)f、(10)f、(34)fにおいては主体の存在が感じられる。これは、(4)f、(10)f、(34)fのようないわゆる被動表現においては、主体を表わす成分は述語動詞の任意項であり、(35)'fのように、これを補うことが可能なケースが存在するためである。換言すれば、「自動詞＋テイル」表現においては主体の存在は不問に付されているのに対し、「他動詞＋ラレテイル」表現においては主体は不明あるいは不定であるが、不問に付されているわけではないということである。

2.2.2 一般的・普遍的事実を表わす「Vラレテイル」表現

2.1.1で述べたように、(1)a、(2)a、(4)a、(1)″a、(10)a〜(12)aのような"トコロ＋V＋モノ"表現は、主として発話時における眼前の情景をありの

ままに描写する場合に用いられ、この点においては日本語の「トコロ・ニ モノが Vテイル」、「トコロ・ニ モノが Vテアル」表現も同様である[37]。これに対し「トコロ・ニ モノが Vラレテイル」表現は必ずしも具体的な情景を表わさない。森田1988：152-153は、「他動詞＋テアル」と「他動詞＋ラレテイル」との本質的相違について、前者は例えば

 (36) 花瓶が置い**テアル**。

のように、発話時における眼前の個別的・具体的事実を述べる場合に用いられるのに対し、後者は例えば

 (37) 昔は香炉だったが、今はだいたいどこの家でも床の間の装飾としては花瓶が置か**レテイマス**。

のように一般的・普遍的事実や抽象的事実を述べる場合に用いられるとし、(37)の「置か**レテイマス**」は「使わ**レテイマス**」と同義であるとしている。このことは、(37)は存在よりも動作に比重を置いた表現であると同時に、主体を表現しない被動表現の形式をとることによって、コトガラを話者の主観ではない、誰もがそうするような社会一般の傾向として述べる効果が生じていることを意味する[38]。(37)の「置か**レテイマス**」を「置い**テアリマス**」に置き換えると、コトガラの個別性・具体性が強くなり、動作性が弱くなって「使わ**レテイマス**」と同義ではなくなる。但し、「他動詞＋ラレテイル」表現は、常に(37)のように一般的・普遍的事実を表わすとは限らず、コトガラが外部からの自然な力あるいは無意志の動作によって生じた状態である場合や、例えば

 (38) f <u>床の間ニ</u>立派な花瓶が置か**レテイル**。

のように、対応する自動詞が存在しないために他動詞を自動詞化させる場合には、個別的・具体的事実を表わすことが可能である。但し、このような場合においても「他動詞＋ラレテイル」表現のもつ普遍性・抽象性は消えてなくなるわけではない。(38)fを

 (38) e <u>床の間ニ</u>立派な花瓶が置い**テアル**。

と比較すると、(38)eは、いま現在そのような状態にあるというニュアンスが強く、他者あるいは話者のいずれが花瓶を置いた可能性も存在する[39]のに対し、(38)fは、常にそのような状態にあるというニュアンスが強く、他者が花瓶を置いた可能性のみが存在するという相違がみられる。また、

 (39) e <u>羽田空港ニハ</u>両国の国旗が掲げ**テアッタ**。

(39) f 羽田空港ニハ両国の国旗が掲げラレテイタ。
(40) e 演壇ニハ色とりどりの旗や花が飾ッテアッタ。
(40) f 演壇ニハ色とりどりの旗や花が飾ラレテイタ。

はいずれも話者以外の誰かによってモノがトコロに存在せしめられたという内容を表わしているが、このような場合には「他動詞＋ラレテイル」を用いた (39)f、(40)f の方が、「他動詞＋テアル」を用いた (39)e、(40)e よりも better である。これは、「他動詞＋テアル」表現は、話者以外の誰かの動作によって生じた結果を表わすほか、話者自身の動作によって生じた結果を表わすことも可能であるため、他者による動作の結果としての存在を表わす場合には「他動詞＋ラレテイル」表現の方が適していることによる。

　このように、「トコロ・ニ モノが Vラレテイル」表現は、話者の認識によりとらえられた普遍的・抽象的なコトガラを表わすことが可能な点において、中国語の"トコロ＋V＋モノ"表現とは大きく異なる。従って、"トコロ＋V＋モノ"表現が表わすコトガラを日本語によって表現する際には、(1)a、(2)a、(11)a～(13)a のように、中国語のVに対応する日本語の動詞が自他ともに存在する場合においては、(1)f、(2)f、(11)f～(13)f のような「トコロ・ニ モノが Vラレテイル」表現よりは、(1)d、(2)d、(11)d～(13)d のような「トコロ・ニ モノが Vテイル」表現、あるいは (1)e、(2)e、(11)e～(13)e のような「トコロ・ニ モノが Vテアル」表現の方が better である。さらに、2.2.1 で述べたように、日本語には、コトガラが主体の動作の結果である場合においてもそれを自然に生じたものとして表現する傾向が存在するため、コトガラが主体の動作の結果であることをとりたてる表現意図がない限りは、(1)e、(2)e、(11)e～(13)e のような「トコロ・ニ モノが Vテアル」よりは、(1)d、(2)d、(11)d～(13)d のような「トコロ・ニ モノが Vテイル」表現を用いる方が better である。

2.2.3　モノ中心、トコロ中心と他動性の高低

　2.1.1 で述べたように、"モノ＋V＋在・トコロ"表現は、発話時における眼前の情景をありのままに描写することができるとともに、モノについての話者の判断を表わすことが可能である。この点においては日本語の「モノは トコロ・ニ Vテイル／テアル／ラレテイル」表現も同様である[40]。但し、中国語の"モノ＋V＋在・トコロ"表現は被動表現としての性格を有してお

り、"トコロ＋Ｖ＋モノ"表現に比べると主体の存在がより強く含意されている。換言すれば、"モノ＋Ｖ＋在・トコロ"表現においては、モノ中心の表現であることと被動表現の性格を有することとが表裏一体をなしているのに対し、日本語の「モノは トコロ・ニ Ｖテイル／テアル／ラレテイル」、「トコロ・ニ モノが Ｖテイル／テアル／ラレテイル」表現の場合には、被動表現としての性格を有するか否か、主体の存在をどの程度含意するかは、Ｖの後続成分として「テイル、テアル、ラレテイル」のいずれが用いられるかにより決定されるのであって、トコロ中心の表現、モノ中心の表現のいずれであるかということとは無関係である。従って、(1)、(2)におけるｇ～ｉや

(11) ｇ 地図は書斎ニ掛かっテイル。
(11) ｈ 地図は書斎ニ掛けテアル。
(11) ｉ 地図は書斎ニ掛けラレテイル。
(12) ｇ 料理はテーブルの上ニ並んデイル。
(12) ｈ 料理はテーブルの上ニ並ベテアル。
(12) ｉ 料理はテーブルの上ニ並ベラレテイル。
(13) ｇ 私の車は宿舎の裏の駐車場ニ止まっテイル。
(13) ｈ 私の車は宿舎の裏の駐車場ニ止めテアル。
(13) ｉ 私の車は宿舎の裏の駐車場ニ止めラレテイル。

におけるｇ～ｉを、(1)、(2)、(11)～(13)におけるｄ～ｆと比較すると、前者はモノ中心の表現、後者はトコロ中心の表現という相違はみられるものの、「Ｖテアル」を用いたｅ、ｈ、「Ｖラレテイル」を用いたｆ、ｉは、いずれも主体の存在を含意している点において「Ｖテイル」を用いたｄ、ｇよりも他動性が高い。また、被動表現としての性格は、「Ｖラレテイル」を含んでいることにより、トコロ中心のｆ、モノ中心のｉのいずれもが有している。一方、中国語の"トコロ＋Ｖ＋モノ"表現は、前述したように主体の存在を意味の上で暗示はするが、被動表現としての性格を有してはいない。

ところで、日本語の「モノは トコロ・ニ Ｖラレテイル」表現と中国語の"モノ＋Ｖ＋在・トコロ"表現は、いずれも話者の判断を表わす被動表現としての性格を有する点において共通している[41]が、前者には「ラレテイル」のような被動表現のマーカーが含まれているのに対し、後者には含まれていない。また、「他動詞＋ラレテイル」を用いた表現は、例えば

(4) ｉ 本は机の上ニ置かレテイル。

289

(10) i 絵は壁ニ貼ラレテイル。

　(34) i 字は黒板ニ書かレテイル。

のように、他動詞のみで自動詞が存在しない場合に「自動詞＋テイル」を用いた表現に代わるという性格を有するため、(1)、(2)、(11)～(13)におけるiのように、他動詞に対応する自動詞が存在する場合には、通常は(1)、(2)、(11)～(13)におけるgのような「モノは　トコロ・ニ　Vテイル」表現が用いられ、「モノは　トコロ・ニ　Vラレテイル」表現は用いられない。このことは、「モノは　トコロ・ニ　Vラレテイル」表現は「トコロ・ニ　モノが　Vラレテイル」表現の場合と同様に、モノの存在を表わす表現として中心的な役割ではなく、いわば補助的な役割をになっていることを意味する。これに対し中国語の"モノ＋V＋在・トコロ"表現は、"トコロ＋V＋モノ"表現とともに、モノのトコロにおける存在を表わす表現として中心的な役割をになっている。

　さらに、2.1.1で述べたように、被動表現としての性格を有する"モノ＋V＋在・トコロ"表現には、コトガラの潜在的な構成成分である主体の存在が"トコロ＋V＋モノ"表現の場合よりも強く含意されており、この点は、日本語においてモノのトコロにおける存在を表わす表現として中心的な役割をになう「モノは　トコロ・ニ　Vテアル」表現に主体の存在が明示されているということと相通ずる。但し、「モノは　トコロ・ニ　Vテアル」表現はモノのトコロにおける存在を表わす場合に限って用いられるのに対し、"モノ＋V＋在・トコロ"表現は、モノのトコロにおける存在を表わすほか、2.1.1で述べたように、命令表現として用いることも可能である。従って、中国語の"モノ＋V＋在・トコロ"表現と日本語の「モノは　トコロ・ニ　Vテアル」表現とでは、前者の方が他動性が高いということができよう。

　また、"モノ＋在・トコロ＋V"は、モノの存在を表わす表現形式として中心的な役割をになうものではなく、"モノ＋V＋在・トコロ"よりもトコロをとりたてる場合や、コトガラを時間的に限定して表わす場合に用いられる補助的な表現形式である。"モノ＋在・トコロ＋V"表現は、モノの存在を表わす表現として補助的な役割をになっている点においては日本語の「モノは　トコロ・ニ　Vラレテイル」表現と共通しているが、"モノ＋V＋在・トコロ"表現に比べると被動表現としての性格が相対的に弱い。

第 2 章　動作の結果としての存在を表わす表現

注

1) 范继淹 1982：73 は"状态呈現式"として、"地图一直挂在书房里的。"、"地图在书房里挂着呢。"を挙げている。李临定 1988：219-220 は、新しくモノを作り出す動作を表わす"绣、织、印、刻、写、抄、画"や、成長を表わす"生、长、结"などの動詞は"トコロ＋V＋モノ"表現に用いることは可能であるが、"モノ＋V＋在・トコロ"、"モノ＋在・トコロ＋V"表現に用いることはできないとしている。これに対し丸尾 2005a：113-114 は、"写、画、刻"のようないわゆる「結果目的語」をとる動詞を用いて存在を表わす場合には通常は"トコロ＋V＋モノ"形式が用いられ、"モノ＋V＋在・トコロ"、"モノ＋在・トコロ＋V"形式を用いた場合には、コンテクストフリーの表現としてはすわりが悪いものが多いとするにとどまり、同：87 は"字在黑板上写着。"、"字写在黑板上。"を成立する例として挙げている。この点についてはさらに平井 1991：62、65 を参照。表現成立の可否にこのようなゆれがみられる点については、丸尾 2005a：135 を参照。(1)、(2) に共通するのは、V が「＋状態、＋付着」という特徴を備えている点である。この点については朱德熙 1981：14-15 を参照。なお、"トコロ＋V＋モノ"、"モノ＋V＋在・トコロ"形式間の変換関係については范晓 1988：342、聂文龙 1989：96-97、朱德熙 1962：359、同 1987：5-8、丸尾 2005a：114-115 を、"トコロ＋V＋モノ"、"モノ＋在・トコロ＋V"形式間の変換関係については齐沪扬 1998：118 を、"モノ＋V＋在・トコロ"、"モノ＋在・トコロ＋V"形式間の変換関係については朱德熙 1987：10-12、齐沪扬 1998：87、120-121、丸尾 2005a：87、105、113-114、135 を参照。

2) 俞咏梅 1999：25、27 は、(1)a～(1)c のような表現例について、"在状态句中，无论语序怎样变换，〔处所〕的语义功能完全不受影响"、"无论在哪种语序中，处所范畴都是 NP 的〔原点〕"、"'在＋处所'在状态句各语序中都为〔原点〕义，语义功能和动词时态都不变。"としているが、実際には相違がみられる。

3) この点については久野 1973：265、290、大河内 1982：37、鈴木 1986：72-73、三上 1999：234 を参照。

4) この点については、项开喜 1997：164、丸尾 2005a：116-117、119、丸尾 2005b：55 にも同様の記述がみられる。ちなみに徐丹 1992：459 には、"トコロ＋V 着＋モノ"表現の否定形としての"トコロ＋没 V 着＋モノ"表現は不自然であり、"トコロ＋没 V／没有＋モノ"あるいは"モノ＋没 V＋在・トコロ"表現が用いられる旨の記述がある。このことは、"トコロ＋V＋モノ"、"モノ＋V＋在・トコロ"がいずれもモノの存在を表わす形式として相互に密接な関わりを有していることを意味する。"トコロ＋没 V 着＋モノ"表現の成立の可否については、松村 1977：3 の"门口没有蹲着两个石狮子。"、荒川・张 1987：9 の"墙上没挂着画。"のような反例を挙げるものがあるが、このことによって上記の 2 形式の関わりの強さが否定されるものではない。

5) 宋玉柱 1986：123 は、"粮食、弹药，都在我的心里。"のような"モノ＋在＋トコロ"表現は"主谓句"であるとしている。この点は"モノ＋在＋トコロ"と共通点を有する"モノ＋V＋在・トコロ"表現も同様であると考えられる。

291

第Ⅱ部　存在表現、進行表現、動態表現

6) この点については木村 1991：126-127、徐丹 1992：458-459 を参照。但しこのような傾向は、他の多くの言語現象と同様に絶対的なものではなく、聂文龙 1989：96 の"一条绿纱帘挂在门上。"、齐沪扬 1998：87 の"一幅画挂在墙上。"のように「不定のモノ」が表現の中心に置かれるケースが存在する。なお、奥津 1993：3-7 には、"トコロ＋有＋モノ"、"モノ＋在＋トコロ"表現の成立に際してはモノの定・不定が強く影響するものの、絶対的な要因とはなっていないという調査結果が報告されている。この点についてはさらに、木村 1991：127、藤堂 1968a：327、張麟声 1990：70 を参照。

7) 同様の記述が盧濤 2000：90 にもみられる。

8) 丸尾 2005a：119 は、"书放在桌子上。"と"书在桌子上。"との間にはそれほど情報量の差異は見いだせないが、前者は存在の直接的な原因をともなった行為を行なった主体の関与が提示された形となっている、としている。同様に、山口 1999：171 は、"那本书放在桌子上。"のような表現については、語彙概念構造のレベルにおいて使役主の存在を想定することが可能であるとしている。但し、中川 1990：223 は、"尸体吊在横梁上。"について、日本語の「死体が鴨居にぶらさがっている。」と「死体が鴨居にぶらさげてある。」のように、前者が自殺で後者が他殺といった傾向は中国語には認め難い、としている。

9) "モノ＋V＋在・トコロ"表現がモノをトコロに存在せしめた主体との関わりを表わしているという点については、丸尾 2005b：55 を参照。但し山口 1999：169 は、"那幅画挂在墙上。"は文全体としては自動詞化しているものの、"那幅画"は本来"受事"であり、"施事"である使役主の存在が含意されるため、"一轮明月挂在天上。"に比べると他動詞的な色彩が感じられるとしている。さらに同：166-167 は、静態を表わすタイプの"モノ＋V＋在・トコロ"表現は、用いられる動詞によって自動詞文らしさ、他動詞文らしさの点において微妙な差が感じられるとしてその例を挙げ、このような他動性の差異はいわゆる存現文や"在L＋V"構文においても存在し得るとしている。この点についてはさらに同 1988：239-240 を参照。

10) (3)b、(5) において本来"在"の前に存在し、削除されたと考えられる主要動詞としては、(4)b、(5)' における"放"のほか、"扔"、"搁"、"摆"なども考えられる。

11) 石村 2000b：149-150 は、例えば"书皮儿撕破了。"のような表現は"孩子撕破了书皮儿。"のようなVR他動詞文がいわゆる「脱使役化」により自動詞用法に転換されて生じた自動詞文であるとしている。また、中島 1992：3 は"手表修好了。"について、"被"のない意味受動文、自動詞文のいずれに解することも可能であるとしている。この点についてはさらに、中島 1994：1-2、杉村 1982：62 を参照。

12) 山口 1999：170 は、"那本书放在桌子上。"について、「表層文では具現化しない使役主の"放"という行為（上位事象）」が、「動作対象"那本书"が"桌子上"に存在するという結果（下位事象）」を引き起こすことによって、「その本が机の上に置かれている／置いてある」という静的な状態が現れるという分析を行なっている。

13) 木村 1981b：33-34 には、「被害」や「迷惑」を表わす場合を除き、被動表現の成立にはいわゆる結果補語の付加が不可欠である旨の記述がみられる。

14) この点については、内藤 1987：80-81 を参照。

第 2 章　動作の結果としての存在を表わす表現

15) この点においては、「"被"字被動文」と「自然被動文」との相違は仕手が問題にされるか否かという点にあるとする木村 1981b：42 の見解や、"小李把字写在黑板上。"、"小李在黑板上写字。"あるいは"小李把书摆在桌子上。"、"小李在桌子上摆书。"を言い換え、プロセスに関与する動作主を抜きにすると主体との関連性がなくなって"字写在黑板上。"、"书摆在桌子上。"のようなモノの存在状態を表わす表現となるという盧濤 2000：94 の見解とは異なる。ちなみに山口 1999：171 が、"那本书放在桌子上。"における使役主が"他把那本书放在桌子上。"のように具体的な人物として表現されると完全な他動詞文となるとしている点は、"モノ＋V＋在・トコロ"表現について動作主体との関連性を認めたものと考えられる。同 1988：235 は、"墙上挂着一幅画。"、"那幅画挂在墙上。"、"那幅画在墙上挂着。"における"画"は本来動作の受け手であり、明確に言明されていない動作主"某个人"の存在が仮定できるとしている。

16) Hopper & Thompson1980：251-252 は、コトガラに関与する者の数が二つ以上の場合は一つの場合よりも、動作を表わす場合はそうでない場合よりも表現の他動性が高いとしている。第 1 章の注 31 を参照。

17) この点についてはさらに、范方蓮 1963：386 を参照。

18) この点については松村 1977：6、大河内 1973：55-56 を参照。

19) 命令を表わす"モノ＋V＋在・トコロ"表現については、丸尾 2005a：72、112 を参照。丸尾は、"モノ＋V＋在・トコロ"表現が命令表現として用いられる場合には、トコロにおけるモノの存在を表わす場合とは異なり、"在"を"到"に置き換えることが可能であるとしている。また、同：119 は、存在表現"ＮＰ＋在＋Ｌ"にＶを加えた"ＮＰ＋Ｖ＋在＋Ｌ"は、その（Ｖと"在"との）因果関係が移動を生み出すが、（表現全体が）移動を表わすか、移動後の状態を表わすかが動態・静態の区分をもたらすとしている。"モノ＋V＋在・トコロ"表現が静態・動態のいずれをも表わす多義形式である点については、さらに同：85、平井 1987：67-68、朱德熙 1981：11-12 を参照。なお、丸尾 2005a：71、98-99 には、"书扔在地上呢。（本は地面にほうってある。）"、"书扔在地上了。（本は地面に投げ捨てた。）"のような"呢"、"了"の付加によって表現内容が異なることを示唆する平井 1987：67 の例が紹介されている一方、"苹果掉在地上了。"を"苹果掉到地上了。（リンゴが地面に落ちた。）"と比較すると、「リンゴが地面に落ちている。」と解されやすい旨の記述があり、"モノ＋V＋在・トコロ"表現が動き、存在のいずれを表わすかの判断においてはゆれが存在することがうかがわれる。同様のことは、丸尾 2005a：111 の"放在哪儿？（どこに置くの？）"と"放在哪儿了？（どこに置いてあるの？）"、"你把那个东西放在哪儿了？（あの品物をどこに置きましたか。）"と"那个东西放在哪儿了？（あの品物はどこに置いてあるのですか。）"のような表現例からもうかがわれる。この点についてはさらに同：115 の表現例を参照。

20) Hopper & Thompson1980：251-252 は、意志的なコトガラを表わす表現は、そうでない表現よりも他動性が高いとしている。第 1 章の注 31 を参照。

21) "モノ＋在・トコロ＋Ｖ着"がいわゆる主述表現の形式であるという点については斉沪扬 1998：141 を、この形式におけるモノが不定物であるケースも存在しえるという

293

点については同：128 を参照。

22) このことは、例えば "大门的锁在桌子上放着呢，走的时候别忘了把大门锁上！（孔令达 2005：26）" の前件において、"在桌子上" というトコロをとりたてることによって鍵のありかが聞き手に明確に伝えられていることによっても理解されよう。同様に、"(他的电话号码) 不是在这儿写着呢吗？（平井 1991：65）" においては "在这儿" がとりたてられ、聞き手に対して詰問するような表現となっている。

23) 1.1.1 で挙げた木村 1981a：24-25 は、"书在床上放着。" においても "床上放着书。" の場合と同様に動作の仕手が不問に付されているとしている。

24) 但し、"被人" を含む (15)b～(21)b は、いずれも話者の被害意識を明確に表わしている点において (1)b、(4)b、(5)'、(10)b～(13)b とは異なる。この点については呂文华 1987：179-180 を参照。また、(2)b に "被人" を加えた "房子被人盖在山顶上。" は不自然な表現である。(2)b における "盖" と同様に、新しくモノをつくり出す動作を表わす動詞を用いた場合には、例えば "？字被人写在黑板上。" のように不自然な表現となる。これは、"盖、写" が "挂、放、贴、摆、停" のようなうつしかえ動作よりも主体の積極的な働きかけを強く必要とし、このような動詞を用いた表現は能動性が高くなることによって "被人" とは相容れないことによると考えられる。"モノ＋Ｖ＋在・トコロ"、"モノ＋被＋Ｖ＋在・トコロ" 表現の変換関係については、崔希亮 1997：374、383、同 2001：45 を参照。石村 2000a：100 は、"モノ＋Ｖ＋在・トコロ" 形式をとる "照片放在胸前的口袋里。"、"宣传画贴在墙上。" のような表現は動作者の存在を前提とするため、これらに対して "被" を加えた表現が成立するとしている。ちなみに藤堂 1968b：335 は、"茶碗打破了。" のような表現は "茶碗（被他）打破了。" のような手続きを経て生成されたとしている。

25) 大河内 1997：126-127 には、"被" をとる動詞は動作性のものでなければならない、"着" と共起しないという記述がみられる。"モノ＋在・トコロ＋Ｖ着" と "モノ＋被＋Ｖ＋在・トコロ" との変換関係については、齐沪扬 1998：141 を参照。

26) 丸尾 2005a：135 に挙げられている "你的名字在那个桌子上刻着呢，不知道是谁刻的。" においては、"モノ＋在・トコロ＋Ｖ" 形式をとる前件の表わすコトガラに主体が関わっていることは明白であるが、"被人" を補うことはできない。

27) 宮田 1996：22 は、静態表現 "书在桌子上放着（呢）。" について、既知で特定化された "书" がどういう状態にあるかを説明する表現であるとしている。同様の表現例として同：21 では、"画儿在墙上挂着（呢）。"、"生姜在沙土里埋着（呢）。" などを挙げている。この点についてはさらに朱德熙 1987：10 を参照。

28) この点については、李临定 1988：214、齐沪扬 1998：115-116、崔希亮 2001：46、丸尾 2005a：92-93 を参照。

29) Hopper & Thompson 1980：251-252 は、時間有限的であるコトガラを表わす表現は、そうでない表現よりも他動性が高いとしている。第 1 章の注 31 を参照。

30) 李临定 1988：214-215 は、"王同志呢？" に対する返答としては "王同志在屋子里躺着呢。"、"王同志躺着呢。" のいずれを用いることも可能であるのに対し、"那本书呢？" に対する返答としては "那本书在柜子里放着呢。" を用いることは可能であるが、"那

294

本书放着呢。"を用いることはできないとしている。
31）(26)〜(33)から"呢"を削除すると表現の完成度が低くなる。
32）日本語においては被動表現より自動詞表現が優先するという点については寺村1993：230-231、水谷1985：117-118、130-131を参照。
33）但し、(35)eに対しては基底構造として「誰かが山門ニ大きな額を掛けた。」という補文が設定される。この点については1.2.1を参照。
34）「他動詞+ラレテイル」表現が進行相、結果相のいずれを表わすことも可能であるという点については、竹沢1991：60-61を参照。
35）第1章の注28を参照。
36）望月1992：61-62、65を参照。
37）森田1988：130-131を参照。
38）森田1977：473、同1988：149-153、同1990：39を参照。
39）森田1988：136-137を参照。
40）日本語の「判断文」については仁田1986：58-59を参照。
41）"モノ+V+在・トコロ"表現に対して「Vラレテイル」を用いた日本語の表現が対応するケースについては、望月1992：61-62、山口1999：166-167を参照。

第3章
"在・トコロ＋V" 表現のアスペクト性

3.0 はじめに

中国語には、例えば

  (1) 他在看书。（中川 1990：222）

のような、いわゆる副詞の"在"を述語動詞の前に置いて動作の進行を表わす表現が存在する。このような表現については一般に、例えば

  (2) 他在里屋看书。（范继淹 1982：75）

のような"在・トコロ"を用いて動作が行なわれるトコロを限定する、いわば空間表現であったものが、

  (3) 他在那儿看书。（中川 1990：222）

のような"在那儿"を用いた表現を経て、進行アスペクトのマーカーへと転化していったものであるとされている[1]。これは、(3)の"在那儿"は本来、(2)の"在里屋"と同様に動作が行なわれるトコロを限定する成分であったが、トコロを限定する働きを転用して時間[2]を限定するのに用いた結果、その頻用により"那儿"が脱落して(1)のような表現が生じたとする考え方である。

上記のような考え方を支える根拠としては、"在"のいわゆる動詞、前置詞、副詞としての用法の間に連続性がみられるという以下のような見解が挙げられる。沈家煊 1999：99 は、

  (4) 我在厨房做饭。

の"在"を"表处所的介词"とし、

  (4)' 我在做饭。

の"在"を"表进行语态的助词"としながらも、"但两者的界线并不是很显，后者是由前者语义上进一步虚化而来的。虚化是个渐变的过程，A 虚化为 B，总是可以找到一些成分在演变的某个阶段既有 A 义又有 B 义。在'我在做饭'这样的句子里，'在'字实际兼有时间义和空间义"とし、いわゆる副詞として用いられる"在"についてもトコロ限定の働きが残っていることを示唆している。これに通じる見解としては朱継征 1998b：106-107、同 2000：53-54 が挙げられ、動詞"在"の有する「ある、いる」という基本的意味を

残した派生的な用法としていわゆる前置詞の"在"があり、さらに基本的意味の薄れたより抽象的な派生的用法としていわゆる副詞の"在"がある旨の記述がみられる。また、彭飛2007：300-301は、"在＋V"構文は"在＋名詞＋里（中，下）"構文と同様に空間をも表わすことが可能であるとしている。

このような見方によれば、(2)の表現例も(1)、(3)と同様に動作の進行を表わすことが可能であり、"在"はトコロを示すとともに動作の進行をも表わすこととなる[3]。

(1)～(3)に対しては

 (1)' 彼は本を読ん**デイル**（勉強し**テイル**）。

 (2)' 彼は<u>奥の部屋デ</u>本を読ん**デイル**（勉強し**テイル**）。

 (3)' 彼は<u>あそこデ</u>本を読ん**デイル**（勉強し**テイル**）。

という日本語の表現がそれぞれ対応しうる[4]。(2)'、(3)'においては、「トコロ・デ」がトコロを限定する働きを、「テイル」が動作の進行を表わす働きをそれぞれになっており、(2)～(3)の"在"のように一つの成分がトコロ限定、進行表示の働きを兼ねることはない。但し、「トコロ・デ」が動作の進行を表わす働きと全く無関係であるというわけではない。例えば、結果をともなう動作動詞「着る」を用いた表現

 (5) 花子さんは着物を着**テイル**。

における「着**テイル**」は、「着物を着る動作が進行中である」、「着物を着た状態である」のいずれの内容を表わすことも可能であるのに対し、

 (5)' 花子さんは<u>となりの部屋デ</u>着物を着**テイル**。（青木1991：59を修正）

は上記の前者の内容を表わすにとどまる[5]。(5)'においては、「となりの部屋デ」が存在することにより、本来は「動作の進行」、「動作の結果状態」のいずれを表わすことも可能な「テイル」の働きが、動作の進行を表わすことに限定されている。

本章は、中国語の"在・トコロ"、日本語の「トコロ・デ」が、動作の進行を表わす表現において述語動詞のいわゆる連用修飾成分として用いられ、動作が行なわれるトコロを限定すると同時に進行アスペクトに関わる成分としても働くケースを考察対象とし、トコロ表現を進行アスペクトのマーカーとして用いる場合にみられる統語的な制約・支持が日中両言語でどのように異なるかを明らかにすることを目的とする。なお、第3～5章においては、"主体＋在・トコロ＋V（＋客体）"、"主体＋在・トコロ＋V着（＋客体）"

第II部　存在表現、進行表現、動態表現

形式をそれぞれ"在・トコロ＋V"、"在・トコロ＋V 着"で示すこととする。

3.1 "在"のトコロ表示機能、進行表示機能について
3.1.1 "在・トコロ＋V"表現における"在"の二つの働き

"在・トコロ"によって動作が行なわれるトコロを限定すると同時に動作の進行をも表わすことが可能な表現としては、(2) のほかに例えば

(6) 他在屋子里吃饭。(伊原 1982：2)
(7) 她在院子里洗衣服。(呉大綱 1988：10)
(8) 他在山上种果树。
(9) 值班的大夫在诊室给一个病人看病。
(10) 他在外面等一个朋友。
(11) 蚊子在头上飞。
(12) 他在河里游泳。(輿水 1985：293 を修正)

が挙げられる。(2) および (6)〜(12) のいずれにおいても述語動詞はハダカであり、それ自身は動作の進行を明示してはいない。このような表現における"在"について、范継淹 1982：75-76 は、進行を表わすいわゆる副詞の"在"、トコロを示すいわゆる前置詞の"在"が音声上一体となったものであり、(2) は

"他在看书＋在里屋 → 他在在里屋看书 → 他在里屋看书"

のようにして生じた表現であるとしている[6]。しかし、このような考え方は、動作の進行を表わす"在"、動作が行なわれるトコロを限定する"在"がもともと別個の成分として存在していたことを前提としており、トコロを限定する"在"を時間限定に転用した結果として進行表現が生じたとする前述のような考え方とは矛盾する[7]。

また、潘文娯 1980：49 は、例えば

(13) 天气热，朱志明正在大杨树下歇憩。
(14) 运涛和父亲正在门前小井台上浇菜。

のように"正在"の後にトコロを表わす成分が続く表現においては、"正"は"时间副词"、"在"は"介词"であるとしている[8]が、この考え方も、進行を表わす"在"、トコロを限定する"在"を別個の成分として位置づけようとするものである。実際にネイティヴ・チェックを行なってみると、(13)、(14) においては、"正"が進行を表わし"在"がトコロを限定していると

いうような明確な役割分担がなされているわけではなく、"正在"は一体となって動作の進行を表わしているとされるケースが多い。

范継淹1982：74-75は、"在・トコロ"が動詞表現において連用修飾成分として用いられる場合、未然のコトガラを表わすのであれば、

　①主体＋在・トコロ＋V（＋客体）

　②在・トコロ＋主体＋V（＋客体）

いずれの表現形式においても動詞はハダカのままでよいが、進行中のコトガラを表わすのであれば、①は動詞がハダカのままでも進行を表わすことが可能であるのに対し、②の場合にはいわゆる副詞や助詞のような成分を用いなければならないとしている[9]。また、"在・トコロ"を含まない"主体＋V（＋客体）"表現も、進行を表わすためには副詞や助詞を用いなければならないとしている[10]。范継淹の考え方は、"主体＋在・トコロ＋V（＋客体）"表現において動詞がハダカである場合には常に動作の進行を表わすということではなく、動作の進行を表わすことが可能であることを意味している[11]。このため、"主体＋在・トコロ＋V（＋客体）"表現における"在・トコロ"については、進行アスペクトを積極的に明示する働きはなくとも、暗示する働きは認めてもさしつかえないと考えられる。"在・トコロ"は、"在・トコロ＋主体＋V（＋客体）"表現においては述語の外に位置する成分であるため、述語動詞のアスペクト性に影響をおよぼすことがないのに対し、"主体＋在・トコロ＋V（＋客体）"表現においては述語の一部分となっているため、述語動詞のアスペクト性に影響をおよぼしえるのである。

　ところで、中国語の動詞には進行の意味が潜在的に含まれているという考え方が存在する。伊原1982：2は、(6)が南方語においてまったく違和感なしに

　　(15) 他在做什么呢？

に対する返答として用いられるのは、話の場と状語構造"在・トコロ＋V"がもつ動作強調機能により、述語動詞が内包していた進行の意味が表面に引き出されてきたためであるとしている[12]。伊原はさらに、中国語においては一般に前よりも後ろの成分に表現の比重が置かれるため、"在・トコロ＋V"表現においては"在・トコロ"よりもVの方に表現の比重が置かれ、しかもこれは主に動作が行なわれる時間的長さの面において発揮される傾向にあるという仮説をたてている。このような考え方によれば、(2)および(6)〜

(12) がいずれも動作の進行を表わす表現として成立するのは、述語動詞"看（书）、吃、洗、种、看（病）、等、飞、游泳"がいずれも継続可能な動作を表わし、動作の進行の意味を内包しているため、これが"主体＋在・トコロ＋Ｖ（＋客体）"表現において表面に引き出されてきたことによるということとなる[13]。

これに対し、例えば"躺、坐、站"のような瞬時に終了する動作の場合には継続が想定しにくく、動詞が進行の意味を内包しているとは言い難いため、"在・トコロ＋Ｖ"形式をとる場合においても、例えば

(16) ＊他在床上躺。
(17) ＊他在椅子上坐。
(18) ＊他在门前站。

のように、動詞がハダカのままでは自然な表現としては成立せず、

(19) 他在床上躺着。
(20) 他在椅子上坐着。
(21) 他在门前站着。

のように"着"を用い、動作の結果状態を表わす表現としなければならない。

3.1.2　進行を表わす"在"の語彙的意味

3.1.1で述べたように、"在・トコロ＋主体＋Ｖ（＋客体）"表現によって動作の進行を表わす場合には、副詞や助詞のような進行を明示する成分を用いなければならないため、(2) および (6)～(12) における"在・トコロ"を主体の前に移し換えた以下のような表現例は、いずれも非文となる。

(22) ＊在里屋他看书。
(23) ＊在屋子里他吃饭。
(24) ＊在院子里她洗衣服。
(25) ＊在山上他种果树。
(26) ＊在诊室值班的大夫给一个病人看病。
(27) ＊在外面他等一个朋友。
(28) ＊在头上蚊子飞。
(29) ＊在河里他游泳。

上記の (22)～(29) は、

(22)′　？在里屋，他在看书。
(23)′　？在屋子里，他在吃饭。
(24)′　？在院子里，她在洗衣服。
(25)′　？在山上，他在种果树。
(26)′　？在诊室，值班的大夫在给一个病人看病。

(穂積1987：177を一部修正)

(27)′　？在外面，他在等一个朋友。
(28)′　？在头上，蚊子在飞。
(29)′　？在河里，他在游泳。

のように、"在・トコロ"の後に停頓を有し、動詞の前にさらに進行を表わす"在"を置いた表現とすると、かろうじて非文とはされない程度の表現として成立するものの、通常の発話において用いられる場合には不自然である[14]。(22)′～(29)′における"在・トコロ"は述語の外に位置する成分であり、Vとの間に構造上の直接的な結びつきを有しないため、述語動詞のアスペクト性に影響をおよぼすことはない[15]。このため、動作の進行を表わすためには"在・トコロ"以外の成分によらなければならず、動詞の前にさらに"在"が置かれている。

　一方、(2)および(6)～(12)の"在・トコロ"は述語の一部であり、Vとの間に構造上の直接的な結びつきを有するために述語のアスペクト性に影響をおよぼすことができ、Vがハダカであるにもかかわらず動作の進行を表わすことが可能となっている。このような表現の成立については、Vに内包されていた進行の意味が"在・トコロ"の働きによって表面に引き出されてきたことによるという前述の伊原のような考え方[16]が存在するが、"在"自身がもつ語彙的意味にもその働きを求めることはできないであろうか。トコロを限定するいわゆる前置詞の"在"は、周知のように「アル、イル」という語彙的意味を含んでいるが、これらは状態性がきわめて強い概念である。一方、動作の進行なる概念は、換言すれば、動作が行なわれるという事態が継続することであり、この点において「アル、イル」との間に近似性を有する。このため、トコロを限定する"在"が、その語彙的意味のゆえに進行アスペクトのマーカーとしての性格をも帯びる可能性を否定することはできず、ここに"在・トコロ+V"形式における"在"のトコロ表示機能と進行表示機能との接点をみることができる。従って、(2)および(6)～(12)の

ような"主体＋在・トコロ＋V（＋客体）"表現におけるVについては、"在"が表わす状態性の強い語彙的意味と呼応して、V自身に内包されていた進行の意味が表面に出てきたと考えることができよう[17]。

トコロを示す"在"が進行アスペクトマーカーとしての性格をも合わせもつ場合の例としてはさらに、

(30) 你丈夫呢？── 他在山上种果树。
(31) 他在哪儿？── 他在那儿看书。
(32) 他在那儿干什么？── 他在那儿看书。

が挙げられる。(30) においては、「ご主人は（どこにいますか）？」という問いかけに対し、「夫は山（の上）で果物の木を植えています」と答えている。この場合の"在"は、夫がいるトコロ、「植える」という動作が行なわれているトコロを示すと同時に、その動作が発話時においてまさに行なわれている最中であることをも表わしている。また、(31) と (32) とを比較すると、"他在那儿看书。"が、(31) においては"在那儿"の部分に強勢が置かれ、"他"が存在するトコロを中心的に表わす表現として、(32) においては"看书"の部分に強勢が置かれ、"他"が行なっている動作を中心的に表わす表現として用いられている[18]。(30)〜(32) のいずれにおいても"在・トコロ＋V"は発話時において動作が進行中であることを表わしているが、これは、話の場によりそのような内容と解されるほか、"在"自身がもつ語彙的意味にも起因すると考えられる。

いわゆる前置詞として動作が行なわれるトコロを限定する"在"は、他の多くの前置詞とよばれるものと同様に動詞"在"との区別が明確ではなく、動詞としての性格を強くとどめているとされるが、進行を表わすいわゆる副詞"在"の語彙的意味にも、動詞"在"との共通点を見いだすことが可能である。潘文娯 1980：42、44-45 には、"在"の本来の意味は「残っていること」であり、副詞として用いられる場合には動作が残っていること（"存留"）、すなわち動作が持続あるいは進行中であることを表わす[19]が、動作の発生や終結についてまではふれないのに対し、"在"と同様に進行表現に用いられる"正"は、その本来の意味が「ある一点に位置すること」であるため、動作がちょうど開始から終了にいたる過程内に位置すること、すなわち動作が発生した時間的な位置を表わすという旨の記述がみられる。このことは換言すれば、"在"はコトガラを「動作の開始の結果が残っている状態」として

表現する役割を有するのに対し、"正"はコトガラを「ある一時点に位置する動作」として表現する役割を有するということであり、前者は動作のありように、後者は動作の時間的な位置に比重を置いてコトガラを表わす成分であるということができる[20]。

このように、動作が行なわれるトコロを限定する前置詞"在"は、動詞"在"、副詞"在"と共通の語彙的意味を含み、3者の間には意味的な連続性が存在する[21]ため、(2) および (6)〜(12) や (13)〜(14)、(30)〜(32) において動作が行なわれるトコロを限定している"在"が進行表示機能をも有することは否定できない。但し、(2) および (6)〜(12) における"在"の中心的な働きはあくまでトコロの限定であって動作の進行を表わすことではない。このことは、(2) および (6)〜(12) に対しては、(13)〜(14) と同様に"正"を加えて

 (33) 他正<u>在里屋</u>看书。
 (34) 他正<u>在屋子里</u>吃饭。
 (35) 她正<u>在院子里</u>洗衣服。(呉大綱 1988：110)
 (36) 他正<u>在山上</u>种果树。
 (37) 值班的大夫正<u>在诊室</u>给一个病人看病。
 (38) 他正<u>在外面</u>等一个朋友。
 (39) 蚊子正<u>在头上</u>飞。
 (40) 他正<u>在河里</u>游泳。

とする[22]か、あるいは"呢"を加えて

 (41) 他<u>在里屋</u>看书呢。
 (42) 他<u>在屋子里</u>吃饭呢。
 (43) 她<u>在院子里</u>洗衣服呢。
 (44) 他<u>在山上</u>种果树呢。
 (45) 值班的大夫在<u>诊室</u>给一个病人看病呢。
 (46) 他<u>在外面</u>等一个朋友呢。
 (47) 蚊子在头上飞呢。
 (48) 他<u>在河里</u>游泳呢。

とする方が better であることによっても明白である[23]。進行表現に用いられる"呢"は、森 2000：268-269 が「"呢"の機能は、動作や状態が目下進行中であると話者が認めることであり、"呢"自身が進行や持続を表わすの

第II部　存在表現、進行表現、動態表現

ではなく、あくまでもそれを認める話者の心的態度（ムード）である」と述べているように、それ自身が動作の進行段階を表わすものではないという点において"在"とは異なる[24]が、(41)〜(48)においてはコトガラが動作の進行であることを明確にする働きをしている。

　インフォーマントのチェックによっても、(33)〜(40)、(41)〜(48)における"在"は、(2)および(6)〜(12)におけるそれよりも一層明確に動作の進行を表わしているとされる[25]。特に(33)〜(40)においては、(13)〜(14)の場合と同様に"正在"の一体性が強いと考えられる[26]。

3.2　進行表現に用いられる"在・トコロ"、「トコロ・デ」
3.2.1　「Vテイル」の働きを限定する「トコロ・デ」

　日本語には、中国語の前置詞"在"と同様に動作が行なわれるトコロを限定する成分として、格助詞「デ」が存在する。(2)および(6)〜(12)が表わすコトガラを日本語の「トコロ・デ」を用いた動詞表現によって表わすと、以下のようになる。

　　(2)'　彼は奥の部屋デ本を読んデイル。
　　(6)'　彼は部屋デごはんを食べテイル。
　　(7)'　彼女は中庭デ洗濯をしテイル。
　　(8)'　彼は山の上デ果物の木を植えテイル。
　　(9)'　当直の医師が診察室デ一人の患者を診察しテイル。
　　(10)'　彼はおもてデ友人を待っテイル。
　　(11)'　蚊が頭の上デ飛んデイル。
　　(12)'　彼は河デ泳いデイル。

　前述したように、"在"はトコロを限定すると同時に動作の進行を表わすことが可能であるのに対し、「デ」はトコロを限定する働きをするにとどまり、進行は「テイル」によって表わされる。従って、(2)'および(6)'〜(12)'から「トコロ・デ」を除いても動作の進行を表わす表現である点において変わりはない。また、(2)'および(6)'〜(12)'の述語動詞「読む、食べる、洗濯をする、植える、診察する、待つ、飛ぶ、泳ぐ」はいずれも「テイル」をともなってはじめて動作の進行を表わすことが可能となるため、これらの動詞自身に進行の意味が内包されているとみることは妥当ではない。

　(2)'および(6)'〜(12)'のうち、(8)'の「植える」は、他の表現例に

304

おける述語動詞とは異なり、結果をともなう動作を表わすものであるため、「テイル」をともなう場合には、動作の進行、動作の結果状態、のいずれを表わすことも可能である。但し、「トコロ・デ」と共起することによって「植えテイル」の表わす内容が動作の進行に限定されている点においては、(5)'の「着テイル」と共通している。

(5)'、(8)'と同様に、「トコロ・デ」を含むことによって「Ｖテイル」の表わす内容が動作の進行に限定されている表現例としては、さらに以下のようなものが挙げられる。いずれにおいても述語動詞は結果をともなう動作を表わしている。

　　(49) 山田さんは洗面所デヒゲを剃っテイル。
　　(50) 彼は店の前デポスターを貼っテイル。
　　(51) 子供たちが運動場デ並んデイル。

(5)'、(8)'および(49)～(51)のような「トコロ・デ」を含む表現において「Ｖテイル」の表わす内容が動作の進行に限定され、動作の結果状態を表わさないのは、「トコロ・デ」が動詞表現において主体と述語との間に位置する場合、

　・述語の表わす出来事が主体の意志によるものであり、かつ時間有限的なものでなければならない。

という使用条件を満たす必要があり[27]、動作の進行という概念はこの使用条件に抵触しないのに対し、状態という概念は意志性を含まず時間との関わりをもたないため、この使用条件に抵触することに起因する[28]。

(5)'、(8)'、(49)～(51)に対し、例えば
　　(52) 花子さんはきれいな着物を着テイル。(青木1991：59)
　　(53) 彼は広い庭ニさまざまな果物の木を植えテイル。
　　(54) 山田さんがさっぱりとヒゲを剃っテイル。
　　(55) 彼は部屋の壁ニびっしりとポスターを貼っテイル。
　　(56) 子供たちが校庭ニ整然と並んデイル。

における「Ｖテイル」は、動作の進行を表わすことも不可能ではないが、通常は動作の結果状態に解される傾向が強い。(52)～(56)が動作の結果状態を表わす場合、発話時において主体の動作はすでに完了しているため、進行中の動作を表わす(5)'、(8)'、(49)～(51)よりも動作性が低いコトガラを表わす表現となっている。このことは換言すれば、(52)～(56)は動作の結

305

第Ⅱ部　存在表現、進行表現、動態表現

果に比重を置いた、いわば結果指向の表現であるのに対し、(5)'、(8)'、(49)〜(51)は動作の過程に比重を置いた、いわば過程指向の表現であるということである。また、(52)、(53)、(55)は「きれいな、さまざまな、びっしりと」のような客体について説明する成分を含んでおり、このような成分の存在によって、(5)'、(8)'、(50)に比べると客体により比重を置いた表現、すなわち客体指向性がより強い表現となっている。「着る、植える、貼る」という動作の結果はいずれも客体に残るため、表現が結果指向であることと客体指向であることとは表裏一体をなすのである。一方、(5)'、(8)'、(50)は(52)、(53)、(55)の場合ほどには客体指向性が強くなく、その分主体指向性が強いということができる。さらに、(53)、(55)、(56)における「広い庭ニ、部屋の壁ニ、校庭ニ」は、それぞれ「植える、貼る、並ぶ」という動作の到達点であると同時に、動作の結果として客体あるいは主体が存在するトコロでもあるが、このことは、「トコロ・ニ」が空間的な到達点であると同時に時間的な到達点としての性格をも帯び、このような空間軸と時間軸との交錯が生じる結果として、「Vテイル」が表わす内容も動作の結果状態に限定されやすいということを示す[29]。「トコロ・ニ」を含んだ(53)、(55)、(56)の場合とは異なり、(8)'、(50)、(51)において「デ」により示されているトコロには、動作の結果ではなく過程が存在しているため、「Vテイル」が表わす内容も動作が行なわれる過程、すなわち進行となる。

　ところで、例えば
　　(10)'　彼はおもてデ友人を待っテイル。
　　(13)'　暑いので、朱志明はちょうど大きな柳の木の下デ休んデイルトコロダ。

における「待つ、休む」は主体の意志による時間有限的な、かつ結果をともなわない動作であり、何らの動きをもともなわない。このため、「待っテイル、休んデイル」は限りなく状態に近い概念である。但し、(10)'、(13)'には「おもてデ、大きな柳の木の下デ」が含まれているため、「待っテイル、休んデイル」は、たとえ動きをともなわずとも主体の意志によって行なわれていることは明白であり、動作の進行であるということとなる。(10)'、(13)'のほか、例えば
　　(19)'　彼はベッドの上デ横になっテイル。
　　(21)'　彼は門の前デ立っテイル。

の場合には、「横になる、立つ」がいずれも瞬時に終了する動作であるため動作の過程が想定しにくく、かつ結果をともなう動作である点において(10)'、(13)'の「待つ、休む」とは異なる。しかし一方では、(19)'、(21)'の「横になっテイル、立っテイル」は「トコロ・デ」と共起しているため、それらの動作が主体の意志により行なわれていることが明白である点においては(10)'、(13)'の場合と共通している。

(19)'、(21)'に対し、「トコロ・ニ」を用いた

(19)" 彼はベッドの上ニ横になっテイル。

(21)" 彼は門の前ニ立っテイル。

は、「トコロ・デ」を用いた(19)'、(20)'のように動作が主体の意志によるものであるという使用条件を満たす必要がないため、主体がその意志によって「横になる」、「立つ」という状態を維持している場合にも、意志とは無関係にそのような状態になっている場合にも用いることが可能である。

3.2.2 "在・トコロ＋Ｖ着"の表現

3.2.1で述べたように、日本語の動詞表現における「トコロ・デ」は、述語動詞の表わす動作が主体の意志による時間有限的かつ結果をともなうものである場合に、「Ｖテイル」が表わす内容を動作の進行に限定する効果を生じたり、「Ｖテイル」の表わす内容が極めて状態性の強いものである場合に、それが主体の意志によるものであることを明示する働きをする。これに対し、中国語の動詞表現においてトコロを示す"在"は、それ自身が動作の進行を表わすことが可能である点で日本語「デ」の場合よりも進行アスペクトに深く関わっている。"在"には、(5)'、(8)'、(49)～(51)の「デ」のように、「Ｖテイル」が動作の進行、動作の結果状態のいずれをも表わしえる場合にその内容を動作の進行に限定する働きをすることはないのであろうか。

(5)'、(8)'、(49)～(51)が表わすコトガラを中国語で表現した

(57) 花子在隔壁的屋里穿和服。

(8) 他在山上种果树。

(58) 山田在洗脸间刮脸。

(59) 他在商店前贴广告。

(60) 孩子们在操场排队。

はいずれも進行表現として成立するが、"在・トコロ"を除くと進行表現と

第Ⅱ部　存在表現、進行表現、動態表現

して用いることができなくなる。このため、これらの表現例における"在"は、それ自身が動作の進行を表わしているのであって、日本語の「デ」のように述語動詞が表わす内容を動作の進行に限定しているのではないということができる。また、(57)、(8)、(58)～(60)に対して"着"を加えた

　(61)　花子在隔壁的屋里穿着和服。
　(62)　他在山上种着果树。
　(63)　山田在洗脸间刮着脸。
　(64)　他在商店前贴着广告。
　(65)　孩子们在操场排着队。

はいずれも進行表現として成立する[30]が、(61)～(63)は進行表現としてのみ用いられるのに対し、(64)、(65)は動作の進行、動作の結果状態のいずれを表わす表現として用いることも可能である[31]。"着"は一般に、日本語の「テイル」と同様に動作の持続あるいは動作結果の持続のマーカーとして用いられる成分であるとされるが、(64)、(65)においては"在・トコロ"が存在することによってその役割が動作の持続に限定されることはない。同様のことは、(53)、(56)が表わすコトガラを中国語で表現した

　(66)　他在大院里种着各种果树。
　(67)　孩子们在校园里整齐地排着队。

についてもあてはまる。(66)、(67)はいずれも"在・トコロ"を含んでいるが、"种着（各种果树）"、"排着（队）"は動作結果の持続を表わしている。

　(61)～(65)は、述語動詞の前後にそれぞれトコロを表わす成分、動作の持続あるいは動作結果の持続を表わす成分が置かれている点において日本語の(5)'、(8)'、(49)～(51)と共通している。これらの表現例のうち、(64)、(65)は進行表現、状態表現のいずれとして用いることも可能であるのに対し、(50)、(51)は進行表現として用いられるにとどまる。このように、中国語の"在・トコロ+V着"表現は、進行表現としてのみならず状態表現として用いることも可能である点において、進行表現として用いられるにとどまる日本語の「トコロ・デ　Vテイル」表現よりも結果指向の表現としての性格が強く、その分だけ過程指向の表現としての性格が弱いということができる。このことは、"在・トコロ+V"表現において"着"を用いると、日本語の「トコロ・デ　Vテイル」表現の場合とは反対に表現の動作性が弱まることを意味し、左思民2003：71が"'(正)在'和'着'合用后，整个句子的动态

308

性反而有所減弱。"としていることとも符合する。

(19)'、(21)'にみられるように、「トコロ・デ Vテイル」表現は、「Vテイル」の表わす内容が極めて状態に近いものである場合においても成立し、動作が何らの動きをともなわないものであってもそれが主体の意志により行なわれていることを明示する。そして、動作が主体の意志によらないものである場合には、(19)"、(21)"のような「トコロ・ニ Vテイル」表現によらなければならない。一方、中国語の"在・トコロ+V着"は、動作が主体の意志によるものであることを明示しない表現形式であるため[32]、(19)、(21)は主体がその意志によって"躺着"、"站着"という状態を維持している場合にも、意志とは無関係にそのような状態になっている場合にも用いることが可能であり、さらに、例えば

　　(68) 画儿<u>在</u>墙上挂着。(第2章の (1)c)
　　(69) 书<u>在</u>桌子上放着。(第2章の (4)c)
のように、表現の中心が無情物である場合にも用いることが可能である。

3.3 「Vテイルトコロダ」の表現

　3.0で述べたように、(3)の"在那儿"は、トコロ、時間のいずれに解することも可能であり、時間を表わす場合には"那儿"の本来の語彙的意味が不明確となって(1)のような表現が生じるにいたったとされる。しかし、"在"によって具体的なトコロが示されている (2) および (6)〜(12) においても、"在"はトコロを限定するという中心的な役割を果たすと同時に、"在那儿"の場合と同様に時間的な限定機能をも有しており、無限の時間的な広がりを限定することによって動作の一段階としての進行を表わしていると考えられる。これに対し日本語の「トコロ・デ」は、それ自身が単独で無限の時間的広がりを限定することによって動作の進行を表わすことはなく、動作の進行を表わすためには述語動詞に「テイル」を付加しなければならない。

　トコロ表現を時間表現に転用して動作の進行を表わす日本語の表現形式としては、「テイルトコロダ」が挙げられる。(5)'、(8)'、(49)〜(51) から「トコロ・デ」を除き、さらに「テイル」を「テイルトコロダ」に置き換えた

　　(70) 花子さんは着物を着テイルトコロダ。
　　(71) 彼は果物の木を植えテイルトコロダ。
　　(72) 山田さんはヒゲを剃っテイルトコロダ。

(73) 彼はポスターを貼っ**テイルトコロダ**。

(74) 子供たちが並ん**デイルトコロダ**。

はいずれも動作の進行を表わしているが、「テイル」を用いた場合とは異なり、述語動詞が結果をともなう動作を表わすものであっても、これらの表現が表わす内容は動作の進行に限定され、動作の結果状態は表わさない。(70)～(74)における「**テイルトコロダ**」は「**テイル最中ダ**」に置き換えられる[33]ため、「トコロ」は空間的な概念から時間的な概念に変化しており、発話時において動作が位置する段階（＝進行中の段階）を表わしているということができる[34]。「トコロ」とは本来、限られた空間的な広がりのことであるから、これを時間的な概念として用いる場合においても、開始と終了が存在する限られた時間的な広がりとなる。また、「テイルトコロダ」における「トコロ」は、空間的な意味が極めて弱い点において、トコロを限定しながら同時に進行をも表わす中国語の"在・トコロ"とは異なる。

注

1) この点については中川 1978：2、7、同 1990：222、興水 1985：293、沈家煊 1999：95、讃井 2000：54-57、神田 1989：30 を参照。伊原 1982：4、6-7、9 には、進行を表わす"正在V"と"在那里V"は別系統の表現形式である旨の記述がみられるものの、"在"がなぜ進行を表わす働きを有するに至ったかについてはふれられていない。"在"を用いた進行表現を、トコロ限定の働きから派生するケース以外をも含め通時的に論じたものとしては张亚军 2002、付义琴・赵家栋 2007 があるが、本章では、現代中国語においてトコロを示す"在"の進行表示機能に限定して考察を行なう。

2) ここでいう「時間」とは「トコロ（空間）」に対する概念であり、いわゆる「時制（tense）」ではない。

3) トコロを示す"在"が進行を表わす働きを兼ねる場合があるという点については、さらに陈月明 2000：537、崔希亮 2001：45、彭飞 2007：310 を参照。また、齐沪扬 1998：123 は、"他在书房里写字。＝他在书房里＋在书房里进行'写字'"という分析を行なっており、朴贞姫 2002：148-149 には、「彼は部屋でテレビを見ている。」、「彼は俎板の上で肉を切っている。」、「彼は膝の上で字を書く。」に対応する"他在屋里看电视。"、"他在菜板上切肉。"、"他在膝盖上写字。"について、それぞれ"他在看电视"、"他在切肉"、"他在写字"の意味が含まれている旨の記述がみられる。トコロが時間の概念を表わす現象については、中川 1978：2、G.N. リーチ 1976：205、砂川 2000 を参照。

4) 朴贞姫 2002：141 は、"太郎在院子里玩。"、"孩子在屋里睡觉。"に対して「太郎が庭で遊んでいる。」、「子供が部屋で寝ている。」という日本語の表現を対応させている。同様に、盧濤 2000：93 は、"小李在黑板上写字。"、"小李在桌子上摆书。"は、それぞれ「李君が黒板に字を書いている。」、「李君は机に本を並べている。」という進行中の状況を表わすとしている。

5) この点については青木 1991：59 を参照。

6) このような考え方は、トコロを示す"在"、進行を表わす"在"の働きを理性的に認識した結果として生じた可能性がある。芝田・鳥井 1985：173 は、いわゆる新興語法では、動詞ときには形容詞の「態（アスペクト）」の概念を意識的、積極的に現代中国語に導入しようとする傾向が強いとしており、"在"の進行表示の働きについてもトコロ表示の働きとは別個のものとして認識されるにいたったと推測される。

7) 同様の考え方をとるものとしては、罗自群 1998：59 が挙げられる。また、呉大綱 1988：110 は、2種類の"在"が合体したことを認める立場をとりながらも、"她在院子里洗衣服。"のような表現は存在しえないとする。

8) 龚千炎 1991：258 の"母亲正在厨房杀公鸡，见儿子从远方归来很高兴。"、王志 1998：103 の"大顺义气昂昂地回到家里,看见李三正在外间屋里锛一块木头。（孙犁《村歌》）"についても、(13)、(14) についての潘文娱の見解と同様のあつかいがなされていると考えられる。

9) これらの点について沈家煊 1999：100 は、"他们在楼上开会。"のような"主体＋在・トコロ＋V"表現における"在"がトコロを示す働き、進行を表わす働きの双方を有

311

しているためであるとしている。
10) 范継淹 1982：75 はこの場合の例として"他在看书。"、"我们正在讨论。"、"小红正玩儿着呢。"を挙げている。
11) 例えば"他在工厂工作。"、"她在北京语言学院学习中文。"は、(2) および (6)～(12) のような発話時における動作の進行ではなく、長期にわたり継続して行なわれる動作を表わしている。また、王学群 2002：78、同：2007：78 は、"总经理回来了吗？——刚回来，在楼上洗脸。"、"秦妈妈迈着稳重的步伐，从门外走了进来，笑嘻嘻地对大家望了一眼，惊诧地问道：'大好的厂礼拜，小？口子在屋里吵啥？'"の下線部はいずれも進行中の動作を表わしているとしている。
12) 動詞が内包する進行の意味とは、継続して行なわれることが可能な動作を表わしているということであると考えられる。この点については张亚军 2002：257、肖奚强 2002：27 を参照。このような考え方は、伊原 1982：3 においては、トコロ限定の形式を転用した結果として進行表現が生じたとする本章の考え方とは異なるものであるとされている。本章では、二つの考え方は相互に相反するものではなく、"在"のトコロ限定・時間限定機能と、Vが内包する進行の意味とが相互に関連しあって進行表現を形成すると考える。讚井 2000：56-57 は、"在那里＋V"型の表現においてはその動作強調機能によって進行が表わされるという伊原の考え方について、"在那里"のようなトコロ成分を用いることによって動作をより現実的なもの、より確実なものとして聞き手に印象づけようとするものであり、一種の強調のムードを示すものであるという鈴木 1956：9-10 の考え方を受けたものであるとし、いわゆる副詞"在"の文法的意味ないし基本的機能は、話し手による意図的な「動作主およびその動作・状態のタイプの存在の前景化」であるとしている。この点についてはさらに、神田 1989：30 を参照。
13) 伊原 1982：2-3 は、北方語においては (6) は (15) に対する返答として用いられない、すなわち進行の意味をもつとは解されないとしている。一方、中川 1978：2 は、"在"による進行表現は南方語にその起源を有するものの、それが共通語の中で急速に広まったのは、共通語あるいは北方語にそのような用法を受けいれる素地があったためであり、場所表現が「時間」をも表わすのは言語普遍的な現象であるとしている。本章においては、伊原 1982：3 が指摘するように「状語構造 (在・トコロ＋V)」が有する進行表示機能の働きの強さにおいて差異がみられることをふまえつつも、共通語においてはすでに進行表示機能を有するに至っているという見方をとる。
14) 例えば"在楼上，他们在开会。"は、"他们在哪儿？"に対する返答としてであれば自然な表現として成立するが、そのような前提がなければ非文である。王学群 2002：78、同 2007：78 も、進行中の動作を表わす"在楼上洗脸"、"在屋里吵啥？"に対する"在楼上在洗脸"、"在屋里在吵啥？"は成立しないとしている。この点については、さらに张亚军 2002：261 を参照。
15) この点については、范継淹 1982：74-75 を参照。
16) 森 2000：279 が、"下雨呢。"、"他摆着手呢。"、"鸽子飞呢。"が有する持続的な意味は"下雨"、"摆手"、"飞"が持続的な動作であることから発生し、"呢"は「動作や状態

が目下進行中である」という話者の認めにすぎないとしていることは、進行表現の成立にVの潜在的な進行の意味が関わることを示唆していると考えられる。

17) このような現象は、統語的・語彙的手段による進行表現の形成であるということができる。これに対し讃井 2000：56 は、"在＋V" 表現が表わす「動作進行義」は文法的意味というよりもむしろ、特定のコンテクストにおける文脈的意味もしくは語用論的意味であるとしている。益岡 1993：61 は、日本語の「テイル」が現在の状態を表わすのは、その形に含まれる「イル」の状態動詞としての性質によるとし、吉田 1989：85 も「シテイル」形式の根元的意味に「存在」的な一面があることを肯定している。同様のことは中国語の "在" についてもあてはまると考えられる。ちなみに朴貞姫 2002：141 は、"太郎在院子里玩。"、"孩子在屋里睡觉。" に対してそれぞれ "太郎在院子里＋太郎玩（太郎が庭にいる＋太郎が遊んでいる）"、"孩子在屋里＋孩子睡觉（子供が部屋にいる＋子供が寝ている）" という分析を行なっている。

18) この点については、崔希亮 2001：45 を参照。

19) この点は日本語の「テイル」と共通点を有する。寺村 1984：127 は、日本語の「〜テイル」のアスペクト的意味の中心的、一般的意味は、「既然の結果が現在存在していること」すなわち「あることが実現して、それが終わってしまわず、その結果が何らかの形で現在に存在している（残っている）こと」であるとし、動詞が本来時間的な幅をもつ動作・現象を表わすものである場合には、「その動作・現象が始まって、終わらずに今存在している」、すなわち「開始の結果が今もある」という継続の意味をもつのが普通である、としている。これらの点については、さらに吉田 1989：76、84-85 を参照。なお、本書ではいわゆる副詞 "在" は「持続」ではなく「進行」を表わすという見方をとる（この点については第5章で述べる）。

20) "正" と "在" との相違について潘文娯 1980：46 は、"'正'側重于动作进行所发生的时间；'在'側重于动作进行所呈现的状态。" とし、龚千炎 1991：258 は、"'在、正在、正'虽然都表示动作进行或状态持续，但'在'着重指状态，'正'着重指时间，'正在'则在动态的基础上兼指时间。" としている。"正"の働きおよび "在" との相違については、さらに潘文娯 1980：42、44、肖奚强 2002：28、张亚军 2002：239、242、245、256-257 を参照。

21) このことを示唆する記述が讃井 2000：55 にみられる。

22) 但し宮田 1996：21 には、動作が長期にわたって継続進行することを表わす場合においては "在" は "正" と共起しえない旨の記述がみられる。

23) この点は、輿水 1985：293 が "在黑板上写字"、"在河里游泳" はいずれもその表わす意味が空間だけでなく時間にも関わり、その場合には文末に語気詞 "呢" をともなうことが多いとして "他在黑板上写字呢。"、"他在河里游泳呢。" を挙げていることとも符合する。

24) 進行表現に用いられる "呢" の働きについては、「聞き手に『現状確認』を要求する語気を表わす」とする讃井 1996：28、「『相手の注意を喚起する』語気の外に『進行』の意味があるかどうか疑わしい」とする讃井 2000：61、「"哪（呢）"の本来の働きは『未然』を表わすことであるため、これが用いられると動作の進行ではなく『動作が未

完成であること』すなわち『動作が終わっていない→継続中である』がゆえに動作の進行とも解釈可能であるにすぎない」とする神田 1989：29-30、""呢"" によって相手の注意を喚起する」とする陳淑梅 1997：30-32 などの見解が存在する。これらはいずれも、"呢" 自身が進行表示の働きを有するものとは考えていない点において共通する。

25) この点は、進行、状態のいずれを表わすことも可能な日本語の「Ｖテイル」が、「（ちょうど）Ｖテイルトコロダ」の形式をとることによって、動作が発話時において一時的に進行中であることを表わす表現として確定する現象と近似している。水谷 1985：96-97 を参照。

26) 同様の表現例としては、"中尉已経和我们告别了，这时候大概正在自己家里准备过节哩。（郭风岚 1998：36、全国优秀 1983）"、"回到家中，虎妞正在屋里嗑瓜子儿解闷呢。（郭风岚 1998：36、老舍〈骆驼祥子〉）" が挙げられる。ちなみに、付义琴・赵家栋 2007：240 には、明代の "正＋在＋ＶＰ＋之时" 形式について、"正" と "在" が一体のものとして認識されるにいたる点についての記述がある。

27) この点については第Ⅰ部（2.1.3）を参照。

28) 中右 1980：112-113 には、「Ｖテイル」が進行相、結果相のいずれを表わすかに対して、「Ｎ・格助詞」における格助詞の選択が影響をおよぼすケースについての考察がみられる。

29) 到達点を表わす「Ｎ・ニ」が結果相と結びつきやすいという点については、中右 1980：112 を参照。

30) "着" は動作の持続を表わす成分である（この点については第 5 章で述べる）が、"在・トコロ＋Ｖ着" 表現は、全体としては進行中のコトガラを表わすものである。

31) 1.1.2 で述べたように、"主体＋在・トコロ＋Ｖ着＋モノ（客体）" 表現は、動作の結果状態を表わす表現としては "了" を用いる場合よりも成立度が低いが、成立の可能性が皆無というわけではない。"Ｖ着" を用いた表現が進行、状態のいずれを表わしているかの判断においてはゆれがみられ、神田 1989：29 は、"他穿着衣服呢。" は「すでに着終わった状態の持続」ととる方が自然であるとしているのに対し、矢野・藍 1979：58 は、"他穿着新衣呢。" は「彼は新しい服を着ている最中だ」、「彼は新しい服を身につけている」いずれの内容を表わすことも可能であるとしている。

32) "在・トコロ" が動詞表現において主体と述語動詞との間に置かれる場合には、動詞の表わす動作が主体の意志によるものであるという条件を満たす必要はない。この点については第Ⅰ部（2.1.4）を参照。

33) 金田一 1976：42、森田 1980：343、森山 1986：88-89、森山 1987：50 を参照。

34) この点については、G.N. リーチ 1976：205、中川 1978：10、寺村 1984：292、同 1992：329-330、335-336、青木 2000：78-79、91-93、97-98、100、小林 2001：17-19、21-22、楠本 2000：78-82 を参照。なお、寺村 1984：292 は「Ｖテイルトコロダ」においてアスペクト（進行過程の段階）を表わすのは「Ｖテイル」の部分であって、「トコロダ」はムードの形式（どういうアスペクト段階にあるかという状況を、話者がことさら言おうとする心理に出る表現）であるとする。この点については、さらに小林 2001：17-19 を参照。

第4章
"在・トコロ"が表わす進行アスペクトの諸相

4.0 はじめに
第3章で述べたように、動作の進行を表わす

  (1) 他<u>在里屋</u>看书。(第3章の (2))

のような"主体＋在・トコロ＋V（＋客体)"表現（以下、"在・トコロ＋V"表現とする）における"在"は、トコロを限定するという本来の働きのほか、派生的な働きとして動作の進行を表わすようになったのであるが、様々な表現例をみていくと、トコロを限定する働きの方に比重が置かれるケースから、進行を表わす働きの方に比重が置かれるケースまでが階層的に存在することが観察される[1]。

従って、"在"がトコロを限定せず、進行アスペクトマーカーとしてVの前に置かれる場合であっても、トコロを限定する成分としての本来の働きを完全に失ってしまうわけではない。また、進行を表わすいわゆる副詞の"在"は、"在"以外の、例えば"往"、"朝"、"从"などのような、トコロを示すいわゆる前置詞を用いた前置詞句、あるいは前置詞句以外の連用修飾成分、表現の中心（いわゆる文頭）に置かれる"在・トコロ"などとの共起関係において一定の制約がみられる。

本章は、第3章ではとりあげなかった以上のような現象について考察することを目的とする。

4.1 トコロ表示機能と進行表示機能との連続性
4.1.1 "在・トコロ＋V"表現が表わす進行・非進行
(1) と同様に、"在・トコロ＋V"形式を用いて動作の進行を表わす表現例としては、さらに以下のようなものが挙げられる。

  (2) 他<u>在屋子里</u>吃饭。(第3章の (6))
  (3) 他<u>在屋里</u>画油画儿。
  (4) 她<u>在院子里</u>洗衣服。(第3章の (7))
  (5) 他<u>在山上</u>种果树。(第3章の (8))

(6) 他在果树上打农药。

(7) 他在黑板上写字。

(8) 她在井边打水。

(9) 小孩在广场上玩儿。

(10) 他在河里游泳。（第3章の（12））

(11) 他们在操场上跑步。

(12) 火车在山下通过。

3.1.1で述べたように、(1)～(12)のような表現における"在"が、トコロを限定すると同時に進行アスペクトマーカーとしても働くのは、"在"のもつ「アル、イル」という状態性の強い語彙的意味と呼応して、Vに内包されていた進行の意味が表面に引き出されてくることがその要因の一つとなっている。「アル、イル」は已然の概念であり、"在・トコロ"に後続するVが表わす動作の進行も、「基準時にトコロにおいて動作の開始がすでに実現している」という意味において已然のコトガラである[2]。

(1)～(12)は動作の進行を表わす場合に用いられるほか、非進行のコトガラを表わす表現としても用いられる[3]。例えば(1)は、

(13) 他在做什么呢？—— 他在里屋看书。

においては明らかに動作の進行を表わしているが、

(14) 他在哪儿看书？—— 他在里屋看书。

においては動作の進行を表わすほか、「彼は"看书"という動作をいつも"里屋"で行なう」という非進行のコトガラを表わす場合に用いることも可能である。同様のことは(2)～(12)についてもあてはまる[4]。(1)～(12)が非進行のコトガラを表わすのに用いられる場合には習慣的な動作を表わすため、発話時における具体的・個別的なコトガラの開始の実現を前提とはしない。この点においては未然のコトガラを表わす表現、例えば

(15) 我们在这条路上追，肯定能追上。（第Ⅰ部・第5章の（25））

のような仮定を表わす表現や、

(16) 你在中山公园门口等我。（范继淹1982：74）

(17) 我们在这里休息一下。

のような命令・勧誘を表わす表現、あるいは

(18) 不准在这个池塘里游泳。（穗积1987：179-180）

のような禁止表現と共通している。一方、

(19) 孩子们在校园里游玩，迟迟不愿离去。（穗積 1987：180）
(20) 天气热，朱志明在大杨树下歇憩。（潘文娛 1980：49 を一部修正）
(21) 运涛和父亲在门前小井台上浇菜。（同上を一部修正）
(22) 两个高大的汉子这么议论着在街上走。
(23) "我们走吧！—— 阿狗怕在家里哭！"（艾芜〈山峡牛〉を一部修正）

はいずれも具体的な情景を描写しており、かつ、動作の開始が発話時において実現していることを前提とした表現であるため、已然のコトガラを表わす表現、すなわち進行表現として用いることは可能であるが、非進行のコトガラを表わす表現としては成立しない。(19)～(23) のうち、(19)～(21) は、例えば

(19)' 孩子们每天下午在校园里游玩。
(20)' 夏天一到中午，朱志明总是在大杨树下歇憩。
(21)' 每天早上，运涛和父亲都在门前小井台上浇菜。

とすれば、非進行のコトガラを表わす表現として成立する。また、具体的な情景を描写していても、例えば

(24) 等我们坐在药场吃饭时，小姑娘又蝴蝶般地飞来，在老秦耳朵边悄悄告诉她，一小篮蒸糕已放到她床头柜上，让她夜里当点心吃。

（黄宗英〈大雁情〉）

のような、動作の行なわれる様子を時間の流れに沿って描写する表現の場合には已然のコトガラを表わすことができないため、進行表現として用いることはできない。

(1)～(12) が非進行のコトガラを表わす表現として用いられる場合や、(19)'～(21)' の表現、(15)～(18) のような未然のコトガラを表わす表現、あるいは (24) のような発話時点と動作の開始時点が同じである表現においては、"在"はトコロを限定する働きをするにとどまるのに対し、(1)～(12) が進行中のコトガラを表わす表現として用いられる場合や (19)～(23) においては、"在"はトコロを限定すると同時に、すでに開始した動作がトコロに存在することを表わす働きをするため、"在"が表わす存在の概念は後者における方がより強いということができる。このことは換言すれば、同じく"主体＋在・トコロ＋V（＋客体）"表現においてVがハダカであっても、動作の進行を表わす場合は非進行のコトガラを表わす場合に比べると"在"の語彙的意味がより強く含まれており、"在"はトコロを限定するだけでなく、

進行アスペクトマーカーとしても働くということである。

　また、"主体＋在・トコロ＋Ｖ（＋客体）"表現において、例えば

　　(25) 我在院子里种了几棵菊花儿。(范继淹 1982：71)

　　(26) 她在鄂尔齐斯河里洗过脚，在布尔津河畔搭过帐篷。

（黄宗英〈大雁情〉）

　　(27) 我自小就在无锡长大的。(曹禺〈雷雨〉)

のようにＶが進行以外の内容を表わす成分をともなっている場合には、たとえ已然のコトガラを表わす表現であっても、"在"がその語彙的意味によってＶに内包される進行の意味を引き出す働きをすることはない。(25)〜(27)には"了"、"过"、"的"が含まれているため、"在"の進行アスペクトマーカーとしての働きは後退し、トコロを限定する成分として働いていると考えられる。

　以上のように、同じく"主体＋在・トコロ＋Ｖ（＋客体）"表現においてＶがハダカである場合であっても、"在"が進行アスペクトマーカーとして働くか否かという点において相違がみられるのは、3.1.2 で述べたように、"在"の中心的な働きはトコロの限定であり、進行アスペクトマーカーとしての働きは二次的なものであるため、未然のコトガラを表わす (15)〜(18) のような場合や、習慣的な動作を表わす (19)'〜(21)' のような場合、あるいは発話時点と動作の開始時点が同じであるコトガラを表わす (24) のような場合においては、"在"の進行アスペクトマーカーとしての役割が後退し、非進行のコトガラを表わすということに起因する。

4.1.2　"在"により限定されるトコロと過程

　(1)〜(12) のような、動作の進行、非進行のいずれを表わすにせよ形式上は全く変化がみられない表現例をみると、動作が行なわれるトコロを示す"在"に進行アスペクトマーカーとしての働きを見いだそうとする本書の主張に対する反論が予測されるが、トコロを示す"在"が進行アスペクトマーカーとして働く可能性を否定することはできない。例えば

　　(28) 爷爷在院子里乘凉，妈妈在洗菜。(范继淹 1982：81)

においては、"在院子里乘凉"と"在洗菜"とが対比関係にあるため、"乘凉"、"洗菜"はいずれも進行中の動作であり、"在院子里乘凉"における"在"がトコロを限定すると同時に、進行アスペクトマーカーとしても働いているこ

とは明白である[5]。さらに、例えば

 (29) 爸爸呢？——还在路上呢，在慢慢走呢。

においては、動作が行なわれるトコロを限定する"在"ではなく、「イル」を表わす動詞の"在"、進行を表わす副詞の"在"が含まれているが、"还在路上呢，在慢慢走呢。"は"还在路上慢慢走呢。"と言い換えることが可能である。このことは換言すれば、"还在路上慢慢走呢。"における"在"の働きは、存在を表わす動詞"在"の働き、進行を表わす副詞"在"の働きに分解できるということである[6]。

 以上のことから、トコロを限定する"在"が同時に進行をも表わすケースが存在すると断定してさしつかえない。

 コムリー1988：162は、ありかと進行との関係を解き明かす手がかりは、"to be in the process of doing something"、"to be in progress"という英語の表現の中にあるのではないかとし、我々は、場面の全体をあたかも空間であるかごとくみなして、過程の、ある事例に言及することができるが、その時には、場面のある特定の時点をあたかもその場面の「なか」に存在するがごとく記述することは極めて自然なことになる、としている。同：161は、イタリア語においては、進行相は動詞の"stare（＝ stand、立ってイル）"によってつくられるという現象を紹介し、この動詞が進行相を表わすのに用いられる場合には、進行アスペクトの示し手として使用されているだけであり、「立ってイル」という具体的な出来事は表わさないとしている。さらに同：159は、標準中国語では、進行相のアスペクトをさし示す方法の一つは、主動詞の前に"在（〜ニアル）"という形式を使用することであるとしているが、この場合の"在"は、具体的なトコロに位置することではなく、ある特定の動作が行なわれている過程にあることを表わすと考えられる[7]。

 3.0で述べたように、

 （30）他在看书。（第3章の（1））

のような、"在"が明らかに進行アスペクトマーカーとして用いられている表現と、

 （1）他在里屋看书。

のような、"在"が主として動作が行なわれるトコロを限定する成分として用いられている表現との間には、

 （31）他在那儿看书。（第3章の（3））

のような中間的な表現が存在し、"在那儿"はトコロ的な概念、時間的な概念のいずれに解することも可能である。この場合において"在那儿"が表わす時間的な概念とは、すなわち「過程」である。例えば"看书"という動作が話者の眼前で行なわれている場合、"在那儿"は空間的な側面からとらえればトコロであり、時間的な側面からとらえれば進行中の動作が存在する過程である。"在那儿"が表わすトコロと過程は、表現の前提となる客観的事実においては渾然一体となっていて分かちがたいものであるが、言語の世界においては、"在那儿"が本来さし示していたトコロが不明確であるか、あるいはあまり重要でない情報である場合には、そのトコロ的な概念は弱まり、その分だけ時間的な概念、すなわち進行過程の概念が強まることとなる[8]。

　"在那儿（那里）"のほか、"在这儿（这里）"を用いた以下のような表現例も動作の進行を表わすことが可能であり、"在这儿（这里）"はトコロ、進行過程の双方の概念を表わしている。

　　　(32) 我在这里想明天的工作怎么安排。(《现代汉语八百词》"在"の項)
　　　(33) 他还在这儿等着要见您。(『現代中国語辞典』"呢"の項を一部修正)
　"在那儿（那里）"、"在这儿（这里）"は言うまでもなく、話し手・聞き手の双方があらかじめ了解ずみのトコロを表わす成分である。了解ずみの情報、すなわち既知の情報は、同一表現に含まれている未知の情報に比べると一般にその重要性において劣るため、"在那儿（那里）"、"在这儿（这里）"が表現において具体的なトコロの概念を表わさない、より形式的なものとなる場合が生じやすいと考えられる。(31)〜(33)に対し、(1)〜(12)および(19)〜(23)においては、"在"によって示されているのは具体的なトコロであるため、"在・トコロ"の表わす概念が不明確となることはありえない。しかし、表現全体は(31)〜(33)と同様に「トコロにおいて動作が進行中である」というコトガラを表わしており、表現の前提となっている客観的事実においてトコロと過程とが渾然一体となっているため、"在・トコロ"は時間的な概念（＝進行過程の概念）を表わす働きを有するとみてさしつかえない。但し、(31)〜(33)のような"在那儿（那里）"、"在这儿（这里）"を用いた表現と、(1)〜(12)および(19)〜(23)のような具体的なトコロを表わす成分を用いた表現とを比較すると、後者の方が、トコロの概念をより明確に表わしている分だけ過程を表わす性格が弱く、進行のニュアンスが弱い。"在那儿（那里）"、"在这儿（这里）"が表現において形式的な成分となる場

合の例としてはさらに、例えば
　　(34) 快去劝劝吧，他<u>在那儿</u>哭。
　　　　　　　　　　　　（『岩波中国語辞典』"呢"の項を一部修正）
が挙げられる。(34)の後件においては、前件の"快去劝劝吧"と直接的なつながりをもつのは"在那儿"ではなく"哭"であり、"在那儿"の情報としての重要性は"哭"に劣る。

また、
　　(35) 人身上时时刻刻<u>在那里</u>消耗水。（《现代汉语八百词》"在"の項）
　　(36) 一条乡下"赤膊船"赶快拢岸，船上人揪住了泥岸上的树根，船和人都好像<u>在那里</u>打秋千。（茅盾〈春蚕〉）
における"那里"はそれぞれ、"人身上"、"泥岸上的树根"のような、すでに述べられた成分をトコロとして表現しているため、情報としての重要性という点においては(34)の"那儿"よりもさらに劣る。(35)、(36)の"在那里"には、すでに述べたトコロをとりたてる機能はなく、トコロを表わす成分としての情報価値がほとんどゼロに等しく、進行を表わすことがその中心的な働きとなっている[9]。さらに、例えば
　　(37) 刚才，我在大厅的时候，张老师<u>在那里</u>唱歌。
における"在那里"も、(35)、(36)のそれと同様にトコロを表わす成分としての情報価値が極めて低い。(37)の"在大厅"を"在那里"に置き換えると、"唱歌"の前に"在那里"を置く必要がなくなり、
　　(37)' 刚才，我在那里的时候，张老师在唱歌。（呉大綱1988：110）
となる。(37)'の前件には、話し手、聞き手の双方が了解済みのトコロを表わす"在那里"が存在しているため、当然ながら後件で再びトコロを限定する必要はなく、あえて"那里"を用いると不自然な表現となる。後件における"在"は、トコロを示す成分としての性格をさらに弱め、進行過程を表わす成分として機能している。このことは、(37)の"在那里"が、そのトコロを表わす成分としての性格をさらに弱めた結果、進行アスペクトマーカーとしての"在"の働きだけが残ったということを示している。

ところで、以下の表現例には、(37)'の場合と同様に進行アスペクトマーカーとしての"在"が用いられている。
　　(38) 昨天，我回来的时候，他在唱歌。（呉大綱1988：111）
　　(39) 他进来的时候，我在写字。

(38)、(39) には、"唱歌"、"写字" という動作が行なわれるトコロが含まれていないが、例えば

(38)' 昨天，我回来的时候，他在家里唱歌。

(39)' 他进来的时候，我在房间里写字。

のようにトコロを類推して補うことは可能である。従って、"在" が動詞の前に直接に置かれて進行過程を表わす (37)'、(38)、(39) においても、"在" はトコロを示す成分としての性格を完全に失っているわけではなく、3.0 で紹介した沈家煊 1999：99 の説が裏づけられる結果となっている。罗自群 1998：60、61 は (38)、(39) のような "在＋V" 表現に対してトコロを補うことが可能なケースが存在することを指摘し、その場合には "在" に "空間义" が残っているとしている。

(37)'、(38)、(39) に対し、

(40) 我看见几个孩子在画画儿。

(41) 这老汉并且还请来了打绳匠，在添补大车和牲口上的绳套！

《现代汉语虚词例释》：344)

の場合には、具体的なトコロを類推して "在" の後ろに補うことはできないが、

(40)' 我看见几个孩子在那儿画画儿。

(41)' 这老汉并且还请来了打绳匠，在那儿添补大车和牲口上的绳套！

のように "那儿" を補うことは可能である。(40)'、(41)' の "那儿" は、実際の場面においては動作が行なわれている特定のトコロであるが、表現中にはそれを推測する手がかりが存在しない。この場合の "在那儿" は、トコロを表わす働きを有してはいるものの、どちらかと言えば進行過程を表わす働きの方に比重が置かれている。さらに、

(42) 风在吼，马在叫，黄河在咆吼。(潘文娱 1980：45)

に対しては、"在" の後ろに "那儿" を補うことができるものの、この場合の "那儿" はトコロの概念を全く含まない成分である。

そして、

(43) 说呀！我们在问你，你知道你是犯人吗?

(44) 怎么? 说是您在生病呢? 您好好的。(『现代中国語辞典』"呢" の項)

にいたっては、それぞれに "这儿"、"那儿" を補うことすらできないため、この場合の "在" は (42) のそれよりもトコロを示す成分としての性格が一

層弱く、進行アスペクトマーカーとしての性格が一層強いということができる。

4.2　進行表示の"在"
4.2.1　トコロを示す"往"、"朝"、"从"との共起
　"在"が進行アスペクトマーカーとして働く場合、例えば

　　（45）现在还在往外淘水。(『現代中国語辞典』"在"の項を一部修正)
　　（46）雁群在朝南飞翔。(范継淹 1982：75)

のように、"在"の後ろにトコロを表わすいわゆる前置詞句が続くことがある[10]。(45) は、"在"の後ろにさらに"那儿"を補って

　　（45）' 现在还在那儿往外淘水。

とすることが可能であるが、(46) に対する

　　（46）' ＊雁群在那儿朝南飞翔。

は非文である。これは、(45) の"往外淘水"が、一定範囲内の空間において行なわれる動作であるためにトコロを限定することが可能であるのに対し、(46) の"朝南飞翔"は一定方向への移動動作であるため、トコロを限定することが不可能であるかあるいは困難であることに起因する。(45)' には、"淘水"という出来事に直接的に関わるトコロを表わす成分"往外"が含まれているため、それよりもさらに広い範囲のトコロを表わす"在那儿"の情報価値は

　　（45）" 现在还在那儿淘水。

におけるそれよりも低く、進行アスペクトマーカーとしての性格もより強い。従って、(45)' の"在那儿"も、(40)'、(41)' のそれと同様に、トコロを表わす働きよりは進行過程を表わす働きの方が主であり、この点においては (45) の"在"とほぼ同様である。

　(45)、(46) と同じく、"在"の後ろにトコロを表わす前置詞句が続く表現例であっても、

　　（47）＊我们在从国外引进技术。
　　（48）＊红日在从地平线升起。

は非文であり、自然な表現として成立するためには、例えば"正"を加えて

　　（47）' 我们正在从国外引进技术。(范継淹 1982：75 を一部修正)
　　（48）' 红日正在从地平线升起。(《现代汉语八百词》"正在"の項)

323

第Ⅱ部　存在表現、進行表現、動態表現

としなければならない[11]）。

　また、(45)は、発話時点を表わす"現在"という成分を含んでいるが、"現在"は動作が発生した時間的位置を表わす点において"正"と共通している。(45)が自然な表現として成立するのは"現在"を含んでいるためであり、これを除くと非文となる。"現在"を用いないのであれば、"正"を加えて

　　　(45)"' 还正在往外淘水。

としなければ自然な表現としては成立しない。

　(45)から"現在"を除いた表現や(47)、(48)が非文となるのは、"在"が進行アスペクトマーカーとして働きながらも、トコロを示す成分としての性格を完全に失っているわけではないため、"往・トコロ"、"从・トコロ"などの前に置かれた場合には、進行アスペクトに関わる他の成分と共起させることによってそのアスペクト表示機能を十分に発揮させる必要があるためと考えられる。

　ところで、"从・トコロ"が動詞表現に用いられると、"在・トコロ"の場合と同様に"从"がアスペクトマーカーとしての性格を帯びることがある。例えば(12)、(15)の"在"を"从"に置き換えた

　　　(49)　火车从山下通过。（第Ⅰ部・第6章の(1)）
　　　(50)　我们从这条路追，肯定能追上。（第Ⅰ部・第6章の(7)）

や、あるいは

　　　(51)　从第三游道游的是小李。（第Ⅰ部・第6章の(43)）

は、"从"が空間的な起点を示すと同時に時間的な起点を暗示し、発話時において主体がトコロに存在しないことを前提とした表現である。これに対し、(12)、(15)や

　　　(52)　在第三游道游的是小李。（第Ⅰ部・第6章の(43)'）

は、発話時において主体がトコロに存在することを前提とした表現である[12]）。

　このように、動詞表現においてトコロを示す"从"は動作の時間的な起点を暗示することがあり、その場合には一種のアスペクト性を帯びるため、"从・トコロ"の前にさらに進行アスペクトマーカーである"在"を置いた(47)、(48)のような表現例においては、"在"と"从"との間にアスペクト的働きの面での衝突が生じることとなる。従って、(47)、(48)はいずれも非文となるのである。

伊原 1982：8 は、
  （53） 他在热心地看报。 （53）' 他热心地在看报。
  （54） 他在跟爱人说话。 （54）' 他跟爱人在说话。
のような、動作の進行を表わす"在"とともにいわゆる前置詞句その他の連用修飾成分が用いられた場合について、北方方言においては、(53)、(54)は自然な表現として成立するが、(53)'、(54)' は非文であるのに対し、南方方言においては、(53)、(54) と (53)'、(54)' はいずれも自然な表現として成立するものの、実際には (53)'、(54)' の方が常用されるとしている。

 (53)、(54) と (53)'、(54)' とを比較すると、後者における"在"は前者におけるそれよりも述語動詞に近い位置にあるため、述語動詞との結びつきはより緊密であるということができる。これとは反対に、(53)、(54) の"在"は、(53)'、(54)' のそれよりも述語動詞から遠い位置にあるため、述語動詞との結びつきは (53)'、(54)' の場合ほどには強くない。このことは換言すれば、(53)'、(54)' の"在"の方が、(53)、(54) のそれよりも述語動詞が表わす動作の進行アスペクトに深く関わっているということである。前述したように、"在"は進行アスペクトマーカーとして働く場合においても、トコロを示す成分としての性格を完全には失わない。動作が行なわれるトコロを限定する"在・トコロ"は、本来は述語動詞が表わす出来事全体を包み込む働きをする成分であるため[13]、(53)、(54) および (53)'、(54)' に"那儿"を補って
  （55） 他在那儿热心地看报。 （55）' 他热心地在那儿看报。
  （56） 他在那儿跟爱人说话。 （56）' 他跟爱人在那儿说话。
とすると、いずれも自然な表現として成立するものの[14]、(55)、(56) の方が (55)'、(56)' よりも better である。(55)、(56) と (55)'、(56)' との間にみられるこのような相違は、例えば
  （57） 小黄在门口嗤嗤地笑。（范继淹 1982：74 を一部修正）
  （57）' 小黄嗤嗤地在门口笑。（同上）
のような、"在"によって具体的なトコロが示される表現例についてもあてはまり、(57) は (57)' よりも自然である。

 前述したように、北方方言において (53)'、(54)' が非文となるのは、"在"がトコロを示す成分としての性格を比較的強くとどめており、"热心地看报"、"跟爱人说话"をその作用域とする傾向が強いが、"热心地"、"跟爱人"

第II部　存在表現、進行表現、動態表現

を作用域外に置いた (53)′、(54)′ は"在"のこのような傾向に反するということに起因する。これに対し、南方方言において (53)、(54) よりも (53)′、(54)′ の方が常用されるのは、南方方言において発達した進行を表わす"在"は、北方方言におけるよりもアスペクトマーカーとしての性格が強く、トコロを示す成分としての性格がより弱いということに起因する。

4.2.2　"在・トコロ"との共起

　3.1.2で述べたように、動作の進行を表わす"主体＋在・トコロ＋V（＋客体）"表現は、"在・トコロ"を主体の前に移し換えて"在・トコロ＋主体＋V（＋客体）"形式とした場合には非文となるが、"在・トコロ"の後ろに停頓を置き、Vの前に"在"を置いた"在・トコロ，主体＋在＋V（＋客体）"形式とすれば、かろうじて非文とはならない程度の表現として成立する。従って、(1)～(12) をこの形式に改めた以下の表現例は、いずれも通常の発話において用いられる場合には不自然な表現となる。

　　(58)　？在里屋，他在看书。（第3章の (22)′）
　　(59)　？在屋子里，他在吃饭。（第3章の (23)′）
　　(60)　？在屋里，他在画油画儿。
　　(61)　？在院子里，她在洗衣服。（第3章の (24)′）
　　(62)　？在山上，他在种果树。（第3章の (25)′）
　　(63)　？在果树上，他在打农药。
　　(64)　？在黑板上，他在写字。
　　(65)　？在井边，她在打水。
　　(66)　？在广场上，小孩在玩儿。
　　(67)　？在河里，他在游泳。（第3章の (29)′）
　　(68)　？在操场上，他们在跑步。
　　(69)　？在山下，火车在通过。

　(58)～(69) は、トコロを示す働き、進行を表わす働きが、それぞれ別個の"在"によってになわれている点において (1)～(12) とは異なる。3.1.1で述べたように、このような表現形式は、トコロを限定すると同時に動作の進行を表わす"在"の性格とは相容れないものである。このため、停頓によって"在・トコロ"を"主体＋在＋V（＋客体）"から切り離して述語の外に置き、Vとの構造上の直接的な結びつきを断って、トコロを示す"在"が述

語動詞のアスペクト性に影響をおよぼさないようにする必要が生じているものと考えられる[15]。このことは換言すれば、トコロを限定する"在"は原則として、それが進行アスペクトに全く影響をおよぼさない表現形式においてのみ、進行を表わす"在"との共起が可能となるということである。

(58)〜(69) に対し、例えば (19)〜(21) を"在・トコロ，主体＋在＋V(＋客体)"形式に改めた

(70) 在校园里，孩子们在游玩，迟迟不愿离去。

(71) 天气热，在大杨树下，朱志明在歇憩。

(72) 在门前小井台上，运涛和父亲在浇菜。

や、あるいは

(73) 忽然听得歌舞之声悠然而起，循声前往，在树林里就地而筑的一个小小的舞台上，人们在围观熟悉的朝鲜舞。

（何为〈樱花之忆〉を一部修正）

(74) 在诊室，值班的大夫在给一个病人看病。

（穂积1987：177を一部修正）

(75) 靠近北窗，还是栽着一架细腰葫芦，在架下面，一个十八九岁的女孩子在纳鞋底儿。（访旧）

(76) 在云层上空，机群在全速飞行。（范继淹1982：79）

(77) 在院子里，爷爷在乘凉，妈妈在洗菜。（同：81）

(78) 在手术室，张大夫在准备针麻器械。（同：78を一部修正）

(79) 在教室里，张老师在讲集合代数。（同：74を一部修正）

はいずれも自然な表現として成立する。(71)〜(73)、(76) においてはトコロがとりたてられて詳しく表現されており、(70)、(74)、(75)、(77)〜(79) においてはトコロが表現全体の前に置かれ、具体的な情景が詳しく描写されている。いずれも書き言葉的な文体であり、このような場合には極めて自然な表現として成立する。

第II部　存在表現、進行表現、動態表現

注

1) 時間概念を表わすのに空間表現が用いられるという現象について、日本語の動詞と名詞を対象に考察したものとしては砂川2000がある。同：105-106、115、117は、空間表現が時間概念を表わすようになるときに、もとの語とは別の文法カテゴリーに属する語に変化する場合があるとしている。さらに、変化した先には空間概念の何らかの痕跡が残されており、抽象化の過程を経てももとの意味との類縁性を認めることができ、もとの自立語と変化した先の付属語との間には段階的・連続的な変化の過程がみてとれ、さまざまな段階の変化の実現形が共時的に存在しうる、としている。

2) この点については第3章の注19を参照。木村1982：27は、「話者の定位した時間的基準点」に対する仮称として「基準時」という用語を用いているが、これは、発話時に限らず話者が基準とする特定の時点を指していると考えられる。このことを示す例として同：21は、"昨天我来的时候，他在吃午饭。"、"如果一刻钟后找他，他一定在吃午饭。"を挙げている。基準時は、前者においては発話時より前であり、後者においては発話時より後である。また、同：27は、基準時において実現中である動作・作用と、基準時以前にすでに実現済みである動作・作用はいずれも、基準時においてすでに実現をみているという点では共通しており、已然という時間の領域に属するとしている。

3) この点については第3章の注11を参照。

4) 但し、(8)が非進行のコトガラを表わす場合には、"井边"に対して、例えば"河里"のような選択肢が存在するという前提が必要であり、このような前提がなければ不自然となる。また、范継淹1982：74は、"法语班在306教室上课。"がいわゆる平叙文として用いられる場合には進行中のコトガラを、命令文として用いられる場合には未然のコトガラを表わすとしている。

5) 讚井2000：55には、いわゆる前置詞句"在那里"と副詞"在"が同じ文法的意味を有するものとして一つの表現に共起している例として、"…………，随手拿起一张报纸来遮在胸前了，—— 并不当真在那里看报，还在继续他的愤怒。(茅盾《子夜》)"が挙げられている。

6) 例えば (1) の表現例は、"他在哪儿？"あるいは"他在吗？"に対する返答として用いられるほか、"他在做什么？(他在干什么？)"に対する返答としても用いられる。このような現象は、動作が行なわれるトコロを限定する"在"が、存在を表わす"在"、進行を表わす"在"のいずれの性格をも有することを示している。

7) 讚井1996：28は、「"在"は中国人の語感では『主語がその時ある動作の過程もしくは状態の中に在る』ことを話し手が判断する意味の語（ただし、通時的には"在那里+動詞句"の"那里"が省略されて発生した形式）」であるとしている。また、大原1973：23は、"他正在念书呢。"に対して"He is [just in the act of] studying."という英語の表現を対応させている。

8) 3.1.2で述べたように、(31)において、"在那儿"が時間的な概念をより強く表わす場合には"看书"の部分に強勢が置かれ、"在那儿"は軽声に読まれる。この点につい

てはさらに『現代中国語辞典』("呢"の項)を参照。
9) 神田 1989：30、讃井 2000：56-57 はいずれも、"在那里／这里＋Ｖ" 形式によって進行が表わされる場合についての「(あえて示す必要のない) 位置を表わす成分を加えることによって動作をより現実的・確実なものとして聞き手に印象づけようとするものであり、"在那里／这里" は一種の強調ムードを示す働きをする」という鈴木 1956：10 の考え方を肯定している。第 3 章の注 12 を参照。
10) この点については范继淹 1982：75 を参照。
11) (47) は、范继淹 1982：75 では成立するとされているが、本章におけるネイティヴ・チェックでは非文とされた。また、《现代汉语八百词》("正在"の項)は、動作の進行を表わす"在"の後ろに"从・トコロ"を続けることはできないが、"正"、"正在"の後ろに続けることは可能であるとしている。
12) この点については、第Ⅰ部 (6.2.2) を参照。
13) この点については范继淹 1982：80 を参照。
14) 伊原 1982：11 は、北方語においても "在那里Ｖ" を用いた表現の場合には "在" の前にいわゆる前置詞句や他の連用修飾成分を置くことが可能であるとし、さらに "还、都" などのような自立性の高い副詞は常に "在Ｖ" に先行するとしている。
15) "在・トコロ，主体＋在＋Ｖ (＋客体)" 表現は、例えば "他在哪儿?――<u>在床上</u>，他在看书。" のように、"在・トコロ" の部分が "主体＋在＋Ｖ (＋客体)" の部分とは別個の出来事を表わす成分として成立することがあるため、この点からみても "在・トコロ" とＶとの間に構造上の直接的な結びつきが存在しないということは明白である。第 3 章の注 14 を参照。

第5章
"在・トコロ＋Ｖ"と"在・トコロ＋Ｖ着"

5.0 はじめに

　1.1.2、3.2.2で述べたように、"主体＋在・トコロ＋Ｖ着（＋客体）"（以下、"在・トコロ＋Ｖ着"とする）は、動作の結果状態を表わすことも不可能ではないが、動作の進行を表わす傾向の強い表現形式である。"在・トコロ＋Ｖ着"表現が動作の結果状態を表わす場合には、"着"は不可欠の成分である。これに対し、動作の進行を表わす場合には"着"は必ずしも不可欠の成分ではなく、Ｖの表わす動作が継続可能なものでありさえすれば、"着"を用いない"主体＋在・トコロ＋Ｖ（＋客体）"（以下、"在・トコロ＋Ｖ"とする）形式によって動作の進行を表わすことが可能である。但し、同じく動作の進行を表わす場合においても、"在・トコロ＋Ｖ"、"在・トコロ＋Ｖ着"のように異なる形式をとる以上、両者の間には何らかの相違が存在するはずである。
　本章は、動作の進行を表わす"在・トコロ＋Ｖ"表現と"在・トコロ＋Ｖ着"表現との間に存在する様々な相違について考察することを目的とする。

5.1 "在・トコロ＋Ｖ着"表現における"在"と"着"
5.1.1 "在"の進行と"着"の持続状態

　動作の進行を表わす"在・トコロ＋Ｖ"表現、"在・トコロ＋Ｖ着"表現において、Ｖの表わす動作が継続可能なものである場合の例としては、例えば以下のようなものが挙げられる。

　　（1）a 他在里屋看书。（第3章の（2））
　　（1）b 他在里屋看着书。
　　（2）a 他在屋子里吃饭。（第3章の（6））
　　（2）b 他在屋子里吃着饭。
　　（3）a 她在院子里洗衣服。（第3章の（7））
　　（3）b 她在院子里洗着衣服。
　　（4）a 他在果树上打农药。
　　（4）b 他在果树上打着农药。

第 5 章 "在・トコロ + V" と "在・トコロ + V 着"

(5) a 她在井边打水。
(5) b 她在井边打着水。
(6) a 他们在楼上开会。
(6) b 他们在楼上开着会。
(7) a 他们在客厅里说话。
(7) b 他们在客厅里说着话。
(8) a 小孩在广场上玩儿。
(8) b 小孩在广场上玩儿着。
(9) a 小春在屋里哭。
(9) b 小春在屋里哭着。
(10) a 小芳在台阶上跳。
(10) b 小芳在台阶上跳着。
(11) a 他们在操场上跑步。
(11) b 他们在操场上跑着步。
(12) a 火车在山下通过。
(12) b 火车在山下通过着。
(13) a 他们在河里游泳。
(13) b 他们在河里游泳着。
(14) a 他在路上慢慢地走。
(14) b 他在路上慢慢地走着。

　これらの表現例における"在"は、動作が行なわれるトコロを限定すると同時に、動作が進行中であることをも表わしているが、ｂの表現例における"着"はいかなる役割を果たしているのであろうか。

　動作の進行を表わす表現において、進行を表わすいわゆる副詞の"在"と共起する"着"については、進行の意味を強める働きをする成分であるとする考え方が従来から存在する。『現代中国語辞典』には、

(15) 他们在冯家里等着呢！
(16) 他在外面看着车呢！
(17) 他们正在开着会。

における"着"は、動作の進行・継続を一層はっきりさせる働きをするが、これは、中国語は強調に重複を避けないという特性をもっているからであるという記述がみられる[1]。この記述においては、"在"、"着"という異なる

331

成分間の相違については特にふれられていないが、同じく進行中のコトガラを前提として用いられる成分であっても、二つの成分の間には何らかの相違が存在するとみるのが妥当である。

矢野・藍1979：58-59には、進行中のコトガラを表わす表現であっても、話者の意識の相違により、話者がコトガラを動作ととらえた場合には"着"を用いないで表現されるのに対し、話者がコトガラを状態ととらえた場合には"着"を用いて表現され、状態化表現（を形成する）という機能が"着"のもつ本質であり、状態の持続を表わすことに重点が置かれている旨の記述がみられる[2]。そして、例えば

(18) 他正在穿着衣服呢。

においては、話者は"穿着"の部分を一つの動作としてよりも、一つの状態の持続として意識している、としている[3]。

また、木村1982：30-31は、"着"は動詞に付加されて、動作・作用がすでに実現し、しかも未だ実現し終えず、まさに現実の世界（時には眼前）にいま立ち現われている状態のままのあり方、言い換えれば持続のままのあり方においてとらえられたことを示す形式であるとし[4]、動作・作用を持続のそれとしてとらえることは動きを線的・状態的にとらえることでもあるが、あくまでも動きとしての線であり状態であって、不変化あるいは非動の状態ではないとしている。

さらに、呉大綱1988：107は、"在"は進行を表わす成分であるのに対し、"着"は動作・変化の持続を表わす成分であるとして「進行」、「持続」の概念を区別している。同様に、輿水1985：185もこの2者を区別し、持続が同時に進行であることも少なくないが、両者は本来異なるものである、としている[5]。

このように、「進行」とは別に「持続」なる概念が設定されるのはなぜであろうか。また、有情物である主体の意志的な動作が行なわれている場合に、そのコトガラを動作の進行として表現する場合と、動作の持続として表現する場合との間には、どのような相違がみられるのであろうか[6]。

「動作の進行」という概念は時間の流れと直接的な関わりを有し、動作の開始と終了との間に存在する一つの過程であるため、時間的に有限である[7]。これに対し「状態」という概念は動作の一過程ではなく、時間の流れとは直接的な関わりを有しないため、時間的に無限である[8]。但し、表現の前提と

なるコトガラが進行中の動作である場合、それを動作の開始の結果として生じた一種の状態、すなわち「動作の持続状態」とみることも可能である[9]。動作の進行、動作の持続状態は、客観的事実においては重複することが多いが、前者は、上記のように動作の一過程であるのに対し、後者はそうではなく、動作が開始された後に存在する動作のあり方そのものである[10]。"着"が表わす動作の持続は、いわば話者によって線的・状態的にとらえられた動きのあり方そのものである。この点において、動作の終了の結果として生じた不変化あるいは非動の状態、すなわち「動作結果の持続状態」とは異なる。動作結果の持続状態は、動作が終了した後の、動きをともなわない静的な結果のあり方である。従って、

　　①動作の進行　　②動作の持続状態　　③動作結果の持続状態

の３者の動作性を比較すると、左側の概念ほど強く、右側の概念ほど弱い。但し、②、③はいずれも動作によって生じた状態であり、中国語においてはともに"V着"によって表わすことが可能である。両者はこの点において、動作の一過程であり"在"によって表わされる①との間に一線を画す。

5.1.2　"在"、"着"の作用域と"着"の指向性

　前述したような、動作の進行を表わす"在"と、動作の持続状態を表わす"着"との相違は、(1)～(14)のような"在・トコロ＋V"、"在・トコロ＋V着"表現において具体的にどのような形をとってあらわれるのであろうか。

　4.1.1で述べたように、(1)a～(14)aのような"在・トコロ＋V"表現は、進行表現として用いることが可能である一方、"在"により示されるトコロにおいて主体が習慣的に動作を行なうことを表わす表現、すなわち恒常的なコトガラを表わす非進行表現として用いることも可能である[11]。これに対し(1)b～(14)bのような"在・トコロ＋V着"表現は、進行表現として用いることは可能であるが、恒常的なコトガラを表わす非進行表現として用いることはできない。このため、(1)a～(14)aのような"在・トコロ＋V"表現は、(1)b～(14)bのような"在・トコロ＋V着"表現に比べると進行表現としての完成度が低いということができ、"在・トコロ＋V着"表現における"着"は、進行アスペクトマーカーとしての"在"の働きをさらに補強する役割をになっていると考えられる。このことは、例えば(1)a、(1)bはいずれも「彼は奥の部屋で勉強している」というコトガラを表わすことが可能

であるが、前者の場合、発話時点においては勉強を中断し、例えば「夜食をとっている」など、勉強とは別の動作をしている可能性があるのに対し、後者の場合、発話時点において必ず勉強していることを前提として用いられる、という相違となってあらわれる。(1)b においては"着"が付加されることにより、動作がより具体的な持続のカタチをとるものとして表現されていることとなる[12]。同様のことは(2)〜(8)、(11)〜(14)についてもあてはまるが、(9)、(10)の場合は"哭"、"跳"という動作を行なっている最中に別の動作を行なうということが想定しにくいためにあてはまらない。従って、(1)b〜(8)b、(11)b〜(14)bは、(1)a〜(8)a、(11)a〜(14)aに比べると、発話時における具体的・個別的な動作の進行に一層強く焦点をあてた表現であるということができる。前述したように、動作の進行、動作の持続状態は、客観的事実においては重複することが多いため、進行中のコトガラを表現するに際して(1)b〜(14)bのように"在"、"着"の両者を併用することは何ら矛盾することではない。但し、Vがいわゆる目的語をともなうものである場合には、"在・トコロ"の作用域は"V＋O"であるのに対し、"着"の作用域はVのみであるという相違がみられる。

　進行を表わすいわゆる副詞の"在"が"V着"と共起する場合における"在"、"着"の作用域の相違について、陈月明2000：542は、"'在'的句法、语义辖域是整个谓语VP，而'着'的句法、语义辖域是动词V。当'在'和'着'共现时，它们的层次关系为〔在〔V着（N）〕〕。"としている。同様に、张亚军2002：261は、"在"については"以其后的整个动词性短语为其语义辖域"とし、"着"については"主要以其所附着的动词为其语义辖域"としている。王学群2002：78も、"我在闭着眼睛想办法。"における"在"は"闭着眼睛"ではなく"想办法"と共起しているのであり、コンテクストによっては"闭着眼睛想办法"全体に関係することになるとしている。さらに、朱継征1998b、同2000：40-60は、副詞"在"は動詞の外部状況に焦点をあてる場合に用いられる成分であり、動詞の外部状況を示すことによって進行を表わす形式であるのに対し、"着"は内部状況に焦点をあてる場合に用いられる成分であるという観点から、両者の相違についての考察を行なっている。朱のいう「外部状況」とは、動作主体、動作の受け手（＝客体）、動作の種類、動作の対象（＝相手）、動作実施の場所、動作の方式・手段、動作の結果・趨向（＝方向）、動作経過の場所（＝通過点）を指し、動作実施の

場所を表わす成分には"在・トコロ"形式をとるものが含まれている（朱継征 1998b：105、同 2000：50 の"你在哪儿上学呢?——我在北大上学呢."＝どこで勉強してるの?——北京大学で勉強してるんだよ。）。いわゆる副詞"在"が動詞の「外部状況」を表わすということは、"在・トコロ＋Ｖ"表現における"在"がトコロを示すと同時に進行をも表わす場合が存在するという本書の見方とも符合する[13]。すなわち、"在・トコロ＋Ｖ"表現における"在・トコロ"はいわゆる連用修飾成分としてＶの表わす出来事が生じる際の外的な背景・環境を表わす[14]ため、"在Ｖ"を用いた表現においてもＶを中心とする後続成分全体が"在"の作用域となると考えられる。このことに通じる見解としては王学群 2001：72、77 および同 2002：74 が挙げられ、"在Ｖ"で実現しているアスペクトの意味は間接的であり、"在"はアスペクトの形態論的な文法的カテゴリーではなく、修飾語として外から（アスペクトの意味に）間接的に関係するいわば構文論レベルのカテゴリー（王はこれを「外部規定」とする）であるとしている。一方、"着"について朱継征 1998b：104、同 2000：47 は、「動詞の内部状況を示す形式」[15]すなわち「Ｖの様態やすがた」という aspect 的内部過程を示す形式であるとし、王学群 2001：72、77 および同 2002：73-74 は、動詞の語尾として動詞に付着して動作の時間的な内部構造を指し示すカテゴリー（王はこれを「内部規定」とする）として用いられる成分であり、"Ｖ着"における"着"は動詞の形態であって（形態論レベルのカテゴリー）、動詞に付加されてＶの内的な時間構造を表わすため、"在Ｖ"とは同じ次元のものではないとしている。このように"Ｖ着"は、話者が動作自体に注目してそのありようを述べる場合に用いられる成分であるため、発話時において実際に動作が行なわれていることを条件とするのである。これに対し"在Ｖ"は、Ｖが表わす出来事全体についてそれが進行中であることを述べる場合に用いられる形式であるため、発話時において必ずしも動作が行なわれていることを必要とはしない[16]。本章の考察対象である"在・トコロ＋Ｖ着"表現の場合には、"在"がトコロ表示と進行表示の役割を兼ねており、3.1.2 で述べたように"正"あるいは"呢"を加えると進行表現としての働きがより明確となり、"着"を加えると、王学群 2001：75 が指摘するように状況描写の働きに傾くと考えられる。

　ところで、以下の表現例はいずれも進行表現として用いることが可能であり、Ｖの表わす動作が継続可能なものである点においては (1)〜(14) と同

第II部　存在表現、進行表現、動態表現

様であるが、その動作が結果をともなうものである点においては異なる。

　　（19）a 他在山上种果树。
　　（19）b 他在山上种着果树。
　　（20）a 他在花瓶里插花。
　　（20）b 他在花瓶里插着花。（第1章の（14））
　　（21）a 我在日记本里夹小黄花。
　　（21）b 我在日记本里夹着小黄花。
　　（22）a 他在商店前贴广告。
　　（22）b 他在商店前贴着广告。
　　（23）a 他在墙上挂画儿。
　　（23）b 他在墙上挂着画儿。
　　（24）a 他在屋子里画油画儿。
　　（24）b 他在屋子里画着油画儿。
　　（25）a 他在黑板上写字。[17]
　　（25）b 他在黑板上写着字。
　　（26）a 妈妈在小梅头上扎小辫。
　　（26）b 妈妈在小梅头上扎着小辫。（第1章の（16））
　　（27）a 孩子们在操场排队。
　　（27）b 孩子们在操场排着队。

これらのうち、bの表現例は、例えば

　　（19）'b 他在山上种着果树，在地里种着粮食。
　　（20）'b 他在花瓶里插着花，等着小王回来。
　　（21）'b 我在日记本里夹着小黄花，仔细地放在抽屉里。
　　（22）'b 他在商店前贴着广告，在商店里挂着广告。
　　（23）'b 他在墙上挂着画儿，显出高雅的样子。
　　（24）'b 他在屋子里画着油画儿，油画儿边上挂着一幅年画，显得不伦不
　　　　　　类。
　　（25）'b 他在黑板上写着字，字写得龙飞凤舞。
　　（26）'b 妈妈在小梅头上扎着小辫，小辫上又系上了一朵小花。
　　（27）'b 孩子们在操场排着队，静静地听老师讲话。

のように後件を続けると、動作結果の持続状態を表わす表現となる。このため、継続可能であり、かつ結果をともなう動作を表わすVを用いた"在・ト

コロ＋Ｖ着"表現は、進行表現、状態表現のいずれとして用いることも可能であることとなるが、上記のように特定の場面あるいは文脈を設定しない限り、1.1.2で述べたように、通常は進行表現と解される傾向が強い。

　平山1959：4-5は、"着"と組み合わされる動詞はほぼ
　　A類：動作の継続進行（本章でいう「動作の持続状態」）だけが示される
　　　　もの
　　　　ex."谈、跑、刮（风）、洗"など
　　B類：動作の結果として生ずる状態の持続（本章でいう「動作結果の持続
　　　　状態」）だけが示されるもの
　　　　ex."留、落（là）、长（zhǎng）、裂、破"など
　　C類：動作の継続進行、状態の持続のどちらも示されるもの
　　　　ex."贴、挂、穿、系（jì）、切、摆、涂、下（雪）"など
の3種類に分類することができるとしているが、このような考え方によれば、"Ｖ着"における"着"の働きは、動詞が表わす内容によって左右されることとなる[18]。

　また、木村1981a：24-25は、動詞に付加される"着"が動作の持続状態を表わす場合は純粋なアスペクト辞である（但し本書では"着"をアスペクトのマーカーであるとは認めない）のに対し、動作結果の持続状態を表わす場合は、結果補語よりの動詞付加成分であると位置づけ、それぞれの例として"看着"、"放着"を挙げている。そして、"看着"を用いた表現は"看"という動作が進行（本書でいう「持続」）中であることを述べるものであって、動作の結果としての客体の具体的状況を述べるという意味的性格とはほど遠く、表現中には必ず主体が出現するのに対し、"放着"を用いた表現は、"放"という動作の遂行の結果として客体が"放"された場所に置かれたままの状態であるという、客体の具体的状況を伝えるものであって、表現中には必ずしも主体は出現しない、と指摘している。このことはすなわち、動作の持続状態を表わす"着"が用いられる表現においては主体の比重がより重いのに対し、動作結果の持続状態を表わす"着"が用いられる表現においては客体の比重がより重いということである。

　木村は、例えば
　（28）张三推倒了李四。
における"推倒"のような結果をともなう他動構造の中では、結果補語が意

味する状況もしくは状態は常に、動作の仕手（本書でいう「主体」）ではなく受け手（本書でいう「客体」）のものであるという「受け手優位」の原理が存在するとした上で、この原理は、動作結果の持続状態を表わす"着"が用いられる表現についてもあてはまり、例えば

　　(29)　这一年他一直在墙上贴着年历。

における"贴着"は、動作の結果として"年历"が壁に付着している状態を伝えているが"他"の具体的状態については何も語っていないとし、(29) における"贴着"のような他動構造は、動作の結果として受け手がいかなる状態にあるかを伝えることができさえすれば成立しえるものであり、仕手の状態については無関心であってよい、としている。但し木村1981a：26 は、動作結果の持続状態を表わす"着"を結果補語と完全に同一視しているわけではなく、意味および統語論上、動作の持続状態を表わす"着"のような純粋のアスペクト辞と結果補語との中間的な性格を有する成分であると位置づけている[19]。

　さらに、平井1987：73-74 は、静態義を表わす動詞を用いた

　　(29)　这一年他一直在墙上贴着年历。
　　(30)　他穿着毛衣。
　　(31)　他拿着书。
　　(32)　他在那儿等着一个朋友。

と、動態義を表わす動詞を用いた

　　(33)　妈妈读着信，脸上露出高兴的神色。

を相互に比較すると、(29)→(30)→(31)→(32)→(33) の順序で、Ｖが意味的に客体のみを指向するものから、主体をより強く指向するものへと漸次的に移行していくが、"主体＋Ｖ着＋客体"という枠の中では、Ｖが意味的に指向するものが客体から主体へと漸次的に移行し、それにともなって"着"も、何の意味も表わさない単なるＶの接辞から進行のアスペクト辞へと漸次的に移行していく、としている[20]。

　木村、平井いずれの考え方によっても、"主体＋Ｖ着＋客体"表現におけるＶが意味的に主体、客体のいずれをより強く指向するかによって"着"の働きが左右され、Ｖが主体をより強く指向する場合には"着"は動作の持続状態を表わす成分としての性格がより強く、Ｖが客体をより強く指向する場合には"着"は動作結果の持続状態を表わす成分としての性格がより強いこ

ととなる。但し、"着"のこのような性格の相違は相対的なものであって、例えば(29)～(33)のうちで最も強く客体を指向する(29)は、主体である"他"の、あえて現状を動かさずに維持しておく行為を表わす表現であるため、前述したような、"他"の具体的状態については何も語っていない、主体の状態について無関心な表現である、とする見方に対しては修正の必要が認められよう。

　このように、動作の持続状態を表わす"着"と、動作結果の持続状態を表わす"着"との相違は相対的なものであり[21]、両者の間にはその働きにおいて連続性がみられる。この点からみても、動作の持続状態を表わす"着"が進行表示の"在"に比べ、コトガラを状態的な性格がより強いものとして表わす働きをするということは明白である[22]。

　4.1.2で述べたように、動作の進行を表わす"在・トコロ+V"表現における"在・トコロ"は、動作が行なわれるトコロを表わすと同時に、場合によって程度の差はあれ、動作が進行過程にあることをも表わす。(1)a～(14)a、(19)a～(27)aはいずれもこれにあてはまる。一方、"在・トコロ+V着"表現は、前述したように、Vが継続可能な動作を表わしていても、その動作が結果をともなうものである場合には必ずしも進行表現としては用いられず、(19)'b～(27)'bのように、一定の条件のもとでは動作結果の持続状態を表わす表現となることがある。動作の進行を表わす"在・トコロ+V"、"在・トコロ+V着"表現における"在"は、動作が行なわれるトコロを限定すると同時に進行アスペクトマーカーとしても働く成分であるのに対し、(19)'b～(27)'bのような表現においては、"在"は進行アスペクトマーカーとしてではなく、客体が"V着"のあり方で存在するトコロを示す成分としての性格を有する。

　(1)b～(14)b、(19)b～(27)bがいずれも恒常的なコトガラを表わす非進行表現としては用いられず、また、進行中のコトガラを表わす場合であっても、発話時点において動作が進行中であることを必要条件とした表現であるのは、動作が進行過程にあることに焦点をあてた"在"とは異なり、"着"が動きのあり方そのものに焦点をあてた成分であるということに起因する。これに対し、(1)a～(14)a、(19)a～(27)aのような"在・トコロ+V"表現においては、動作が進行過程にありさえすれば、その過程において主体が一時的にVが表わすのとは別の動作を行なっていても、このことが表現成

立の可否に影響することはない[23]。(1)b～(14)b、(19)b～(27)bのような"在・トコロ＋Ｖ着"表現においては、動作のあり方を述べる"着"の働きによってコトガラがより具体的なものに限定されるため、発話時に動作が進行中であることが要求されるのである。

　また、(19)b～(27)bが通常は進行表現として用いられ、(19)'b～(27)'bのような特定の場面や文脈を設定しない限り状態表現として用いられないのは、"在"が動作の一段階としての進行過程を表わす働きを有するということに起因する。すなわち、(19)b～(27)bにおいては"在"が存在することによって、Ｖが客体よりは主体を強く指向するものとなると同時に、"着"も、客体の静態を表わす働きをもたない、動作の持続のマーカーとなっている[24]。これに対し(19)'b～(27)'bにおける前件は、後件との意味関係により、(19)b～(27)bの場合に比べてＶの客体指向性がより強くなると同時に、動作の持続マーカーとしての"着"の性格がより弱くなっている。また、"在"はその進行アスペクトマーカーとしての性格をより弱め、客体が"Ｖ着"のあり方で存在するトコロを示す成分としての性格をより強めている。

　Ｖの主体指向性を強める"在"の働きについては、例えば

　　(34) 他脖子上系着一条領帯。

のような、身体部分を含んだ身につけ動作を表わす表現においてより一層明白となる。(34)は、「彼はネクタイをした状態にある」という内容を表わす状態表現であるのに対し、(34)に"在"を加えた

　　(34)'　?他在脖子上系着一条領帯。

は不自然ながらも、「彼はネクタイをするという動作を今まさに行なっているところだ」という内容を表わす進行表現である[25]。(34)'における"在"がトコロを限定する働きをしているのは言うまでもないが、(34)のような身体部分表現と比較すると、Ｖの主体指向性を強める進行アスペクトマーカーとしても働いていることが理解できよう。

5.2　"在・トコロ＋Ｖ着"表現の描写性

　5.1.2で述べたような"在・トコロ＋Ｖ着"表現の特徴は、具体的な場面や文脈においてはどのような形をとってあらわれるのであろうか。例えば

　　(35) 拱桥附近燃起的灯火，象星星似地在蓝色的黄河上颤抖。

　　　　　　　　　　　　　　　　　　　　　　　（刘宾雁〈在桥梁工地上〉）

(36) 我在这个土坛上低徊漫步，想起了许许多多的事情。

(秦牧〈社稷坛抒情〉)

は結果をともなわない動作動詞を用いた"在・トコロ+V"表現であり、"着"がなくても進行表現として成立するが、Vに"着"を付加して

(35)' 拱桥附近燃起的灯火，象星星似地在蓝色的黄河上颤抖着。

(36)' 我在这个土坛上低徊漫步着，想起了许许多多的事情。

とすると表現の描写性が強くなり、具体的な情景がより生き生きと表現される効果が生じる[26]。(35)、(36) はいずれも小説における情景描写に用いられている表現例であるが、このような場合、"着"を用いるか否かは作者の表現意図によって決定される。すなわち、作者がコトガラを客観的に、より生き生きと表現しようとする場合には"着"が用いられ、そのような表現意図があまり強くない場合には用いられないという傾向がある[27]。同様のことは、以下の表現例についてもあてはまる。

(37) 峡急江陡，江面布满大大小小漩涡，船只能缓缓行进，象一个在丛山峻岭之间慢步前行的旅人。但这正好使远方来的人，有充裕时间欣赏这莽莽苍苍，浩浩荡荡长江上大自然的壮美。苍鹰在高峡上盘旋，江涛追随着山峦激荡，山影云影，日光水光，交织成一片。

(刘白羽〈长江三日〉)

(38) 昨晚月光一样的太阳照在兆丰公园的园地上。一切的树木都在赞美自己的幽闲。白的蝴蝶、黄的蝴蝶，在麝香豌豆的花丛中翻舞，把麝香豌豆的蝶形花当作了自己的姊姊。你看它们飞去和花唇亲吻，好象在催促着说："姐姐妹妹们，飞罢，飞罢，莫尽站在枝头，我们一同飞罢。阳光是这么和暖的，空气是这么芬芳的。"

(郭沫若〈梦与现实〉)

(37)、(38) においては、具体的な情景描写の表現であるにもかかわらず"在高峡上盘旋"、"在麝香豌豆的花丛中翻舞"のような"在・トコロ+V"表現が用いられているが、これは、情景の描写が順を追ってなされていることにも起因する。(37)、(38) における"在・トコロ+V"の部分に"着"を加えると、(35)'、(36)'の場合と同じくコトガラを一層リアルに表現する効果が生じる。同様に、

(39) 夜深都睡得很熟，神殿上交响着鼻息的鼾声。我却不能安静下去，便在江流激湍中，思索着明天怎样对付老头子的话语，同时也打算

第Ⅱ部　存在表現、進行表現、動態表現

　　　　趁此夜深人静，悄悄离开此地。但一想到山中不熟悉的路径，和夜
　　　　间出游的野物，便又只好等待天明了。(艾芜〈山峡中〉)
　(40) 大水车在河边缓缓地转动着，从滔滔激流里吞下一木灌一木灌的黄
　　　　水，倾注进木槽，流到渠道里去。这是兰州特有的大水车，也只有
　　　　这种比二层楼房还高的大水车，才能同面前滚滚大河相称。
　　　　　　　　　　　　　　　　　　　　　　　　　　　(袁鹰〈筏子〉)
　(41) 江上横着铁链作成的索桥，巨蟒似的，现出顽强古怪的样子，终于
　　　　渐渐吞蚀在夜色中了。桥下凶恶的江水，在黑暗中奔腾着，咆哮着，
　　　　发怒地冲打岩石，激起吓人的巨响。两岸蛮野的山岸，好象也在拍
　　　　着脚下的奔流，无法避开一样，都把头尽量地躲入疏星寥落的空际。
　　　　　　　　　　　　　　　　　　　　　　　　　　　(艾芜〈山峡中〉)
においても、上記のような効果をねらって"着"が用いられている。(39)～
(41)のいずれにおいても"着"は不可欠の成分ではないが、用いる方が進
行中のコトガラを表わす描写表現としては better である。

　また、"着"の有無が表現内容の相違に影響する場合の例としては、例えば
　(42) 他们组里的人都还正在地里装筐子，中间似乎有女人。
　(42)' 他们组里的人都还正在地里装着筐子，中间似乎有女人。
　　　　　　　　　　　　　　　　　　　　　　　　　　(赵树理《三里湾》)
が挙げられる。(42)' は"装"という動作が発話時に必ず行なわれているこ
とを前提とする表現であるのに対し、(42)の場合は必ずしもそうではない。
また、"装筐子"は、(42)' においては個別の一つの動作でなければならな
いのに対し、(42)においてはそうとは限らず、繰り返し行なわれるいくつ
もの動作である可能性を有するという相違がみられる。このことは、前述
したように、"在・トコロ＋V"は動作の進行過程を表わすにとどまる表現
形式であるのに対し、"在・トコロ＋V着"は動作の進行過程を表わすほか、
動作の持続状態をも表わす働きを有する、具体的・個別的な動作に焦点をあ
てた表現形式であるということに起因する。

　さらに、例えば
　(43) 会场里很静。会议就要开始。有谁在那里翻着什么纸张，窸窸窣窣的。
　　　　　　　　　　　　　　　　　　　　　　　　　　(张天翼〈华威先生〉)
　(44) 小王在那里说着话，叽叽喳喳的。
のように、動作のあり方を詳しくする後件("窸窸窣窣的"、"叽叽喳喳的")

342

が続く場合には"着"を用いる方が better である[28]。

(35)'、(36)'、(39)〜(41)、(42)'、(43)、(44) の場合とは異なり、以下の表現例における"着"は不可欠の成分である。

(45) 接着啵的响了一声。野猫子生气了，鼓起原来就是很大的乌黑眼睛，把木人儿打在鬼冬哥的身旁；一下子冲到火堆边上，放下了灯，揭开锅盖，用筷子查看锅里翻腾滚沸的咸肉。白蒙蒙的蒸气，便<u>在雪亮的灯光中</u>，袅袅地上升着。（艾芜〈山峡中〉）

(46) 我不愿同老头子引起争论，因为就有再好的理由也说不服他这顽强的人的，所以使样客气地答复他。他得意地笑了，笑声<u>在黑暗中</u>散播着。（艾芜〈山峡中〉）

(45)、(46) から"着"を除くと、それぞれ"上升"、"散播"という出来事がいつまでも続くというニュアンスを含んだ表現、すなわち「鍋から湯気がいつまでも立ちのぼっている」、「笑い声がいつまでも続いていて消えない」という場面が想定される表現となって不自然となる。"上升"、"散播"いずれの出来事も、本来は継続可能なものであるが、(45)、(46) においては比較的短い時間内に終了することが想定され、このような場合には"着"は不可欠の成分となる。

ところで、

(47) 一个白发苍苍的老头儿正<u>在床上</u>睡觉，象雷一般地打着呼噜。

（岡本 1992：295）

においては、"在床上"の後ろに"睡觉"、"打着呼噜"という二つの成分が続いているため、"在・トコロ＋V"、"在・トコロ＋V 着"という二つの形式が併用されたカタチとなっている。(47) においては、中心的な動作である"睡觉"のあり方を説明する成分として"象雷一般地打着呼噜"という後件が続いている。つまり、「老人の動作は『眠っている』という進行の過程にあるが、その動作のあり方は『雷のようにいびきをかいている』という状態である」ということである。動作の進行過程を表わす"在"と動作の持続状態を表わす"着"は、(47) において明確にその役割を分けあっている。(47) の"睡觉"に"着"を付加して

(47)' 一个白发苍苍的老头儿正<u>在床上</u>睡着觉，象雷一般地打着呼噜。

とすると、"睡着觉"、"打着呼噜"は、同等に並列された二つの動作となる。

上記のような"在"、"着"の相違は、以下の表現例においてさらに明白と

なる。

  (48) 我还呆着看，野猫子便揪了我一把，喊道："酒鬼，死了么？"我
     便跟着她赶快走开，却听着老板<u>在后面</u>冷冷地笑着，说风凉话哩。
     "年纪轻轻，就这样的泼辣！咳！"（艾芜〈山峡中〉）

(48) の"<u>在后面</u>"に続く動作のうちで中心的なものは、"笑"ではなく"说风凉话"である。"笑着"は"冷冷地"と一体となって"说风凉话"という動作のありようを説明している。このような表現は、例えば

  (49) "明年把孩子带来吧。"晚上，黎老东和傅老刚<u>在碾棚里</u>对坐着抽烟，
     傅老刚一直不说话，黎老东找了这样一个话题。（孙犁〈铁木前传〉）

のような、瞬時に終了する動作を表わす動詞（この場合は"对坐"）を用いた表現に通じる性格を有している。(49) の"对坐着"は、動きをともなわない完全な状態を表わしている点においては (48) の"笑着"と異なるが、後続の動作のありようを説明している点においては共通している。(48)、(49) のいずれにおいても"着"は不可欠の成分である。

5.3　進行表現に用いられる各成分

第3章、第4章および本章におけるこれまでの考察によって、

① 動作の進行を表わす"在・トコロ＋V"表現においては、トコロ表示を主要な働きとする"在"が進行表示の働きを兼ねていること
② "在・トコロ＋V"表現に用いられた"正"、"呢"は、コトガラが動作の進行であることを一層明確にする働きをすること
③ "在"のトコロ表示機能と進行表示機能との間には連続性が認められること
④ "在・トコロ＋V着"表現においては"在"が動作の進行を、"着"が動作の持続状態を表わすため、"在・トコロ＋V"表現に比べ描写性がより高いこと

が明白となった。

3.1.2、5.1.1 で述べたように、進行を表わす"在・トコロ＋V"表現において"在"と共起する"正"、"呢"、"着"の働きはそれぞれ、

  "正"　→　コトガラを「ある一時点に位置する動作」として表現する
  "呢"　→　動作が進行中であると話者が認めることを表わす
  "着"　→　動作の持続状態を表わす

である。これらの成分は、"在・トコロ＋Ｖ"表現においてそれぞれの特性を発揮しながら、表現全体が進行を表わすことを明確にする役割、換言すれば、トコロ表示を主要な働きとする"在"が進行表示の働きをすることを補強する役割をになっているのである。トコロ表示の"在"が進行表示の働きを兼ねる場合、コトガラを「動作の開始の結果が残っている状態」として表現する働きをすることは3.1.2で述べた通りであるが、このような働きは"在・トコロ＋Ｖ"表現において常に発揮されるとは限らない。4.1.1、4.1.2で述べたように、トコロを示す"在"が進行表示の働きを兼ねるか否か、進行表示の働きを兼ねるとしても、トコロ表示、進行表示のいずれに比重が置かれるかにおいてさまざまに異なるケースが存在する。このように"在・トコロ＋Ｖ"表現には、進行表現としての安定性が十分にあるとはいえず、"正"、"呢"、"着"の使用によって不十分な点が補強されることとなるのである。このことは、"在・トコロ＋Ｖ"形式における"在"が、日本語の「*テイルトコロダ*」ほどには進行表示のマーカーとして特化された成分とはなっていないことを意味すると考えられる。

注

1) 『現代中国語辞典』（"在"、"正在"、"呢"の項）における指摘。なお、(15)、(16)は"呢"の項、(17)は"正在"の項に挙げられている表現例である。
2) 状態の持続を表わす"着"の働きについては、さらに神田 1989：28-29、31 を参照。
3) 荒川 1981b：14 は、"拿、穿、等、説、想"などは"在"、"着"のいずれともむすびつき、これらは、静態的な側面をもつか、あるいは積極的に動作をしないことがその動詞の条件になっているようなものが多い、としている。
4) ちなみに讃井 2000：59 は、"V 着"は動作が「実現し一定時間持続する」ことは積極的に主張しているが、「一定時間持続した動作がすでに終結しているか否か」については何も主張しておらず、終結しているかどうかは完全にコンテクストに依存するとした上で、"了"の文法的意味を"完成"とし、"着"の文法的意味を"未完成"とするような、アスペクト体系を矛盾的対立（contradictory opposition）としてとらえる従来の中国語アスペクト論は中国語の事実に反する、と指摘している。
5) 陈月明 2000：542 は、"在"、"着"の働きについてそれぞれ、"表示活动（activity）的进行"、"表示动作（action）的持续"とし、"活动"、"动作"はいずれも"行为"に含まれるとしている。また、张亚军 2002：259 は、"'在'和'着'共同语法意义是'非完成性'"とした上で、"在"の働きを"主要表达动作行为的进行"、"着"の働きを"表明动作行为的持续或状态的延续"としている。陈月明 2000：536 は"在"の働きについて"偏于表示进行"、"着"の働きについて"偏于表示持续"とした上で、"着"には「進行」の働きを認めないのが一般的であるとして马希文 1987、陈刚 1980、戴耀晶 1991、费春元 1992 の見解を紹介している。これに対し、龚千炎 1991：257 は、"'进行'和'持续'都是表示过程的延绵，两者没有截然的分界，同时两者常常配合使用，是一套表示时态的标记符号。"とし、"'着'也可以用来表示动作行为进行"として"他在我前面慢慢地走着。"という表現例を挙げている。ちなみに、日本語における「進行」と「持続」の関係については森山 1987：55 を参照。
6) 「進行」、「持続」に類する概念としては「継続」が存在する。竹沢 1991：60 は、進行相と結果相を、「継続」という概念が具体的言語条件の中で実現しえる対峙的意味として位置づけている。一方、吉川 1976：165 は、「継続」とは動きがその過程の途中にあること、すなわちある動きが始まって、まだ終わらない状態にあることをいうとしている。
7) 木村 1982：34 は、"在"は全体的一としての動作・作用と基準時との時間的相対関係を問題にするのに対し、"着"は動作・作用そのもののあり方・姿を問題にするとしている。また、G.N. リーチ 1976：30 は、進行相は一般に「時間の枠（temporal frame）」によってある特定の出来事あるいは時点を取り囲む効果をもっているとしている。この点についてはさらに、同：27、205、中川 1978：6-7 を参照。
8) 荒川 1985b：5 は、"她在等你呢。"は基準となる時（過去でも未来でも可）における動作が同時であることを示しているのに対し、"她等着你呢。"は動きを過去からのびる線としてとらえているとしている。讃井 1996：29 にも同様の記述がみられる。ま

第5章 "在・トコロ+V" と "在・トコロ+V着"

た、王学群2002：75、79、86-87には、"在V" は発話時に焦点をあてて出来事が進行中であることを表わす形式であり、未来を表わすことが難しい（事件時を基準時とする場合には可能）のに対し、"V着" は発話時以前からの継続的なものとして出来事をとらえた形式であり、発話時を基準時とする未来を表わす用法も存在するという旨の記述がみられる。さらに村松1988：42は、"在" を用いた表現は、話者が発話時点のまさにその一点において事象が既然の状態にあるととらえていることを、"着" を用いた表現は、話者が発話時点を含むある一定の幅をもった時間、事象が既然の状態にあるととらえていることを表わしている、すなわち発話時点を越えてその事象が連続すると認識している、としている。これらの見解は、"在V" の表わす「（動作の）進行」、"V着" の表わす「（動作の持続）状態」がそれぞれ時間的に有限、無限であるということと矛盾しない。

9) 第3章の注19で紹介したように、寺村1984：127は、動詞が本来時間的な幅をもつ動作・現象を表わすものであるとき、「Vテイル」の形で「その動作が始まって、終わらずに今存在している、つまり開始の結果が今もある」という意味をもつのが普通であるとし、それが「継続」ということの意味であるとしている（これに対し、ふつう瞬間動詞とされるもの、つまり始まると同時に終わるような現象を表わす動詞の場合、「Vテイル」はその現象が既に実現した、つまり終わってしまったが、その結果（痕跡）が物理的にあるいは心理的に、現在存在するということを表わすとしている）。

10) 但し、中川1990：230は、動詞の意味する動作を「発生～持続～帰着～（結果の）存続」の四段階に分け、持続を動作の一過程と位置づけている。このように、一般には「進行、持続、継続」の概念は、統一的な概念規定がなされないまま用いられている。

11) 未来の動作も習慣的な動作と同様に "在・トコロ+V" 表現によって表わされる非進行のコトガラである。この点については王学群2002：78-79を参照。

12) 讃井1996：31は、断続的に継続する動作の場合には "着" を用いるとははなはだ不自然となるとし、陈月明2000：543は、"在刷牙" は "活动（activity）进行" であり "不一定是一个匀质的情状" であるのに対し、"刷着牙" は "动作（action）持续" であり "一个匀质连续反复的情状" であるとしている。同様に、王学群2001：73-74、同2002：83も、"在V" が表わす進行にはいくつかの非均質的な段階があることが許されるのに対し、"V着" が表わす動態は均質的な一段階に限られるとしている（但し同2002：84は、均質と非均質という解釈では "在……V" と "V着" の違いをある程度説明できるものの、説明できない用例も少なくないとしている）。同様の記述は肖奚強2002：30、彭飞2007：302-303にもみられる。これらのことは、進行を表わす "在・トコロ+V"、"在・トコロ+V着" 表現についてもあてはまる。「進行」という概念が徐々に変化を含意するという意味において「持続」とは異なる点については、山田1984：117、119を参照。

13) 朱継征1998b：107、同2000：54は、いわゆる副詞 "在" は動詞の外部状況あるいは外部環境を示すものであり、それは基本的意味の薄れた、より抽象的な派生的用法であるとしている。

14) "在・トコロ+V" 表現におけるトコロがVの表わす出来事が成立するための外的な

第Ⅱ部　存在表現、進行表現、動態表現

　　　背景・環境であるという点については、第Ⅰ部（1.1.1 および 2.1.2）を参照。
15) 朱は「動詞の内部状況を示す進行相形式」としているが、本章においては、"着"は「進行」ではなく「持続」のマーカーであるという見方をとる。
16) これらのことは、藤堂・相原 1985：76-77 が、"在Ｖ"はどういう種類の動作・行為が行なわれているのかを話者が認定・判断して説明する形式であるのに対し、"Ｖ着"は動作・行為の様態やすがたがどうであるかを凝視して描写するとしていること、王学群 2001：74、75、同 2002：87 が、動作の順を追っての叙述には"正在Ｖ"形式が、状況描写には"Ｖ着"形式がそれぞれ用いられる例を挙げ、"着"は「観察できる、すなわち現実に存在する動作のすがたしか表わすことができない」とし、"正在"、"在"が"着"と共起するケースにおいては状況描写に傾いている場合が多いとしていることとも符合する。ちなみに、祁从舵 2004：78 は"'着'不能在特殊疑问句中出现"、"'在'在各种疑问句中都可以出现"として"*你找着什么？"、"你在找什么？"を挙げている。この点についてはさらに、陈月明 2000：540-541、545、左思民 2003：72 を参照。
17) 盧濤 1997：108 は、"小李在黑板上写字。"は進行中の状況を表わすとしている。
18) 陈月明 2000：537-539、王学群 2002：75-76、80-83 は、動詞の表わす意味と"在Ｖ"、"Ｖ着"、"在Ｖ着"表現成立の可否との関わりについて考察を行なっている。
19) "Ｖ着"が動作の持続状態、動作結果の持続状態のいずれを表わすかによって、否定の"没"と共起した場合におけるふるまいが異なる旨の記述が木村 1981a：25、左思民 2003：72-74 にみられる。木村は、「没（有）」による否定の際に「持続」の"着"（本章でいう動作結果の持続状態を表わす"着"）は残るが「進行」の"着"（本章でいう動作の持続状態を表わす"着"）は消えるとし、左思民 2003：73-74 は、"当带'着'的谓词表示动态活动的时候，如果一定要用'没'或'不'来否定的话，必须去掉句中的'着'，换用'在'。"として"他挂着画呢。"、"他没在／不在挂画。"を、"如果谓词不表示动态活动，则否定句中不能用'在'替代'着'。"として"画挂着呢。"、"*画没在／不在挂呢。"を挙げている。ちなみに荒川・張 1987：9-11 には、木村の主張とは異なる見解が述べられている。
20) 平井 1987：73 には、(31) は客体である"书"の静態を表わす表現であるが、"拿着"が主体の積極的行為を含意するため、（主体の積極的行為を含意しない）"穿着"を用いた（30）よりもＶの主体指向性が強い旨の記述がみられる。
21) 第1章の注20において、徐丹 1992 や木村 1981a のような明確な"着"の分類を行なう方法をとらないことを述べた。荒川・張 1987：9、肖奚强 2002：30 も2種類の"着"の存在を認めない。1.1.2 で述べたように、"在・トコロ＋Ｖ着＋モノ"表現は動作表現、存在表現の中間的な性格を有し、"Ｖ着"は動作の持続状態、動作結果の持続状態のいずれを表わすことも可能である。このようなケースの存在から、異なった性格を有する2種類の"着"が全く別個に存在するのではなく、「持続」という意味的な特徴を有する連続した一つの領域を形成しつつ、動作の持続状態を表わす成分としての性格が強いものから、動作結果の持続状態を表わす成分としての性格が強いものまでが階層的に存在することがうかがわれる。この点についてはさらに第3章の注

31を参照。

22) 矢野・藍1979：58-59には、"V着"表現においては状態の持続を表わすことに重点が置かれ、話者は"V着"が表わす出来事を動作としてよりは状態として意識しているという旨の記述がみられる。また、王学群2002：80は、"V着"に用いられる動詞が動作性の強い動作動詞であっても、動作の進行を表わすために使われるのではなく、動的な状態性をもたせるために使われるとしている。

23) "在・トコロ＋V"が表わす進行は、動作自体が必ずしも発話時に行なわれているとは限らないという点において、長期にわたり継続して行なわれる動作と共通している。

24) 左思民2003：71、75は、"当表示进行中的动态活动之时，'（正）在'所表示的动态性强于'着'。"、"'（正）在'和'着'合用后，整个句子的动态性反而有所减弱。(3.2.2を参照)"、"同是标记动态活动的持续，用'（正）在'比用'着'的动态性更强。"とし、同：72は、"当主语所代表的主体能够支配谓词所代表的动作行为之时，用'（正）在'可以含有动作不断得到调整的意思，用'着'则没有这个意思。"としている。これらのことは、"在"が"着"に比べ、動作を動的なものとして表現する傾向がより強いこと、主体指向性がより強いことを意味すると考えられる。

25) この点については第Ⅰ部（8.2.3）を参照。

26) 刘月华・潘文娱・故韡1983：229-230は、"着"について"'着'的作用在于描写。"とし、"在"について"'在'的作用在于叙述动作的进行，而不是描写。"としている。また、讃井1996：30は、「動作の持続」を示すアスペクト助詞"着"を用いた表現においては、遠くから固定した視点でフレームの中の情景や出来事全体が描写されており、主として書面語で用いられるとしている。"V着"表現の描写性および"在V"との相違についてはさらに、荒川1984：7、王学群2001：71-73,75、同2002：79、肖奚強2002：31-32および注16を参照。

27) 矢野・藍1979：59には、"V着"は、話者がコトガラを単なる動作というよりは、状態の持続として意識している場合に用いられる表現形式であるため、行為主体が第一人称単数では表現が不自然で成立しにくい旨の記述がみられる。また、讃井2000：62は、語用論的に言えば、"在V"型が意図的に前景化し強調する役割をもつのに対して、"V着"型は別に主張したい事柄があって、その事柄の背景（background）になる事実をありのままに記述する表現であるとしている。また、同：65は"觉民等待着，他整天在等待好消息。"の"等待着"は「待つ」という持続的行為の客観的記述であるのに対し、"在等待好消息"は単なる「いい知らせを待つ」事実の客観的記述ではなく、前述の"等待着"という事実に解説をつけ加えて、話し手自身が知っていることを伝えようとする表現意図があるとしている。

28) 祁从舵2004：77は、"着"について"在简单句中需要有行为所带来的信息部分"として"＊他哭着。"、"他伤心地哭着。"を挙げている。また、陈月明2000：539は、"'着'可以和描写性的动词修饰语同现，而'在'不能与这类修饰语同现"として"他不好意思地笑着。"、"？他在不好意思地笑。"、"＊他不好意思地在笑。"などを挙げている。

第6章
動態を表わす"トコロ＋V着＋N"表現と"在"

6.0　はじめに

　1.1.2においては、客体（モノ）を必要とし、かつ結果をともなう動作動詞（以下、「結果動詞」とする）を用いた"在・トコロ＋V＋N（モノ）"表現を、"主体＋在・トコロ＋V＋N（モノ）"形式をとる代表的動作表現と"トコロ＋V＋N（モノ）"形式をとる代表的存在表現との中間的な性格を有するものと位置づけた。

　また、1.1.2、5.1.2で述べたように、"主体＋在・トコロ＋V着＋N（モノ）"表現は進行表現として用いられる傾向が強く、"V着"は静態（動作結果の持続状態）よりも動態（動作の持続状態）を表わす傾向が強い。但し、このことによって"V着"が静態を表わす可能性が完全に否定されるものではなく、その可能性が極めて低いということにすぎないため、一般に静態（存在）を表わすとされる"トコロ＋V着＋N（モノ）"表現についても動態表現として用いられる可能性が予測され、そのような表現例の存在が先行研究において指摘されてもいる。実際に表現例をみていくと、"トコロ＋V着＋N（モノ）"表現が動態を表わすためには、静態を表わす場合に比べると強い制約が存在し、このことは主体の存在を明示する"在・トコロ＋V着＋N（モノ）"表現が動態を表わす働きを有することと密接に関わっている。結果動詞を用いた"トコロ＋V着＋N（モノ）"表現のこのような成立状況は、結果をともなわない動作動詞（以下、「非結果動詞」とする）が用いられた場合とは大きく異なり、さらに"正在"、"在"を加えて"トコロ＋正在＋V着＋N"、"トコロ＋在＋V着＋N"表現とするとその相違が一層明白となる。

　本章は、動態を表わす"トコロ＋V着＋N"表現の成立条件を明らかにするとともに、一般には進行表現に用いられるとされる"（正）在"が"トコロ＋V着＋N"表現においてVの前に位置することが可能であるか否かについても一定の見解を提示することを目的とする。

6.1　結果動詞を用いた"トコロ＋V着＋N（モノ）"表現

　第5章で挙げた (19)b〜(26)b のような"主体＋在・トコロ＋V着＋N（モノ＝客体）"表現は、5.1.2で述べたように、特定の場面や文脈を設定しない限りいずれも静態表現としては成立せず、通常は進行表現として用いられる。これに対し、主体を表わす成分を含まない

　　(1)　在山上种着果树。
　　(2)　在花瓶里插着花。（第1章の (8)）
　　(3)　在日记本里夹着小黄花。
　　(4)　在商店前贴着广告。
　　(5)　在墙上挂着画儿。
　　(6)　在屋子里画着油画儿。
　　(7)　在黑板上写着字。
　　(8)　在小梅头上扎着小辫。

のような"在・トコロ＋V着＋N（モノ）"表現は、静態表現すなわち「動作の結果としての存在」を表わす表現として用いることが可能である[1]。

　上記のような"在・トコロ＋V着＋モノ"表現の中には、インフォーマントによっては第5章の (19)b〜(26)b と同様に進行表現として用いることも可能とされるケースがあり、例えば (2) や

　　(9)　在桌子上摆着不少菜。（第1章の (1)）
　　(10)　在墓的右边栽着一棵松树。（第1章の (2)）
　　(11)　在信封上贴着邮票。（第1章の (7)）

がこれにあたる。しかし、一方ではこれらの表現例はいずれも進行表現としては成立しないとされるケースがあるため、"在・トコロ＋V着＋モノ"よりも"主体＋在・トコロ＋V着＋モノ"の方が進行を表わす傾向の強い表現形式であることは否定できない。

　(1)〜(8) から"在"を除いて

　　(1)'　山上种着果树。
　　(2)'　花瓶里插着花。（第1章の (8)"）
　　(3)'　日记本里夹着小黄花。
　　(4)'　商店前贴着广告。
　　(5)'　墙上挂着画儿。
　　(6)'　屋子里画着油画儿。

第Ⅱ部　存在表現、進行表現、動態表現

　　(7)'　黒板上写着字。
　　(8)'　小梅头上扎着小辫。
のような"トコロ＋Ｖ着＋Ｎ（モノ）"表現とすると静態表現として用いられる傾向がさらに強くなり、(1)'〜(8)'はいずれも動態表現として用いることができない（インフォーマントによっては動態表現として用いられる可能性があるのは (1)'、(4)'、(6)'にとどまるとされる）。この点は、1.1.1で挙げた

　　(12)　桌子上摆着不少菜。（第１章の (1)'）
　　(13)　墓的右边栽着一棵松树。（第１章の (2)'）
　　(14)　信封上贴着邮票。（第１章の (7)"）

も同様であり、結果動詞を用いた"トコロ＋Ｖ着＋モノ"（受事タイプ）は、「どこに何がどのような状態で存在する」という内容を表わす存在表現として用いられる傾向の極めて強い形式であることがうかがわれる[2]。

　宋玉柱 1986：126-127、129-130 は、"トコロ＋Ｖ着＋モノ"形式のいわゆる"存在句"について、静態を表わす"静态存在句"と動態を表わす"动态存在句"の２種類が存在することを主張し、後者に用いられるＶはいわゆる"不及物动词"に限定されるとしている。

　これに対し朱德熙 1962：360、同 1990：11-12 には、

　　(15)　屋里摆着酒席。　　(16)　山上架着炮。

は"存在"、"动作或行为的'持续'"のいずれを表わすことも可能である旨の記述がみられる[3]。また、陆俭明 1988：180 は、(16) は"静态的存在"、"动态的行为"のいずれを表わすことも可能な多義表現であるのに対し、

　　(16)'　山上架着两门炮。

のように数量詞をともなう場合には"静态的存在"を表わすにとどまるとしている[4]。

　本章におけるネイティヴ・チェックでは、(16) は通常は「山の上に大砲がすえつけてある」ことを表わす静態表現（＝存在表現）と解され、話者の眼前において大砲をすえつける作業が行なわれている場面を前提とした場合には、

　　(17)　山上架着炮呢。

のように"呢"を付加した動態表現が成立するのに対し、数量詞をともなった (16)'の場合には、"呢"を付加して

(17)'　山上架着两门炮呢。
としても静態表現であると解される、とされた。同様に、
　　　(6)'　屋子里画着油画儿。
は静態表現と解する方が自然であり、動態表現として用いるためには
　　　(18)　屋子里画着油画儿呢。
としなければならず、
　　　(18)'　屋子里画着一张油画儿呢。
のように数量詞を加えると静態表現と解される、とされた。さらに、前掲の (1)'〜(8)' および (12)〜(14) においては、インフォーマントによって判断結果が微妙に異なるものの、"呢"が付加されることによって動態表現と解される可能性が生じるか、あるいは強まる傾向がみられる（但し (12)、(13) については、数量詞あるいはそれに準ずる"不少"、"一棵"が除かれることが動態表現としての成立条件であり、(3)'、(8)'、(14) は"呢"を付加しても静態表現と解されるにとどまる）。

　宋玉柱、朱徳熙、陸倹明の記述および本章のネイティヴ・チェックから、"トコロ＋V着＋モノ"は静態表現として用いられる傾向が極めて強い形式であるものの、動態表現として用いられることも不可能ではなく、そのためにはモノを表わす成分に数量詞が付加されていないことや、表現の末尾に"呢"が付加されていることが要求されると考えられる[5]。

　輿水 1985：362 は、"トコロ＋V着＋N"形式によって存在を表わす場合には、例えば

　　　(19)　墙上贴着画。　　　(19)'　墙上贴着一张画。

のように数量詞を用いる表現、用いない表現のいずれも成立するとしており、静態を表わす"トコロ＋V着＋モノ"表現における数量詞の使用が義務的ではないことがうかがわれる。これに対し、動態を表わす"トコロ＋V着＋モノ"表現においては、前述のように数量詞の使用が排除される。また、『岩波中国語辞典』（"呢"の項）には、"呢"は状態の一時性を表わし、状態の変化が可能であることを示すため、永遠に不変の事態については用いることができない旨の記述がみられる。同様の記述は『現代中国語辞典』（"呢"の項）にもみられ、非時間的・絶対的静止態でとらえたものは文末に"呢"をつけないとして

　　　(20)　桌子上放着许多中文书。

が挙げられている。これらのことから、"トコロ＋V着＋モノ"形式によって動態を表わす場合には、数量詞を排除することによって典型的な存在表現（静態表現）としての性格を弱め、"呢"を付加することによってコトガラが一時的なものである（動態表現の前提となるのは進行中のコトガラであり、進行に対しては終了が予測されるため一時的なものである）ことを明示する必要があるものと考えられる。

また、玄宜青1989：63は、

(21) 院子里挖着坑。　　(22) 空地上盖着房子。

はいずれも「状態（動きによる結果の残存）」を表わすが、"挖"、"盖"という動作は、それらが行なわれてもその結果がただちに完全な形としてあらわれるとは限らない[6]ため、例えば

(7)' 黒板上写着字。
(23) 墙上画着宣传画。
(24) 屋子里挂着地图。
(25) 教室里摆着花瓶。

に比べると進行（本章でいう「動態」）表現と解される可能性が高いとしている[7]。

玄宜青はさらに、(7)'および(23)～(25)はいずれも、動きの結果がある場所に残存している状態（本章でいう「静態」）を表わしているが、これらが一定の条件のもとで動態を表わすという可能性を否定せず、例えば(25)と

(26) 桌子上摆着花瓶。

を比較すると、(26)よりも(25)の方が動態の内容を表わす表現と解されやすいのは、"教室里"の方が"桌子上"よりも"摆"という動作が行なわれやすいトコロと解されるためであるとしている[8]。玄のこのような考え方によれば、"トコロ＋V着＋モノ"表現は、動作が結果をともなう可能性が高いほど静態を表わす傾向が強く、結果をともなう可能性が低いほど動態を表わす傾向が強くなることとなる。さらに、結果をともなう可能性の高低は、動作に対するトコロの広さと関係があり、"V着"は、トコロが主体をも含んだ動作全体を包み込む程度の広さがある場合には動態を表わす傾向が、そうでない場合には静態を表わす傾向が存在することとなる[9]。これらのことは、結果をともなう可能性が相対的に低い出来事は完成までに比較的

長い時間を要するのに対し、結果をともなう可能性が相対的に高い出来事は比較的短い時間で完成するということであり、トコロが広いほど出来事の完成により長い時間を要する傾向にあるため、進行中のコトガラを前提とした動態表現に解されやすいことを意味する。

　本章におけるネイティヴ・チェックでは、(21)、(22)、(24)、(25) のように（主体によって占められるような）比較的広いトコロを含む表現のうち、(21)、(22)、(24) はこのままでは静態表現と解される傾向が強いが、"呢"を付加すると眼前の状況を表わす動態表現として用いられる可能性が生じる[10]のに対し、(25) は静態表現と解する方が自然であるものの動態表現と解することも可能であり、"呢"を付加すると動態表現と解される可能性が一層高まるとされた。一方、（主体によっては占められない）比較的せまいトコロを含む (7)'、(23)、(26) の場合には "呢" を付加しても静態表現に解されるとされた。このような判断結果は、"トコロ＋Ｖ着＋モノ" が動態表現として用いられる条件に関する玄宜青の指摘が一定の妥当性を有することを裏づけると同時に、"トコロ＋Ｖ着＋モノ" が動態表現として用いられる場合においては数量詞（orこれに準ずる "不少" など）や "呢" の有無のほかに、動作が結果をともなう可能性の高低、トコロの広さなどが深く関わっており、かつ、動態表現として用いることが可能か否かについての判断が話者によって微妙にゆれることを示している。これらのことは、例えば、比較的広いトコロを含んだ

　　(4)'商店前贴着广告。

はこのままでは静態表現であるが、"呢" を付加すれば動態表現として用いられる可能性が生じるのに対し、比較的せまいトコロを含んだ

　　(27) 墙上贴着广告。

の場合には、"呢" を付加するか否かにかかわらず静態表現に解されるというケースが存在することや、静態を表わす

　　(28) 餐厅里摆着不少菜。　　(12) 桌子上摆着不少菜。

に対して "呢" を付加しても静態表現である点において変化はないが、(28)、(12) からそれぞれ "不少" を除くと、(28) の場合には動態表現となるのに対し、(12) の場合には動態表現として用いられる可能性が出てくるとされるケースが存在することによっても理解できよう。

　前述したように、"トコロ＋Ｖ着＋モノ" 形式をとる (1)'〜(8)' および

第Ⅱ部　存在表現、進行表現、動態表現

(12)～(14)は、いずれもこのままでは静態表現に解される傾向が強い。このことは、例えば

　　(15)　屋里摆着酒席。

のような"トコロ＋Ｖ着＋モノ"表現から中国語話者が第一に想定する場面としては、「部屋で(は)酒の席が並べられているところだ」という動態よりは「部屋に酒の席が並べてある」という静態の方であるとされることによっても明白である。同様のことは、

　　(16)　山上架着炮。
　　(21)　院子里挖着坑。
　　(22)　空地上盖着房子。

についてもあてはまる。しかし、朱德熙、陆俭明、玄宜青による前掲の指摘は、"トコロ＋Ｖ着＋モノ"表現が進行中のコトガラを前提とした動態表現として用いられることを肯定している点において極めて重要である。

　一方、

　　(29)　在屋里摆着酒席。
　　(30)　在山上架着炮。
　　(31)　在院子里挖着坑。
　　(32)　在空地上盖着房子。

のような"在・トコロ＋Ｖ着＋モノ"表現は、いずれも静態表現として用いることが可能であるものの、"在"によって主体の存在が明示されているため、(15)、(16)、(21)、(22)のような"トコロ＋Ｖ着＋モノ"表現に比べると、進行を表わす

　　(33)　服务员在屋里摆着酒席。
　　(34)　士兵在山上架着炮。
　　(35)　他在院子里挖着坑。
　　(36)　工人们在空地上盖着房子。

のような"主体＋在・トコロ＋Ｖ着＋モノ"表現に近い性格を有する動態表現に解される傾向が強い。このことは、"トコロ＋Ｖ着＋モノ"よりも"在・トコロ＋Ｖ着＋モノ"の方が動態を表わす傾向の強い表現形式であることを意味すると考えられる。

　従って、動態を表わす場合には"トコロ＋Ｖ着＋モノ"→"在・トコロ＋Ｖ着＋モノ"→"主体＋在・トコロ＋Ｖ着＋モノ"の順序で、静態を表わす場合

第 6 章　動態を表わす"トコロ＋Ｖ着＋Ｎ"表現と"在"

にはこの逆の順序で表現形式の適合性が高くなるということができる。このことは換言すれば、主体を含む"主体＋在・トコロ＋Ｖ着＋モノ"は動態を表わす傾向が最も強いのに対し、主体を含まない"トコロ＋Ｖ着＋モノ"は動態を表わす傾向が最も弱く、主体の存在を明示する"在・トコロ＋Ｖ着＋モノ"はそれらの中間的な性格を有するということであり、1.1.2で述べた静態表現の場合と同様に、表現の他動性が上記の順序で高くなっていくことを意味すると考えられる。

　結果動詞を用いた"トコロ＋Ｖ着＋モノ"表現（受事タイプ）は静態を表わす傾向が強いということは、"动态存在句"に用いられるＶが"不及物动词"に限定されるという宋玉柱1986：129-130の前掲の記述とも矛盾しない。動態はいうまでもなく動きをともなう概念であり、モノに対して継続的な働きかけが行なわれることが前提となるため、このようなコトガラを表わす場合には、"トコロ＋Ｖ着＋モノ"形式よりも、働きかけを行なう主体の存在を明示した"在・トコロ＋Ｖ着＋モノ"形式を用いる方がbetterとなるのである。

6.2　非結果動詞を用いた"トコロ＋Ｖ着＋Ｎ"表現

　結果動詞を用いた場合とは異なり、非結果動詞を用いた場合には、"トコロ＋Ｖ着＋Ｎ"形式の動態表現が成立しやすい。朱德熙1981、同1990、宋玉柱1986、齐沪扬1998には以下のような表現例が挙げられている。

　　(37)　屋里开着会。(朱德熙1981：13)
　　(38)　戏台上唱着寿戏。(宋玉柱1986：130)
　　(39)　教室里讲着课。(齐沪扬1998：103)
　　(40)　屋里说着话呢。(朱德熙1990：11)
　　(41)　手术室里开着刀呢。(同上)

上記の表現例のうち、"呢"が付加された(40)、(41)は、"呢"を除くとやや不自然となるのに対し、(37)～(39)は"呢"がなくても自然な表現として成立するものの、"呢"を付加する方がbetterである。また、(37)～(41)におけるＶとＮとの意味上の関係は、動作がモノに働きかけるという関係ではなく、"开会"、"唱戏"、"讲课"、"说话"、"开刀"はいずれも"Ｖ＋Ｎ"全体で一つの概念を表わしている。これらの表現例が表わすコトガラにおいては、動作の結果としてのモノの存在がありえないため、(37)～(41)

が静態表現となり得ないことはいうまでもない。前述したように、宋玉柱1986：129-130 は、動態を表わす"トコロ＋V着＋N"表現のうち、(37)〜(41)のような表現例をいわゆる"動態存在句"とはしていない[11]が、Vの表わす動作が他者への働きかけをともなわない点、コトガラを動作（ドウスル）ではなく一種の状況（ドウナル）としてとらえた表現である[12]点において、"动态存在句"と共通点を有するということができよう。この点は、結果動詞を用いた"トコロ＋V着＋モノ"表現が動態を表わす場合においても同様であり、"V着"の部分が動きをともなう出来事を表わしてはいても、いわゆる進行表現ではない[13]。5.1.1 で述べたように、「進行」という概念は動作の一過程であり、状況とは異なるためである。このことは、村木 1989、岡本 1992 の以下のような記述とも矛盾しない。

村木 1989：186-187 は、言語には人間あるいは話し手中心の側面があり、運動に参加する関与者のうち、人間に近いものや話者に関わりの深いものを中心に表現される場合が多く、一般には人間中心の表現を形成する成分である「ヒト〉生物〉モノ〉事象〉場所」のうち、左側の成分ほど主格や主語になりやすい、としている。これらの成分のうち、「場所（トコロ）」は、表現の中心としていわゆる主格や主語になる傾向が最も弱いとされるため、トコロ中心の"トコロ＋V着＋モノ（ヒト）"表現は、モノやヒト中心の表現に比べると、動作表現としての性格が極めて弱いこととなる。

また、岡本 1992：296-297 は、ある一つの現象は「動きの有無」、「行為性の有無」という二つの軸からとらえることが可能であるが、同じく"トコロ＋V着＋モノ"形式をとる表現であっても、外面的な動きがないコトガラ（静態）を表わす

(42) 桌子上放着三本书。（岡本 1992：297）

と、外面的な動きがあるコトガラ（動態）を表わす

(43) 天上飘着一面红旗。（同上）

は、いずれも行為性がないという点において

(44) 他看着电视。（同上）

のような行為性を有する表現とは異なる[14]とした上で、(43) は、動きの情景を表わす表現である点においては (44) と同様であるが、動きそのものは人為の外に出るものであるため一種の動的な存在表現となっている点においては、(44) のような一般的な進行（本書でいう「持続」）の表現とは異なる、

第 6 章　動態を表わす "トコロ + V 着 + N" 表現と "在"

としている。

　　(43) は、(42) や

　　(45) 墙上挂着一面红旗。

のようないわゆる受事タイプの存在表現と同様に "トコロ + V 着 + モノ" 形式をとっている。このため、(43) が表わすコトガラは動きをともなってはいるが、「モノの動的な存在のあり方」[15]すなわち状況として表現されているとみてさしつかえない。

　このように、"トコロ + V 着 + N" 表現においては、コトガラは状況としてとらえられており、このことはVの表わす出来事が主体の意志によるものであるか否か、結果をともなうものであるか否か、表現全体が静態、動態のいずれを表わしているか、などとは無関係であることが理解できよう。

　"トコロ + V 着 + N" 表現の表わすコトガラの動作性が弱い、すなわち状況としての性格が強いことは、"在・トコロ + V 着 + N" 形式をとる表現と比較すれば一層明白となる。例えば

　　(39) 教室里讲着课。　　　　　　　　　(39)' 在教室里讲着课。

　　(46) 台上演着梆子戏。(齐沪扬 1998：67) (46)' 在台上演着梆子戏。

(39)'、(46)' はコトガラを主体の意志的な動作としてとらえた表現であるのに対し、(39)、(46) は場面全体の客観的な描写に用いられる表現、すなわちコトガラを状況としてとらえた表現であるという相違がみられる (齐沪扬 1998：103 では (39)' は非文とされているが、本章におけるネイティヴ・チェックでは成立するとされた)。また、V が有意志、無意志いずれの出来事を表わすことも可能である場合には、"トコロ + V 着 + N" 形式によって無意志のコトガラを、"在・トコロ + V 着 + N" 形式によって有意志のコトガラを表わす以下のようなケースが存在する。

　　(47) 菜地里浇着水。(平井 1991：50)　(47)' 在菜地里浇着水。(同左)

　(47) は「水が畑 (のミゾ) を流れている」あるいは「(噴水などで) 畑に水がまかれている」という状況を、(47)' は「(誰かが) 畑で水をまいている」という動作を表わす表現としてそれぞれ用いられる[16]。

　このように、"在・トコロ + V 着 + N" はコトガラを動作として、"トコロ + V 着 + N" はコトガラを状況として表現する形式としての性格を有し、このことは、結果動詞が用いられた場合も同様である。但し、結果動詞が用いられた場合には、6.1 で述べたように "在・トコロ + V 着 + N (モノ)" 表現

359

第II部　存在表現、進行表現、動態表現

が動態を、"トコロ＋Ｖ着＋Ｎ（モノ）"表現が静態を表わす働きにそれぞれ傾くという相違となってあらわれるのに対し、非結果動詞が用いられた場合には"Ｖ着"が静態を表わすことはなく、結果動詞が用いられた場合のように静態、動態をめぐる使い分けの必要が生じないため、主体の存在を明示する"在・トコロ＋Ｖ着＋Ｎ"表現のみならず、"トコロ＋Ｖ着＋Ｎ"表現も動態を表わすことが可能である。

両形式がそれぞれ有する上記のような特徴は、主体の存在を明示するか否かという点における 1.1.1 で述べた相違に起因すると考えられる。

6.3 "トコロ＋在＋Ｖ着＋Ｎ（モノ）"表現が成立する可能性

6.1 で述べたように、結果動詞を用いた"トコロ＋Ｖ着＋モノ"表現は、動態を表わす傾向が極めて弱い。但し、(1)'～(8)' および (12)～(14) に"正"を付加して

　　(48) 山上正种着果树。
　　(49) 花瓶里正插着花。
　　(50) 日记本里正夹着小黄花。
　　(51) 商店前正贴着广告。
　　(52) 墙上正挂着画儿。
　　(53) 屋子里正画着油画儿。
　　(54) 黑板上正写着字。
　　(55) 小梅头上正扎着小辫。
　　(56) 桌子上正摆着不少菜。
　　(57) 墓的右边正栽着一棵松树。
　　(58) 信封上正贴着邮票。

とすると、(56)、(57) 以外は、表現の自然さという点において問題が残るものの動態表現として何とか許容される程度の表現となるとされるケースがある[17]一方、総じて非文もしくは不自然な表現であるとされるケースがあった（不自然とされる場合は、静態表現としてであれば成立するという判断である）。

3.1.2 で述べたように、"正"はコトガラを「ある一時点に位置するもの」として表現する働きを有するため、"トコロ＋Ｖ着＋モノ"表現に用いられた場合には、発話時点においてある状況が存在することを表わすこととな

第 6 章　動態を表わす"トコロ＋V 着＋N"表現と"在"

り、一時的な状況である動態を表わす可能性が出てくるものと考えられる。"トコロ＋V 着＋モノ"表現に"正"が用いられた場合に生じるこのような効果は、6.1 で述べたような"呢"の効果、すなわち状況が一時的なものであることを示す効果に極めて近い。

(48)～(58) に対し、"正在"を用いた

(48)' 山上正在种着果树。

(49)' 花瓶里正在插着花。

(50)' 日记本里正在夹着小黄花。

(51)' 商店前正在贴着广告。

(52)' 墙上正在挂着画儿。

(53)' 屋子里正在画着油画儿。

(54)' 黑板上正在写着字。

(55)' 小梅头上正在扎着小辫。

(56)' 桌子上正在摆着不少菜。

(57)' 墓的右边正在栽着一棵松树。

(58)' 信封上正在贴着邮票。

は"在"が含まれているため静態に解される余地のない表現であり、成立の可能性がさらに低い[18]。

聶文龍 1989：98 は、"トコロ＋V 着＋N"表現が静態を表わす場合には動詞の前に"正在"、"在"を付加することができないのに対し、動態を表わす場合には"正在"、"在"を付加することが可能であるとした上で、

(59) 墙上正贴着布告。　　　(60) 地上正铺着水磨石。

はいわゆる多義表現であり、それぞれ

(61) 墙上正好贴着布告。　　(62) 地上正好铺着水磨石。

と同様の内容を表わす静態表現としても、

(63) 墙上，(他) 正在贴着布告。　(64) 地上，(他) 正在铺着水磨石。

と同様の内容を表わす動態表現としても用いることが可能であるとしている[19]。

また、平井 1991：50、54 は、動態を表わす

(15) 屋里摆着酒席。　　　(47) 菜地里浇着水。

に対しては、"正在"を付加して

(65) 屋里正在摆着酒席。　　(66) 菜地里正在浇着水。

361

とすることが可能であるとしている。

但し、(63)、(64) と同じ成分を用いた"トコロ＋正在＋Ｖ着＋モノ"形式の

 (67) 墙上正在贴着布告。 (68) 地上正在铺着水磨石。

が自然な表現として成立するか否かについてはインフォーマントによってばらつきがみられ、非文もしくは通常は用いられない表現であるとされるケースがあった（(67) が成立するとされるケースでは、例えば「ヒトが脚立などを使って壁に向かって貼る動作を行なっている」という場面設定が必要であるとされた）。

平井1991の記述および (48)'～(58)'、(67)、(68) の成立状況からは、"トコロ＋正在＋Ｖ着＋モノ"表現が成立することを完全に否定することはできないものの、動態を表わす"トコロ＋Ｖ着＋モノ"表現における"正在"の許容度が極めて低いことがみてとれよう。

郑懿德1988：232 は、"带存现宾语的述宾式短语不受'在'修饰。因为存现宾语表示存在、出现或消失的事物，带存现宾语的动词加'着'表示动作所产生的状态，与'在'的语法意义不协"として

 (69) ＊门上在挂着帘子。

が非文となる例を挙げている[20]。また、同：229 は、"'关、开、插、雇、写、贴、种、埋、拖'等表示行动的动词，附上'着'表示状态，不受'在'修饰"として

 (49)" ＊花瓶里在插着花。
 (54)" ＊黑板上在写着字。
 (58)" ＊信封上在贴着邮票。

が非文となる例を挙げている。(48)'～(58)'、(65)～(68) から"正"を除いて

 (48)" 山上在种着果树。
 (49)" 花瓶里在插着花。
 (50)" 日记本里在夹着小黄花。
 (51)" 商店前在贴着广告。
 (52)" 墙上在挂着画儿。
 (53)" 屋子里在画着油画儿。
 (54)" 黑板上在写着字。

(55)″　小梅头上在扎着小辫。
(56)″　＊桌子上在摆着不少菜。
(57)″　墓的右边在栽着一棵松树。
(58)″　＊信封上在贴着邮票。
(65)′　屋里在摆着酒席。
(66)′　菜地里在浇着水。
(67)′　墙上在贴着布告。
(68)′　地上在铺着水磨石。

のような"トコロ＋在＋V着＋モノ"表現とした場合、本章におけるネイティヴ・チェックでは、(48)″〜(55)″、(57)″、(65)′〜(68)′は、「そのような状況があるか」と相手にたずねる場合であれば、話し言葉におけるブロークンな表現として用いることが可能であるものの、情景描写の表現としては非文とされるケースがある一方、(65)′以外はいずれも無条件に非文もしくは不自然とされるケースがあった。

　以上のことから、結果動詞を用いた"トコロ＋正在＋V着＋モノ"、"トコロ＋在＋V着＋モノ"表現は、動態表現として成立する可能性が極めて低いながらも、その成立が完全に否定されるまでにはいたらないことがみてとれる。

　ところで、"在・トコロ＋V着＋モノ"が"トコロ＋V着＋モノ"よりも動態を表わす傾向の強い形式であるのは、1.1.2、6.2で述べたように、主体の存在を明示する前者におけるVが主体を潜在的な項としているため、"V着"の働きが動作の持続（＝動態）を表わすこととなりやすい点に起因する。このことは換言すれば、動態を表わす"在・トコロ＋V着＋モノ"表現における"在"は、トコロを示すことを中心的な働きとしつつ、主体の存在を明示することによって進行の意味を付加する働きをも兼ねるということであり、この点は第5章であつかった"主体＋在・トコロ＋V着＋モノ"表現における"在"が、動作の行なわれるトコロを限定する働きをしつつ進行表示のマーカーとしても働くことと符合する。従って、"在・トコロ＋V着＋モノ"表現における"在"の働きにおいても、主体の存在を明示しつつトコロを限定する働き、進行を表わす働きの両者が連続した一つの領域をなしているということができよう[21]。これに対し、"トコロ＋在＋V着＋モノ"表現における"在"には、主体の存在を明示しつつトコロを限定する働きがな

く、このことが表現成立に対するさまたげとなっていると考えられる。

　以上のように、結果動詞を用いた受事タイプの"トコロ＋正在＋Ｖ着＋モノ"表現、"トコロ＋在＋Ｖ着＋モノ"表現は、程度の差こそあれ情景描写の表現としてはいずれも成立困難であり、このことは"トコロ＋Ｖ着＋モノ"形式が主として静態を表わすのに用いられること、動態を表わす表現形式として"在・トコロ＋Ｖ着＋モノ"が存在することに起因すると考えられる。

6.4　"トコロ＋在＋Ｖ着＋Ｎ"表現が成立する可能性

　6.2で述べたように、動態を表わす"トコロ＋Ｖ着＋Ｎ"表現は、結果動詞を用いた場合よりも、非結果動詞を用いた場合の方が成立しやすい。後者の場合には静態を表わす可能性がないため、以下のような"トコロ＋正＋Ｖ着＋Ｎ"表現は静態に解される可能性がない。

　（70）　屋里正开着会。
　（71）　戏台上正唱着寿戏。
　（72）　教室里正讲着课。
　（73）　屋里正说着话。
　（74）　手术室里正开着刀。

　（70）～（74）はいずれも"呢"を付加する方がbetterであるものの、"呢"の必須度は結果動詞を用いた場合ほど高くはない。

　また、"正在"、"在"を用いた以下のような表現例の成立状況は、結果動詞を用いた場合に比べるとはるかに高い。

　（70）'　屋里正在开着会。
　（71）'　戏台上正在唱着寿戏。
　（72）'　教室里正在讲着课。（齐沪扬1998：103）
　（73）'　屋里正在说着话。
　（74）'　手术室里正在开着刀。
　（70）"　屋里在开着会。
　（71）"　戏台上在唱着寿戏。
　（72）"　教室里在讲着课。
　（73）"　屋里在说着话。
　（74）"　？手术室里在开着刀。

　上記の表現例に対しても（70）～（74）の場合と同様に、"呢"を付加する

第6章　動態を表わす"トコロ+V着+N"表現と"在"

方がbetterであり、これによって(74)も自然な表現となる。

　このように、非結果動詞を用いた場合には、結果動詞を用いた場合に比べ、進行中のコトガラを前提とした"トコロ+正+V着+N"、"トコロ+正在+V着+N"、"トコロ+在+V着+N"表現の成立度が高い[22]。これらの表現形式のうち、"トコロ+正在+V着+N"、"トコロ+在+V着+N"については、以下のような疑問が提示されよう。進行表示の"在"は、第3章で述べたように、主体が動作を行なうトコロを限定する働きから進行表示のマーカーへと変化したものである。この点からみれば、主体の存在を明示する"在"の後にはトコロが続き、表現全体が表わすコトガラは動作としての性格を帯びているはずである。一方、"トコロ+V着+N"は、存在や現象をも含めた状況を表わす表現形式である。従って、"トコロ+正在+V着+N"、"トコロ+在+V着+N"表現においては、表現全体の形式と"在"との間に統語上・意味上の衝突が起こっても不思議ではない。

　6.2で述べたように、非結果動詞を用いた"トコロ+V着+N"表現は動態を表わすことが可能である。表現には主体が含まれていないものの、客観的事実において主体が存在することは明白である。この点は1.3.1で述べた存在表現（受事タイプ）の場合と同様である。非結果動詞を用いた"トコロ+V着+N"表現において"正在"、"在"の使用が許容されやすいのは、静態表現の場合とは異なり、表現の前提となる客観的事実において、動作が発話時に行なわれていることが不可欠であるため、結果動詞を用いた場合に比べて動作主体の存在が強く意識されることと無関係ではないと考えられる。

　"トコロ+正在+V着+N"、"トコロ+在+V着+N"表現が成立するということは、非結果動詞を用いた表現において"正在"、"在"の進行表示マーカーとしての特化がすすんでいることを意味すると考えられる。このことは、4.2.1で紹介した進行表示の"在"と連用修飾成分との位置関係が北方方言と南方方言で異なる現象に通じるということができよう。すなわち、南方方言において発達した進行表示の"在"は北方方言におけるよりもアスペクトマーカーとしての性格が強く、トコロを示す成分としての性格がより弱いため、"在+連用修飾成分+V"よりも"連用修飾成分+在+V"形式が用いられる傾向があるのに対し、北方方言においてはトコロを示す成分としての"在"の働きがより強いため、"在+連用修飾成分+V"が用いられる。本章は、方言による用法の相違を問題とするものではないが、"トコロ+V

着＋N"表現における"正在"、"在"の使用が、非結果動詞を用いた場合には許容され、結果動詞を用いた場合には許容されにくいという現象は、"トコロ＋V着＋N"表現において"正在"、"在"の使用が許容されるにいたる過渡的なものとみることができよう[23]。

6.5 日本語の「トコロ・ニ／デ（ハ）モノが Vラレテイル」表現

　結果動詞を用いた"トコロ＋V着＋モノ"表現が表わすコトガラを日本語で表現する場合には、「トコロ・ニ（ハ）モノが Vラレテイル」形式を用いることが可能であり、例えば

　　(16) 山上架着炮。

が表わすコトガラは、日本語では

　　(75) 山頂ニ（ハ）大砲がすえつけラレテイル。

によって表現することが可能である。2.2.1 で述べたように、「他動詞＋Vラレテイル」は動作の進行、動作の結果状態のいずれを表わすことも可能な形式であるため、(75) は「大砲がすえつけられている最中である」、「大砲がすでにすえつけられている」いずれの場合にも用いることが可能である。(75) はさらに、例えば

　　(75)' 山頂ニ（ハ）すでに大砲がすえつけラレテイル。

とすれば動作の結果状態を、

　　(75)" 山頂ニ（ハ）大砲がすえつけラレテイルトコロダ。

とすれば動作の進行を表わす表現であることがそれぞれ確定する。

　6.1 で述べたように、結果動詞を用いた"トコロ＋V着＋モノ"表現は静態を表わす傾向が極めて強く、動態表現として用いられるためには一定の条件が必要である。これに対し、日本語の「トコロ・ニ（ハ）モノが Vラレテイル」表現が進行中のコトガラを前提として用いられるためには、上記のように何らの条件をも必要とはしない。また、(75) に対しては

　　(76) 兵士たちが山頂ニ大砲をすえつけた。

のようないわゆる能動表現が対応し、「ドウスル」表現としての性格が強い。これに対し"トコロ＋V着＋モノ"形式をとる(16) は、6.2 で述べたように「ドウナル」表現としての性格が強く、進行中のコトガラを前提として用いられる場合であっても、動作表現の一種である進行表現ではないという点において日本語の「トコロ・ニ（ハ）モノが Vラレテイル」表現とは異なる。

ところで、(75)が進行表現として用いられる場合、これと同一の知的意味を表わす表現としては(75)″のほか、

　　(77) 山頂デ(ハ)　大砲がすえつけラレテイル。
のような「トコロ・デ(ハ)　モノが　Ｖラレテイル」表現が存在する。結果動詞を用いたこのような場合とは異なり、非結果動詞を用いた場合には、例えば

　　(78) 部屋デ(ハ)　会議が行なわレテイル。
のような「トコロ・デ(ハ)　モノが　Ｖラレテイル」表現は成立するが、「トコロ・ニ(ハ)　モノが　Ｖラレテイル」表現は成立しない。これは、結果をともなう動作はトコロに向かって行なわれ、トコロに結果を残すのに対し、結果をともなわない動作はそのようなことがあり得ないため、トコロへの方向性を示す「ニ」を用いることができない点に起因すると考えられる。一方、「デ」が用いられるためには、主体がトコロに存在する、動作はトコロに向かうものではない、という条件を満たしていなければならない[24]。(78)の「会議を行なう」は方向性を有しない動作である。(77)の「すえつける」は方向性を有する動作であるものの、(75)に比べると動作がトコロに向かって行なわれているというニュアンスが乏しく、トコロにおいてそれが行なわれているというニュアンスが強くなっている。「トコロ・ニ(ハ)　モノが　Ｖラレテイル」と「トコロ・デ(ハ)　モノが　Ｖラレテイル」との間におけるこのような相違は、トコロを示す「デ」、「ニ」の働きの相違によって生じると考えられる。また、(75)とは異なり、(主体によっては占められないような)比較的せまいトコロを含んだ表現の場合には、例えば

　　(79) テーブル(の上)ニハ料理が並べラレテイル。
のような「トコロ・ニ(ハ)　モノが　Ｖラレテイル」表現は進行表現として成立するが、「トコロ・デ(ハ)　モノが　Ｖラレテイル」表現は、トコロにおける主体の存在が「デ」によって示されるために成立しないか、表現の自然さの度合いが劣ることとなる。このように、日本語には、トコロが(表現には含まれていない)主体によって占められることを含意し、かつ、進行中の動作に限定してコトガラを表わす「トコロ・デ(ハ)　モノが　Ｖラレテイル」のような表現形式が存在するのに対し、中国語にはそのような表現形式は存在しない。このため、"トコロ＋Ｖ着＋Ｎ"表現において非結果動詞が用いられた場合には動態を表わすことが明白であるものの、結果動詞が用いられ

第Ⅱ部　存在表現、進行表現、動態表現

た場合に表現が動態、静態のいずれを表わしているかは、表現全体の形式ではなく、6.1で述べたように数量詞や"呢"の有無といった各成分の使用状況のほか、動作が結果をともなう可能性の高低、トコロの広さといった意味的な要素によって相対的に判断せざるを得ない面がある。この点については"在・トコロ＋V着＋N"表現の場合も同様であり、"在"が含まれていることによって動態表現になるとは限らない。

　4.1.2、5.1.1で述べたように、"在"が進行表現に用いられる場合には、動作が行なわれている過程にあることを表わす働きをしている。"在"のこのような働きは、3.0、3.3で述べたようにトコロ限定機能を時間限定機能に転用した結果として生じたものであり、この点において日本語の「テイルトコロダ」と共通点を有する。但し、「テイルトコロダ」は、例えば

　　(77)'　<u>山頂デ（ハ）</u>大砲がすえつけラレテイルトコロダ。

　　(78)'　<u>部屋デ（ハ）</u>会議が行なわレテイルトコロダ。

のような「トコロ・デ（ハ）モノが Vラレテイル」表現はもちろんのこと、(75)"のような結果動詞を用いた「トコロ・ニ（ハ）モノが Vラレテイル」表現に用いることも可能である。一方、6.3、6.4で述べたように、"トコロ＋V着＋N"表現において非結果動詞を用いた場合には"正在"、"在"の使用が許容されるのに対し、結果動詞を用いた場合には許容されにくい。トコロにおける進行中のコトガラを前提とした表現におけるこのような許容度の差異は、「テイルトコロダ」の方が"正在"、"在"に比べ、進行を表わす成分としての完成度がより高いことを意味し、5.3で述べたこととも符合する。

注

1) 第5章の (27)b は、"排队"が他者への働きかけをともなう動作ではなく、主体を除いた"在操场排着队。"が不完全な表現となる点において (19)b 〜 (26)b の場合とは異なるため、除いてある。
2) この点についてはさらに、范方蓮 1963：391、郑懿德 1988：229、232 を参照。
3) 丸尾 2006：2 は (15) に対して「部屋に酒の席が並べてある。」、「部屋で酒の席を並べているところだ。」という二通りの日本語表現を対応させている。
4) この点についてはさらに中川・李 1997：101-102、山口 2006：78-79、宋玉柱 1986：131-132、1.1.1 で挙げた徐丹 1992：457、第1章の注7を参照。
5) 朱德熙 1981：13, 18 は、"屋里开着会（呢）。"、"台上唱着戏（呢）。"のような動態表現（但し非結果動詞を用いたケース）について、"独立成句时，句尾往往带语气词'呢'"とし、同 1990：1 は、静態表現"黑板上写着字（呢）。"、動態表現"屋里开着会呢。"はいずれも"呢"をともなっているが、前者において数量詞が用いられる場合には"呢"は必ずしもあらわれないとしている。
6) この点についての根拠として玄宜青 1989：63 は、"在挖（挖了）还没挖好"、"在盖（盖了）还没盖完"という表現が成立することを挙げている。
7) このことにつながる見解が矢野・藍 1979 にみられる。同：61 は、"书上写着两行大字。"における"写着"は完了形の素性を含んでいるのに対し、"天仍然下着毛毛雨。"における"下着"は未完了形の素性を含んでいる、としている（但し第5章の注4で挙げたように、讃井 2000：59 はこのような考え方に反対の立場をとる）。"写"と"下"を比較すると、前者の方が結果をともなう可能性が高く、このことが"写着"、"下着"間における上記のような相違を生じさせていると考えられる。
8) 平井 1991：49-50 は、"屋里摆着酒席。"、"菜地里浇着水。"に対してそれぞれ「部屋で宴席を設けている。」、「畑では水を撒いている。」を対応させている。但し、朱德熙 1990：12 は、"黑板上写着字。"、"池子里养着鱼。"が静態に解されるにとどまるのは、"黑板上"、"池子里"の語彙的意味による制約を受けるためであるとしている。なお、(15) の"屋里摆着酒席。"と"桌子上摆着酒席。"を比較すると、(25)、(26) の場合と同様に、前者は動態、後者は静態と解されやすい。
9) このことは、(1)'、(4)'、(6)' がインフォーマントによっては動態表現として成立する可能性があるとされることとも符合する。ちなみに、日本語において、動作に対するトコロの広さと、表現が進行相、結果相のいずれを表わすかということとの間に相関関係がみられる点についての指摘が中右 1980 にみられる。同：113-114 は、「富士山ニ登ッテイル」は「富士山のある地点を目標としてそこに至るべく登り続けている進行的状況」、「富士山のある地点に登り着いた結果的状況」のいずれを表わすことも可能であるが、これは、富士山には広がりがあり、その広がりのゆえに、到達点としての解釈はもとより、経路としての解釈までもが可能となっているためである、としている。
10) 但し、(24) に"呢"を付加した"屋子里挂着地图呢。"が動態表現として用いられる

369

第Ⅱ部　存在表現、進行表現、動態表現

ためには、"地図"が比較的大きなものであるか、あるいは何枚もの地図が掛けられているという前提が必要である。
11) 宋玉柱1986：129-130は"戏台上唱着寿戏。"、"录音机里放送着歌星音乐。"、"袁晓兰床头柜上摆着的小录音机里，播送着欢乐的乐曲。"のような"及物动词"を用いた表現は"动态存在句"ではないとする。
12) 状況中心の表現方法については、國廣1974a：48-49、同b：47-48、石綿・高田1990：96-97、第Ⅰ部（8.1.1および8.2.2）を参照。
13) "トコロ＋V着＋モノ"形式の動態表現が表わすコトガラをどのように規定するかについては統一的な見解が存在しないようである。玄宜青1989：63が「進行」とするほか、朱德熙1962：360は"动作的持续"、沈家煊1995：367は"动态行为"としている。
14) 岡本のいう「行為性を有する」は、主体が表現中に含まれる代表的動作表現の特徴を指すと考えられるため、(42)のような受事タイプの存在表現が、施事タイプよりも他動性が高いという本書の見方とは矛盾しない。
15) このことは、例えば"湾子里扑扑通通地跳着蛤蟆，<u>一堆乱头发渣子边上，躺着一只女人的破鞋。(岡本1992：297)</u>"のような表現例をみると理解しやすい。動態を表わす前件の"蛤蟆"は、静態（存在）を表わす後件の"一只女人的破鞋"と対比されているため、動作主体ではなく存在物として表現されているとみるのが妥当である。この点についてはさらに聶文龍1989：95を参照。
16) 但し、注8で挙げたように、平井1991：50は(47)に対して「畑では水を撒いている。」という日本語の表現を対応させている。特定の表現例から想定されるコトガラが必ずしも固定したものではないということ、ある表現形式を他のどのような表現形式と比較するかによって判断が左右されるということは、言語においてしばしばみられる現象である。これらの点は、第1章であつかった"在・トコロ＋V＋モノ"表現が主体の存在を明示する表現として用いられる一方、トコロの対比を前提とした表現として用いられることもありえるのと同様である。
17) (56)、(57)からそれぞれ"不少"、"一棵"を除くと、他の表現例と同様に動態表現として何とか成立する（インフォーマントによっては、(48)〜(49)、(51)〜(54)はこのままで、(56)、(57)はそれぞれ"不少"、"一棵"を除くと動態表現として用いることが可能とされる）。
18) インフォーマントによっては、(48)'、(51)'〜(54)'はこのままで、(56)'、(57)'はそれぞれ"不少"、"一棵"を除くと動態表現として用いることが可能とされるケースもあったが、(48)'〜(58)'の成立については総じて否定的な判断がなされた。
19) (59)、(60)に対し、"<u>墙上贴着布告</u>。"、"<u>地上铺着水磨石</u>。"はいずれも静態表現として用いられるにとどまる。また、"*<u>在墙上</u>，他正在贴着布告。"、"*<u>在地上</u>，他正在铺着水磨石。"はいずれも非文である。この点については3.1.2、4.2.2を参照。
20) 范方莲1963：391は、"トコロ＋V＋モノ（ヒト）"表現におけるVには"着"を付加することが可能であるが、この場合のVは動作・行為ではなく静止状態を表わすにとどまるため、その前に"正"や"在"を置くことはできないとした上で、例えば"那

時候，后墙根正开着无穷花。"、"只见她后面，紧挨着门旁的墙壁，正站着'老畜生'和'小畜生'。"、"他立刻就想到炮弹炸处正躺着张才。"における"正"はいずれも"恰好、刚好、正好"の意味を表わす成分であるため、"在"に置き換えることはできないとしている。この点については、さらに玄宜青 1989：62-63 を参照。

21) 祁从舵 2004：77 は、"在"について"在简单的句子中需要当事者，我们不说'＊车上在打架.'而只能说'两个男青年在打架.'"とし、"'在'在句中要联系使行为展开的施事者"としている。同様に中川 1978：4 は、"在"で進行相を表わす場合、"着"とは異なり主格にたつものはアニメイトでなければならないとしている。

22) 聂文龙 1989：98 には、"二十里外的镇子上正在漫衍着一种说法。"、"一编室每张桌椅、每页纸片、每个角落都在袅袅升腾着黄烟。"のような、非結果動詞を用いた動態表現（施事タイプ）の例が挙げられている。

23) このことにつながる指摘が罗自群 1998：61 にみられる。

24) この点については第Ⅰ部（2.1.1 および 3.1.2）を参照。

第7章
むすび

　以上、中国語の存在表現と動作表現、進行表現、動態表現について、先行研究とは異なる視点から、必要に応じ日本語の表現と対照させて考察を行なってきた。
　第1章の主たる考察対象である"在・トコロ＋V＋モノ"表現の動作性については、先行研究においては断片的な指摘がなされるにとどまり、主たる考察対象としてとりあげられていない。これは、同形式に用いられる動詞を、客体を必要とするいわゆる結果動詞に限定して考察を行なうという視点がなかったことによると考えられる。但し、上記のように動詞を限定した上での考察であっても、"在・トコロ＋V＋モノ"表現と"トコロ＋V＋モノ"表現との相違は、他動性の高低においてのみあらわれるものではなく、丸尾2006：1-2、同2007：342に述べられているように、トコロをとりたてた形式か否かという点においてあらわれる場合もある。異なる表現形式間の相違について考察する場合、具体的な個別の表現例を用いて記述をすすめることとなるため、いくつかある相違点のうちの一つがクローズアップされることとなりやすい。言語現象を記述するにあたっての難しさもここにある。第1章では"在・トコロ＋V＋モノ"表現の動作性に着目し、これを動作表現と存在表現との中間的な性格を有するものと位置づけた。これは、同形式が有する特徴のうちの一つについて考察した結果として得られた結論である。
　第2章の考察対象である"トコロ＋V＋モノ"、"モノ＋V＋在・トコロ"、"モノ＋在・トコロ＋V"の各表現については、相互に変換関係が存在するという点についてしばしば言及されてきたものの、それらの間にみられる相違について検討を加えたものは極めて少ないといわざるを得ない。同じ成分を用いた表現であっても、それらによって構成される表現の形式が異なれば意味・用法が同一であるとは考えられず、少なくともニュアンスの相違が存在すると考えるのが自然である。このことは、朱德熙1987：4が、"我们说变换前后的句子意义'相当'，不说'相同'，这是因为严格说来，凡是结构不同的句子，意义上总是有差别的。"としていることによっても明白である。

第7章　むすび

　序章で述べたように、同一の成分を用いた複数の表現形式間に変換関係が成立するか否かを検討することは、"在・トコロ"を用いた動詞表現を考察するにあたってしばしば用いられてきた手法である。しかし、変換関係が成立する場合であっても、形式上の相違が何を意味しているのか、具体的に言えば、話者のコトガラに対するとらえ方のどのような相違を反映しているのかを明らかにするのでない限り、十分な検討を加えたことにはならないであろう。

　第3章、第4章においては、"在"はトコロ限定の働きが時間限定に転用された結果として進行を表わすようになったという従来の見解を前提とし、"在Ⅴ"ではなく"主体＋在・トコロ＋Ⅴ（＋客体）"表現を対象として考察を行なった。トコロ表現が時間表現に転用される現象については、中国語以外の言語を対象とした先行研究おいてもしばしば指摘されてきたが、トコロ限定機能と時間限定機能との連続性に着目した研究は、中国語に関する限りなされてこなかったといえよう。従来の文法体系においては、"在"はいわゆる動詞、前置詞、副詞の三つの品詞にまたがる成分であるとされてきた。このような品詞分類を前提として論をすすめることは、初学者に対する教学面においては一定の意義を有するであろう。しかし、このような説明には「動作の進行を表わす場合になぜ"在"が用いられるのか」という最も重要な部分が欠落している。この点についての説明がなされない限り、学習者が進行表示の"在"を正しく理解することはできないし、進行表現に用いられる"正"、"呢"、"着"との相違にも関心がはらわれないままとなり、ひいては進行表現そのものを正しく理解することができない結果となる。3.1.2、5.1.1で述べたように、"正"、"呢"、"着"はいずれも進行表現に用いられる成分ではあるが、進行そのものを表わす成分ではない。この点をふまえた上で、"正"、"呢"、"着"が進行表現においてどのような役割を果たしているかについての説明がなされる必要がある。周知のように、中国語のいわゆる機能語には文字の表わす本来の意味を強くとどめているものが多く、"在"をはじめとするいわゆる前置詞が動詞の意味を強くとどめている現象にその典型をみることができる。このことから、"在"が"在Ⅴ"の形をとって進行表現を形成する場合においても、動詞"在"の語彙的意味や、前置詞"在"のトコロ限定機能をとどめていることは、ごく自然なことであるといえよう。このような前提に立った上で"在Ⅴ"の進行表示機能を観察しなければ、第

3章の (33) 〜 (40) のような表現例における"正在"を"正"と"在"に分断し、前者を進行の副詞、後者をトコロ限定の前置詞とするようないささか強引な分析を行なう結果をまねくこととなる。

　第3章、第5章においては、進行を表わす"主体＋在・トコロ＋V（＋客体）"表現に"着"が用いられた場合についての考察を行なった。このことは、中国語における「進行」と「持続」の相違を明らかにすることにつながる。これら二つの概念区別があいまいなまま、あるいは概念規定そのものを欠いたまま"在"、"着"の考察を行なうことは極めてあやういといえよう。

　また、第1章、第5章であつかった"主体＋在・トコロ＋V着（＋客体）"表現における"V着"が表わす内容は、「動作の持続状態」、「動作結果の持続状態」という二つの領域にまたがり、1.1.2で述べたように前者の内容となる傾向が強い。このことは、特定の表現形式における用法に限った場合であっても、"V着"の働きを明確に分類しきれないことを意味している。同様のことは、第1章、第6章であつかった"トコロ＋V着＋モノ"表現についてもあてはまる。"トコロ＋V着＋モノ"表現は静態を表わす傾向が強いものの、動態を表わすのに用いられることもあるため、"V着"が表わす内容も「存在の具体的なありよう」、「動きの具体的なありよう」の双方にまたがることとなる。これらのことから、"V着"の働きの中には相互にかなり性格の異なったものが含まれているものの、それらは完全に分類できるものではなく、分類された複数の領域にまたがる性格を有するものもある点を見逃してはならないということが明白である。この点は、第5章で述べた"V着"の働き、すなわち「動作の持続状態」、「動作結果の持続状態」が、「持続」という点において意味的な共通点を有することによっても理解できよう。"在"であれ、"着"であれ、その働きには幅があり、特定の表現形式や個別の表現例においてどの部分が表面化するかにより、それぞれ異なる働きとして記述されてきたのである。このことは、表意文字によって成立している中国語においてとりわけ顕著にみられる現象であろう。言語現象におけるこのような連続性は、第1章で述べたような、中国語における動作表現と存在表現との間、いわゆる存現文の施事タイプと受事タイプとの間や、第2章であつかった"モノ＋V＋在・トコロ"表現がいわゆる被動表現、自動詞表現のいずれにも解される性格をそなえている点、さらには第3章で述べたような「トコロ・ニ　Vテイル」表現の進行表示機能と結果状態表示機能との

間においてもみられる。
　第6章であつかった"トコロ＋V着＋モノ"形式の動態表現に対しては、非結果動詞を用いた"トコロ＋（正）在＋V＋N"表現が、進行中のコトガラを前提として用いられることがある。例えば、輿水1985：184には、

　　（1）屋里开着会呢。　　　　　　　　（2）屋里正开着会呢。

における持続の"着"は不可欠の成分ではなく、

　　（1）'屋里开会呢。　　　　　　　　　（2）'屋里正开会呢。

が成立する旨の記述がみられる（上記の表現例には"呢"が含まれているが、"呢"を除いても同様である）。また、齐沪扬1998：66-67には、"着"を用いた

　　（3）台上演着梆子戏。（第6章の（46））　（4）书房里陪着客。

と、"正在"を用いた

　　（3）'台上正在演梆子戏。　　　　　　（4）'书房里正在陪客。

がそれぞれ意味的に等しい旨の記述がみられ、"トコロ＋V着＋N"形式の動態表現が成立する一方で、"トコロ＋正在＋V＋N"表現が成立することがみてとれる。一方、祁从舵2004：77には"车上在打架。"のような主体を欠いた"トコロ＋在＋V＋N"表現は成立しない旨の記述がみられる。これらの記述からは、"着"の有無による意味上の相違や、各表現形式が進行中のコトガラを前提として成立する条件を見いだすことはできないものの、主体の位置を示しつつ進行表現に用いられるようになった"（正）在"が、"着"を欠いた"トコロ＋V＋N"表現に用いられる可能性を示唆している点において極めて興味深く、かつ重要である。これらは、第3〜6章における考察によっては明らかとなっていない点であり、今後の課題としたい。

用 例 出 典
(カッコ内は略称)

艾芜〈山峡中〉，钱谷融・吴宏聪主编《中国现代文学作品选读・上册（现代部分）》，华东师范大学出版社，1987年第2版．

曹禺〈雷雨〉，钱谷融・吴宏聪主编《中国现代文学作品选读・上册（现代部分）》，华东师范大学出版社，1987年第2版．

戴厚英《人啊，人！》，花城出版社，1980．

郭沫若〈梦与现实〉，《（英文译释）中国现代散文选读 上册》，商务印书馆，1983．

何为〈樱花之忆〉，《（英文译释）中国现代散文选读 下册》，商务印书馆，1986．

黄宗英〈大雁情〉，钱谷融・吴宏聪主编《中国现代文学作品选读・下册（当代部分）》，华东师范大学出版社，1987．

老舍《二马》，四川人民出版社，1980．

老舍〈骆驼祥子〉，《老舍选集》第一卷，四川人民出版社，1982．

刘白羽〈长江三日〉，张学正主编《中国当代文学名篇选读》，南开大学出版社，1984．

刘宾雁〈在桥梁工地上〉，张学正主编《中国当代文学名篇选读》，南开大学出版，1984．

茅盾〈春蚕〉，钱谷融・吴宏聪主编《中国现代文学作品选读・上册（现代部分）》，华东师范大学出版社，1987年第2版．

茅盾《子夜》，人民文学出版社，1988．

秦牧〈社稷坛抒情〉，张学正主编《中国当代文学名篇选读》，南开大学出版社，1984．

《全国优秀短篇小说评选获奖作品集（1983）》，《小说选刊》编辑部．

水上勉〈彼岸花（龙爪花）〉，水上勉著／柯森耀译注《日汉对照 水仙》，上海译文出版社，1984．（彼岸花）

孙犁〈村歌〉，《孙犁全集》第2集，人民文学出版社．

孙犁〈访旧〉，《（英文译释）中国现代散文选读 下册》，商务印书馆，1986．（访旧）

孙犁〈铁木前传〉，张学正主编《中国当代文学名篇选读》，南开大学出版社，1984．

袁鹰〈筏子〉，《（英文译释）中国现代散文选读 下册》，商务印书馆，1986．

张天翼〈华威先生〉，钱谷融・吴宏聪主编《中国现代文学作品选读・上册（现代部分）》，华东师范大学出版社，1987年第2版．

赵树理《三里湾》，人民文学出版社．

愛知大学中日大辞典編纂処編『中日大辞典（増訂第二版）』，大修館書店，1987．

倉石武四郎『岩波 中国語辞典 簡体字版』，岩波書店，1990．

香坂順一編著『現代中国語辞典』，光生館（初版1982）．

福永武彦『草の花』，新潮文庫．

主要参考文献（第Ⅱ部）

◉日本語

青木和男 1991.「アスペクト」，鈴木康之監修／日本語文法研究会編『概説・現代日本語文法——改訂版——』，桜楓社，55-63頁.

青木三郎 2000.「〈ところ〉の文法化」，青木三郎・竹沢幸一編『空間表現と文法』，くろしお出版，77-103頁.

荒川清秀 1981a.「日本語名詞のトコロ（空間）性——中国語との関連で——」，日本語と中国語対照研究会編『日本語と中国語の対照研究』第6号，1-19頁.

荒川清秀 1981b.「中国語動詞にみられるいくつかのカテゴリー」，『愛知大学文学論叢』第67輯，1-25頁.

荒川清秀 1984.「〜テイルの諸相」，『中国語』1984年8月号，大修館書店，7頁.

荒川清秀 1985a.「"着"と動詞の類」，『中国語』1985年7月号，大修館書店，30-33頁.

荒川清秀 1985b.「動詞の『時（テンス）』とすがた（アスペクト）」，『中国語』1985年12月号，大修館書店，4-6頁.

荒川清秀・張婉行 1987.「"不"と"没"」，『外語研紀要』第11号，愛知大学，1-14頁.

石村広 2000a.「"V在L"形式と結果表現」，『人文学報』第311号，東京都立大学人文学部，93-108頁.

石村広 2000b.「中国語結果構文の意味構造とヴォイス」，『中国語学』第247号，日本中国語学会，142-157頁.

石綿敏雄・高田誠 1990.『対照言語学』，桜楓社.

井上和子 1976.『変形文法と日本語（下）』，大修館書店（6版 1987）.

伊原大策 1982.「進行を表す『在』について」，『中国語学』第229号，中国語学会，1-11頁.

ウェスリー・M・ヤコブセン 1989.「他動性とプロトタイプ論」，久野暲・柴谷方良編『日本語学の新展開』，くろしお出版，213-248頁.

鵜殿倫次 1981.「北京語二項自動詞文の扱いについて」，『愛知県立大学外国語学部紀要 言語・文学編』第14号，1-36頁.

鵜殿倫次 1982.「北京語動詞の自動・他動とアスペクト辞の働き」，『愛知県立大学外国語学部紀要 言語・文学編』第15号，1-33頁.

王学群 2001.「地の文における"V着（zhe）"のふるまいについて」，『日中言語対照研究論集』第3号，日中言語対照研究会（白帝社），60-80頁.

第II部　存在表現、進行表現、動態表現

王学群 2002.「会話文における"V着"と"在…V"のふるまいについて」,『日中言語対照研究論集』第4号, 日中言語対照研究会（白帝社）, 72-90頁.

王学群 2005.「存在文における"V着"と"V了"について」,『香坂順一先生追悼記念論文集』, 光生館, 118-130頁.

王学群 2007.『中国語の"V着"に関する研究』, 白帝社.

王忻 1996.「アスペクト表現の日中対照――シテアルほかの表現をめぐって――」,『国文学 解釈と鑑賞』1996年7月号, 至文堂, 65-71頁.

大河内康憲 1973.「日中対照文法論――主語及びそれとかかわる問題――」,『国語シリーズ 別冊2 日本語と日本語教育（文法編）』, 文化庁, 45-65頁.

大河内康憲 1982.「中国語構文論の基礎」, 森岡健二・宮地裕・寺村秀夫・川端善明編集『講座 日本語学10 外国語との対照Ⅰ』, 明治書院, 31-52頁.

大河内康憲 1997.『中国語の諸相』, 白帝社.

大原信一 1973.『中国語と英語』, 光生館（再版1978）.

岡本俊裕 1992.「行為と現象――中国語の"着"を伴う存在文での"在"の有無――」,『京都外国語大学研究論叢』XL号（第40号）, 295-300頁.

奥津敬一郎 1993.「存在文の対照研究（1）――中国語――」,『日本女子大学紀要 文学部』第41号, 1-8頁.

神田千冬 1989.「進行・持続表現における"在"と"着"の機能分化傾向について」,『中国語』1989年8月号, 大修館書店, 28-31頁.

木村英樹 1981a.「『付着』の"着／zhe／"と『消失』の"了／le／"」,『中国語』1981年7月号, 大修館書店, 24-27（-12）頁.

木村英樹 1981b.「被動と『結果』」,『日本語と中国語の対照研究』第5号, 日中語対照研究会, 27-46頁.

木村英樹 1982.「テンス・アスペクト（中国語）」, 森岡健二・宮地裕・寺村秀夫・川端善明編集『講座 日本語学11 外国語との対照Ⅱ』, 明治書院（再版1984）, 19-39頁.

木村英樹 1997.「動詞接尾辞"了"の意味と表現機能」,『大河内康憲教授退官記念 中国語学論文集』, 東方書店, 157-179頁.

木村裕章 1991.「中国語の情報構造」,『北九州大学大学院紀要』第3号, 123-150頁.

金田一春彦 1954.「日本語動詞のテンスとアスペクト」, 金田一春彦編『日本語動詞のアスペクト』, むぎ書房（1976）, 27-61頁.

楠本徹也 2000.「トコロの意味と機能に関する一考察」,『東京外国語大学 留学生日本語教育センター論集』第26号, 東京外国語大学留学生日本語教育センター, 77-87頁.

國廣哲彌 1974a.「人間中心と状況中心──日英語表現構造の比較──」,『英語青年』1974 年 2 月, 研究社, 48-50 頁.

國廣哲彌 1974b.「日英語表現体系の比較」,『言語生活』1974 年 3 月, 筑摩書房, 46-52 頁.

久野暲 1973.『日本文法研究』, 大修館書店.

倉石武四郎『岩波 中国語辞典 簡体字版』, 岩波書店（1990）.

玄宜青 1989.「"着"と"在"」,『中国語研究』第 31 号, 白帝社, 56-65 頁.

呉大綱 1988.「現代中国語動詞のテンス・アスペクト──日本語との比較──」,『日本文学論集』第 12 号, 大東文化大学, 107-119 頁.

香坂順一編著『現代中国語辞典』, 光生館（初版 1982）.

輿水優 1985.『中国語の語法の話──中国語文法概論』, 光生館.

小林幸江 2001.「『ところだ』の意味と用法」,『東京外国語大学 留学生日本語教育センター論集』第 27 号, 東京外国語大学留学生日本語教育センター, 17-31 頁.

讃井唯允 1996.「語気助詞"呢"・時間副詞"在"およびアスペクト助詞"着"」,『中国語』1996 年 6 月, 内山書店, 28-31 頁.

讃井唯充 2000.「"在等""等着""在等着"──"在"と"着"の文法的意味と語用論」,『人文学報』第 311 号, 東京都立大学人文学部, 53-73 頁.

G.N. リーチ著／國廣哲彌訳注 1976.『意味と英語動詞』, 大修館書店（再版 1979）.

芝田稔・鳥井克之 1985.『新しい中国語・古い中国語』, 光生館.

朱継征 1998a.「存在文における『着』と『了』について」,『富山大学人文学部紀要』第 28 号, 富山大学人文学部, 161-168 頁.

朱継征 1998b.「中国語の進行相について──"在"と"～着"の文法的使い分けと意味的分析を中心に──」,『中国語学』第 245 号, 日本中国語学会, 102-111 頁.

朱継征 2000.『中国語の動相』, 白帝社.

杉村博文 1982.「『被動と"結果"』拾遺」,『日本語と中国語の対照研究』第 7 号, 58-82 頁.

鈴木重幸 1972.『日本語文法・形態論』, むぎ書房.

鈴木直治 1956.「中国語における位置の指示と強調のムードとの関係について」,『中国語学』第 57 号, 江南書院, 8-14 頁.

鈴木義昭 1986.「現代漢語における『無主句』と『存現結構』について」,『ILT NEWS 79』, 68-76 頁.

砂川有里子 2000.「空間から時間へのメタファー──日本語の動詞と名詞の文法

化——」，青木三郎・竹沢幸一編『空間表現と文法』，くろしお出版，105-142頁．

高橋太郎 1969.「すがたともくろみ」，金田一春彦編『日本語動詞のアスペクト』，むぎ書房（1976），117-148頁．

竹沢幸一 1991.「受動文、能格文、分離不可能所有構文と『ている』の解釈」，仁田義雄編『日本語のヴォイスと他動性』，くろしお出版，59-81頁．

張麟声 1990.「中日単純存在表現の対照研究」，『日本語学』1990年9月号，明治書院，65-76頁．

陳淑梅 1997.「『〜テイル』の中国語訳についての一考察」，『慶應義塾大学日吉紀要 言語・文化コミュニケーション』第19号，慶應義塾大学日吉紀要刊行委員会，23-33頁．

角田太作 1985.「言語プロトタイプ論——言語現象を連続体としてとらえる」，『言語』1985年6月号，大修館書店，71-74頁．

角田太作 1991.『世界の言語と日本語』，くろしお出版．

寺村秀夫 1984.『日本語のシンタクスと意味 第II巻』，くろしお出版．

寺村秀夫 1992.「『トコロ』の意味と機能」，『寺村秀夫論文集I——日本語文法編——』，くろしお出版，321-336頁．

寺村秀夫 1993.『寺村秀夫論文集II——言語学・日本語教育編——』，くろしお出版．

藤堂明保 1968a.「存現文の本質とその解釈」，『藤堂明保 中国語学論集』，汲古書院（1987），324-333頁．

藤堂明保 1968b.「客語の文頭への提前と『格』の考えの導入」，『藤堂明保 中国語学論集』，汲古書院（1987），334-343頁．

藤堂明保 1979.『中国語概論』，大修館書店（3版1981）．

藤堂明保・相原茂 1985.『新訂 中国語概論』，大修館書店．

内藤正子 1987.「介詞 Phrase の補語性」，『中国語学』第234号，中国語学会，76-82頁．

中右実 1980.「テンス、アスペクトの比較」，國廣哲彌編集『日英語比較講座 第2巻 文法』，大修館書店（3版1982），101-155頁．

中川正之 1978.「中国語の『有・在』と日本語の『ある・いる』の対照研究（上）」，『日本語と中国語の対照研究』第3号，1-10頁．

中川正之 1990.「中国語と日本語——場所表現をめぐって——」，近藤達夫編集『講座 日本語と日本語教育 第12巻 言語学要説（下）』，明治書院，219-240頁．

中川正之・李浚哲 1997.「日中両国語における数量表現」，大河内康憲編『日本語と中国語の対照研究論文集』，くろしお出版，95-116頁．

中島悦子 1992.「自・他の対応と日中対照研究——自動と結果——」,『会誌』第 11 号, 日本女子大学大学院の会, 1-8 頁.
中島悦子 1994.「日本語と中国語の受身表現——語彙的受身——」,『会誌』第 13 号, 日本女子大学大学院の会, 1-9 頁.
中原裕貴 2003.「介詞"在"の有無について——『"在"＋名詞』構造における"在"の有無を中心に——」,『日中言語対照研究論集』第 5 号, 日中対照言語学会（白帝社）, 74-90 頁.
中原裕貴 2004.「介詞構造『"在"＋場所詞』の日本語訳について」,『日中言語対照研究論集』第 6 号, 日中対照言語学会（白帝社）, 120-135 頁.
仁田義雄 1986.「現象描写文をめぐって」,『日本語学』1986 年 2 月号, 明治書院, 56-69 頁.
バーナード・コムリー著／山田小枝訳 1988.『アスペクト』, むぎ書房.
原沢伊都夫 1998.「テアル形の意味——テイル形との関係において——」,『日本語教育』第 98 号, 日本語教育学会, 13-24 頁.
平井和之 1987.「静態動詞に関する幾つかの問題——主に"V在〜"形式との関連に於いて——」,『中国語学』第 234 号, 中国語学会, 65-75 頁.
平井和之 1991.「朱德熙《"在黑板上写字"及相関句式》の三つの稿について」,『東京外国語大学論集』第 43 号, 47-66 頁.
平山久雄 1959.「北京語の『着』とその接尾する動詞について」,『中国語学』第 88 号, 中国語学研究会, 4-6 頁.
彭飛 2007.「『V＋テイル』構文と【在＋V】【V＋着】構文との比較研究——【在＋V】構文の"在$_1$"〜"在$_6$"をめぐって——」, 彭飛編集『日中対照言語学研究論文集——中国語からみた日本語の特徴、日本語からみた中国語の特徴——』, 和泉書院, 287-326 頁.
朴貞姫 2002.「空間背景場所概念の表現における日中対照研究」,『日中言語対照研究論集』第 4 号, 日中言語対照研究会（白帝社）, 138-153 頁.
益岡隆志 1993.『24 週日本語文法ツァー』, くろしお出版.
松村文芳 1977.「存在文の意味論研究」, 日本語と中国語対照研究会編『日本語と中国語の対照研究』第 2 号, 1-11 頁.
松村文芳 1983.「出現・存在・消失を表わす文」,『中国語』1983 年 9 月号, 大修館書店, 20 頁.
丸尾誠 2005a.『現代中国語の空間移動表現に関する研究』, 白帝社.
丸尾誠 2006.「存在文の文頭に現れる介詞"在"について」, 日本中国語学会東海支部例会（2006.10.14 ／於名城大学）発表レジュメ.
丸尾誠 2007.「中国語にみられる完了と結果の接点——"V了"と"V着"を例

として——」，彭飛編集『日中対照言語学研究論文集——中国語からみた日本語の特徴，日本語からみた中国語の特徴——』，和泉書院，327-344頁．

三上章 1999.『象は鼻が長い』，くろしお出版（26版）．

水谷信子 1985.『日英比較 話しことばの文法』，くろしお出版（1997）．

宮田一郎 1996.「進行，持続，過去の経験」，『中国語』1996年8月号，内山書店，20-24頁．

村木新次郎 1989.「ヴォイス」，北原保雄編集『講座 日本語と日本語教育 第4巻 日本語の文法・文体（上）』，明治書院，169-200頁．

村木新次郎 1991.「ヴォイスのカテゴリーと文構造のレベル」，仁田義雄編『日本語のヴォイスと他動性』，くろしお出版，1-30頁．

村松恵子 1988.「——日・中語対照研究——日本語の『〜テイル』の表現と，中国語の"‐着"の表現」，『ことばの科学』第1号，名古屋大学総合言語センター・言語文化研究委員会，39-61頁．

望月八十吉 1992.「日・中両国語における能格的表現」，大河内康憲編集『日本語と中国語の対照研究論文集（上）』，くろしお出版，49-67頁．

森宏子 2000.「平叙文における"呢"の機能」，『中国語学』第247号，日本中国語学会，267-281頁．

森田良行 1971.「『本が置いてある』と『本を置いてある』」，森岡健二・永野賢・宮地裕編集『講座 正しい日本語 第五巻——文法編』，明治書院，174-188頁．

森田良行 1977.『基礎日本語』，角川書店（12版 1987）．

森田良行 1980.『基礎日本語2』，角川書店（3版 1987）．

森田良行 1988.『日本語の類意表現』，創拓社．

森田良行 1990.『日本語学と日本語教育』，凡人社．

森山卓郎 1986.「日本語アスペクトの時定項分析」，宮地裕編『論集 日本語研究（一）現代編』，明治書院，78-116頁．

森山卓郎 1987.「アスペクト」，寺村秀夫・鈴木泰・野田尚史・矢澤真人編集『ケーススタディ 日本文法』，桜楓社，50-55頁．

矢野光治・藍清漢 1979.「中国語のアスペクト形式素'着'について」，『立正大学教養部紀要』第12号，57-68頁．

山口直人 1988.「"在+処所"に関連する2つの問題」，『北九州大学大学院紀要』創刊号，221-242頁．

山口直人 1999.「"V在+L"構文の他動性について——語彙概念構造の観点から——」，『中国語学』第246号，日本中国語学会，165-174頁．

山口直人 2006.「"有界""無界"と非対格性の仮説——2つの異なる"V着"存在文をめぐって——」，『日中言語対照研究論集』第8号，日中対照言語学会，

77-89 頁.

山田小枝 1984.『アスペクト論』, 三修社.

吉川武時 1976.「現代日本語動詞のアスペクトの研究」, 金田一春彦編『日本語動詞のアスペクト』, むぎ書房 (1976), 155-327 頁.

芳沢ひろ子 2002.「存現文に"在"がつくとき」,『お茶の水女子大学中国文学会報』第 21 号, 37-50 頁.

吉田茂晃 1989.「シテイル形式の意味分化の原理」,『日本語学』1989 年 6 月号, 明治書院, 74-88 頁.

李臨定著／宮田一郎訳 1993.『中国語文法概論』, 光生館.

梁紅 1999.「中国語の結果相 (resultative) とパーフェクト (perfect) ——『互換可能』な"V 着"と"V 了"を中心に——」,『中国語学』第 246 号, 日本中国語学会, 175-184 頁.

盧濤 1997.「"在大阪住"と"住在大阪"」,『大河内康憲教授退官記念 中国語学論文集』, 東方書店, 107-123 頁.

盧濤 2000.『中国語における「空間動詞」の文法化研究——日本語と英語との関連で——』, 白帝社.

⦿中国語

北京大学中文系 1955・1957 级语言班编 1982.《现代汉语虚词例释》, 商务印书馆.

陈刚 1980.〈试论"着"的用法及其与英语进行式的比较〉,《中国语文》1980 年第 1 期, 中国社会科学出版社, 21-27 页.

陈月明 2000.〈时间副词"在"与"着"〉, 陆俭明主编／沈阳・袁毓林副主编《面临新世纪挑战的现代汉语语法研究》, 山东教育出版社, 536-547 页.

崔希亮 1997.〈"在"字结构解析——从动词的语义、配价及论元之关系考察〉, 赵金铭主编／崔希亮副主编《新视角汉语语法研究》, 北京语言文化大学出版社, 369-387 页.

崔希亮 2001.〈空间方位场景的认知图式与句法表现〉,《中国语言学报》第十期, 商务印书馆, 34-49 页.

戴耀晶 1991.〈现代汉语表示持续体的"着"的语义分析〉,《语言教学与研究》1991 年第 2 期, 北京语言学院出版社, 92-106 页.

范方莲 1963.〈存在句〉,《中国语文》1963 年第 5 期, 中国语文杂志社, 386-395 页.

范继淹 1982.〈论介词短语"在＋处所"〉,《语言研究》1982 年第 1 期, 华中工学院出版社, 71-86 页.

范晓 1988.〈语法研究中意义和形式相结合的原则〉, 中国语文杂志社编《语法研究和探索（四）》, 北京大学出版社, 331-344 页.

费春元 1992.〈说"着"〉,《语文研究》1992 年第 2 期, 语文研究编辑部, 18-28 页.

付义琴・赵家栋 2007.〈从明代小说中的"正"、"在"看时间副词"正在"的来源〉,《中国语文》2007 年第 3 期, 商务印书馆, 237-243 页.

高顺全 2005.〈存现句中处所词语的语法性质〉, 陈昌来主编《现代汉语三维语法论》, 学林出版社, 73-86 页.

龚千炎 1991.〈谈现代汉语的时制表示和时态表达系统〉,《中国语文》1991 年第 4 期, 中国社会科学出版社, 251-261 页.

郭风岚 1998.〈论副词"在"与"正"的语义特征〉,《语言教学与研究》1998 年第 2 期, 北京语言文化大学出版社, 35-47 页.

孔令达 2005.〈"名$_1$+的+名$_2$"结构中心名词省略的语义规则〉, 孔令达・储泰松主编《汉语研究论集》, 安徽大学出版社, 22-33 页.（原载《安徽师大学报》1992 年第 1 期）

雷涛 1993.〈存在句的范围、构成和分类〉,《中国语文》1993 年第 4 期, 中国社会科学出版社, 244-251（-294）.

李临定 1988.《汉语比较变换语法》, 中国社会科学出版社.

铃木秀夫 1985.〈自・他動詞について〉,《日语学习与研究》1985 年第 5 期,《日语学习与研究》杂志社, 1-7（-26）頁.

刘宁生 1985.〈论"着"及其相关的两个动态范畴〉,《语言研究》1985 年第 2 期, 华中工学院中国语言文学研究所, 117-128 页.

刘月华・潘文娱・故韡 1983.《实用现代汉语语法》, 外语教学与研究出版社.

陆俭明 1988.〈现代汉语中数量词的使用〉, 中国语文杂志社编《语法研究和探索（四）》, 北京大学出版社, 172-186 页.

栌山健介 1991.〈句首的处所词"在"的存现句〉,《第三届国际汉语教学讨论会文选》, 北京语言学院出版社, 363-376 页.

罗自群 1998.〈论"在 N$_处$+ＶＰ"和"在+ＶＰ"的关系〉,《语言研究》1998 年第 2 期, 华中理工大学中国语言研究所, 59-61 页.

吕叔湘 1946.〈从主语、宾语的分别谈国语句子的分析〉,《汉语语法论文集（增订本）》, 商务印书馆 (1984), 445-480 页.

吕叔湘主编《现代汉语八百词》, 商务印书馆 (1980).

吕文华 1987.〈"被"字句和无标志被动句的变换关系〉, 中国社会科学院语言研究所现代汉语研究室编《句型和动词》, 语文出版社, 168-181 页.

吕文华 1997.〈试论句首短语"在／∅+处所"〉, 中国语文杂志社编《语法研究和探索（八）》, 商务印书馆, 162-174 页.

马希文 1987.〈北京方言里的"着"〉,《方言》第 1 期, 中国社会科学出版社, 17-22 页.

聂文龙 1989.〈存在和存在句的分类〉,《中国语文》1989 年第 2 期,中国社会科学出版社,95-104 页.

潘文 2005.〈论存现句的性质和范围〉,陈昌来主编《现代汉语三维语法论》,学林出版社,303-315 页.

潘文娱 1980.〈谈谈"正""在"和"正在"〉,《语言教学与研究》1980 年第 1 期,北京语言学院,41-50 页.

祁从舵 2004.〈"着"、"在"与现代汉语的持续体〉,《语文论丛》第八辑,上海教育出版社,74-78 页.

齐沪扬 1998.《现代汉语空间问题研究》,学林出版社.

沈家煊 1995.〈"有界"与"无界"〉,《中国语文》1995 年第 5 期,商务印书馆,367-380 页.

沈家煊 1999.〈"在"字句和"给"字句〉,《中国语文》1999 年第 2 期,商务印书馆,94-102 页.

宋玉柱 1986.《现代汉语语法十讲》,南开大学出版社.

宋玉柱 1995.〈论存在句的系列〉,中国语文杂志社编《语法研究和探索(七)》,商务印书馆,200-211 页.

穗积晃子著／顾海根・李强译《中国人学日语常见病句分析一百例》,科学普及出版社(1987).

丸尾诚 2005b.〈"在＋L＋V"和"V＋在＋L"两种句式所表示的存在语义〉,《中国語教育》第 3 号,中国语教育学会,53-62 页.

王还 1957.〈说"在"〉,《中国语文》1957 年第 2 期,人民教育出版社,25-26 页.

王还 1980.〈再说说"在"〉,《语言教学与研究》1980 年第 3 期,北京语言学院,25-29 页.

王志 1998.〈时间副词"正"的两个位置〉,《中国语文》1998 年第 2 期,商务印书馆,103-104 页.

项开喜 1997.〈与"V 到 N P"格式相关的句法语义问题〉,《语言研究论丛》第七辑,语文出版社,156-180 页.

肖奚强 2002.〈"正(在)"、"在"与"着"功能比较研究〉,《语言研究》2002 年第 4 期,华中科技大学中国语言研究所,27-34 页.

徐丹 1992.〈汉语里的"在"与"着(著)"〉,《中国语文》1992 年第 6 期,中国社会科学出版社,453-461 页.

俞咏梅 1999.〈论"在＋处所"的语义功能和语序制约原则〉,《中国语文》1999 年第 1 期,商务印书馆,21-29 页.

战宪斌 1980.〈「ている」和「てある」的用法〉,《日语学习与研究》1980 年第 1 期,《日语学习与研究》杂志社,43-48 页.

张亚军 2002.《副词与限定描状功能》,安徽教育出版社.

赵福泉 1983.〈动词语态（アスペクト）的主要表现形式〉,《日语学习与研究》1983 年第 4 期,《日语学习与研究》杂志社,9-14 页.

郑懿德 1988.〈时间副词的"在"的使用条件〉,中国语文杂志社编《语法研究和探索（四）》,北京大学出版社,228-235 页.

朱德熙 1962.〈论句法结构〉,《中国语文》1962 年 8-9 月号,中国语文杂志社,351-360 页.

朱德熙 1981.〈"在黑板上写字"及相关句式〉,《语言教学与研究》1981 年第 1 期,外语教学与研究出版社,4-18 页.

朱德熙 1982.《语法讲义》,商务印书馆.

朱德熙 1987.〈变换分析中的平行性原则〉,《句型和动词》,语文出版社,4-15 页.

朱德熙 1990.〈"在黑板上写字"及相关句式〉,《语法丛稿》,上海教育出版社,1-16 页.

左思民 2003.〈论"（正）在"和"着"〉,《現代中国語研究》2003 年第 5 期,現代中国語研究編輯委員会,朋友書店,69-77 頁.

⊙英語

Charles N. Li and Sandra A. Thompson, *Mandarin Chinese* (University of California Press, 1981)

Paul J. Hopper and Sandra A. Thompson, "Transitivity in Grammar and Discourse", *Language*,VOL.56,NO.2,1980

Teng Shou-hsin, *A semantic study of transitivity relations in Chinese* (Taipei: Student Book Co., Ltd., 1981)

あとがき

　本書は、著者が平井勝利先生（現・名古屋大学名誉教授）の多年にわたる指導を受け、中国語と日本語の対照研究を行なった成果に修正・再検討を加え、まとめたものである。論文として発表した後に、著者の主張と合致する、あるいは視点を同じくする多くの研究成果が発表されているため、それらによって内容を補強することもできた。

　本研究の出発点は、中国語学習の初級段階でとりあげられる"在・トコロ＋V"表現が表わすコトガラを日本語で表現する際に、いかなる格助詞を用いてトコロ表示がなされるかということであった。この点については、中国語の研究者・教育者でなくても、初めて中国語を習得する日本語話者が疑問に感ずるであろう。「日本語話者として中国語研究を行なうのであれば、中国語話者と同じ手法で行なうよりは、日本語話者であることを生かして対照研究をする方がよりよい成果が得られよう。」と平井先生は機会あるごとに言っておられた。中国語のみを対象とする研究においては、中国語話者の研究者を超える成果を挙げるのはなかなか難しい。また、ネイティヴの研究者に限らず、中国語研究の分野においてはすでに膨大な先人の成果の蓄積があり、そこからさらに先へ進めるためにはさまざまな新しい手法によることが求められよう。周知のように、中国語の研究については従来、主として欧米言語を対象とした言語学の理論を中国語の分析にあてはめるという手法が多くとられてきた。このことは、中国語におけるさまざまな言語現象を説明するのに一定の貢献をなしてきたが、一方では、中国語という言語にみられる独自の現象について十分な説明ができていない面があることも事実である。本書では、日本語話者から中国語を眺めた際に気づいたことを出発点としてテーマを選び、考察をすすめた。記述にあたっては、できるだけ平易に、考察過程が読者に理解していただけるように配慮したつもりである。

　本書の仕事を通じて感じたのは、言語研究というものにおいて、完全無欠な理論体系など果たして構築できるのであろうかということであった。しかしながら、研究を少しでも前進させることにより、中国語学の分野や、日本語話者に対する中国語教育、中国語話者に対する日本語教育の面において一定の貢献ができれば筆者の願いはかなったことになる。

ところで、私事になるが、筆者がトコロの研究を始めてからすでに20年がたつ。自分でいうのも何だが、人生における貴重な20年であった。恩師の平井先生をはじめ、様々な人々の助けによってここまでやってこれた。また、本書の出版に際しては、好文出版の尾方敏裕氏にとりわけお世話になった。ここに記して感謝申し上げたい。
　最後に、本書を妻と2人の子に捧げたい。

　　　2009年4月　　　　　　　　　　　　　　　　　　　　成戸　浩嗣

〈著者略歴〉

成戸 浩嗣（なると こうじ）

1959 年生まれ
1984 年　愛知大学法経学部法学科卒業
1987 ～ 1989 年　中国吉林大学中国語言文学系留学
現在、愛知学泉大学准教授

トコロ（空間）表現をめぐる日中対照研究

2009 年 10 月 23 日　初版発行

著　者	成戸浩嗣
発行者	尾方敏裕
発行所	株式会社 好文出版
	〒 162-0041　東京都新宿区早稲田鶴巻町 540 林ビル 3F
	Tel.03-5273-2739　Fax.03-5273-2740
	http://www.kohbun.co.jp
装　丁	関原直子
組　版	株式会社ワードトップ
印刷 / 製本	音羽印刷株式会社

Ⓒ NARUTO Koji 2009　ISBN978-4-87220-133-8　Printed in Japan
本書の内容をいかなる方法でも無断で複写・転載使用することは法律で禁じられています。
乱丁落丁の際はお取替えいたしますので直接弊社宛にお送りください。